国家出版基金项目
NATIONAL PUBLICATION FOUNDATION

中国电影人口述历史
The Oral History About Chinese Cinema

主编 陈墨 张锦 边静

影人之家

本卷主编 彭锟

于洋、杨静、于静江访谈录

CFP 中国电影出版社

图书在版编目（CIP）数据

影人之家：于洋、杨静、于静江访谈录 / 彭锟主编. --北京 :中国电影出版社，2023.11

（中国电影人口述历史 / 陈墨，张锦，边静主编）

ISBN 978-7-106-05436-6

Ⅰ. ①影… Ⅱ. ①彭… Ⅲ. ①于洋—访问记 ② 杨静—访问记 Ⅳ. ①K825.78

中国版本图书馆CIP数据核字（2023）第217400号

责任编辑：马　喆
封面设计：杨平平
责任校对：林　娜
责任印刷：孙　杉

出版发行　中国电影出版社（北京北三环东路22号）　邮编：100013
电话：64296664（总编室）　64216278（发行部）
64296742（读者服务部）Email：cfpygb@126.com
印　　刷　中国电影出版社印刷厂
版　　次　2023年11月第1版　2023年11月北京第1次印刷
开　　本　710mm × 1000mm　1/16
印　　张　21
字　　数　360千字
定　　价　96.00元

《中国电影人口述历史》

编纂指导组成员

边　静　陈　墨　皇甫宜川　黎　煜

李　镇　吴　迪（启之）　张　锦　周　夏

特别鸣谢

傅红星　阎晓明　饶曙光　陆弘石　张建勇

序

■ 陈　墨

一

“中国电影人口述历史”，是由中国电影资料馆暨中国电影艺术研究中心和电影频道合作的，以采访和记录老一代中国电影人生平经历并作档案收藏为目的的大型采访工程。该项目于2007年正式启动，2008年全面展开，至2010年为采访工程的第一阶段；2011年起为采访工程的第二阶段。做口述历史，我们是后来者，其便利条件是可以站在前人的肩膀上，充分汲取先驱者的经验和教训；可以利用后发优势，使我们的工作做得比较顺利、有效，且有一点特色。

我们的项目名称是“中国电影人口述历史”，而不是“电影口述史”。作为电影资料馆人，我们做口述历史采访的目标，是要作为档案收集，让受访人做生平讲述，包括其电影从业经历、社会人生经历、个人生活与心灵成长经历三个向度，建立电影专业史、中国社会史、个人心灵史三者合一信息档案。

“中国电影人口述历史”采集电影人记忆档案，固然是留赠后人，也应尽可能服务于当下。为此，我们和中国电影出版社合作，申请到国家出版基金资助，将陆续出版“中国电影人口述历史”30卷。我们采取了四种分卷形式，即单人卷、单位卷（多人）、专业卷（多人）、专题卷（多人），目的是在深度与广度、丰富性与多样性之间获得平衡。

二

口述历史采访及其录音抄本的编纂，依据不同的目标，自有不同的重点、方法与形式。“中国电影人口述历史”的编纂，在篇幅允许的前提下，希望我们能够做到，录音编纂抄本展现五个方面的内容：一是受访人电影从业史及与电影相关内容。二是政治运动经历及社会环境变迁的情况，由此展现电影人在怎样的环境中工作，以便理解他们为何及如何工作。三是个人生活史，是社会史的资料。四是个人心灵史或个性成长史，看社会环境如何塑造个人及个人如何与社会环境和社会关系互动。五是在确保对话信息清晰可感的前提下，不仅展现受访人“说什么”，也尽可能保留其“怎么说”，尽量保持口述历史采访的现场感及对话者的个性言语特征。在实际编选过程中，会因为采访方式、资料丰歉、编选方法、篇幅容量的不同而产生不同的变体形式。

这套书有须共同遵守的编辑体例。具体如，1. 每个访谈都必须有一些常规项目，例如采访人、受访人、摄像师姓名，采访时间、采访地点等。2. 保留采访人和受访人对话问答形式。3. 编纂抄本必须以原始抄本为依据，如有修订必须用括号标示。4. 编者可以做必要删减，但须保持对话语意的完整性。5. 尽可能保持受访人说话的言语特点。6. 编者应针对访谈录中须加解释说明的地方做出注释。7. 每个访谈录后面都必须有《采访人手记》，提供必要的工作说明。8. 每册书后，须有分册主编的《编后记》，说明其编选方法及理由。

除上述必须遵守的基本体例之外，在编选理念、编辑方法、技术技巧等方面，我们鼓励分册主编按照自己的思考和认知进行探索和创新。

三

这套书采取分册主编负责制度。分册主编人选，大多是“中国电影人口述历史”工作团队成员，包括张锦研究员、李镇研究员、黎煜博士、边静博士、周夏研究员、黄德泉研究员、蒙丽静博士、李相先生、王霞女士、彭锟女士、苗禾女士、赵正阳博士和我本人。我们还聘请了张震钦研究员、刘桂清编审等资深专家，孙劲松副研究馆员及《当代电影》檀秋文编审等担任分册主编。

“中国电影人口述历史”的采访和出版，首先应该感谢授权我们出版其访谈录的所有前辈电影人！

我们曾得到过程季华、罗艺军、李少白、马德波、孟犁野、戴光晰等学界前辈，北京电影学院郑洞天教授、陈山教授、钟大丰教授，复旦大学周斌教授，中国传媒大学胡克教授，中国艺术研究院影视所所长丁亚平研究员，北京大学李道新教授，上海交通大学李亦中教授，西南大学虞吉教授，电影史家翟建农先生，山西社科院丁东研究员，中国青年政治学院邢小群教授等人的帮助和指导，在此向诸位专家表示衷心感谢！

“中国电影人口述历史”计划得以顺利实施，要感谢电影频道慷慨资助；要感谢阎晓明先生、陆弘石先生！

感谢中国电影资料馆前任馆长傅红星、前副馆长饶曙光、前代理馆长张建勇及现任馆长孙向辉！感谢倡议者和领导者皇甫宜川研究员！感谢最先探索者启之研究员！感谢李迅研究员、李一鸣研究员、单万里研究员！感谢中国电影资料馆办公室、离退休干部处、财务处等所有支持和帮助过口述历史工作的同事们！

感谢所有担任过“中国电影人口述历史”摄像、录音工作的在读或已毕业的、本中心及外校研究生同学们！

最后，要感谢中国电影出版社！感谢所有为之付出的人！

目录

于洋访谈录……001
一、生于忧患时……003
二、“满映”小童星……007
三、从“东影”启航……019
四、新中国　新体验……031
五、进修表演……061
六、走上“十七年”巅峰……068
七、火红的年代……120
八、演而优则导……131
九、采访手记……154

杨静访谈录……157
一、草原上的“太阳花”……159
二、电影界新兵……182
三、生活的浪花……198
四、新岗位　新职责……224
五、红雨随心翻作浪……232
六、骑士的荣誉……235
七、笔耕不辍晚晴深……256
八、采访手记……258

于静江访谈录…………………………………………………………………… 259
一、童年往事…………………………………………………………………… 260
二、从军行……………………………………………………………………… 266
三、远渡重洋…………………………………………………………………… 274
四、电影观……………………………………………………………………… 277
五、爸爸妈妈…………………………………………………………………… 279
六、采访手记…………………………………………………………………… 285

追忆于晓阳…………………………………………………………………… 287
一、父亲　于洋篇……………………………………………………………… 288
二、母亲　杨静篇……………………………………………………………… 302
三、姐姐　于静江篇…………………………………………………………… 312
附　录：于晓阳年表………………………………………………………… 319

编后记：影人的真情………………………………………………………… 321

于洋访谈录

采访人	陈　墨
摄　像	赵　晶
录　音	赵　晶
采访时间	2009年2月至2009年7月
采访时长	42小时
采访地点	北京电影制片厂家属院于洋家中

一、生于忧患时

陈墨（以下简称“陈”）：感谢您接受我们电影资料馆口述历史项目采访，请您谈谈您的家庭，尤其是您的母亲。您觉得您的家庭对您的成长和成才有怎样的影响？

于洋（以下简称“于”）：在前年我出了本书，叫《在大海里航行》，我的自传，那本书基本上讲得很全面，很多资料可以在里面找。那么现在做一些补充吧。我是一个贫民出身的电影工作者。父亲是个商人，我是山东人，父亲在北京经商。爷爷那辈儿在北京有一个粮站，置了一些家当。在爷爷的主持之下，我父亲在北京娶了我母亲，母亲是北京人，家里是行商的牙医，后来我舅舅在东北开了个饭店，老一辈人是这么一种关系。我的两个哥哥都生在北京，唯独我生在老家山东黄县，现在叫龙口。当时爷爷的粮站在北京新街口，后来他年岁大了就回山东了，把这个粮店交给我父亲经营，这时候母亲带着我两个哥哥也回山东了，父亲一个人在这边，20 年代的一个“三十”晚上，我父亲和伙计们在一起打麻将，玩一玩，突然就着火了。这一场大火把整个粮店给烧掉了，当时这一下家底就没了。我的祖父一听到这个，一气就病倒了，父亲不敢回山东了，偷偷回去跟母亲告别。之后 1929 年他就去闯关东了，到吉林一带，光棍一个人去投奔我的外祖父，一直到 1936 年他没有回过家。

于洋在采访中

陈：7 年？

于：7 年。旧社会尤其是商人们都不愿意照相，照相把人脸画红，那个底片被说成是血脉，说把人血脉都照进去了，他不愿意照，所以我的父亲没有照片，也没有画，我从来不知道他什么样。1929 年他走的时候，我母亲就怀上了我，我是 1930 年生人，从我生下以后就没有见过我父亲，也没叫过爸爸，所以我对父亲没有印象。

陈：您从来没见过父亲？

于：没见过，我对父亲没有任何印象。据说大哥长得像我父亲，我和我大哥也是十来岁就分开了。1936 年，当时日本占领了东北，建立伪满洲国。这时候他在东北的佳木斯这一带，原来叫三姓，现在叫依兰，有人得了霍乱，日本人把这个村子里的人都集中到一块儿给烧死了，那时候日本人很残忍，据说我父亲是这么死的。

陈：活人也烧死了？

于：活着的人，就是说这个屯子要是有霍乱的话，整个集中起来烧掉，活人也烧掉。据跟我父亲同时闯关东的人传回来说我父亲是这么死的。当时爷爷去世了，奶奶也病了，大哥[①] 到东北去找父亲没有找到，他在外祖父家里住。我妈就带着我去找大哥，处理我父亲的事，所以算是带着我闯关东了。我们从龙口上船到了大连，从大连到了外祖父家。原来家里还能够生活，还有一点地，有买卖。现在家里应该说就比较破落了。在这种情况下，我和母亲投奔外祖父家，二哥就参加八路了。

陈：当时就参加八路了？

于：1937 年底、1938 年初的时候，当时山里就有八路，他就参军了，往龙口北山去。

陈：您二哥比您大几岁？

于：比我大 10 岁。他今年已经 90 了，还健在，是个老干部。我大哥那个时候在东北铁路局，在火车上烧火当司炉。我大哥喜欢文艺，爱唱歌，爱唱戏，是票友，那个时候他也就二十来岁吧，我才几岁，他比我大 11 岁。我们到了东北，在外祖父家住。过去旧社会，嫁出去的女儿住回娘家是很不光彩的事情，我舅母老说些难听的话，我母亲非常要强，所以一赌气就带着我们到了吉林北山，山根底下的一个小房子里住下了，这个小房子是夏天开茶馆。我记得很清楚是冬天去的，天很冷，只有我和母亲在那儿。我母亲给人家缝缝洗洗，做点杂活，我大哥工作的火车来回路过北山铁道口，经常拿个麻袋往下扔点煤，那时候靠这个生活。我 6 岁到东北，7 岁就上学了，上的是吉林北山小学。当时上学，就母亲带着我，大哥工资也

---

① 于延海，“满映”演员。

不够，基本上就是城市贫民生活。那个时候我记得吉林北山有个老爷庙，老和尚还送我一些衣服改着穿，小时候比较苦。我哥哥他们可能还过过好生活，我没有。

陈：对，您从来没当过少爷。

于：没有当过。从我记事开始生活就比较苦。后来若干年，我是在贫民生活里长大，我经历过一些事情也都是城市下层的生活。

陈：您对上小学还有印象吗？

于：我去小学时很有意思，老师问我叫什么，我说：“我没名，老师给我起个名吧。”我小名叫三石头，农村孩子嘛，为了结实一点。按家谱，我是“延”字辈，我自己当时也不知道。我记得老师和我开玩笑，我很生气，这个印象最深了。当时因为我舅舅姓甘，我姓于，老师说：“那你就叫‘于甘’吧，你姥爷姓‘甘’你姓‘于’，叫‘于甘’。”我急着说：“不能叫‘于甘’。”（笑）后来我回家，妈妈才告诉我大名叫于延江，我才知道自己叫于延江。我还有个小名叫福寿，吉利嘛。一年级时，我记得第一课是《一人二手》：“你有手，我有手，你是兄，我是弟，兄弟二人拉手跑，一条狗，两条狗……”当时是这样的课本，很有意思，每天都背这个。

陈：是中文还是日文？

于：中文，那个时候是中文，中国学生的学校。那时候还没有日语课。

陈：早课朝拜那些事呢？

于：我在吉林还没有这个，1937 年那时候还没有，到后来日本人全面统治时才有，初期还管不过来。那时，生活靠着我大哥，我大哥又不太正经，就爱玩，爱唱戏，是票友，他没征求我母亲的意见，1938 年自己考到“满映”[①] 当演员。我和我妈妈曾去找过他，但因为当时他跟“满映”里的日本人打架，当时“满映”圈子里已经有日本人了，虽然不多。哪能打得过日本人呢，所以他就走了，我们到那儿时等于扑了个空。我妈妈后来就不回吉林了，她要去给人家当老妈子，人家不让带孩子，所以我妈妈就把我送到孤儿院去了。那时候新京二道河子有一个孤儿院，我在那儿待过，待了两三天夜里就偷偷翻墙跑了。我当时不知道我妈在哪儿，我就跑回城里的老妈子店。我记得我跑了一夜，从 12 点钟跑，跑到天亮，才跑到城里去。

陈：那时候您多大？

于：那时候 8 岁，胆大。我在的那个孤儿院，虽说是慈善机构，但也

① “满映”全称为“株式会社满洲映画协会”，又名“满洲电影股份公司”，成立于 1937 年 8 月，伪满洲国的电影制片发行机构。

非常苦。几十个孩子在一铺大炕上睡，晚上挤的呀，尿炕的，什么都有。虱子在墙上爬，很大个儿的虱子，咬得睡不着觉。劳动的时候，教养老妈子就拿鞭子抽这些孩子，都是孤儿嘛。所以，两天我就不干了。

陈：您找着那个老妈子店了？

于：找到了，那时候有个三马路，三马路有一个老妈子店，我知道。那时候我妈妈已经到一个人家去了，我就问他们能不能帮着我找找我妈，我在那儿就住了一两天，跟那些妇女住在一块儿。后来我就找到我妈了，我妈在一个姓曾的教授家，是北京人。这个教授大概已经60多岁了，他带了一个姨太太，就他们两个人，他们不习惯东北的生活，所以正好找到一个保姆是北京的，我妈妈当时做饭也挺好的，他们就特别高兴。我找到了妈妈之后，我妈妈就跟他们说，想带着我走。这一对老夫妻就说："你把孩子留在这儿吧，我给你高价钱。"他舍不得放走我妈。后来就住在他家里，这个老头儿对我特别好，我的汉语拼音还是他教我的，他的孩子都在北京。我记得这时候，我已经上了二年级还是三年级了。后来，"满映"的电影厂已经搬到了洪熙街，就是现在的老地方，我哥哥在那儿有个宿舍。这时可能是教授家要回北京，我妈妈就带着我去"满映"后面的宿舍里住，这大概是1939年的事。

二、“满映”小童星

陈：您哥哥在“满映”演过电影吗？

于：演过，在我印象里他就演坏蛋，没演过什么正经电影，那个时候“满映”电影我也不是很了解。我哥哥是学员嘛，他们拍电影，我记得有个片子叫《寻母记》，但是我也没看过。那时候，搬到这个院住的还有一些“满映”演员，这些演员都是中国人，我看他们生活也都很苦的。他们分佣员、雇员，就像今天我们的科级、副科级这么划分等级。

陈：佣员是怎么回事？

于：佣员里还有甲佣、乙佣，乙佣是最低的。升一级就是甲佣，再往上就是雇员；雇员也分甲乙，乙雇、甲雇；再上一级就是副参事、参事。这就像我们今天的股级、科级、处级。

陈：您住的地方都是级别比较低的人住的？

于：对，都是比较低的，像一个大杂院似的，只不过是一排一排的房子，我哥哥就一间房，一进门是一个炉台灶，第二个门一进去就是一铺炕，那边能放个桌子，很小。他走的时候没有辞职，所以他的名字还没有被除掉，后来才除掉了。我从这个时候开始接触到电影，当时我在西安桥小学上三年级、四年级，到后来五、六年级的时候上的是自强小学。当时日本人的学校是小学四年，高小两年，中学四年，没有初中、高中，就是中学四年，完了上大学，是十年制的。我上学的过程里，母亲就靠做点小买卖，贴点大饼子供我读书、生活。那时候他们演员生活也比较苦，他们配给的东西都很有限，虽然是演员，跟现在演员是两码事，他们完全就是一般的贫民。有时候花几分钱买大饼子吃，买个咸菜，也就这样。有时候就叫我母亲：“于大娘，给包点饼子。”我母亲就用棒子面包上菜团子给他们吃，他们特别爱吃。那时候中国人吃不到大米。

陈：吃不到大米？

于：没有大米吃，吃大米那叫“经济犯”，如果抓到你吃的话，就要问清楚是怎么来的，所以那个时候一般就吃窝窝头、高粱米，最困难的时候，战争开始以后，是橡子面①。吃得中国人便秘。所以那个时候，现在回想起

① 橡子面是橡子树果壳的果实研磨的粉，这种粉就叫橡子面。橡子面可以充饥，但是味道苦涩。

来就是亡国奴的生活，那就像牲口一样。日本人是高等的，是有大米吃的，他们是配给制。战争最严重的时候，他们也分大米、黄豆两种，中国人里也有高级人物，像参事这一级的可以给点黄豆和大米，他们得有证。那时坐车，我印象最深的是有轨电车，前面挂红牌子的车是中国人坐的，叫劳工车。白牌的车是日本人坐的，劳工不能坐日本人的车。当时，我虽然才十来岁，我看到这些就觉得，中国人跟日本人差别太大了。尤其是我们每天上学、放学经常和日本孩子一块儿走，日本小孩都上白牌车，我们中国小孩要上那个红牌车。上学带的饭盒，人家的都是白米饭，黄豆饭，我们中国人带的是橡子面、高粱米、棒子面。

陈：对小孩影响其实很大，刺激很大。

于：哎呀，刺激太大了。所以那个时候过年我们想吃顿肉，都得偷着买。买大米，那时候也有黑市，都偷着买。吃大米饭的时候，要把门锁上，千万不能让人看见。我记得过年的时候,我妈妈就把门锁上,焖点大米饭吃，大米饭那个香啊，所以我的童年是这么过来的，就是一种亡国奴的生活。

陈：您上学的学费大概是多少，您还记得吗？您当时觉得您的学费会成为您母亲的负担吗？

于：学费不会很高的，他们也讲国民教育，政府也有补贴嘛。没有什么负担，那个时候我妈妈是给人缝缝补补，再卖点大饼子，就靠这个过日子，有时候给我拿出一点，就几块钱吧，很少。

陈：您在新京上学的时候和北江上学的时候，课程设置有什么变化吗？

于：那不一样了。那时候就学日语了，我在学校两门课不及格，一个是日语不及格，因为我不愿意学那个，我跟日本小孩老打架。日本孩子也很有意思，他们从小就被灌输武士道精神，爱打群架，约定好下午几点钟在哪儿集合，打群架。有时候我们打得还挺厉害，把他们打得鼻青脸肿，他们也把我们打得够呛，但如果被学校知道的话，我们要受罚。

陈：受罚平等吗？

于：当然不平等了。那个时候日本孩子不跟我们在一个学校。有日本学校，有中国学校，日本学校就很阔气了，门口经常有汽车过往。那时，我们打群架的原因往往是我们中国孩子老往白牌车上挤，日本孩子就往外踢我们，我们就感觉到不服气、不平等。所以那个时候，我们经常组织中国小孩到日本人家去偷菜，日本人家门口一般都种菜，西红柿什么的。日本人家虽然富裕，但太平洋战争开始后，他们也完了。那个时候在我印象里，日本人当官的都骑着马、跨着刀，后面还有个跟包的，跟着跑。

陈：您刚才说您在学校里面有两门不及格，一门是日语，不愿意学，出于民族自尊心，还有一门是什么？

于：算数，脑子不行，不愿意算那个。什么好啊？画画，体育，唱歌什么的，这都可以。

陈：他们的国文是怎么上的？

于：国文那个时候就改了，不是一开始我上一二年级的课本了。那时每天上学早晨起来在操场集合，要念《国民训》[①]，按照日本学校的那个背。见着日本老师就得说“おはよう！”（日文的“早上好”）。所以我们见日本人躲着走，不愿意跟他们打招呼。日本人那个时候很牛气，他们的孩子穿得也好。我们那时穿的衣服都不是纯棉布的，纯棉布轮不上中国人穿，叫更生布[②]。更生布特别不结实，磨几天就破了，就是一套更生布的衣服也得爱惜，过年过节穿，用的棉花都是黑棉花，所以那个时候中国人过的生活……那时候叫“满洲人”。

陈：您上学的时候，觉得自己是山东人还是“满洲人”？

于：我觉得我是山东人，我是山东来的。

陈：那实际就是中国人。

于：嗯，是。特别是我二哥1942年到东北的时候，给我讲了很多八路军抗战的事情。他当时做地下党工作，到东北去了解情况。我听了他的话就对日本人更看不顺眼了。日本小孩也很傲气，因为他们家长是那样的，所以他们也认为中国小孩是劣等的。所以在这么一种极端不平等的生活下，我是有一点正义感的，就不服气。天下人都是一样的人，怎么悬殊这么大！

陈：您跟日本小孩打架，回家挨妈妈骂吗？

于：不敢告诉她。到学校会挨打，因为打架，衣服撕破了，书包也坏了，上课迟到了，老师问起来，说是和日本学生打架了，老师就很紧张。日本人找来的话怎么算？就要伸出手，打手板。

陈：有过日本小孩家长找来学校的吗？

于：人家不是找来，是通过学校告你：“你们这个学校对学生要加强管理，他们很不遵守……制度。”他们给中国人规定了很多条条框框。那个时候我记得中国真正当劳工的人，穿的衣服是黑棉袄，就是那种更生布的黑棉袄，上面带一个红布条，那就是做劳工的标志。日本人那时候穿西装，虽然不太好看，但是他们穿得很神气，日本军人，就骑个大洋马，那时小轿车还不多。

---

①《国民训》，伪满时期日本侵略者公布了五条《国民训》，内容全是驯服、奴化学生的“中坚国民”“学生本分”“报恩感谢”，宣传“日满亲善”。

② 更生布，就是用破棉絮和破衣服纺出来的布，美其名曰“更生布”，有的是用植物秸秆织成的麻袋片。

陈：您在上学时不喜欢上日语课，那怎么办呢？不及格？

于：不及格让我补啊，因为这个，我还降过一次级，我记不太清楚了，在全班都是考得最不好的。我从情感上接受不了，就是不喜欢。那个时候我就认为我是中国人，但是最滑稽的是我和我的母亲没有民籍誊本，就是户口本。没有这个民籍誊本，我们就只能买私人的东西。后来我高小毕业以后，也不能考真正的国民高等学校，它们叫“国高”，在长春有几个“国高”都是正式的，不允许我考那个。原因就是没有民籍誊本，所以那时候只能上私立学校，私立学校就比人矮一等。正式的国高学生很洋气的，考上国高，那就是大绑腿，戴战斗帽。私立学校就是杂牌，也没有统一的校服。所以我那时候接触底层的人比较多，有时候爱打抱不平，看有人欺负人，我就不服。我这人一辈子就是这样的。

陈：您小时候是不是比同龄人个子也高一点？

于：同龄人里头我长得比较壮，因为是山东过来的。那时候我很讲义气，谁对我好一点，我就不得了了。我记得我在吉林的时候，同班有两个同学跟我特别要好，当时我们模仿小人书里的桃园三结义，磕头拜把子，约定好谁要受欺负了,其他人就要替他出头。拜把子后,人家给我两支铅笔，我家里没什么，我就把家里用来过年的冻肉作为回礼给他们俩一人一块分了。那时，家里丢肉是大事儿，晚上，我妈妈就打我，她从来没有那么打过我,因为母子两个人生活不容易,她一边打我,一边哭。这都是在“满映”家属宿舍里生活的那一段，那时候“满映”拍电影，也像现在一样找群众演员，我和妈妈都当过群众演员。

陈：您和您妈妈当群众演员之前，看过电影吗？

于：看电影不多。

陈：您第一次看电影的印象是什么？

于：我最初对电影没什么印象，那时候，他们拍电影我还知道点，什么《黑脸贼》《白马剑客》《燕青李师师》，这都是古装戏，庙会的戏要找群众演员，有时候我妈妈也去，我也跟着去。那个时候一天挣几毛钱吧。今天来了，明天也可以不来。

陈：几毛钱可以做什么用？一天生活费是多少？

于：一天生活费一两毛钱差不多就够了。拍一天戏能够养活自己一两天。那个时候东北大碗的面疙瘩汤，给我印象最深了，五分钱一碗。所以挣几毛钱的话也还可以。

陈：群众演员活儿多吗？

于：反正那个时候不断吧，电影厂边儿上，他们搭一些古代的房子，在那儿拍。服装也是他们提供，服装是有数的，拍完要交回。

陈： 自己演的是什么片子知道吗？

于： 不太清楚，拍的反正是古装戏为多。我记得最清楚的是有个叫张天赐[①]的导演，当时我以为他是日本人，因为他日本话讲得很好。当时中国人能当导演，日本话一定要好，比如后来的朱文顺[②]、周晓波[③]、唐学堃[④]、王心斋[⑤]等。其他的都是日本导演了，他们不会导中国人的戏，所以要培养中国人的导演。他们这些中国导演也住在这个宿舍群里面，他们住得比较好一点，大概有几间房子。出来进去的，我们也都常看见他们，见着这些人我们就要说“导演，你好”。我见着这些人，基本上也是绕着走，也不愿意给他们行礼。那时候日本人教育的，中国小孩见了长辈都要行礼，见了日本人就更不用说。那时在学校，日本人叫阶级服从。三年级的学生可以打二年级的学生，五年级可以打四年级的学生，像四年级的学生见到五年级的值班生要行礼，你不行礼，他可以揍你，而且打你的时候，还要立正站着，这叫日本奴化教育，就是打嘴巴子你得老老实实在那儿站着。我始终不习惯这个。我小时候就在这种环境里生活，很压抑，就是这么一种挣扎。那时候就盼望着过年，过年能吃上肉，能吃点饺子。平常能吃到菜窝窝就很不错了。窝窝头里搁点白菜叶子，或者虾米，那时候我妈妈在黑市上买点猪肥油，拿猪油和那个馅儿最好吃了，还有小米饭、高粱米饭里放点酱油，放点荤油也好吃，那个时候过得很难。所以当时我二哥到东北时，我想跟他走，他说：“我现在是执行任务，你就好好地在这儿跟妈妈一块儿。”那个时候他偷偷跟我讲他是八路军特工队的，那时候，八路都不能讲，就比划这个“八”，就知道是八路军了。那时候传八路军神出鬼没，日本人也传，说他们厉害，会飞檐走壁。所以我听说我哥哥是八路军，我特别高兴。那时候他就讲毛泽东，讲朱德。那时候我就知道有个八路军打日本人，国民党我还不知道，蒋介石我也不知道，我最知道的是毛泽东

---

① 张天赐（1910—1994），福建漳州人，上海电影制片厂导演。1938 年毕业于日本东京电影艺术研究院导演系，先后在“满映”、长春东北电影公司、长春电影制片厂、上海清华影片公司、国泰影片公司和上海电影制片厂任导演。

② 朱文顺（1920—1995），辽宁大连人，东北电影制片厂导演。1938 年，在“满映”任剧务助理，后任导演，1945 年加入东北电影公司任导演。1948 年调入东北电影制片厂，先任剧务主任、代理剪接科长，后来任导演。

③ 周晓波（1916—不详），辽宁西丰县人，电影导演。1938 年加入“满映”，是“满映”独立拍片最早的两名中国导演之一，导演作品有《园林春色》《天上人间》《大地逢春》等影片。

④ 唐学堃（生卒不详），电影导演。1941 年考入扩大后的“满映”养成所的演出科导演专业，在《好孩子》等多部电影中担任副导演。东北电影制片厂成立后担任导演科科长。

⑤ 王心斋（1918—不详），辽宁大连人。是“满映”早期创作人员之一，曾到日本留学半年。导演作品有《皆大欢喜》《夜半钟声》等。

和朱德，那时我十二三岁。

陈：您中途有一次和您母亲还回过北京？

于：那是我二哥还没去之前，1941年我们回来过一趟找我大哥，据说他在北京这边，也是搞电影，当时我妈妈准备带着我回来就不走了，结果又没找到，就回去了。

陈：我看您的自传，说是得到了张敏的帮助，在这之前您两家熟悉吗？

于：认识。在演员宿舍认识的，她的家也在那儿，她的爸爸妈妈在那儿，生活也很苦的。后来，她嫁给一个导演，叫王则[①]，他是国民党的一个地下人员，当时在北京，张敏就到北京来生孩子。那时候我和我妈妈在北京没办法就找到了她，是她给我们回去的路费，我们就在北京待了几天。她那时候是名演员，她有护照，可以来回走。

陈：那时候过山海关，还要有护照？

于：过山海关当然得有护照了，那是从伪满来的，钱币也不一样，要换钱，那边是“满洲票”，要进关、出关。我们找到她之后，她看到我和我妈妈一老一小，就给我们点接济，所以我很感激凌元[②]，她那时候管我叫三兄弟。

陈：您在1942年真正从影，前后经过是怎样的？

于：当时“满映”就是在院里找一些小孩来演电影，我记得当时挑了我，还挑了一个是叶苓[③]的弟弟叫叶笙，那个时候对演电影没有什么太大的印象，让怎么做就怎么做，小孩嘛。《园林春色》我是有印象的，《园林春色》挣的钱不多，每天有点出差费，是到大连金州去拍的，我们从新京过去，在一个苹果园子里面，那时候一天大概有几毛钱的出差补助。我挺省钱，我一天花不到两毛钱吃饭，剩下那几毛钱就准备买东西了。拍这部电影也定合同，内容我就不知道了，他们是和我妈妈定的，演员片酬大概也就十几块钱的样子，钱不多，不会上百的。那时候钱都是几分钱、几毛钱地算，一上百就是很有钱了。那时候上百，叫老绵羊票了，它那上面的图案是老绵羊的。那时候见不着百元，见得最多的是铜子，一毛、两毛，再就是一块，有一块钱的票已经是很不简单了。一般工资，也就是一二十

---

① 王则（1916—1944），辽宁营口人，“满映”导演，因反满抗日，于1944年3月被伪新京警察厅逮捕，并于9月死于狱中，年仅28岁。

② 凌元（1917—2012），中国电影女演员，原名张敏。1931年“九一八”事变后失学，后在长春百川医院任助产士；1937年入“满映”任演员；1946年起任东北电影制片厂演员；1951年任北京电影制片厂演员；2012年1月20日在北京因病去世，享年95岁。

③ 叶苓（1925—不详），哈尔滨人，演员。1938年入“满映”，在《万里寻母》《风潮》《黄金梦》中饰演女主角。

块钱，二三十块钱的。

陈：那张敏老师当年的工资是多少呢？

于：她应该要稍微多一点，可能能挣过上百块，这个就不太知道了。

陈：您在《园林春色》这个片子当中演的是主角吗？

于：演一个小孩。不是主角，演主角的小时候，演谁小时候呢？这个演员叫侯建夫[①]，他当时叫侯志昂，演他的小时候。叶笙演的是一个叫杜撰的小时候，有一个叫马曼丽的小孩，演的是孟虹[②]的小时候，我们三个小孩。剧情是三个小孩一块长大，长大之后，其中一个男孩出去上大学了，另一个男孩在家里务农。这个女孩子长得非常漂亮，大学生回来就喜欢这个女孩，但这个女孩和农村这个男孩子，就是我演的这个孩子更接近。大概就这么一个故事，这部影片的导演叫周晓波。

陈：您看过这个电影吗？

于：我没看过。

陈：您在演这个戏的时候，有台词吗？那个时候您的台词说的语言是？

于：有台词，那时候已经说东北话了。

陈：别的演员说的都是东北话吗？有说北京话的吗？电影对说什么话有要求吗？

于：都是东北话，那时候在东北的生活环境里没有说北京话的。没有什么要求。

陈：您刚才说这个片子也许是第一部，还有另外一部比这个更早的吗？

于：除了出演群众演员，我记得还演过一部电影，叫《爱的微笑》吧，是写小孩，写学生的。写一个先进的学生，我演一个坏孩子，一个逃学的孩子，老给好孩子使坏，这个电影我有印象。也是个小孩，话也不多，就那么几句话。我跟叶笙当时拍了两个。这部和《园林春色》差不多同一时间拍摄，都在 1942 年前后。

陈：您在表演过程当中，就是无师自通了吗？有没有遇到过特别的困难？

于：那个时候不懂什么表演不表演，人家让干什么就干什么。不知道什么叫紧张，反正就是假模假式的，是那么一种样子。有时候会打一下结巴。

---

① 侯建夫（1920—1962），又名侯志昂，山东掖县人（今山东省莱州市）。1937 年考入“满映”训练所成为第一期学员，1943 年入华北电影公司任副导演，后入“中电三厂”做演员，1949 年后任北京电影制片厂演员，1955 年调入长春电影制片厂演员剧团。

② 孟虹（1922—不详），哈尔滨人，演员。1937 年加入“满映”演员训练所，是第一期学员，是“满映”著名女影星之一，出演作品有《明星的诞生》《园林春色》《小放牛》等，后去了台湾。

导演就说:“再重来，你不能打结巴。”词有时候记得不是太清楚，打结巴，像嗑巴似的，人家说:“你注意点，重来一遍。”

真正懂点表演的，那是拍那个电影，名字叫《好孩子》，也就是《表》，1942年底拍的。因为我前面拍《园林春色》，他们知道反正这孩子不紧张，所以就找我演了。电影按照《表》的那个意思下来，但是它整个改了，因为这个是按照伪满洲国教育的需要，歌颂它的王道乐土，歌颂它如何改造流浪儿的问题。演这个影片就很有意思了，让我演一个在街上流浪的坏孩子，穿着破衣服，在街上偷东西。我心里想这个对我太自如了，底层生活我都很熟悉。看到橱窗里的肉那馋的、想偷的感觉，这我都有过。还有抢完东西就跑的戏，虽然我没抢过东西，但我见别的孩子抢过，所以这个时候反正就是把他们那个样给演出来就可以了，那时候也没有什么体验角色。这个就很自然，我就开始自觉地把自己的生活经验放到电影当中来了，知道要去演一演了。

陈：这部片子的角色分量比《园林春色》要重?

于：那当然重多了。

陈：那当时的报酬是多少?

于：报酬那个时候也都不太多，顶多有个几十块钱，最多了。

陈：您母亲那个时候对您挣钱怎么看?

于：哎呀，那时候我妈妈高兴极了。而且我知道孝顺，我有几块钱就知道给妈妈买东西，因为我妈妈特别喜欢扎腿带，腿带也不贵，几毛钱，买一双白袜子。那时候我才十二三岁。有时候我妈妈不在家的时候，我自己做饭，十一二岁我就会做饭，我记得我炒第一个菜是炒土豆丝，把油放上之后，把土豆搁进去炒，炒的时候搁点咸盐，给炒熟了。土豆那个香味，有点咸味，挺好吃的。

陈：您的传记和《电影家列传》里面，说要经过一层考试，然后上的工读学校，这是怎么回事?

于：所谓半工半读，是有戏演戏，无戏上学，这种半工半读。

陈：学校跟“满映”有关系吗?

于：跟“满映”没有关系。不是那种工读学校，我上的社会学院。我有戏的时候，就跟学校请假了，没戏，我就上学去。所以在学校的时候，常常功课跟不上，还得别的同学帮助我。

陈：您其实没有一个正式的年限，比如哪一年考入“满映”?

于：没有，不是正规的“满映”演员。一直当群众演员，有事就去。不是在册人员，就是合同演员。演多长时间，给你多少钱，演完就该上学上学。

陈：这两部电影,《园林春色》和《表》,您各演了多长时间？比如《园林春色》在大年初三上映。

于：大年初三，大概就是半个月，十几天，不到二十天的样子。《表》也是这样的，拍《表》休息的时候，我就去上课，拍的时候就跟学校请假，所以学校都知道我去拍电影去了，那时候他们管我叫童星，所谓童星就是这么叫的。

陈：学校支持您拍电影吗？

于：家庭比较困难，学校知道就我和我母亲两个人，从经济上考虑的。当时就是能够生活、糊口，就是这样。

陈：您自己和您母亲也是这样想的吗？

于：当时就是这样，我的志愿绝不是拍电影，我志愿是长大以后，能够开飞机。还有一个是看日本人那么厉害，想当宪兵揍日本人去，脑里总是这样的。总是想报仇，是这样一种思想。所以我小时候，从没想过将来要做个艺术家，电影明星。

陈：成功地演了几部电影之后，您也没有当演员的想法吗？

于：没有，那个时候就是为了生活。那并不是我的志愿，而且我对这个还有点看法，我就觉得装疯卖傻没意思，我对当演员没什么兴趣。

陈：您学校的同学当中有没有人看过您演的电影。

于：看过，在学校里，大伙儿对我特别好，也有一些好同学给我补课帮助我。他们看过电影之后觉得不错。

陈：还记得在银幕上第一次看到自己的感觉吗？

于：挺难看的，自己不愿意看。我那时候没有什么特别的感觉。那时候为了生活，就是为了能够挣点钱，脑子里就是这个，挣点钱，让我妈妈过得好一点。

陈：除了这个《表》和《园林春色》，小时候在“满映”还参演了哪些影片？

于：其他都是群众演员了，有台词和专场戏的基本上就是这两个。还有一个大概是，叫《奇童历险记》。那是别人主演的，我在里面戏份很少，就是记得扶个小女孩过河，在里头使个坏还是怎么着的。

陈：您那个时候演戏，自己其实并不享受表演的过程，最大的享受就是能得点钱。

于：那个时候生活在底层，能够生活已经很不错了。大部分时间都是在上学，再就是群众演员。那时候看别人演的电影比较多。哦，他们是这么演电影的。特别是那个时候我对《黑脸贼》《白马剑客》感兴趣，我就看他们里头的武术，老练武术。

陈： 当时您在传记当中说，您妈妈做群众演员，当时在新京那个地方，会有舆论压力吗？

于： 没有什么压力。因为在电影厂的环境下，群众演员多了，都出群众演员，那时候在家闲着没事就干。我妈妈跟外面也没有什么接触，所以也经常出去挣点钱，就这样的。

陈： 您母亲和您大哥，演过有台词的角色吗？甚至主角，有吗？

于： 没有。

陈： 您看电影是在厂里看，还是在电影院里看？

于： 厂里，看拍摄现场挺有意思的。那时候最红的演员有个叫张奕①，他是最红的，《白马剑客》是他演的。这两部电影都是张天赐导演的。我就爱看他们现场打斗场面，有教他们武术的人，这个时候我就在旁边看一看。

陈： 有没有在电影院里看？

于： 很少，很少。有时候厂里头有放电影的礼堂，有时候还不大让外人去，有时候我们会溜进去，偷偷看一看。我们都属于家属宿舍的人，不是正式的，人家不让进，那个机关也都有门卫，有警卫，有时候不让你进，只能偷着溜进去。

陈： 我想让您说说在"满映"的印象，特别是合作过的那些导演，张天赐导演、周晓波导演，这些人是什么样的？我希望将您在"满映"所有的印象都记录下来。

于： 我对他们最大印象就是都会说日本话，他们属于在中国人里的高层人员了。

陈： 但是他要指导您演戏啊？

于： 演戏，主要是副导演给你讲一讲。导演有时候也说："哎，小孩过来，这么、这么弄。"不像我们现在这样。导演就是有时候过来启发你两下。其实我受导演启发最多的还是那个《好孩子》的导演唐学堃。当时，他还是个年轻导演，这部电影是他和一个日本人池田② 联合导的。池田不大会说中国话，他老摇头，说这样不行，那样不行。他们的启发就是让你怎么做就怎么做，没有说是像现在我们从感情上启发的，就是教你："你

---

① 张奕（1920—2006），吉林省长岭县人，演员。1937 年考入"满映"演员训练所成为第一期学员。参演作品有《白马剑客》《黑脸贼》等，成为"满映"后期有影响的反派演员。1949 年后，他从事话剧活动。

② 池田督（生卒不详），"满映"后期日本导演。导演过《好孩子》《虎狼斗艳》等影片，后因征兵入伍，脱离"满映"。

偷东西，不偷不成，不偷饿得慌，你不听话，老师生气。”非常简单的。

陈：那时拍电影，跟您后来拍电影，有哪些区别？

于：那个时候拍电影比咱们现在拍电影简单，没有像后来这么复杂。在我的印象里，我就看他们说说就拍了，反正我所接触到的都比较简单。

陈：这些电影听起来，跟中国其他地方拍电影，不管是内容上还是主题上都看不出来有文化差异，您觉得有吗？

于：没有，反正在我拍的电影里面没有，没有很明显的差异。但是有一部电影给我印象比较深，叫《黄河》，导演是周晓波。是1944或是1945年[①]拍的，主演是李香兰[②]，她当时是日本和伪满洲国两边跑。影片写的是黄河的战乱，他们怎么逃荒。片子是在河南拍的。当时去河南就算“出国”了。我记得，他们每个人回来穿的衣服，都是在国内制的棉衫，像现在美军穿的衣服，我记得他们的皮带上面还有“黄河”两字。那个海报我记得很清楚，上面有“黄河”两字，一个是李香兰，和一个男主演姓隋[③]。

陈：您自己没有参演这方面电影？

于：没有。“满映”的片子大部分都是古装片和伦理片，目的是安顿民心嘛。

陈：您在“满映”一共演了多少部片子？

于：就是三四部电影吧。

陈：这三四部电影对您后来的表演，客观上有作用吗？

于：至少电影现场的东西我都知道了，比别人更熟悉点，知道电影要自然地反映生活，把生活通过镜头，通过现场反映出去。后来从八路军转过来拍电影的人，或者从舞台上过来的人，总是在那儿演戏。所以他们演戏，我就乐，我说干吗这么演啊。演话剧是演话剧，话剧讲抑扬顿挫，到后来和一些老演员接触，看他们演，才知道话剧是这么个演法，电影不一样，在这当中我就能分辨了。

陈：这个时候您上中学，学业影响到什么程度？您对自己的中学经历有一些什么样的印象？

---

① 疑受访人记忆有误，电影《黄河》拍摄时间应为1942年前后。

② 李香兰（1920—2014），日本人，本名山口淑子，生于辽宁省抚顺市，祖籍日本佐贺县杵岛郡北方村。是20世纪三四十年代红遍亚洲的日本籍著名歌手和电影演员。1906年举家迁到中国东北。1933年被李际春收为义女，改名为李香兰。1945年日本战败，李香兰以汉奸罪名被逮捕，后因其日本公民身份被无罪释放。1946年遣送回日本，1947年改回原名山口淑子继续其演艺事业。1958年冠夫姓成为大鹰淑子，告别舞台转而从政。1974年当选参议院议员。李香兰受过正式的西洋声乐教育，代表作有《夜来香》等。

③ 即隋尹辅，“满映”训练班一期学员。

于：中学那个时候，虽然是个私立中学，但是也得学日本人那一套。要求学生穿的衣服虽然不一样，但都要打绑腿，戴帽子，因为那时候战争环境，也要实行那一套。半军事化吧，要求排队，还要动员参战。说老实话，中学没有学太多，因为那个时候战事已经来了，从1942年以后，日本人经常组织什么防空演习。所以学习也不是太正规，我又三天两头演戏，所以我那一年多的中学生活，没有学到什么真正的东西。日语当然是不及格的了，数学也不太好。就喜欢运动，我特别喜欢运动。田径、打球我都愿意参加，那时候打棒球。另外我跟同学们去武馆学武术，下课就上武术队去。所以我的武术好，老是做示范动作给别人。对课程这些东西，我不太感兴趣。

陈：冰雪运动呢？

于：我会滑冰，滑雪没有怎么滑过。运动难不倒我，我都可以参加。所以后来我跑马拉松、举重，我都会点儿，也喜欢。

三、从“东影”启航

陈：1945 年 8 月 15 日，就是日本投降的这一天或者前后，您有印象吗?

于：反正我就记得日本天皇宣布投降的讲话到处播放，像个大喇叭似的。这时候中国老百姓一下子就起来了，印象最深的是，老百姓开始像暴动一样，那时候也打日本人，日本人立刻就蔫儿了。我记得日本居民那时候就不敢一家一家住了，他们都是两三家搬到一块儿去。过去日本人骑的大洋马，这时没人骑了，就自己跑出来了，没人拣，我就把它抢来了，那时候中国人叫拣洋落儿。

陈：实际上有一些也是抢?

于：日本人这十几年的压迫太厉害了。城里的伪军，都是伪满洲国的国兵，就跟日本军打起来了，他们实际上也受日军欺负。这就乱套了。这时候就有中国人开始去日本的仓库里拿东西了，仓库里毛衣、军裤、汽车轮子什么都有。这时“满映”的日本人还可以，他们都是文人，比较老实。“满映”里的中国人对他们不是像城里有些劳工那么猛，都认识，中日职员之间的关系没有那么激烈。这时候我记得日本人还发给中国人疏散费。

陈：对，甘粕正彦① 他自己贷款了几百万，发给全体，包括日本人，也包括中国人。

于：那我不清楚。

陈：他自杀的前一天，您在场?

于：他是夜里自杀死的，那一天有一个晚会，我去看了。晚会上他们一起喝酒一起唱歌，日本人也唱，有的还哭，中国人也唱，唱的都是流行歌曲。甘粕正彦像我们一般都接近不了的，他是高官了，他讲没讲话我就不知道了，反正那天晚上他在，第二天我就听说他自杀了。这个人个儿不高，光头。穿着军装、马靴，挎了个刀，他周围的日本人都保护他，一般的中国人很少接近。

陈：您说那个晚会，您是自己去的，是吧?

---

① 甘粕正彦，日本宪兵队长出身，特务，伪满警察的最高头目。1912 年毕业于陆军士官学校第 24 期。1921 年任宪兵大尉。1931 年到中国东北，在沈阳宪兵分队任职。1932 年任伪满洲国民政部警务司司长。1937 年任协和会中央本部总务部部长兼规划部部长，1939 年任伪满洲国映画协会理事长。1945 年日本投降时自杀。

于：我自己偷着进去的。是宴会还是吃饭，我不知道。

陈：那时候您对“满映”的日本人仇恨心强烈吗?

于：对日本人有仇恨心理，但“满映”那些日本人，他们都是搞电影的，有的见面还挺客气的。他们跟外面的日本人不一样。尤其后来这些日本人，都到兴山去了，他们都是文人，当时我记得在8月15日以前，他们从“满映”征集了一部分日本年轻人上前线了，叫神风敢死队[①]。每个人拿着个旗子，旗上都签着名，都是告别，永别了。那时候战争到最后了，大概1945年，日本人好像决一死战的感觉。

陈：您在抗日战争结束以后这一段经历是什么?

于：日本人垮了以后，这时候在长春做地下工作的赵东黎、张辛实[②]、江浩等7个人就进“满映”了。“8·15”以后他们开了几次会，商量“满映”该怎么办，在这之中，斗争比较厉害，有国民党的地下党，有共产党的地下党，还有要钱党什么党都有，比较乱。日本人投降以后，市面上是苏联红军掌握，很多地方都是苏联红军站岗，“东影”[③]也是苏联红军的人站岗。“东影”实际上是被中共地下党和苏联红军控制了，有的单位可能是国民党在那儿控制，这个时候都不太一样。1945年底，当时有部分人要卖机器，有一部分人主张维持，最后是主张维持的一方胜利了。这些会议我都没有参加，我都是听说的。这时候他们成立了两个委员会，一个叫技术委员会，一个叫艺术委员会，也叫电影人联盟，这个时候凌元、江浩他们在这一部分，王启民[④]、马守清[⑤]他们是技术联盟的，因为当时我生活在这个环境里，我就去参加他们这个演员联盟了。

---

① 神风突击队，又称神风特攻队和神风敢死队，是全部由十六七岁的青少年组成的自杀性质的敢死队。神风突击队由“二战”时期日本天皇设立的敢死士兵组成。

② 张辛实（1916—1984），原名张英华，吉林省辽源市人。1939年入“满映”。解放后，导演《窦娥冤》等电影。

③“东影”是东北电影制片厂的简称。东北电影制片厂前身是东北电影公司，是在接收日本侵占东北三省期间在长春成立的“满映”的基础上改建起来的。首任厂长舒群，不久由袁牧之继任厂长，当时的人员主要由延安、“满映”和解放区其他一些电影工作者组成。

④ 王启民（1921—2006），原名王福春，摄影师、导演。是“东影”的创建者之一，开创并实践了中国电影东方美学流派。王启民1937年考入“满映”，是“满映”第一部影片《壮志烛天》的男主角。后改行学摄影，是“满映”的第一个独立拍片的中国摄影师。解放后，他是《甲午风云》《战火中的青春》《艳阳天》的摄影师。导演作品有《绿色钱包》《人到中年》。

⑤ 马守清（1923—2006），电影技术专家，山东平原人，又名马清。任“满映”摄影员，东北电影制片厂制作部部长、技术部部长、摄影师。解放后，历任北京电影制片厂制片处副处长，文化部电影局技术处副处长，中国电影科学技术研究所副所长、所长、高级工程师，中国电影电视技术学会副理事长，国际电影技术联合会理事，《电影技术》主编，中国影协第三、第四届理事。

陈：您这时候中学毕业了吗？

于：没毕业，就不上学了，乱套了。

陈：暑假结束以后，您再也没有回到学校？

于：再也没有回学校。我对那个学校也不感兴趣，学校也教不出什么来，还硬学日本人那些玩意儿。

陈：进入电影人联盟的前提是要求电影业内人士？

于：那不一定。那时候凌元、江浩他们都认识我。所以他们那时候对我也挺好，就让我加入这个艺术联盟。所以在艺术联盟里我最小。在这个联盟里头干什么呢？那时候他们就开始排话剧了，可能是为了安定“东影”吧，我就参加演话剧。这时候我就挣工资了。我以演员的身份参加了“东影”演员协会，照片也有我了。

陈：这个时候其实不是演电影，是演话剧。

于：这时候不拍电影，就演话剧。在这个冬天里连续排了几个话剧，有《阿Q正传》《太平天国》等。这个冬天里，政治形势比较乱，长春有国民党长春市党部、热河党部，这都公开挂牌子，招兵买马，成立宣传队，什么这个团，那个团的。共产党当时是地下组织，也组织各种活动，但不能公开。社会上是苏联红军控制，伪满警察换成国民党的衣服，穿黑衣服，打着白绑腿，人还是那些人。因为“东影”接触共产党比较早，我是因为我二哥的关系，所以就相信共产党。

陈：演话剧，您上过台吗？

于：“9·13”纪念长春解放，就是长春的“9·13”大会，庆祝日本投降。在一个公园里。当时是各党各派都有，有国民党，有共产党，可以公开打旗子。当时掌握会场的是苏联红军，代表苏联红军讲话的是周保中，我的印象太深了，他当时叫黄上校，我当时还想他怎么还是苏联红军。“东影”打的牌子是共产党的牌号，我记得凌元在前面，凌元那时候也够大胆的。我们演了一个戏叫《放下你的鞭子》，我不知道谁弄的剧本。我演的小伙计，浦克[1] 演老头儿，江浩演正义青年。所以那个时候在我印象里，就已经是共产党得天下了。

陈：您没有犹豫过要选择国民党？

于：没有犹豫，因为我二哥是共产党。国民党的宣传队、歌舞团也来找过我。在“满映”里，也有年轻人去参加他们的剧团。我说我不去，我就在这儿，“东影”挺好。1945年10月1日“东影”正式挂牌成立了。

---

① 浦克（1916—2004），长春电影制片厂演员。1938年考入“满映”，开始了演艺生涯。一年之后便成为当时“满映”的青年明星。后进入长春电影制片厂当演员。

他们说是1946年，我说应该按1945年算。是在共产党领导下的，不是国民党的，虽然不是从延安来的，但是这一段是共产党的牌子。《阿Q正传》的导演是张辛实，他连导带组织。浦克演阿Q，凌元演吴妈，我演小D。《葛嫩娘殉国》我演郑芝龙旁边的小官。《太平天国》方化[1]演萧朝贵，浦克演洪秀全，我在里面演烧炕矿的工人。这时候，我就知道拍戏是一种职业了，要塑造人物了，那时候人家就教我了，一招一式的，就知道演戏是怎么回事了，我还挺灵气，一学还是那么回事。所以他们只要戏里有什么小孩的戏，像小D，这种戏都找我。演出地点在长春最大的剧院，日本人叫公会堂。演这一段话剧虽然时间不是很长，但对我来说，至少像基本的东西，都具备了，什么交流、公开的孤独、怎么接台词等。到后来，到电影学院我专门学潜台词，一讲这些东西，我都明白。所以这一段，我觉得对我后来的演戏打下了基础。

陈：据说您加入"东影"以后，还做公安局的地下工作？

于：应该说我做公安局的工作主要是我二哥的缘故。日本宣布投降的时候，我二哥秘密地到了东北，他希望我帮他做一些工作，当时日本人的势力还没有完全垮掉，还有保留人员。还有一部分是国民党地下的人员，政治形势比较复杂。掌握政权的是苏联红军，苏联红军正面关系是和国民党政府，但是实际上倾向共产党。在这种情况下，我们的地下人员要掌握这种动向，特别是对青年人当时何去何从的问题很注意。当时正统观念是国民党是正统。所以这个时候，我们的公安方面需要了解国民党的几个党部的情况，什么吉林省党部、长春市党部、热河省党部等。我的任务是通过周围的年轻人了解这些党部的情况，当时还发给我一个特殊通行证，能出入很多地方。通过这个工作我也得到了锻炼，也知道如何警惕敌人，如何注意动向。

陈：1946年7月7日，金山接收"长影"[2]，您当时也在，是吗？

于：这个很有意思，1946年4月，我们整个八路军都从长春撤退了。撤退分一、二、三批，我是第三批走，我母亲早走了，就我自己住。结果我睡过头了，发现外边都撤走了。我就不知道怎么好了，我想奔城里去，

---

① 方化（1925—1994），生于辽宁大连，电影表演艺术家。1944年"满映"制作部录音科做勤杂工。1945年始，先后在东北电影公司、东北剧社、大黄河歌剧团、北京电影制片厂、长春电影制片厂、珠江电影制片厂任演员。是扮演"日本鬼子"的专业户，人称"鬼子王"。他塑造的形象成为反派人物的经典，代表作品《平原游击队》《三进山城》《甲午风云》《无穷的潜力》等。

② 长春电影制片厂（简称"长影"）是中华人民共和国的第一个电影制片厂，前身是东北电影制片厂。

找我哥哥原来工作的地方。但这时候，路口都被人拦上了，全是国民党的人。我就走不了了。国民党进城以后，开始整个清理这个城市，清理留下的共产党。他们当时抓了一些人，我也被带到公安局里去了。他们问我的时候，我就尽量装小，尽量装成什么都不大懂的样子。他们问我拍过电影吗？我说我拍过。他们就跟我打听电影明星的生活，没想到他们对这些很感兴趣，就像现在的粉丝一样。我就跟他们说这些明星生活上的事儿，谁和谁是夫妻什么的。这时候，他们对我就没有什么戒备了。他们就说我太糊涂了，还想跟着共产党，就提出要我找个保人，他们建议我找王人路，王人路是《松花江上》的男主演，他俄文特别好，他给苏联红军当翻译时就认识了这些警察，这些警察都是敌伪留下来的，所以他们在一起都很熟。在这种情况下，我就找了王人路大哥。我跟他很熟，他也很了解我，对我妈妈也了解，他就帮我写了条子，说我没什么问题，也没参加过什么活动，我就被放出来了。

这时候我就听说厂里来了一个大牌的明星，坐三轮车来的，后来才知道是金山[1]，金山是国民党中央宣传部的特派大员、接收大员。当时他带了很多人来参观“东影”，我那时候作为厂里的职工也得跟着。我就听金山说：“哎呀，这个共产党太厉害了，怎么把东西都拿走了。”当时，“东影”的很多器材都已经转移了。金山第二次来是1946年6月底7月初，要成立长春电影制片厂。他就发出通知，原来没有跟着“东影”走的人都可以回来。在这种情况下，我就去报名了。我记得当时金山他要挨个儿谈话，在一个大的办公室里，有几张桌子，他坐在当中。当时金山就挨个儿叫，把我叫进去，问我：“你这个小同志，怎么了？”都管我叫同志。我说：“我哥哥是老八路，我妈妈跟着他们都走了，撤退了，我留在这了。”他说：“你怎么想？”我说：“我原来不是职业演员，我现在想做演员。”“你演过戏吗？”我说：“过去演过一点点，没有演过什么正经戏。”他说：“你能给我表演点什么呢？”我说：“我看过你的《夜半歌声》，我学一段‘宋丹萍’。”他就乐，他说：“你学‘宋丹萍’？‘宋丹萍’是我演的。”我说：“我知道，正因为这个，我才想学你。”这时候，我就开始表演了，我哈哈一笑，然后说：“你还记得十年前被阴谋害过的宋丹萍吗？”结果金山就在那儿就鼓掌。

陈：您学得还真是有点像金山说话的方式。

于：30年代的演员说话都有点话剧腔。“噢，你怎么样，噢，”都是这样。

---

① 金山（1911—1982），中国电影、戏剧表演艺术家、导演。原名赵默，字缄可。20世纪20年代末，到上海学习诗画，业余参加京剧演出。1936年涉足影坛，出演影片《狂欢之夜》《夜半歌声》等影片。1946年后，筹建长春电影制片厂，任厂长。翌年编导影片《松花江上》。他还曾是中国戏剧家协会副主席、全国文联委员、全国政协委员。

当时他就乐，他说："好、好、好，你怎么一点都不紧张？"我说："我不紧张，我看过你的电影，就好像对你很熟了，所以我不紧张。"就这样我成了见习演员。这时就可以办手续，领工作证，领工资。工资虽然不多，也就是一二十块钱。领了钱之后，我就准备北上去找我妈妈。

陈：1946 年 7 月 7 日长春电影制片厂成立这天，您在场吗？

于：这一天我在场，我记得在广场升旗，升国民党的旗。完了之后会餐，在进门口有一个大的办公室里，全厂都在，当时金山还请了很多新六军的领导，很热闹。金山讲话，他当然讲话都是国民党的官腔。说过去受日本人欺负了多少年。现在，共产党把机器都搬走了，我们还是有办法自己来建立这个厂。金山讲完后就让新六军政治部主任讲话，他当时算是新六军的有功之臣，说是解放了长春。其实算什么解放，是八路军撤退出来的。他是个南方人。他说话的时候，用南方口音说，后来我还老学他。这时候去的人不少，差不多凡是没有撤退的人基本上都去了。7 月 7 日以后，我就筹划着要走了，因为我发现老有人盯我的梢，是银星歌舞团的人。银星歌舞团是当时国民党吉林省党部的歌舞团，我之前在那儿做地下党工作时接触过他们。我就怕万一他们知道我曾经给共产党做过这种工作的话，那命就难保了，所以我要尽快离开。我当时虽然只有十五六岁，但是由于做过那几个月的地下工作，我警惕性还是比较高的。这个时候的长春，因为部队检查得很严，新六军基本上每一两里地就设一个卡哨，为了防止共产党出入。我后来是和一个叫李文修的演员一起走的。他当时也被国民党怀疑过，他在"东影"撤离时，是负责护厂的任务的。我们想从吉林的老爷岭往北走，我们就在车站集合，先到吉林，吉林有我外祖父的家，到家后我听我舅舅跟我说，吉林很紧张，从老爷岭走的人，被打死了很多。他劝我们最好不要这么走。之后，他给了我 10 块钱，再加上我原来领的工资，有二三十块钱当路费。后来我们就决定再回到长春，夜里一回厂里，和我要好的人跟我说："开会点名时没有你，还问你上哪去了，你赶快走吧，你现在不走，万一发现你就得抓你了。"我连杯水都没喝就和李文修又走了，我们两个就买了车票去陶赖昭，我们是半夜两三点上的火车，二三百公里的路走了好几个小时。人们坐火车像逃难一样，这时候虽然分割线是松花江，松花江以北是共产党，以南是国民党，但是当中这个空间地带比较大，两边走的人也很多，做生意的买卖人也比较多。但这时松花江这个卡已经不许来回走动了，都是偷着过的。我们在陶赖昭休息了一天多，然后就去老乡家买过江的船票，船都是私人的，像现在的黑车，过江只能晚上过，白天不能走。那一带老乡也借这个挣钱，船票很贵，大概十来块钱一张。我们大概等了一两天才出发。出发时，已经夜深人静了，当时我们又高兴又紧张，前面有领路的，我们十几个人在后面跟着，夏天露水很多，草又很高，我们在草里走，身上都湿了。一有动静，领路的就让我们趴下。走了一会儿，就看老乡从草垛里推出一艘小船，我们一个挨着一个上船，七八个人坐一艘船，谁也不可以出声。上了船，老乡就划船，周围黑黑的，划到一个岸上，我们说："到了吗？"他们说："这还不是真正的松花江。"这时已经两三点了。我们又走了大概有一里多地，又上船。这回是个老艄公，他嘱咐我们有情况不许喊，也不许叫。上船之后，我们看这条江很宽，这才是真正的松花江。这时候大家非常紧张，我们一共两三条船，我们是第一条，当时快拂晓了，我们的心都在跳，松花江江流很急，大概走到三分之二的时候，江的南口有个土匪点是国民党收编的，叫大林队，他们看见我们了，就开始喊："你们这些王八蛋，谁让你们过江的？"这时候机枪就响了，"啪！啪！啪！"就在我们周围。当时紧张极了，那个老艄公说："你们谁吱声，我就把你们拍下去。"当时大家都低着头，机枪开始扫射了。有的船被打翻了，我们的船就赶紧划，还不到江边的时候大家就开始跳水。后面的机枪还一直在响。

陈：机枪能射到北岸吗？

于：射不到北岸。我们能看见被枪子打起来的水柱子。跳到水里之后，幸亏我还会点狗刨，一到江北岸，我们就累倒下了。就听见后面还在喊，据说后边几个船没过来。过了这个封锁线之后，我们这些人很自然就形成了一个队伍，有一个领导，我们听他指挥。

陈：真正的领袖就是这样形成的，自然形成的。

于：自然形成的，不知道他怎么就出来了。这个人大概三十来岁，我们这些人里有的是回老家，有的是做买卖，当然这里也可能有敌工人员，我们就不清楚了。这时候我们就往前走，天拂晓的时候，很冷，我们身上都湿了，冻得直哆嗦。这个领导就告诉我们，要注意听鸡叫，什么地方有鸡叫，什么地方就有人。我们当时又兴奋又紧张，江北有个叫柳条通的地方，是三不管地带。我们兴奋的是已经到了江北，紧张就是怕碰见土匪。我们就一直往前走，后来突然听到鸡叫的声音，哎呀，大家高兴极了。奔着鸡叫声往前走。这时天亮了，我们到了一个村庄，就停下来晒衣服、吃饭。岔路河那边才有共产党，我们要往岔路河走就要雇大车。这时我和李文修的钱都不多了，凑到一块儿只能供一个人上车。这时苏联红军票、伪满老绵羊票、东北九省票好几种都能用。我们拿的是红军票，在哈尔滨好花，长春也好花。我们就跟搭车的老乡说，我们只能凑够一个人的钱，能不能我们换着坐，一个人在底下跑，一个人在车上，他说可以。当时，东北的大车都是很漂亮的，前边四匹马，胶皮轱辘。日本投降以后，有的车是换的飞机的轱辘。一开始，李文修让我坐，他在底下跟着跑。车上坐着七八个人，过些时候，我再下去跑。后来老乡看着我们这样，就说："你们都上来吧，不差这么一两个人。"晚上不能赶路，我们就住老乡家，还得花钱，这一路上花不少钱。我们没钱就跟人商量，老乡还是很通情达理的，就让我们住了。

陈：也没什么行李是吧？

于：当时我就一个小包，跳江的时候，扔在松花江里了。那小包里装的都是吃的，什么黄瓜啊这些，没有真正的东西。这样离开长春第六天的时候，我们听到了歌声："三大纪律，八项注意……"这时候我们都激动地哭了，好像回到了家一样，这一路上差点没把命给丢了。患难兄弟，大家抱着，高声地呼唤："万岁！万岁！"我们就找到三岔河军管处，说要去"东影"，当时"东影"、东北大学、东北科学院三个单位在一块儿，这三家算是在东北局领导下的一个大的文化单位。军管处这时给我们开了一个路条，他们还招待我们吃饭，东北的苞米茬子香极了。那时候也有一种政策，从国民党区过来的人要给点荤的东西吃，不要钱，我们就那儿住了一晚上。第二天，我们就坐车到哈尔滨，到了东北局，东北局把我们介绍到东北大学的一个办事处，在道里区。接待处的领导叫张东川①，他一听我们是长春过来的，就收留我们，让我们住在电影院的礼堂里。这时候呢，"东影"的领导来了，一个是舒群②，一个是袁牧之③。他们告诉我，我妈妈已经到佳木斯那边去了。袁牧之详细问了我金山的情况，我就说了情况。他一边听一边乐，说："有意思、有意思，就是厂房不能搬，厂房能搬家的话，咱们一块儿搬过来了。"其实金山和袁牧之30年代就是朋友，金山也是地下党，当时我不知道。后来，他们给我们俩留下钱，让我们洗个澡，

---

① 张东川（1917—2003），直隶（今河北）赵县人，评剧导演，戏剧活动家。1938年参加革命工作，1938年加入中国共产党。曾入延安陕北公学、"抗大""鲁艺"学习。1941年毕业于延安鲁迅艺术文学院戏剧系。

② 舒群（1913—1989），又名李书堂，黑龙江哈尔滨人。1932年加入中国共产党。1935年在上海参加"左联"。且是"东北作家群"的代表人物。曾任八路军总司令部随军记者、延安《解放日报》副刊主编、延安鲁艺文学系主任、东北大学副校长、东北电影制片厂厂长、东北文化艺术界联合会副主席。解放后，历任中国文联副秘书长，中国作协第二、三届理事，中国作协顾问，本溪合金厂副厂长。是第六、七届全国政协委员。著有短篇小说集《没有祖国的孩子》，中篇小说《秘密的故事》，长篇小说《这一代人》。有《舒群文集》（四卷）。

③ 袁牧之（1909—1978），原名袁家莱，浙江宁波人。中国现代戏剧、电影演员。在20世纪30年代，袁牧之同志就在话剧舞台上成功地饰演了不同类型的人物，以其精湛的表演技巧和丰富的舞台经验，赢得了"舞台千面人"的美誉。1937年，袁牧之编导了堪称中国电影经典之作的《马路天使》。

买两件衣服。我们在哈尔滨待了四五天，我就去兴山找我妈妈。我上了一列拉货的火车，只要带个路条，不用买车票。到兴山也就快9月了，从离开长春到兴山，这一段走了将近一个来月。到了兴山，他们还给我们开了个欢迎会。当时，“东影”有一个叫“红粱”的报社，一个手刻的油印小报，还采访过我，是一个叫田琳的伪满作家采访的我，他写了一篇很长的文章，标题叫“到革命队伍中去”，副标题是“于延江北上记”。报社的主编叫马寻，此人原来是“满映”的编剧，后来调到东北画报社，现在还在，已经九十多岁了。

陈：您一去一下就成了小名人了。

于：对，厂里都知道。这时候正在建立“东影”厂，用的是原来日本部队的一个营房。原来不是有什么“马圈改造成东影啦”的说法吗？在那儿安装机器，设洗印车间、录音车间。当时准备拍战争新闻片，就组织了很多撤退到这儿的摄影人员学习、训练。1946年底建厂的时候，我参加了劳动，大家一起吃大灶，挺热闹的。这时，东北战争已经打响了，我们这里非常平安，听不到枪炮声。我记得，从1946年底，兴山开始有很多从南边运过来的伤员在医科大学救治。那时候我们还组织演员去慰问，给他们唱歌什么的。

1946年底东北局开始组织要调各路干部去搞土地改革，我就被派去了。这时候我就认识了于蓝[①]、苏民、何士德、王震之。最早认识的是伊琳[②]，后来他和我合作过好多次，是我的入党介绍人。“东影”大概去了有一二十人吧。我们搞“土改”一下下到农村去了。我们在佳木斯跟东北大学汇总，那时东北局调了一万二千干部，组成了好多个团队进行土地改革。我是东北二团的，团长叫于杰，后来在“文革”之前，是黑龙江省委书记。副团长叫徐光亭，一开始是他带着我们学习，当时学习的成员有东北大学的学生，有东北“鲁艺”的人，张水华[③]、熊塞声、张赓都是那里的。“东影”就是王震之、于蓝、白大方[④]、张辛实、我，还有陈志远、张波，我们在一个组。我被分在林口县麻山区青龙屯的西大坡搞“土改”。我当时16岁，长得比较高大一些，但是也不大懂这些东西。就知道去搞土地改革，给农民分土地，要跟地主算账。当然在佳木斯学习的时候，学习了毛主席很多

---

① 于蓝（1921—2020）演员，中国著名表演艺术家、事业家，曾用名于佩文。

② 伊琳（1915—1979），中国电影编剧、导演，原名许崇琪，曾用名林其。中国文联第四届委员会委员，中国电影家协会理事，珠江电影制片厂副厂长。

③ 水华（1916—1995），原名张毓番，江苏南京人，中国著名电影导演。

④ 白大方（1913—1974），曾名白亦周，河北沧县人，1961年任中国电影家协会艺术研究部主任。

文章,《湖南农民运动考察报告》这些也都学了。

陈：当时土改的时候，已经有了土改的工作条例?

于：那时候还没有，那时候就是帮助农民翻身。可能是1947年开始有的工作条例。那时候搞得有点过火了,“纠偏”嘛。大家也没有什么经验。

陈：有点像您演那个《暴风骤雨》。

于：对，跟那个大致相同。

陈：您的工作小组，有过火和纠偏的现象吗?

于：有，我们这个队是三男一女四个人一个小组，管整个一个村子。西大坡村子，有那么三百多户人。我们访贫问苦，摸这个村谁是最穷的，谁当过汉奸的，谁给日本人干过什么事，谁最有钱等，叫“扎根串连”。我就找了一个叫大老冯的光棍儿，他不到30岁，是扛大活的，一辈子给地主干活的，什么也没有，算是赤贫，我跟他一起吃饭，了解情况，晚上回工作组。

陈：那时候还没有时兴同吃同住?

于：那时候很多地方有地主武装，所以工作组住在一起。当时提出的口号叫“保卫胜利果实”。就是分了土地，分了地主家的东西。但那时候，深山里几乎是什么都没有，我们就是还有点文件看看。当时，组长每天早上布置任务晚上要开会汇报。

陈：您的名字是陈波儿[①]给您改的?

于：在兴山的时候，张敏改成凌元，意思是从零开始。我就跟张辛实、陈波儿他们说，能不能也给我改个名字。我说我的名是三个字的，我喜欢两个字的，陈波儿说那你叫于洋吧。

陈：她给您解释过，为什么起这个名字吗?

于：她当时也没解释，到后来听别人说是她看我眼睛漂亮，长得魁梧，比较开朗，又会吹点“洋鼓洋号”，我会吹小号和萨克斯，可能因为这个。

陈：我琢磨您名字，很像是延江，延的声母，江的韵母。

于：是不是有这个意思，我不知道。

陈：我想听听您对这些人的印象，包括您跟他们的交往，像陈波儿他们。

于：陈波儿当时不算大，30来岁，很精明强干的一个人。她穿的衣服很帅气，个儿不高，说话却很干脆利索，跟什么人都能谈得来，对我妈妈也特别好。当时很多老同志都很敬畏她，什么事都说要看看波儿同志的意

---

① 陈波儿（1910—1951），原名陈舜华、陈佐芬，广东潮州市潮安人。曾任第一届全国政治协商委员会委员，全国妇联执行委员，全国文联委员，全国电影工作者联谊会常委。

见。在“东影”的时候，比她职务大的还有好几个，比如田方、张辛实、袁牧之，但他们都很尊重陈波儿。陈波儿当时是“东影”的总支书，她做事很果断，而且很懂业务，在拍《留下他打老蒋》时，她还给伊琳做过示范。我们在开拍的时候，她喊“Ready！”。她的服装也很洋气，是她自己定做的。她穿着黑丝绒的卡腰小马裤，穿马靴，带着乌克兰帽，很洋气。

陈：其他人呢？

于：舒群是个作家，是东北人。一开始就穿着军装，带着警卫员，他做报告的时候，他的枪都是警卫员给挎着。他的衣服都是带补丁的，常披着日本军大衣，留着胡子，一口东北话。袁牧之是比较洋气的，他们俩是一土一洋，袁牧之是从苏联回来的，穿得比较洋气。袁牧之抽烟抽得厉害，那时候没有打火机，他就拿火柴在衣服上一划，划着了。当时我还纳闷呢，后来知道是红头火柴，一划就着，这个印象挺深。袁牧之身体不太好，总是一种病态。舒群是黑红黑红的，是军人的形象。

陈：田方和张辛实呢？

于：田方是老好人，他这个人比较温和，对人客气，所以人们也很尊敬他，他样子看着厉害，其实是非常温和的。张辛实这个人有点大大咧咧，他是编剧，也到过日本。给我感觉这个人很随和，也很有思想，到后来，他被冷遇过。

陈：陈强[①] 老师也是从延安过来的？

于：从延安过来的，陈强和于蓝是演员组组长，我是生活干事，陈强和我一直很好，我们六十多年到现在也很好。

陈：咱们现在说《留下他打老蒋》。

于：“土改”之后，我被调回“东影”。后来又搞了“三查三整”。到了 1947 年冬要拍两部电影，一部电影叫《老母猪半天还乡梦》，是反映东北土地改革地主还乡团的内容。导演是冯白鲁[②]，现在这个人已经不在了。另外一部就是《留下他打老蒋》，导演是伊琳，摄影是马守清，演员就是袁乃晨[③] 、陈强、我。我们这个组到了佳木斯、鹤岗去拍，拍得很快，因为是短片，内容也很简单。我那个时候，除了演戏之外，还负责给他们保管机器，当时天气冷，摄影机老冻。

陈：有个小的问题，您那时候才 17 岁，怎么会让您演连长，您演那

---

① 陈强（1918—2012），原名陈庆三，籍贯河北宁晋徐家河，中国著名电影表演艺术家。

② 冯白鲁（1917—2005），浙江省绍兴市人，笔名桑河，著名导演。广播影视总局电视艺术委员会领导小组成员、顾问。

③ 袁乃晨（1919—2015），原名高萌，电影导演。

个小伙子还可以。

于：你从照片上可以看到，我长得还是比较大，比较高。

陈：您参演《留下他打老蒋》跟您在“满映”时候的表演，有不同吗？

于：那个时候，让干什么就干什么，哪懂得些演戏的道理。不过我思想也没什么负担，也没有想要当明星，就是干革命。那时候就是不让我演戏，让我当照明工人，我也会去干。那时候首先是革命者，你到革命队伍了就是个战士，需要你干什么，你就干什么，那时候思想就是这样的。

陈：所以你一边表演，一边还护机器。

于：对，当摄影助理。有时候还兼服装，兼化装。过去战争年代都是这样，演员到摄制组里，要兼任很多事情，比如生活干事、剧务等。

四、新中国 新体验

陈： 您当时有没有想到，新中国的第一部短片、第一部长片都有您参演？

于： 没有，那时候哪想到这个，这就是工作，这就是需要。所以拍完《留下他打老蒋》之后，上面派我去前方到炮兵部队里当文化教员，我就在那儿干，我觉得这样下去也挺好。到后来，又往回调我，又拍电影，要不我就跟着部队南下了。进了革命队伍，我就觉得我是共产党了，就是八路军了，那时候自我感觉完全是那样。

陈： 您参加了两部新中国电影，您能说说当时参演的情况吗？

于： 那时候拍电影应该说 80% 都是外行。比如说，《留下他打老蒋》拍内景、布灯光都是“军大”毕业分来的学生，全是业余的，都不懂电影。有一天陈强跟我演一场戏，我们在床上坐着，他说上厕所就走了，他刚走不一会儿，一个灯就掉下来了，正好砸在他原来坐的地方，幸亏陈强起来了。那个时候很多摄制组是业余的，当时是培养队伍。还比如打枪、用炸药，都是用真的。子弹是把头拿下来，换上纸的弹头，但打出来也能伤人。到全国解放以后，开第一次创作会的时候，就把这个问题作为重点提出来了，那时大家都是摸索。我拍《中华女儿》的时候，两次冒险。一次是我演一个抗联战士，掩护八女投江。八女往江里走，我跟敌人打斗，八女走远了，敌人围过来我就拿出手榴弹，跟敌人同归于尽。这个镜头怎么拍呢？就是在地底下挖个坑，铁桶里放上四两黄色炸药，四两相当不少了，往上边弄草、弄土埋上，让我就在这个边上，我拿着手榴弹。手榴弹可以看见冒烟儿，但是本身不能爆炸，我要倒在炸药边上，倒不好的话，就会被炸到。拍的时候所有人都离开我，现场就我一个人，他们把摄影机搭到前边的一个架子里，用被子包起来，露个镜头，他们都在后边。当时，我开玩笑说：“导演，我要是光荣的话，咱们可就……”导演说：“没问题，你只要不趴在上边就没问题。你趴得不要太远，近一点没问题。”我说：“好吧，咱不怕，怕就说明胆小。”但其实心里特别害怕。实拍的时候，救护车在旁边等着，我就尽量往镜头这边跑，我把炸药挡上，人在前边，然后喊：“万岁！”就倒下，这时“咣”的一声就炸了，整个烟就起来了，当时我一下晕过去了。

陈： 炸着了吗？

于： 我倒在边上没炸着，稍微远一点就炸着了，越近越炸不到。当时我被震得耳朵、鼻子出血，整个嘴里都是苦的，难受极了。当时他们赶紧过来给我揉。这时候，我也晕乎乎问好了没有？说：“好了，你怎么样？”我说我晕了。结果这个镜头最后还剪掉了。怕影响八女投江的形象，因为我“死”得太突出了。还有一次，是要炸松花江的江桥，那桥很高，人们都不敢在上面走。导演要让我在上面跑，放炸药，之后往下跳。机器、摄影师都在前边一个铁甲车上，那个炸药是假的，是特技爆炸。我要做的是爬到桥上放炸药，然后从桥上往下跳。这时导演凌子风问我能不能跳，我说可以吧。桥大概有 20 米高。导演又问：“你真敢跳吗？”我说：“可以跳啊。”结果他们派部队下去考察，我们跟着，考察回来说：“你幸亏没跳，水底下有日本人丢的破船杈子，铁的，人跳进去一扎到就完蛋了。”后来就没拍，这段是回到“长影”后，在摄影棚搭了一个十几米高的桥垛子，旁边弄的假桥架子，让我从上边往下跳。那是 1949 年秋天了，下面挖个两个人深的坑，坑里放稻草树结这些东西，只要跳到坑里就可以了。当时我试跳了一下，两个腿都插进去，我说可以。第二天，就正式拍了，旁边又准备救护车在那等着。底下草都铺好了，周围画个大白圈，只要跳到白圈里边就可以了。当时也没有再检查里边。东北一到秋天，夜里有霜降，稻草都冻硬了。我们不知道啊，导演一说开拍，我就往下跳了，跳的时候风飕飕地叫，觉得快，“噌”一下我人就晕了，怎么回事？两条腿一沾草，底下是硬的，一下两个膝盖撞上了脸，一撞就晕了，我这是两次涉险。在第一次全国电影创作会议的时候，把这个事件作为例子来讲，就是说用演员这样用不对，应该注意他们的生命安全。

陈：请您谈谈伊琳老师，因为他是您新中国第一部电影的导演，您的入党介绍人。

于：伊琳在土地改革时期就是我的领导，是个非常和善的人，总是笑呵呵的。那个时候，我入党也是他一点点启发我，告诉我年轻人将来要干什么，要有理想，也给我讲一些革命的基本道理。所以我觉得伊琳应该是我参加共产党的领路人。他当时是独身一个人，他原来有个爱人，在战争年代被日本人枪杀了，所以一直没有结婚。他的群众关系特别好，当时大家都很尊重他。他从不讲他的过去，实际上他对革命工作是做出过很多贡献的。伊琳同志原来是记者，写东西很不错，但作为电影导演，他最初还有点生疏。他导演的第一部短片《留下他打老蒋》我演的连长。之后拍过《刘巧儿》《愤怒的火焰》等，主要是搞剧本创作和做领导工作。后来解放后的 17 年里，他离开“东影”到电影局工作，到越南当过电影专家。从越南回来后他就到了珠江电影制片厂，1963 年，他拍《大浪淘沙》，我们又合作。1959 年，中央号召老干部写革命回忆录，当时就出现了一大批像《红旗飘飘》《星火燎原》这样的作品。其中有一部小说叫《在大革命的洪流中》，就是《大浪淘沙》的原著，作者是朱道南[①]，这本革命回忆录，伊琳同志看到之后非常感兴趣，他就找到朱道南，跟朱道南一起将这个小说改编成了电影。伊琳当时要拍的时候就想到了我。1963 年，他就来北京找到我，让我看这个小说。我看了以后，非常喜欢，我当时觉得小说中的主人公的青春时代是那么灿烂，把青春贡献给革命、奉献给共产主义，很感染人。伊琳听我说完，就说："那好，你就来。"我后来就到珠江电影制片厂去了，当时我正在排一个话剧《自有后来人》。

陈： 就是《红灯记》的前身。

于： 对，我演李玉和，演了几场后，当时中日关系趋向好转，日本来了青年代表团，这个戏暂停演出了。我就去了珠江电影制片厂。隔了十几年又见面了，大家很亲热。这时候他已经结婚，已经有了孩子，他把我当成小弟弟来对待。这部影片他请了作家于炳坤[②] 进行剧本改编。当时我已经拍了不少电影了，应该说是很有经验了，他就征求我的意见，我谈了我对剧本的看法。这个人非常谦虚，我提的意见他都接受了。比如，我演靳恭绥这个角色，是两三个小说人物合在一起的人物。靳恭绥一开始叫公金寿，首先这个名字我就提出意见，尤其还是爱情的戏，叫老公，南方人一听老公就是另外一种关系了。他说对，你这个意见很好，就改成姓金，金公寿。我演金公寿是第一个被确定的角色。虽然生活的年代不一样，但从人的性格来说还是能理解的，剧中靳恭绥是一个穷苦的山东人，参加革命以后，经过各种不同思潮的洗礼，特别是经历了"4·12"大屠杀、"马日事变"几个重大历史事件的教训后，终于成长为一个坚强的战士。这部电影得到中南局领导陶铸同志的关怀，我记得从研究剧本到开拍，陶铸[③] 同志一直过问情况，还带着五省省委书记到现场去看我们，给我们开座谈会。这个电影当时对珠江电影制片厂来说是个重头戏。这部电影去的地方最多，拍摄的时间是我从事电影以来历时最长的

---

① 朱道南（1902—1985），原名朱本郘，山东枣庄市薛城区张范乡北圩村人，先后担任山东省干部学校党委书记，山东省人民政府办公厅副主任，华东军政委员会办公厅副主任，华东行政委员会机关事务管理局副局长，上海市房地产管理局党委书记、副局长、顾问，1977 年当选为上海市政协第五届常务委员。他以自己的亲身经历撰写了革命回忆录《在大革命的洪流中》一书。1962 年改编成电影剧本，拍成电影《大浪淘沙》。

② 于炳坤（1934— ），江苏金坛人，曾用笔名周良恩。1968 年毕业于上海戏剧学院戏剧文学系，1984 年加入中国作家协会。

③ 陶铸（1908—1969），湖南省永州市祁阳石洞源榔树村（今祁阳石洞源陶家湾村），无产阶级革命家、政治家。

一部电影，从1963年底拍到1966年，三年的时间。伊琳同志把他全部的精力都投入这部电影，他非常有耐心地针对各方意见对电影几番修改。他是过来人，对那个年代的生活很熟悉，影片人物追求革命的情感，他自己是有的。他的性格有一点像电影里的老大哥。

拍电影时，我们准备工作做得比较细致，当时我们对这段历史并不熟悉，去广州政协资料室查资料，找一些老同志们，特别是黄埔军校的老人跟我们座谈，找一些示范，连服装、说话的味道、说话的姿势都要找到那个时代年轻人的状态。为这个大家经常要在一起研究讨论，取长补短，这个人的意见可能启发那个人，那个人的意见也能启发这个人。再加上伊琳同志是一个非常会走群众路线的导演，他从每个人身上吸取长处。所以我觉得这部戏他导得还是不错的，他把大家的意见都加进去了。其实拍《留下他打老蒋》的时候，他也是这样，对电影不熟悉，但是他爱学习，钻研业务。

陈：我想问一下，拍《大浪淘沙》的时候，有些领导的意见不太靠电影的谱，那怎么办？

于：那大家就得研究，当时有一种意见是说："现在你们应该拍解放以后13年的先进人物，工农兵形象，你们为什么对知识分子那么感兴趣？尤其30年代的知识分子？"

陈：这是很严重的一个质问了。

于：他们提出这种意见之后，这个片子当时就有些危险，可能拍不成了，这时伊琳同志很苦恼，如果要不听这个意见的话，是要犯错误的。但是这时候，另一种意见也很突出，像陈老总（指陈毅）、贺龙都看了我们的样片，说好，特别是陶铸，当时他是中南区的一把手。因为有这些老同志做后盾，这个片子后来就坚持下来了。我记得当时陈老总去东南亚访问回来去看我们的现场，跟我们座谈，陈老总说"江华[①]，你怎么来演这个了？好！"

陈：陈老总一直叫您江华，是吧？

于：老叫我江华。那时候这些领导人和艺术家们及演员们都很熟，而且都很亲切。

陈：就保持战争年代那种关系？

于：大家都是那种同志关系，虽然你是将军，是元帅，但是谈起电影来，大家非常有兴致。比如陶铸同志，我觉得他是一个很有学问的人，写了很

① 于洋曾在《青春之歌》里饰演江华。

多非常好的诗，也给我们讲了很多关于黄埔军校的事。当时这个电影还叫《在大革命的洪流中》，这个风声出去了，电影也做了宣传，在北京也小有影响了，在广州这一带，也知道珠江电影制片厂拍出了一部好电影。伊琳同志和我有非同寻常的关系，他对我帮助很大，对我的成长，树立人生观这方面应该说是启蒙人。1976 年粉碎“四人帮”后，1977 年《大浪淘沙》是发行量最大的一部电影。

陈： 您在 1947 年入团，并且当团总支副书记，您传记中第 36 页写着毛泽东思想青年团，那个团的名称是什么意思？

于： 一开始叫民主青年同盟[①]，后来改成毛泽东思想青年团，又改成新民主主义青年团，1955 年正式改为共产主义青年团，它是这么演变过来的。当时团中央到“东影”，要找几个青年积极分子，当时我算是个积极分子，我是青年团的。主任是姜云川，我是副主任。

陈： 我想问的就是，当年介绍入团，团公开吗？

于： 团当然公开了，都是青年团嘛，就是党的助手。那时不一定知道谁是共产党，但是青年团是公开的，青年团很多年轻人入党，都是要先入团的。

陈： 那时入团需要哪些手续？

于： 填表，他们填表，我们批。

陈： 申请入团之前，是组织上有意识培养，还是自己主动申请？

于： 一般都是培养，看在劳动中、拍电影当中比较积极的年轻人，那时候有很突出的，就发展当青年团员。

陈： 您自己介绍过吗？

于： 我介绍过很多人。从训练班毕业的学生，还有东北文工团调到“东影”的人，特别是演员这个圈，第一批入团的，因为没有别人介绍，就我是介绍人，那时候我就签个名、谈个话。导演袁月华、演员黄玲、张敬平这些第一批入团的几乎都是我介绍的。到后来我们组成摄制组，特别是《桥》[②]，《桥》的摄制组中我兼书记，青年团的书记。

陈： 您接下来说《桥》吧。

于： 1948 年我还在部队，要参加东北最后解放。那时我是骡马炮兵。

---

① 民主青年同盟，抗日战争后期和解放战争时期国民党统治区先进青年的地下组织。成立于 1945 年。成员主要是学生和职业青年。新中国成立后，大部分盟员转入中国新民主主义青年团。

②《桥》，新中国第一部故事片。影片描写了解放战争时期铁路工人支援前线作战、修建桥梁的故事。

骡马炮兵很有意思，分驭手、炮手。驭手就是驾马车、遛马、养马，炮兵就是进入阵地以后，驭手就撤了，真正打炮的是炮手。当时，我也是文化干事，我还有一匹小白马。我那个时候应该说文化程度不高，我中学才上了一年多一点，但我在连队里还是知识分子，写信还都可以。那个时候很多战士都是文盲，所以战士们都找我给他们家里写信。我还教他们唱歌，我会简谱，给他们作个曲什么的。当时有个炮兵文工团，我经常上他们那儿去交流，看看他们拍什么戏，我那时候是从电影厂去的嘛。我还给炮兵文工团排过一个小歌剧《我们的医院》，写小护士跟伤病员的矛盾，还演出了。有时候我也参加他们的《黄河大合唱》。

陈：您的具体任务是什么？身份还是文化教育？

于：嗯，文化教育。文化干事是什么事都干，比如长春跑出来很多国民党的家属，我们就要给他们做一点思想工作，动员他们好好改造，到后方去；比如没有粮食了，我们就要找后勤谈；谁来诉苦，我们就跟指导员在一起研究怎么疏导。

陈：您好像是很希望上前线打仗，是这样的吗？

于：对，这个时候就是在前线。当然炮兵和敌人近距离接触得比较少，但是炮兵指挥排，有时候可以在封锁线当中跑来跑去，侦查敌人的方位，设定打炮的目标。指挥排不能暴露，指挥排一暴露等于是失去了眼睛。

陈：您真下过连队，而且上过战场。

于：那时不算正式部队的编制。

陈：您的编制实际上还在“东影”？

于：嗯，还在“东影”，还在东北局这边。1948 年 10 月就调我去拍电影了，就回地方了。

陈：《桥》的拍摄您还有哪些特别的记忆吗？包括拍摄过程当中的摔、炸。

于：这个年代拍电影，实际上还是为了革命，这是第一位的。这时我是青年团的，又是工会的，在当时我已经是预备党员了，所以给我安排的职务比较多。更有意思的是什么呢？我是党支部的委员。

陈：预备党员可以做党支部委员吗？

于：在极特殊的情况下，是可以的。当时“东影”的总支部书记是陈波儿，她比较喜欢我，指定我做《桥》的支部委员。《桥》这个支部，支部书记是王家乙①，我是宣教委员又兼任青年团支部书记，还兼任工会领导

---

① 王家乙（1919—1988），籍贯南京，中国电影导演。导演了《高歌猛进》《葡萄熟了的时候》等作品。

干部，那时我年轻，爱出点风头，火力又强，不知道累。拍《桥》的时候还是供给制，那时候发军装，大灶、中灶那么吃。我们工会重点抓伙食，我记得 1948 年底，过年的时候，我还动员一些青年演员，在哈尔滨铁路工厂里一个大的锅炉房里面杀猪，给摄制组改善生活，做红烧肉吃。

陈：这个时候，演员有酬金吗？

于：哪有酬金啊，那时候没听说过这个词，没有，那就是每个月几块钱的津贴，大家都一样。

陈：拍《桥》的时候，您那时候参与创作吗？

于：《桥》摄制组建立的时候，建立工会，建立党支部，建立青年团支部这几个组织。这时摄制组分演员组、制片组。原来拍《留下他打老蒋》的时候很简单，剧务也是会计，会计也是剧务，这时就有分工了。导演也分镜头了，王滨[①] 因为在上海也拍过电影，有一定经验。这时开始确定了中国共产党领导下的摄制组建制，特别是导演的工作程序，后来的摄制组基本上按照这个模式走，但是我觉得这个模式在《桥》里体现得是最完整的。比如说导演，导演的分镜头，要从第一个镜头到最后 700 个镜头，每个镜头要给大家讲解，为什么这么拍，这个镜头要求的背景是什么样的，有没有音乐，是夜景还是日景，演员要怎么演，他都讲得很清楚。

陈：700 个，一一讲？

于：一个一个讲，一场一场讲。这一场 15 个镜头，一个一个讲。讲这个工作要将近一个礼拜左右，每天大家像上大课一样，在一个大的会议室里，每个人手里有个剧本，每个人都做笔记。导演在那儿按着剧本讲，这个镜头为什么？这个镜头需要有风，有雪，特技要特别注意，准备雪，准备刮风，怎么刮这个风，你们去研究；这个镜头我希望有马，有几匹马，什么马，演员是谁；这个镜头要经过几天战争，非常饥饿，骑着马往回跑。他一边讲故事，一边讲镜头，对剧本的要求，对人物的要求叫“讲电影”。这一讲大家就特别清晰了，所以几十年后我当导演，我也有这个习惯，我给大家讲。这时摄制组有化装、摄影、服装道具等部门。王滨非常熟练，他在上海天一公司[②] 待过。他要求很具体，比较细致，所以各个部门的准备工作做得都非常好，拍摄得很顺利。

---

① 王滨（1912—1960），曾任“西北”影片公司编导。编导的影片有《桥》《海燕》等。1949 年后，任长春电影制片厂导演，中国影协第一届委员。

② 天一影片公司是中国电影制片机构，由邵氏兄弟（邵醉翁、邵邨人、邵仁枚、邵逸夫）于 1925 年 6 月在上海虹口横浜桥成立，专门从事影片的摄制与发行。邵醉翁任总经理兼导演，二弟邵邨人负责制片兼编剧。三弟邵仁枚、六弟邵逸夫去新加坡、马来西亚开拓南洋市场。

陈： 请您说说王滨导演。

于： 王滨这个导演，我认为他是个奇才，他搞过歌剧、话剧，《白毛女》都是他的作品。这个人艺术想象力非常好。我觉得他对新中国电影贡献很大，这套摄制组的建制是从王滨开始的。他是个很能吃苦的山东人，性格很直爽。他有时候在摄制组还骂人，“搞什么鬼？”他离不开酒，他用酒来刺激自己，吃一点东西。他有一个勤务员，勤务员给他背着一壶酒，一个镜头完了，摆手，过来给倒一杯。他还抽烟。那时候他30多岁，我18岁，看他已经是相当成熟了。王滨非常喜欢年轻人，看见谁的身体好，他特别喜欢。见着我，先推两下子，小伙子好好练，这样的。解放以后，我跟他到沈阳去办事的时候我们俩住在一个被窝里头，山东睡法，一个头冲那边，一个头冲这边。王滨喜欢跟年轻人在一起。在摄制组里头，他什么事都过问一下，比如这两天伙食不好了，他说：“于，你们想办法把伙食搞好一点。”责任心非常强。1953年，我跟他又拍一部电影，叫《怒海轻骑》，当时党支部做了一个决定给他，不许喝酒，那是要了他的命了，但他还是偷着喝。有一次我们出去排练，走到半路上，旁边有个小卖铺，我们在前边走，他殿后。我们一拐弯，他一看没人，进去了，二两。那个店老板赶紧给他打二两，一口就喝进去了，把钱一扔就走了。就过瘾了，就像过烟瘾一样。他喝酒不耽误工作，他有酒就来劲儿了，没酒，他就打蔫儿。

陈： 那党支部禁止他喝酒的原因是？

于： 他有病，为了保护他的身体。那个时候大家就怀疑他是胃癌，让他去休养，他也不去。他非常热爱电影，一谈起戏来，他就来劲儿，滔滔不绝，完全进入情景了，你也会被他感染。

陈： 他人缘怎么样，就是在摄制组，大家怕他吗？

于： 大家很怕他。有的时候像王家乙他们从延安过来的老同志，说他疯疯癫癫，我们这年轻同志倒都觉得特别好。

陈： 有点怕，但是并不疏远他？

于： 并不疏远他。他是艺术家，那种神经质的艺术家。他情绪起伏特别大，有时候讲着讲着，他就哭上了，呜呜地哭，他一哭的时候，我们大家也跟着难过。他跟伊琳不一样，伊琳是讲道理，慢慢的，比较冷静，他不，他动情。王滨去世的时候才40多岁，47岁。

陈： 吕班[①] 和王家乙，这两个人后来也都成了导演。

---

① 吕班（1913—1976），山西省榆次县（今晋中市榆次区）人，原名郝恩星。演员，导演。

于：吕班是30年代的电影演员了，他是自由主义大王。爱发个牢骚，骂个街什么的，有点不管不顾，不像个老同志的样儿。他每天爱逛小市，买点小玩意儿。他懂点化装，老给大伙讲怎么化装。王家乙当时比较老实，对于电影这块儿好像完全不懂，他本身是支部书记又是主演，他跟着王滨，保证王滨的创作，后来他拍《葡萄熟了的时候》，我跟他合作过。吕班当导演，我没有跟他合作过。

陈：他主要导演喜剧。

于：对，他导喜剧。他给我的感觉首先是个艺术家，但没有党员的严肃性。到哪儿都开玩笑，说话老逗别人。叫陈强："哎，鼻子。"陈强不是大鼻子嘛。他总是比较随便，是个自由主义者，不讲什么纪律、组织，有时候在哈尔滨，出去下个小饭馆，自己就走了……

后来就导演我的戏了，我的戏在年轻人戏里是最重的一个。那时候我们青年团业余生活很有意思，现场没事的时候，说个快板，摔个跤什么的，搞一些文体活动。我当时和"长影"一个搞特技的人在雪地里摔跤，结果把他肋骨给摔坏了。这个人叫李泽善，外号叫老牛，谁也摔不过他。我说我上，因为我会点巧劲儿，当时我还挺聪明的，十八九岁，论劲儿我没有他的劲儿大，他是个朝鲜人，挺胖的，我们过了两招之后，他挣我，我推他，他往前推我，我借着这个劲儿，用腿勾他，一勾，把他勾起来了，就摔在那儿了。当时大家鼓掌啊，我说："起来，老牛！"他起不来了，他底下有一个小板凳，他的腰碰在板凳上，肋骨就折了。这一下子，赶紧送医院抢救，住院了，影响摄制组工作。我情绪一下就下去了，大家都白眼看我，说："你这小子，个人英雄主义吧。"其实，那个时候，就是年轻、好胜。我自己也难为情，这时候我就一个人常去医院看望他，把我那点津贴买点水果什么的。

陈：《桥》的表演，在您的表演历史上，您觉得是怎么样的？

于：我演的这个角色是本色出演。这是个很积极、热情的青年工人，老批判为落后分子，我生活里也有点这个样子。所以那个时候派角色，总是选接近角色的演员。所以对我来说没有什么难度，没有感觉到什么创作角色。

陈：效果呢？

于：效果很好，大家都认为小工人演得可以。我当时就在翻砂厂跟工人一起劳动，我穿的那个衣服真的是工人衣服，我的军装给了别人。平常我在那儿劳动，外人看不出是工人还是演员。那个时候我就觉得，要是把我派来当工人，我就是工人了，跟人一点点学吧。一开始，那个接电路的电棒冒出来火星子扑在脸上，我还很害怕，但身上没事，就是砸得疼一点，得戴防护眼镜。当时我觉得这些都很新鲜，对我后来拍电影也有很多帮助。我拍的时候很自然，能很快进入角色。

陈：那时候拍片比是多少？

于：1:2.5，不许超过1:3，那时候换一个镜头可不得了的。所以演员都有负担，要练习好多遍，到非常熟练的时候才实拍。在实拍的时候，有人也还紧张。我这点还好，我遇到实拍的时候，一下杂念就没了，按照我排练的演。有些演员不行，那时候拍《钢铁战士》的一个部队转业演员，其实很简单一句台词，从外面跑进来喊："报告首长！"就这么句话，结果，一开拍，跑进来，哆哆嗦嗦："告报！"停，怎么喊"告报！"大家怕浪费，就更紧张。几十条就没了。不像现在，1:30都拍。那时候都是1:3，一万尺，给你三万尺，不够的话，你自己想办法。所以张水华过去，老是自己哀求这个，哀求那个，自己拿钱补点镜头。

陈：水华导演比较精细。

于：他精细，他老不满足。艺术创作这个东西，常常是这样，今天拍完了之后，回去一琢磨，不行。又补拍。所以他用的胶片就多，摄影师也没有办法，胶片没有了怎么办，导演就出去借，到后来工资制了，就花钱买。

陈：自己花钱买吗？

于：他有时候有点奖金什么的，拿去买，一尺胶片，到后来拍电影很贵的，一尺胶片，伊斯曼胶片五六块钱一尺。两秒钟就几尺过去了，那要是十秒、八秒，一分钟的话，几百尺就过去了，负担特别重。所以演员那个时候拍电影紧张就在于胶片。因为这考验你，一是业务熟不熟，一是你对国家的财产说不过去，所以那时候演员负担比较重。我好一点，我适应得比较快。我比他们演得多一些，也不害怕。

陈：1949年10月1日新中国成立的那一天，您还有哪些记忆？

于：新中国成立这一天，我正在《中华女儿》剧组拍外景，在东北的镜泊湖地区。摄制组当时的导演是凌子风和翟强，摄影师是王春泉[①]。我们那天听广播，大家高兴，我们看的报纸是《东北日报》。

---

①《中华女儿》摄影师是钱江，于老师说是王春泉。钱江（1919—2001），摄影师、导演，浙江湖州人，生于北京，父亲钱壮飞是我党著名的地下工作者。拍摄了我国第一部彩色故事片《祝福》，其后他参与拍摄了《林家铺子》《革命家庭》《洪湖赤卫队》等影片。王春泉（1913—1969），原名王士元，生于上海，中国电影摄影师。1931年入天一影片公司学习摄影。相继拍摄了《花烛之夜》《百宝图》《喜临门》《三笑》等多部影片。1946年任良友影业公司摄影师。1948年任永华影业公司摄影师。1949年被分配到东北电影制片厂任总摄影师。1961年任长春电影制片厂技术委员会副主任兼总摄影师。曾任中国电影家协会第三届理事。

陈：当天下午摄制组停工来听这个现场？

于：那当然，我们会餐，那时候也还是供给制，一有庆祝日子就会餐，会餐是大家最高兴的时候。当时听广播，毛主席说到那句“中华人民共和国中央人民政府成立了！”摄制组全组欢呼。这是个大事，摄制组非常重视，会餐后大家开晚会，跟农村的老乡们联欢，点上篝火，大家跳舞。

陈：这时您党员转正了吗？ 1949 年 10 月 1 日，因为转正期已经过去 10 个月了？

于：这时候还没有转呢，刚准备要转，又出了个事，我把老乡的牛给打死了。为什么呢？因为我们住的镜泊湖一带，经常有狗熊，还有野猪什么的。那时候我们每人都有枪，我的是个苏联的转盘枪。当时，导演组每天晚上要开镜头会，商量第二天的拍摄。有一天晚上，我们都睡觉了，一个场记开完了会之后，就到我的房间来，来告诉我和李百万[①] 外面可能狗熊下来了，他知道我们有枪。当时我是演员组组长，李百万是支部的宣教委员。我们说：“狗熊？怎么知道有？”在东北都知道狗熊掰玉米，掰一个扔一个,掰一个扔一个。我说“是吗？太好了。”我和李百万就穿上短裤，拿出枪，在窗户边上听，确实听见“卡巴”“卡巴”声，看见那边的柴火垛当中有一个东西，看不太清楚，是个黑的。李百万说：“是不是那个？”我说是，就“砰”地打了一枪，结果其实是老乡的牛，在那儿吃夜草。我把这个牛给打炸了，这个牛一下就“呜”叫起来了，我连发数枪，就听到扑通一下倒了，是个挺大个儿的牛。枪声这一响，老乡也起来了，农户干部都过来了，问发生什么事了？过来一看，牛倒在那儿。老乡连夜在那儿把这个牛给宰了，牛的肚子里还有一个小牛犊，老乡当时就意见大了，说他们拍电影的人把牛给打死了，这就传出去了，全村第二天都知道了。所以这个时候摄制组就得赔钱，钱不太多，我记得三四百块钱，后来牛皮卖了四十多块钱，牛肉大概也卖了几十块钱，公家单位拿出来三百块钱。这时候制片主任是江浩,他就有点发牢骚了,他说:“一个演员组长,一个支委，带头拿枪把老乡的牛给打死了，公家还要赔钱。”这就又耽误了我的转正，等于犯了错误，演员组长也给我撤下来了，李百万的支委也被撤了。

陈：在《中华女儿》这个电影当中，除了您之前说的两次受伤的经历以外，其他还有一些什么难忘的细节？

于：凌子风这个导演是一个很即兴的导演。他也很有创作激情，他

---

① 李百万（1926—2010），中国著名电影演员。11 岁参加八路军。1944 年赴延安鲁迅艺术学院学习，第一次登上银幕的影片是《中华儿女》。参演过《吕梁英雄》《白毛女》《葡萄熟了的时候》等电影。

会突然出个点子。比如戏里有一场晚会，他临时让我编个节目。这时我记得我小时候看过很多日本电影，电影里有日本武士要日本剑，我说："我表演这个讽刺他们。"导演说："可以啊。"拍这场戏的时候，我就扮花脸，系一个头巾，在那儿比划几下刀，就学日本勇士的那个刀式，来那么几下，标题就是"日本最后的挣扎"。现在电影里就是这个节目。其实，原来剧本中没有这个节目。

陈：这个电影后来还获奖了？

于：获奖了，1950 年获捷克斯洛伐克卡罗维发利第五届国际电影节自由斗争奖。中华人民共和国成立以后在国际上的第一个奖。

陈：像是评委会大奖之类的吗？

于：算是评委会奖。当时全厂开庆祝大会。

陈：这个片子您在表演上，有自己满意或者不满意的地方吗？

于：这个电影没有什么难的。在表演上，我的一段戏是炸铁桥，一段戏是开会入党，还有一段戏是晚会，最后一段戏就是掩护八女。

陈：那时候，就几段戏，也要全程在剧组吗？

于：全程跟着。有没有我的戏都要跟着。那时候一部戏从头到尾，今天这场戏没有你，也得到现场去，帮着抬抬东西、搬道具什么的。

陈：制片让干什么事，或者导演说干什么事，都毫无怨言？

于：哪有怨言，比如明天现场要组织 200 个群众演员，咱们演员组明天都出动，一个人带 20 个人，组织群众演员，包括发服装什么的，都得演员来干。到摄制组以后演员组要出个伙食委员。摄制组缺什么人都是从演员组出，那就是革命的分工，不分大小，所以那个时候有戏、没戏差不多都跟着到现场去。

陈：凌子风导演，后来"凌疯子"这个称号是什么时候出来的？

于：按照我现在来看这个人是个艺术家。他跟吕班有点像，都是艺术家。他浑身上下穿皮衣服，蹬着马靴，一看就是艺术家，而且能画上两笔，他是很有才气的。他也不大懂电影。

陈：《中华女儿》是凌导的导演处女作吗？

于：是他第一部。《中华女儿》之前，他还要拍一个电影叫《全家光荣》。1949 年五六月的时候，他已经带着我们几个演员到大庆农村去体验生活了，这个戏是写农村改革，成立农村合作社，让我演一个农民。后来回到厂里之后，改拍《中华女儿》，我们的人马就到《中华女儿》了。由于《全家光荣》这个电影有点像纪录片似的，故事性不太强，是为政策服务的，所以凌子风的兴趣不大。到后来，颜一烟[①]写出这个《中华女儿》的时候，他很感兴趣。

陈： 您怎么多年来都被戴上“个人英雄主义”这顶隐形的帽子呢？以至于您入党转正期越推越往后。

于： 因为我这人性格上，干什么事都不甘于落后，这是个优点。那时候年轻人都有一点竞争的东西，我是总愿意往前跑。结果你走得太前了之后，别人就有意见。我一工作起来的时候，确实有一点像凌子风他们。人们对这样的人的意见多极了，但是从他的工作上来说，他确实做得还不错，我们也都是这样的。我当时就是爱表现吧。

陈： 一个演员，或者一个年轻人怎么可能不爱表现呢？

于： 所以这些事情，现在听起来是笑话一样，当时就是这样的。当时在一个群体里面，如果有一个人冒尖，表现突出一点，这个人肯定有点个人英雄主义。一方面肯定他起了带头作用，同时在思想深处，他有个人英雄主义，有表现的东西，要敲打他，让他夹紧了尾巴做人。所以我儿子到后来跟我探讨这个问题的时候，说人有尾巴为什么要夹着？我们无法回答这个问题。我说：“当时提出口号是夹住尾巴做人，任何事情都要遵守党的原则，往后一点，让别人走在前面一点。但是真正走在前面，有的人又不敢走，在这个时候你又带头，你带头是好的，但是你的问题也跟着来了。”比如我在干校劳动，跳那个化粪池，谁也不跳，我当排长，我就跳下去了，我第一个跳下去了。猪粪，那个臭啊，我一跳，这几个小伙子跟着我一块儿，这应该说是不错的。但是就说你个人英雄主义，好表现。所以在那个时候，我有一段时间很苦恼，苦恼就在于这儿，我说不干吧。

陈： 肯定是不行的。

于： 不行。要干吧，又是英雄主义，所以长时间在我的思想里，是一个很痛苦的事情，我就觉得干也不成，不干也不成。不干的话，旁边说点风凉话，落后分子，往前干了的话，这是英雄主义分子，所以究竟怎么样，除非领导完全肯定，说：“他干得不错！”要是领导不说话，旁边总有人挑三拣四的。

陈： 您对这个摄制组的印象和对员工的印象，以及您跟杨静老师初次合作的经验是怎样的，为什么会约定三年？

于： 这个组里，我也是演员组长，在很多摄制组里我都当这个职务。当时就是领着大家体验生活。那时候都有体验生活，我带着大家下去劳动，

---

① 颜一烟（1912—1997），满族，女，现代著名作家、剧作家。北京人。中共党员。

然后每天开会总结，回来向党委汇报，这一套工作方法我很熟。青年团的工作我也做过，又搞过“土改”，如何做群众工作，我都知道。所以我在这里工作首先想，人们现在是怎么想的，哪些是好的，哪些是不好的，应该怎么纠正，带头做些什么，我都有一些打算。接受剧组任务之后，我带着演员们到吉林蛟河县的一个农村去，由我安排日程，谁和谁一小组，每天谁去参加什么劳动，都得我安排。当时杨静是从“北影”调去参加这个戏的，其他的演员都是“东影”的，记得我们下乡的时候，介绍信都在我这儿，去哪儿，跟哪儿的区委领导接洽都是我来办。

陈：体验生活，导演不下去是吗？

于：导演不去，他们在厂里头做准备工作。就是让演员下去体验生活，下去也就是十天、二十天的，有时候最多是一个月。当时那个年代，都是反映工农兵的电影。国统区上海的很多同志，原来都是演城里的小姐、少爷，演这个手到擒来，但要演工农兵就不行了，所以要体验生活，要参加劳动。你挑一担子水，挑一担子土，跟农民、跟民兵队员们在一块儿生活，这种感觉是不一样的，你要没有体验过，就演不出那个形象。怎么才能了解这些农民、民兵们呢？我们就跟他们一起劳动，跟他们聊，问他们结婚没结婚，交女朋友的标准是什么，问民兵立过功没有，等等，就这么找他们交朋友。慢慢地，他们就会露出很多真的东西，这些真的东西，很可能在你将来表演的时候就用上了。比如农村的小伙子见着女孩子，特别对自己喜欢的女孩子说话的时候是很不自然的，而我们革命队伍里的知识分子就不是这样的，我们就得观察、琢磨这些，这些东西对演员塑造人物很有帮助。包括他们说话的神态，求爱应该是个什么样子，都要向他们了解。这对创作来说太重要了，不仅仅学会了挑水、铲地、站岗、放哨，更重要的是了解了他们的思想、他们的性格、他们的爱好。这些都掌握了之后，剧本里那个“死”的形象就活生生地在你眼前出现了。有了这些生活体验，我们演员的脑子就像个小仓库一样，慢慢存储着各种东西。虽然那段生活时间不长，但我们接触了各种各样的人，各种各样的事儿。我要演民兵英雄，我每天就跟民兵们在一起练武，像杨静她们就接触妇女会，每天跟妇女们打交道。晚上回来之后，我们开小组会谈一天的心得，大家交流意见。在交流当中互相启发。那个时候，大家都记笔记，记了很多笔记。

陈：就是体验生活笔记。

于：是的。到后来回去进入剧本研究的时候，我们还给要表演的人物做自传。开始的时候，有人认为给角色做自传没有用，因为表演的时候用不上。但是，做角色自传后，我们发现人物变得立体了，他喜欢什么，不喜欢什么；性格是爱笑不爱笑，爱不爱说话，为什么？性格怎么形成的？

我们都给他一个根据。这样再去表演的时候，一上场心里头有底了，我就是这个人。按我们的习惯语言来说，这就是个融化的过程，演员本身和这个角色融化在一起了。为什么影片里我演医生的时候老用那个纱布棉球擦一擦？这是我跟大夫们接触的时候，我发现他们有这个习惯，有时候一拉抽屉，就拿这个棉纸擦一擦，是个习惯性的动作。所以，我在表演中就用了。我看他们动手术怎么动，习惯把手放在哪儿，怎么放的，他们动手术经常爱做这样的动作，一洗完的时候就不动了。所以这些都是从生活当中来的。性格的形成也是这样的，这个人是个孤儿，老挨打，长大了肯定是委委屈屈的样子，这都是有内涵、有依据的。所以演员给角色写自传，了解他，包括他喜欢什么颜色，喜欢什么东西，喜欢什么人，他的习惯是什么，都有他历史的根据、来源。

陈：您喜欢《革命姻缘》这个剧本吗？

于：这个剧本是写抗日战争中劳模杨桂香保家卫国，参加八路军的故事。原来叫《革命姻缘》，后来改成《卫国保家》。我演的角色是一个民兵队长，他抗美援朝回来后，搞家乡建设，影响、转变了他的未婚妻杨桂香。这在当时还是很有现实意义的，我还是很喜欢这个角色的。这个戏在当时很有名。杨静演杨桂香，她当时是从“北影”借调“长影”拍这部戏的。这部戏导演是严恭①，他当时在北京，他原来是上海白区来的导演。他很追求进步，拍过《三毛流浪记》。他是很健谈的一个人，当时来到“东影”，讲起这个剧本，讲得头头是道。因为他也学习过斯坦尼斯拉夫斯基的体系，知道我们也是按照《演员的自我修养》这个路子来进行创作的，所以跟我们很合拍，那时候导演、演员都学《演员的自我修养》，我是在兴山的时候看的，所以《演员的自我修养》和《论共产党员的修养》，这两本书，那是我们当时作为演员必备的。

陈：艺术修养、思想修养。

于：思想修养，就做共产党员；艺术修养，就做斯坦尼体系的一个真正的好演员。那个时候也看郑君里的《演技六讲》，虽然没有怎么正规学习，但是那个时候也知道斯坦尼体系的基本要求。所以像写自传也好，对人物立体的理解，这都是从那儿来的。

陈：您对严恭导演的印象也挺好，合作也挺好？

于：严恭是很健谈的一个人，他分析得头头是道，但是他的艺术的火花好像没有凌子风那么海阔天空，他还是有一点拘谨。为什么？这也很简

① 严恭（1914—2010），江苏南京人，导演。曾任中国电影家协会、中国戏剧家协会理事。

单，因为他是从白区干过来的。

陈：他领导的都是根据地的。

于：嗯，这里都是老共产党员，谁给他当副导演呢？林农[①]。林农是老党员了，摄制组里党的核心嘛。

陈：但实际上比如在党支部和摄制组里面，林农要比严恭重要？

于：那当然了，林农那是党支部书记。那个时候说老实话，在摄制组里，除了像王滨这种导演，一般导演到摄制组后，书记非常重要，因为书记是掌握方向的，掌握政策的，导演是艺术家，可以海阔天空去想象，但是要遇上什么问题，这个支部要负点责任的。

陈：严恭导演他熟悉农村生活吗？

于：在我们之前，他到农村去了，他到胶东这一带，带着杨静，还有摄影师聂晶。他们三个人在胶东这一带转了一圈，了解农村的情况。后来到“长影”的时候，他们已经熟悉了。那么让我又带队，又到东北的农村去。杨静也跟去了，她是个老党员，所以这个时候我很尊重她，什么时候都征求她的意见。

陈：但是您是组长啊？

于：我是组长，但她是从部队下来的，又是个老党员，我是预备党员。而且那个时候，一个戏的女主角，领导相当重视，一个戏的女主角、男主角都要经过电影局来看的。（20 世纪）50 年代末期的时候，主演都要试镜头，都要经过领导审查的。包括我后来拍那个《葡萄熟了的时候》，我们的样片都要拿到电影局审查的，这个演员演这个角色合适不合适，不合适就换。所以《葡萄熟了的时候》，整个演员都换了，就我一个留下了，原来的演员都换掉了。

陈：就是导演组决定都不算吧？

于：导演可以有意见，但最后决定还是要听电影局艺委会[②]的，电影局艺委会主任是谁呢？蔡楚生，在当时陈波儿也在场。那个时候，像《葡萄熟了的时候》要拍成像苏联的《幸福的生活》，完全写农村的新气象。当时是重点影片，孙谦[③]的这个剧本在《人民文学》上刊载了，作品一发表之后，社会反应非常强烈，大家都说这个电影拍出来一定非常好看，有爱情，有新农村，有新生活，不再是过去那个斗争什么的，那时正是《幸

① 林农（1919—2002），男，原名粟多泽，四川省南充县人，导演。导演过《甲午风云》《西安事变》等作品。

② 中央电影局艺术委员会的简称。

③ 孙谦（1920—1996），编剧、小说家，原名孙怀谦，山西省文水人。

福的生活》在中国上演。所以电影局特别重视这个，那时包括审查都是艺委会负责，电影厂做不了主。

陈：好，我们还是回到前面的问题上来，就是您跟杨静老师在摄制组里面的革命姻缘。

于：她知道我身世后，很同情我。我老转不了正，又有点个人英雄主义，这些毛病她都知道。那时候，我们两个对很多问题的看法都一致，对互相的印象都很不错。在当时像我们这种年轻人，也不准谈恋爱，谈恋爱是要受批评的。杨静是从部队来的，虽然她比我大一点，但有些事情经常和我商量，这时候隐隐约约两个人有点感情，但还不敢正视。就在这样的情况下，群众有反映，说他们两个接近太多。

陈：有谈恋爱的苗头？

于：嗯，有那么个苗头，所以我们就不敢接近，不能接触太多。

陈：那不能对戏的？

于：排练的时候当然可以在一块儿了，排练就那么一两场戏。

陈：有没有摄制组故意让两个人去培养感情，然后以便表演？

于：没有。就说你们生活里不要太生疏了，要熟悉一点，当然也有一点培养，像情人一样。但是这种情人跟知识分子谈恋爱不一样，这是农村的，农村人家两个人都是规规矩矩的。杨静是一个蒙古族人，她的性格比我还开朗，这时候两个人就有一点感情了。拍戏当中沸沸扬扬地有一些意见，当时弄得我也没有办法了，到后来，我也很苦恼。这个时候，这个戏本来要谈我的转正问题。没等拍完《卫国保家》这个戏，“北影”就借调我到北京了。最有意思的是，杨静是“北影”的演员，她拍完了《卫国保家》后回到“北影”，我们俩又到一块儿了，就是这么一个情况。这时我们俩就很要好了。当时她压力很大，因为她当时有男朋友。

陈：您当时没有女朋友？

于：我没有，我愣小子一个。当时也有很多人说我，于洋你干吗跟这么一个女同志好，但是我这个人就是这么一个特点，你越说不行，我觉得这个人挺好。再就是我了解杨静的身世很苦，跟我出身也差不多。各个方面我都觉得她是很实事求是的人，很成熟，所以我觉得挺好。

陈：我听说杨老师的学养，年轻的时候比您还厉害？

于：她比我爱学习，她笔记做得一本子一本子的，很努力。按道理来说，她那么一个出身的家庭，到后来通过自己努力到革命队伍里还是很不容易的。她那个时候创作剧本、写剧本，在哈尔滨会演的《奔向光明》是她写的，当时她在解放区小有名气。她是东北军工大学文工团的，南下路过北京时，陈波儿看了她的戏《为谁打天下》，还有《王家大院》都是她演的，陈波儿对她印象很好的。所以严恭拍这部戏的时候，是陈波儿提的，说“军工大”有一个杨静，把她调来拍。

陈：您的自传当中写到您和杨老师约了一个“三年不见面”？

于：对，她当时有男朋友。我说：“你放心，我这三年不会找爱人。”我那个时候才二十多岁，二十岁刚过一点，我当时下了这个保证了。这个时候，我要谈女朋友的话，有很多女孩子想跟我好，我那个时候也还是可以的，虽然浑身有很多毛病，但是找个朋友还是可以找到的。山东人还就有这么个脾气，我就忍住了没找，很多女孩子对我好的，我也就疏远了。包括我之前拍《中华女儿》的时候，也有女孩子对我好，那个时候我总觉得我十几岁，还早，我不谈。所以对于这个问题，我在年轻的时候，我不是见着女孩子就喜欢，我属于山东人那种，见着女孩子不理睬，所以那个时候有很多次机会也就那么过去了。见到杨静后，我比较喜欢她，我觉得找这么个人将来在一起的话，对我将来的生活会有帮助的，在一起探讨问题什么的。我当时叫她政委，她分析问题比我分析得深刻。她在文化上各个方面也很不错，她有很吸引我的地方。

陈：您认为《葡萄熟了的时候》和《幸福的生活》比较，您觉得有差距吗？

于：新中国成立以后，咱们国家是有个政治的倾向，就是向苏联一边倒，不论经济方面、工业方面都是这样的，也包括文艺方面。那么电影也同样是这样的。所以当时在电影市场上，每个礼拜都有各种不同的苏联影片上映。当然，苏联电影对我们是有些影响的，比如说像《西伯利亚交响曲》和一些历史斗争的影片如《列宁在1918》《列宁在十月》，这些影片在当时影响比较大，而且在那个时候我还参加了一些电影的配音。在长春电影制片厂，我参加一部叫《金星英雄》，一部叫《顿巴斯矿工》，在中国影响很大。我在《金星英雄》里面，给犯错误的阿尔达马索夫配音。那个时候我们演员是哪里需要就到哪里去，我作为“长影”演员要服从。那个时候我们电影的规划很多都受苏联影片的影响，所以当时我们一方面是翻译与录制苏联的原版片，一方面也希望我们的影片在不同的社会层面上反映新中国成立后的新生活。那么《葡萄熟了的时候》的剧本出来以后，引起很大的反响，当时在文艺界觉得这个剧本不但写出了新中国成立以后新农村的变化，还反映了如何解决城乡差别，特别是工业如何支援农业等问题。当时，电影局非常重视这部作品，就把这个任务交给了王家乙，王家乙在拍完《桥》之后，他认为自己演电影，形象不是很好，他演过《白毛女》里的穆仁智，演反派的。他担任过舞台剧的编剧和导演，他觉得自己更合适当导演，所以到后来他跟陈波儿同志要求改导演，这是他改导演之后的第一个任务。王家乙接受这个任务以后，他也看过《幸福的生活》，脑子里有一些现代农村的社会形象。他和摄影师王春泉到农村去了一段，回来之后就选定由我就演工人龚玉泉，当时选定演大娘的是胡朋[①]。

陈：不是欧阳儒秋？

于：不是。老合作社的主任是由高平[②]来演，后来改演刁金。商人刁金之前是由袁思达演，双喜是由李百万演，原来定的是王春英[③]。我记得那个时候，影片《白毛女》中有一个喜儿的候选人叫奇虹[④]，后来到苏联学习，回来以后是话剧导演。当时我也是《白毛女》里大春的候选人，我是第一候选人，王滨同志希望我来演大春。后来他们讨论之后，大概有人提出意见，说于洋洋气了点，有点像城市的人，不像农村的，所以有人提出李百万。《葡萄熟了的时候》的第一阶段的演员名单里有奇虹。那个时候，演员先试镜头，然后拿到电影局来审查。特别是作为重点影片，有的时候甚至是中宣部、文艺局都要过问的，苏联就是这样的。试镜后的影片大家拿出来看，我记得我们看过苏联的十几个演员演同样一个角色，不同的演员来试演，这就有比较了。我们将试镜的影片拿到电影局艺委会来讨论。那时候陈波儿还没有走呢。

陈：陈波儿那时去世了。

于：不，一开始试镜头的时候还没去世，就在那一年她去世了，当时我记得陈波儿还参与审查，审查的结果是对演员不满意，只保留了我那个角色，其他演员全换了。所以奇虹同志《白毛女》没试过，《葡萄熟了的时候》又没试过。她当时情绪就激动了，她说不做演员要求去做导演，后来把她派到苏联去学习。胡朋因为缺少喜庆的样子，就换了欧阳儒秋。这时候请来刘燕瑾，话剧团的演员来演珍珍，和我演一对，其实她比我大。整

① 胡朋（1916—2004），原名初韫诚，山东莱阳人，演员。幼年随家迁居北京，高中毕业后到上海正风中学任职，并参加救亡演剧活动，1938 年到延安，先在抗日军政大学学习，毕业后分配到晋察冀军区抗敌剧社开始其艺术生涯，出演了《丰收》《放下你的鞭子》《日出》《雷雨》等剧。

② 高平（1916—1965），1948 年随东北文工一团入“东影”演员科任演员，曾在《白毛女》《葡萄熟了的时候》《平原游击队》《寂静的山林》《结婚》等影片中饰演重要角色，曾任演训班教员。

③ 王春英（1932—2005），电影演员。

④ 张奇虹（1930— ），国家一级导演，1959 年毕业于苏联国立卢那察尔斯基戏剧学院导演系，回国后在中央戏剧学院任教 20 年，1979 年调至中国青年艺术剧院任导演。40 年来先后执导话剧《罗密欧与朱丽叶》《威尼斯商人》《十二个月》《风雪夜归人》《原野》《火神与秋女》《灵魂出窍》，歌剧《将军情》，戏曲《白燕迎春》等近 80 部戏剧。

个演员班子就换了，对这部电影期望很高。后来我们演员就下去体验生活，我就在东北的一个农场里，叫赵光农场，如今在大庆。体验生活的过程中，接到电话说陈波儿同志逝世了。当时，我马上回到“长影”参加陈波儿同志的追悼会，陈波儿同志对我比较好。追悼会后，这个片子就准备开拍。这个摄制组是到青岛的郊区流亭，有一个庙宇，我们摄制组住在庙宇里面。那时候都自己带行李。

陈：伙食管理员都是演员？

于：演员兼职。工会主席啊，组长啊，我记得当时工会主席是高平，我当时是演员组长，李百万是支部委员，副导演是于彦夫①，导演是王家乙，摄影是王春泉，美工是刘学尧②。我们是开春到青岛，一直到秋收之后还没拍完，在那儿待了一个夏天。那时候拍电影比较细，一天也只能拍几个镜头。电影的准备工作也做得比较细致。这是王家乙导演的第一部作品，他特别重视这部影片，特别下功夫。但我们的拍摄条件毕竟有限，不具备拍彩色电影的条件。我记得音乐作曲是张国昌③，他是军大文工团的，是《钢铁战士》的作曲。还有一个上海电影制片厂借调的演员叫范正刚演支部书记。《葡萄熟了的时候》拍到一半的时候，停下来又改剧本，这个时候范正刚同志秋天以后他就回到上海了，他和孙道临、孙永平跟随抗美援朝军队体验生活，后来这个演员牺牲在朝鲜。当时“北影”也派去了于蓝、杨静去朝鲜体验生活。但是“长影”反而没有。范正刚牺牲以后，我们就换了一个辽宁“人艺”叫魏华门的演员。

陈：范正刚原来演的戏全部拿掉了？

于：全部拿掉，重新演。这个片子拍了一年多。后来我记得补镜头的时候，是在“长影”的后面搭了一个市场，那时候已经秋末了，天很冷了，为了接镜头都穿着夏天的衣服。比如说我演的这个角色龚玉泉，他象征着工农联盟，农民想找出路，只能靠工人阶级，这是非常概念性的东西。这

---

① 于彦夫（1924—2005），原名于景霖，辽宁省丹东市人，电影导演。1950 年加入中国共产党，1956 年毕业于北京电影学院导演专修班。后任长春电影制片厂导演，中国电影家协会第三、四届理事和第五届主席团委员。第六届全国人大代表。

② 刘学尧（1922—2020），黑龙江哈尔滨人，美术师。1940 年进入“满映”电影专科学校美术系学习。自 1941 年起先后担任“满映”美术课美术助理、设计师，东北电影公司美术师。后为长春电影制片厂美术师，曾为中国电影家协会会员。

③ 张国昌（1923—1958），山西省忻县解原人（今山西省忻州府区），作曲家。1939 年入延安“抗大”学习，后从事部队文艺工作。历任音乐干事、教员、创作员、宣传队长等职。1949 年张国昌和同是山西人的孙谦，一起进入文化部中央电影局工作。作品有电影《钢铁战士》《怒海轻骑》《辽远的山村》的作曲等。在孙谦编剧的电影《葡萄熟了的时候》中，张国昌担任了电影作曲，其电影音乐和电影插曲在当时引起广泛传唱。

部影片为了表现新生活，还穿插一些爱情，这样的话才能看出今天的幸福生活。但是条件有限，拍的场面也好，拍的画面也好，当时都是挺简陋的，所以达不到《幸福的生活》那种效果。这部影片放映后，对广大农村起了一些作用。

陈：这个电影，您表演的体会和经验是什么？

于：现在我回想起来，完全是一种概念化。你看那剧照，我和李百万，从城里回来坐在大车上，拉的是农业工具，我是水车工人嘛。拍照片的时候是李百万带着我，我指着方向就是工人阶级指方向。有一场戏是我给他们安水车，安完水车以后，我给那个女孩子讲将来农村的发展是什么样子，有个老太太在后面偷着看，那完全是口号式的。如果有一点感情的色彩，就是女孩子对工人要好一点，但是这种好一点也是不能强调的。那时候在人物性格上没有深入展现。这个角色是城乡交流、驳斥奸商的代表。在塑造人物上来说很一般化，这离不开当时的历史背景。因为那个时候我们拍电影，说老实话，第一步是完成政治任务。

陈：这能理解，刚刚解放，一切要从政治效果出发。王家乙导演的第一部作品的成绩，您当时怎么看，现在怎么看？

于：拍《葡萄熟了的时候》的时候，他走的路子也是王滨的路子。从那时一直到“文革”之前，我们很多导演都是按照那个路子延续下来的，就是开镜头会议。从分镜头开始，主要创作干部在一起，从文学剧本的第一章到第五章，一直捋下来，分多少场，每一场多少镜头，怎么拍。美工师提供布景，有的时候做沙盘，镜头都分得非常细，一开始分镜头的时候，一般都需要两个礼拜到一个月的样子。场记在旁边记，大家讨论，最后场记整理出来，导演最后敲定电影剧本。分镜头会议一直延续到“文革”之后，这就是创作民主问题，这个民主问题不仅仅是政治生活的民主，在业务创作上也要民主。那时候，个性化常常被认为是个人主义的东西，所以我们是夹着尾巴做人，个人的东西尽量减少，不像现在。

陈：那肯定小组会挨批了。

于：那当然，那时候在摄制组里也是这样，有党小组，有青年团团小组，有工会，非党、非团，各种组织比较多。每个组织，比如上面有一个重要决定下来了之后，要通过各个组织传达，党员要起党员作用，团员要起团员作用。“这个片子十月一日上映，咱们要血战，血战到底，不管什么困难也要克服。”光导演一个人不行，导演得通过党支部、团支部、工会，各个系统来传达。“大跃进”那个时候一天拍多少镜头，要超计划，那都是各个系统起作用的，导演一个人不成。王家乙本身也是解放区来的，所以对组织工作这一套程序很熟。如何发挥群众作用，运用群众组织来进行工作，他们都是很有经验的。这是解放区导演的一大特点。我和导演合作过，像桑弧[①]、王家乙、汤晓丹[②]我都合作过，但这些导演多不太一样的。那个时候这部影片之所以能够拍下来，一个生疏的导演，或者说第一次任导演，他想完成这个任务，要靠这些组织，靠这种工作的形式来完成自己的导演工作。

陈：明白了。再就是 1953 年 7 月 1 日您和杨老师结婚，选择这个日子肯定是有象征意义，是党的生日。

于：当然，我和杨静的婚姻也经过一段波折。这个时候能不能最终坚持相互之间的爱情，因为我本人又是个山东人，山东人的性格就是讲话要算数，到现在也是这样。我当时表示愿意和杨静在一起，杨静对我也很信任，她是蒙古族人。当然我们选择“七一”，当时有各种不同的议论，有一种认为在“七一”，就是向党示威。

陈：向党示威？

于：党的生日，你向党示威嘛，原来不同意我们在一块儿。“好，今天我们就在党的生日结婚，你看看。”这是这方面解释。其实我们在“七一”结婚，是向党表示这种真诚的爱心。不同的角度，对同样一个问题解释不一样。当时，当然大部分还是非常祝福我们的。

陈：婚礼应该是新式的，不应该是老式的吧？

于：工会组织的，主席有葛存壮，还有高平他们在一块儿组织的。那个时候结婚很简单，一切都是公家的，公家给你布置点桌子、椅子、板凳，工会帮着买点啤酒、糖块、点心。我们自己也拿点钱。我们结婚的时候就买了两个枕头，当时苏联秋林公司的那种俄国大方枕头，鸭绒枕头，非常好。杨静还给我买了块手表。女同志攒钱，我不大攒钱的。另外拿出一部分钱，几十块钱的样子，买啤酒，再少买一点白酒，买香肠。

陈：当年的婚礼具体的仪式是什么样子的？

于：仪式就是在一个大的会议室里，我们两个穿上干部服，也不是新做的，就是那张照片那样。（手指着一张照片）这张照片不是彩色的，都是涂的颜色，那时候没有彩色照片。

陈：婚礼由谁宣布开始？

于：葛存壮，还有严恭，严恭是因为《卫国保家》也好，《结婚》也好，

---

① 桑弧（1916—2004），出生于上海，原名李培林，原籍浙江宁波，中国导演、编剧。代表作品有《太太万岁》《祝福》等。

② 汤晓丹（1910—2012），福建华安人，中国著名导演。代表作品有《南征北战》《渡江侦察记》《红日》《南昌起义》等。

杨静主演的两部戏都是他来导演，所以他当时讲了一些祝福的话。当时我们结婚最有意思的是，那是在抗美援朝的时候，当时朝鲜平壤电影制片厂有很多人在“东影”拍电影。另外有一部分蒙古族同志正在拍《草原上的人们》，蒙古族演员都是杨静的同胞。他们也送一点东西，他们弄来一块红绸布，去的人都签上字。当然每个人也送点小东西，那时候最多的是送书，像《卓亚和舒拉》《钢铁是怎样炼成的》这些书。陈强送我一个带镜框的斯坦尼斯拉夫斯基的画像，那真正很新鲜了。

陈：当天晚上喝醉了酒，是怎么回事儿？

于：因为那个时候也没有什么文艺生活，就是礼拜六跳跳舞。“七一”那天不是礼拜六，但那天大家都很兴奋。我记得生啤酒是用桶，喝了好几桶。合作社就在我们结婚的宿舍下面，买啤酒也比较方便，香肠也有，糖也有，不够了就往上端。大家敬酒，起哄，都是年轻人。

陈：您的传记说四个人共度，那俩人是谁？

于：那俩人是我们厂的演员科的，一个叫刘春霖，一个叫唐绍峰，这两个人都不在了。那时候他们都是生活干事。他们把我们送回宿舍，我们一直在吐，他们就没离开，第二天早上还把我们两个送到医务室去了，在医务室打了针。两个人都喝醉了，杨静也糊涂了。当时我记得葛存壮跑前跑后的，他是工会的负责人之一。那个时候一家结婚大家都跟着忙。公家在那儿给布置一下，稍微挂点红布条，挂个喜字。因为大家平常也没有什么更多的文艺生活，借着这个机会狂欢，所以现在回想起来也还是蛮有意思的，那时候没有钱，但是大家情绪高涨。有些快乐的东西，现在的人们不一定能够尝试到。

陈：下面我们说您到“上影”参加《山间铃响马帮来》，您第一次演少数民族。

于：1953 年的时候，电影局有一个计划，是把全国的电影演员集中在北京，包括“北影”“上影”“长影”的演员。但是“上影”的步子稍微往后一点，最先是“长影”和“北影”的演员一块儿集中，在北京的太平胡同成立了演员剧团，演员剧团的第一任团长是田方，那个时候我刚结婚一个多月，1953 年的秋天就到了这里。当时在体制改革上，好像有这么一个打算，当时就想把演员这个队伍整个集中起来。我们来了按照级别，分到 11 个组里，当时我记得我是第八组组长。这时候还有电影学院表演研究所毕业的那些人，都组织在一块儿，都打散了：“长影”的，“北影”的，电影学校的，一个组里有老的、新的，有解放区的，有原来国统区的，有新加入的。这几部分在一块儿，很热闹。一百六七十人，那是演员剧团最活跃的阶段。那时候请“上影”的翻译家孙家秀，还有文学家冯雪峰，还有很多曲艺家来上课。我记得当时“北影”演员剧团上课的时候，北京的文艺单位，“青艺”“人艺”都派人来旁听，一个大的教室，讲演员创作。当时讲演员创作有一个叫陈卓犹，他是中南艺术剧院的一个老教授，专门研究表演的。也请了很多名人来上课。那个时候还经常演出，合唱啊，搞音乐啊。中国电影演员在那个时候是个黄金时代，每天生活非常正规。就在这个时候，“上影”到“北影”剧团来借演员，就借调我去上海拍电影，没有具体说什么电影。你看一看王为一他那本书里就讲到选择男主演的时候，他有个印象，“长影”有个小伙子神情很彪悍，可以演这个角色。他一提“上影”的领导就同意了，因为那时候也常常讲全国一盘棋。

陈：那时候借演员的基本的程序和规矩是什么？

于：借我去那儿，我的组织关系也调到那儿，工资也过去了。因为当时地区的差价不一样，工资也不一样，比如我在这儿挣 100 块钱，在“上影”可能就是 108 块。另外供应各种票证，那时候也都不大一样。所以我那时候连工资都过去了。那时就是种友谊嘛，就是一种合作、协作关系。不像现在有什么合同，就是借就去了，拍多长时间也没说，一年也是它，半年也是它，是这么个状况。要去那个地方差价比这儿高，就过去，那儿差价比这儿低的话就不用过去了。当然，会计方面也征求你本人的意见。《大浪淘沙》拍了三年，也是来回那么跑，路费他们给报销，到那儿有伙食补助费。后来我们到“珠影”拍戏的时候关系就没有转去，但是那个时候给补助费，一天补助多少。

陈：关于《山间铃响马帮来》那个摄制组的记忆是怎样的？

于：我不知道借我去拍哪个影片，我一到上海看见了几个人，第一个是张客，就是电影学院教授，还有一个马瑜，也是老导演。这时候王为一不在，他在云南修改剧本。“上影”内部就研究，张客同志希望我演他那个《伟大的起点》，是部工人戏。

陈：借您去的时候，不是王为一导演说好的吗？

于：是王为一导演提议我去的。但是去了那儿以后，那时新中国成立初期，当时“上影”所谓工农兵演员不多。我从北方去，就有点工农兵的样子，“上影”认为我演这个工人更合适。张客和我住在一个招待所，他是“北影”的导演。他希望我来演。当时我还不知道《山间铃响马帮来》这部戏。这时候领导就找我谈话了，就是徐桑楚，他是艺术处处长，他说《山间铃响马帮来》要找你演戏，我说《伟大的起点》呢？他说那个我们考虑过了，你还是演这个。最后那个戏是找张伐演的。当时所谓解放区去的演员没有谁，我是特别调去的。他们也都知道我已经在“北影”“长影”拍了很多戏。我去之后，副导演杨华每天跟我在一起，招待得非常好，我这是第一次去上海。从我的经历来说，新中国成立以后第一次到北京，第一次到天津，那都很新鲜的，第一次到上海就更新鲜了。上海的演员，刘琼我知道，那是过去一个大明星。程之，我看过《关连长》，还有《姊姊妹妹站起来》都有他，就演坏人。其他就不太认识了。张伐是到上海认识的，原来不认识，但也知道他，他拍过《夜店》。当时“北影”剧团的党支部写信，嘱托我，要我注意自己是老区来的，注意团结，要起模范带头作用。这都是有嘱托的，那当然了，我自己当然对自己有点要求了。在剧组，我当演员组副组长，组长是刘琼，刘琼因为他的地位和名声都在那儿，所以他当组长。因为《葡萄熟了的时候》我当演员组长，后来到北京来拍的《走向新中国》，和蓝马他们合作的时候，我也是演员组长。刘琼非常虚心，他老征求我的意见，比如演员写自传。当时这部影片也有政治任务，因为刘琼和孙景璐都是被香港驱逐的，回到内地以后又亮相了。“上影”当时就想让少数民族亮亮相。领导跟王为一谈话，说这个演员无论如何要用，其实孙景璐比我大好多，我当时大概二十三四岁，孙景璐 28 岁，比我大五六岁，演一对。当时我也感觉她大了点。到后来集中演员，最老的有范雪朋，（20 世纪）30 年代就很有名。那时，昆明军区国防话剧团也参加了演出，其中有一个主要角色，连长由昆明军区的吴漾扮演，吴漾过去也在老的电影界待过。这时候，像牛犇还是小孩呢，仲星火那时候也是从解放区来的。

陈：群星荟萃。

于：那时候我们也意识不到群星不群星，反正大家在一块儿，还有陈敏、张乾在一块儿合作。我觉得这些人都挺好。我跟他们合作都非常客气，因为我在上海是一个外借演员，他们在生活上关照我，有时候从家里给我带吃的。这个时候，“北影”剧团党支部给我写信：“要注意，不要受旧演员影响。”因为跟这些人员合作，要注意，不要沾染那些酒肉朋友，一开始老提醒自己。我记得我在昆明和程之、梁山在一块儿拍了照片寄回家里之后，包括杨静看了以后就觉得，怎么和这些人合作啊。因为当时解放区来的演员，对国统区的、白区的，总感觉好像他们没有经过思想改造。当时我就感觉到了，包括和蓝马合作的时候也有这个问题。

陈：您对蓝马这样的人觉得也有距离？

于：一开始是这样，但是到后来成为非常好的好朋友，蓝马对我特别好。所以有的人在当时就说，我被蓝马腐蚀了。我觉得这些人，用今天的话说非常善，对你没有什么要求，就是作为一种情感交流，就是好朋友。而且这些年我觉得这些人有一种童心。这些人生活比较自由，而且很善，把你当成个小弟弟来看待你，我也很受感动。像那个时候孙景璐比我大几岁，对我特别好，每天带好吃的给我，生活上给我照顾。像后来“上影”的演员蒋天流，这些演员我都不太认识。但是认识我之后，对我都特别好。那个时候的王蓓是小年轻，见面觉得很自然。

陈：您是外借去的演员组负责人，比如要求那些老演员写自传，怎么办？

于：所以这个问题呢，解放区来的演员都有这种习惯。我当时只把我过去怎么做的讲给他们听，我说这个不要太复杂。主要是你找出这个人物，他今天在电影里所表现出来的行为的根源是什么。你明白这个根源之后，你才知道你怎么做，怎么爱新社会，怎么爱共产党，也就是讲讲这些道理。当然每个人理解不一样，像刘琼他们这些都写得少。刘琼老跟我说：“你这是给我出难题呢。”写得比较多的是张乾。后来，我也不太严，有的人没有写完整，有的人写了。

陈：您觉得黛乌这个角色主要的挑战是什么？和您表演的主要的成绩是什么？您是第一次演少数民族？

于：我第一次演少数民族。在写这个自传之前，我们到苗寨去生活了大概十几天，主要是了解苗寨青年的精神状态，为什么热爱今天的生活，跟他们了解了很多东西。当时少数民族汉语也讲得不是很好，我们连说带比画。然后就找他今天之所以这样热爱新生活的根源：他们过去在旧寨子里被头人们剥削，被土匪迫害。所以他今天才能够拿起枪，跟解放军一起来保卫边疆，特别是看到解放军来了以后，以平等待人，今天他成为主人了。所以解放军给他一点事情，他们就做得非常认真，他们对敌人仇视，对旧社会憎恨，都有感情上的原因。找到这个根据之后，演员在表演的时候，爱憎是非常明确的，不是那么复杂的，比较单纯。当时在塑造这个人物时，我力求突出少数民族的性格特征：“简单”“快乐”。他很直，看人不像我们琢磨琢磨，他没有这种东西，看人比较厚道，你对我好，甚至我想亲你、想抱你；对我不好，我想踹你。他是属于这么一种性格，非常直爽。所以我接触的那些年轻人，他们对我特别热情，但有的时候突然像不认识我了，为什么？他要谈恋爱去，他跟姑娘跑了。有时候，我在后面跟着，“不要跟着”。很直的，没有方式方法，不像我们汉族人那么复杂。我们见着兄弟民族，跟人家特别客气，所以苗族那些人看到我们之后也特别亲切，觉得我们这些人很好。我们和人家讲得很清楚，你们有什么规定，我们服从你们，开联欢会的时候，人家怎么布置，我们怎么做。到后来，宰了很多小鸡，在一个锅里炖让我们吃那个鸡头啊。最尊贵的客人吃鸡头，像我们汉族的习惯不太吃这个，他尊重你。所以在这个阶段，跟他们接触当中确实有很多感触，就觉得这些民族常年在深山老林里生活，在边疆环境里生活，确实很苦的。

陈：摄制组的生活您习惯吗，拍戏的时候住在哪儿？

于：我们拍戏在军区有招待所啊，另外我们在军区的文工团大院搭了一个摄影棚，搭了个草棚。从2月去的，一直到11月才回到上海的，去的时候，穿的夹衣服。在苗寨待时间不长，也就不到一个月吧，但是这一个月里，他们干什么，我干什么。这个就跟我过去搞土地改革一样。他们打赤脚下地，我也打赤脚，不习惯，几天就习惯了。打赤脚，用那个刀耕火种，反正很落后的东西，也跟他们一块儿做，也卖力气，也出汗。有时候联欢的时候，他们做吃的来招待我们，有时候我们吃的这些东西也给他们吃。所以在一块儿很和谐，他们名字都是单字，葱啊、根啊，挺有意思。苗族里面分好多支系，有花苗、白苗、水苗，我们去的那是花苗地方，在云南边疆，贵州也有苗族。我们当时又听当地的民族工作报告，又接触苗族的这些男女的青年干部，跟他们赶了很多次集，形象上、感情上的东西都有。所以在表演的时候就比较有形象的东西。演员有了形象的东西，才能够表现好。

陈：您觉得王为一导演和王家乙导演，这来自两个区的导演，主要的差异是在哪儿？

于：当然王为一是一个很有经验的导演了，他过去演过很多戏，30年代的《夜半歌声》里的老怪头就是他演的，《希望在人间》里演日本鬼子，比较夸张的样子，挺有意思的。他是个演员出身的导演，感性的东西比较多，而且形象的东西也比较多。我总体感觉，我们解放区来的导演，理性上的、概念的东西多一点。从国统区来的这些导演，和过去30年来的这些导演，他们感性的东西多一点，形象的东西多一点。

陈：1955年的《怒海轻骑》中，您又“当兵”了。

于：这是我在拍《山间铃响马帮来》结束的时候，“长影”通过“北影”调我回长春。我在上海还没拍完呢。所以从上海回来以后，到北京待了两三天我就去长春，已经离开家快一年了。“长影”那里等得着急，其他演员都集中了，我就去了。当时集中的演员有高博、郭允泰，还有八一厂的景慕逵，“北影”李景波、李林这些人。这个电影一开始我记得是汤晓丹同志，调到那儿去做导演。整个这套案头工作、准备工作还都是王滨在做，后来实拍的时候，他们分开两条线拍，为了抢时间。一条线是国民党那条线，就是李景波、侯建夫这些人，还有渔民；一条线是海军这条线，我演海军，打一江山岛。王滨是负责海军那条线的，汤晓丹是负责国民党那条线的。当时王滨同志有个副导演叫黄野，是我们的支部书记，王滨爱喝酒，一喝酒之后爱说，有时候，我把王滨看成是一个很感性的导演，他一讲起来滔滔不绝，不吃饭都可以，因为他过去在上海待过一段时间。晓丹同志这个导演不太说话，跟他完全相反。但这时候，我就发现汤晓丹那组戏拍得很顺。反而我们这边又经过排练，却老是疙疙瘩瘩的，老是有问题。所以就让我们下去生活了，我、高博、郭允泰，还有景慕逵在海门，一江山岛对面，我们在那儿待了大概十来天吧。上面说："你们是有部队的生活，但是海军你们得去看一看。"海军好像文化水平也稍微高一些。他有一些知识化的东西，所以从兵种来说也是这样。所以去了几天还真是有些收获。国统区和解放区在解放初期会合的时候有矛盾。这时候比如领导来说，像夏衍是白区过来的，他自然和那些国统区的演员比较熟悉。在这边，解放区个别老演员就不舒服，就发牢骚。我当时都看到了，我当时虽然二十来岁，但是我看在眼里。对我来说，解放区那儿我更熟，但是我接触起来之后，觉得解放区有的同志对原来国统区所谓旧社会那些演员看得是不准确的，我这是良心话。到后来对着蓝马、谢添，批他们，我觉得有点过分。这个东西我认为是当时历史造成的，今天就不会这样了。当时是以阶级斗争为纲，真是这样的，因为战斗刚结束，带着这种阶级斗争的眼光，好像周围什么目的的人都有。我们一分析有的时候总是把敌情扩大化一些。包括那个时候解放区"三查三整"，都过了。"整风"运动1942年、1947年在东北，1947年的时候我参加了。很多人其实没有那么复杂，也可能阶级斗争就是这样的，看得复杂一点。

陈：您刚才说的海军这组拍得不顺的原因是什么？

于：总之如何塑造正面人物、英雄人物，主要在这些方面上。那个时候演英雄人物，连风纪扣都得系上。所以到后来，汤晓丹同志拍《红日》，让杨在葆骑马那个样子，到后来争论很大的，那是挨批的，对英雄人物不能这样。《怒海轻骑》就有这个问题。我们是海军当兵的，也可以随便一点。所以那个时候总是概念化的要求太多，解放军就得严肃，国民党就得总是那个样，漫画式的这种。

陈：您刚才说到汤晓丹导演拍那场戏，原因是什么？

于：那天可能是汤晓丹导演不晕船，有时候我们在海上晕船。那场戏是汤晓丹同志自己要拍的，还有个副导演叫魏荣，《粮食》就是他导演的，他在里头演个基地司令员。那场戏在我记忆当中，是汤晓丹同志拍的。汤晓丹导演不是太爱讲话的，但是讲出来的话还都在点上。他启发演员，不用概念化的东西，总是比较具体。"敌人快过来了，那边炮弹要打到这儿了，你们是不是暴露了？"他就用这种直接的东西。国民党的那些戏拍得比较顺，出来的戏也比较自然，我看样片的时候我说他们的戏拍得不错。到后来因为王滨同志身体也不太好，所以还有好多戏都是汤晓丹拍，后来渔民的戏好像也是他拍的。

陈：那个时候汤导演为什么总和别人合作，不让他自己独立执导呢？

于：他那个时候好像没有拍过解放区的这种戏，特别是军队的戏。总是让他有个熟悉的过程，那时候领导可能是这样一种态度，拍部队的戏，那当然要从解放区下放部队。拍国民党的戏，那汤导演可能是对国民党比较熟，所以这个分工有点这些原因。

陈：您在传记当中说这部影片是您表演道路上重要的一步，这个怎么讲？

于：我觉得是这样的。因为拍这部电影的时候有一个很重要的情节，那就是一江山岛解放，1954年1月18日，是打一江山岛，我在场。那天我们本来要回北京的，领导说："你不要走，有行动！"所以郭允泰、我、高博就留下来了。1月18日那天，战斗从早上10点钟开始打响，一直打到晚上六七点钟才结束，这个一江山岛，岛不大，原来预计12点钟，1点钟解决战斗，但是可能侦查部门有一些失误，侦查得不太仔细。对国民党的暗堡了解得不是很清楚。一开始的时候是飞机轰炸，然后登陆，是这样一个作战的部署，那么飞机轰炸两三个小时，我看一江山岛都平了，那轮番轰炸，岛不大，我们拿着望远镜看着清楚极了。大概12点发起总攻，这时候第一梯队上去的时候，没上去，国民党的暗堡都没有侦查到，前沿的机枪响起了。所以当时第一梯队的战士上去，几乎剩不了多少，当时是火力交叉，一个也上不去。所以这时候指挥部这边，大概都很紧张，当时我们只是在这边用望远镜看，说怎么上不去？又改了战略，就是从两边包抄，这时候国民党、台湾那边有支援。所以这场仗打得很残酷，原来认为很容易，结果不是那么回事，一直打到下午四五点钟，因为守岛的这些人很多都是原来国民党还乡团的人，他们宁可战死。当时纪录片大概拍了一点。到后来解放军要攻上去的时候，很多国民党的兵往海里跳，不投降，后来我们拿绳子一个一个往下套。大概五六点钟的时候，战斗就结束了，那时候最后的旗帜插到一江山岛上。在这时候，战斗一结束马上就要送伤员下来，第一批伤员、第二批伤员，一直到夜里12点多的时候，伤员还在下。当然伤员里有的还有气息，有的已经不行了。当然这个顺序是这样的，第一批伤员是重伤号，第二批伤员是一般的伤号，第三批是轻伤号。再下来是国民党那些重伤号，一批一批下来，最后到夜里一两点钟下来的都是国民党的家属，什么慰问队，都是那些俘虏的。我们在那儿看着，当然这是一场非常生动的教育。看到老战士或者新战士，那确实表现得不一样。老战士有的腿打断了，屁股打没了，坚持一声不喊。那个年轻的战士伤了半只腿，在那儿喊："妈呀！"还老叫，老伤员就教育他们。在这时候我确实哭了，很多战士都牺牲了，我们很难过。这么可爱的部队我们应该好好表现啊。当然也看到国民党下来的这些人，说过去我们电影丑化国民党，但是当时我看那个场面之后，我说没有丑化。因为国民党那个俘虏，披着个毯子，那个样儿，给他拍照的时候他躲，我说这跟我们电影里演的一样。

陈：这是个群戏。

于：是个群戏，王滨同志听了我们的汇报之后也很受感动。这部影片没等全拍完的时候，我就回来上电影学院了。

陈：您对自己的表演和对这个电影的评价是什么？

于：一般化吧，那个时候电影就是这样的。反正不管怎么样，这个电影反映了当时特定的历史时期下，海军的一种勇敢的精神。当时那么简陋的情况下，敢于和那么强大的敌人进行斗争，这段历史还是要记住。国民党战场的戏都是在长春郊区搭的景，一江山岛，也都是搭的景，后来我记得汤晓丹在这边拍，王滨在这边剪，他俩分工。王滨也很相信汤晓丹，因为汤晓丹是个老导演，汤晓丹在剪辑上当时很有名，剪得非常好，当时他的夫人是剪辑师。那时候解放区来的导演常常计算胶片的尺数，有秒表，一秒多少格、多少尺啊，都按这个秒表来算。汤晓丹是靠感觉："可以了。"到时候一看还真是那样的。

五、进修表演

陈： 接着说您和杨静老师一起考北京电影学院。还没拍完，这边就通知……

于： 我在青岛拍《怒海轻骑》的时候，已经开始考试了，全国来的演员都考了。我回到北京的时候，给我特殊安排一个考场，就考我一个人。当时电影学院在小西天那里，一个大的教室，摆了一条桌子，好几个苏联专家，有导演、表演的，还有一个是摄影的。其他像院长章泯，像张客这些教员都回来了。一共两三排，就考我一个人，当时也很紧张。在这之前，我在中央戏剧学院，旁听过列斯里、库列涅夫的课，我是“北影”剧团的代表。所以我对苏联专家的要求，基本上心里还是有点底的，当时我就抱着一点，真诚相待，多余话不说。一进去之后，专家就问：“你给我们带来什么？”我说请专家出题。“你能够给我们朗诵一段吗？”我朗诵。后来给我出一个小品，特别有意思。这个小品就说：“你有一本非常心爱的书，被一个朋友借去了。你现在急需要这本书，你来找这个朋友，结果你朋友不在，你怎么处理？”就这样一个非常简单的题目。我考虑了一下就开始演。我布置一下环境，进来敲门，一看没有人，打开窗户，看看外面也没有人，看看手表。这时候，看那个书架，一下发现自己的书了，拿出来，看了之后，拿出纸，写张条子：“我这本书拿走了。”签名。走到门口之后，又矛盾，又放回去，把这张纸条撕掉了，出去了。演完之后，专家在那儿鼓掌，说：“好！你这个人很讲道德，你要不通过人家，你自己拿走了，不好。”从这里，我就意识到一个问题，专家出的题目很注意思想性的。后来连着出了两三个吧，一上午就我一个人，让我唱首歌，又朗诵首诗，又跟着那个音乐走了一趟，看我的节奏感。反正将近一个小时，从八点半开始快到十点了，我才出来。后来说：“谢谢你！”很客气的。我出来之后，在外面就晃了一下，弄点水、喝点水，坐着。这时候他们大概也休息一下，有一个教员叫萧珑，她到后来给我们当主任教员，是个老太太。她去厕所路过我身边，跟我打了伸出大拇指的手势，她一打这个手势我就明白了。我估计问题不大，因为当时他们的要求我都做到了。所以到后来学习的这两年，苏联专家可能是从社会主义的角度，当时苏联是社会主义，特别强调一点就是人的思想境界、道德品质。就是说你观察生活，要看到生活里的激情，先进的、积极的、有道德的东西，社会上那种龌龊的、极端落后的东西，要鞭挞。在这些问题上观点非常明确。所以我们到后来在选做小品的时候，很注意道德意识。我们的老师叫卡赞斯基，小老头，他跟斯坦尼斯拉夫斯基他们都同事过。他不是那么教条的人，他是比较具体的。在学习的过程中我认为，真正放下你的架子，你就会诚心诚意去学习，你就会学到东西。从零开始，我有这种思想。

陈：您那个时候已经是知名度正上升的演员，有知名度了，干吗还来考电影学院？

于：因为我觉得，我自己的文化水平不是很高，过去我上中学，一二年级就参加革命了，看的东西不多，为了考电影学院，看了很多书，古今中外都看过一些东西，也就是那两三年，准备到学院学习的时候，包括去中央戏剧学院看人家表演，我就看那些东西。包括像塞万提斯、但丁这些作品，都是这个阶段看的，原来这些世界名著接触得少，没看过，这两三年里，应该说是自学吧，还是学习了一些东西。这个对我后来有些帮助，那个时候我也很愿意朗诵萧伯纳的诗。因为特别怕考试的时候，专家要问你这些东西，所以必须要看，我记得这些书的题目，从演员剧团成立那一天，发了一个表格，就是作为演员修养，应该看一些什么书，古今中外都有，这个很全的。从全国解放以后，要走向正规化、专业化，在这个时候我们意识到我们这些解放区来的演员不学习不行，不学习的话跟不上时代，所以这个时候，我们就强调自学。谢添也好，蓝马也好，他们没读多少书，但是他们也看过很多东西。谢添、蓝马他们这些人，都能说几句英文，我们学几句俄国话也不成。到后来我和上海演员合作也如此，就是在文化水平上，因为你做这个工作，不甘于落后，不甘于原来那个水平，所以这个时候学习比较自觉。

陈：在电影学院两年多的时间内，主要的收获您觉得是什么？

于：因为在这之前对表演有各种各样的说法。诸如，有布莱希特派，有斯坦尼派，似懂非懂，但是经过这两年学习之后，对斯坦尼体系有了一个比较明细的塑造人物的全过程。另外，比如说像这些常用的术语，这些术语所包含的内容是什么，如何运用在表演上，都有很大的收获。所以到后来我塑造《英雄虎胆》，之后拍的《火红的年代》也好，包括《暴风骤雨》也好，我都用得上，我都知道应该怎么对待这个角色。所以到后来，比如说内心独白表现在什么地方？潜台词是怎么回事？最高任务靠贯穿动作，过去只知其一，不知其二，后来通过这两年时间，虽然不长，但清楚了是怎么回事。演员在表演的过程当然是用自己的感情来演，但是怎么调动感情，通过什么科学的办法调动自己的感情，用科学的办法塑造人物的形象、性格，心里就比较有底了，所以我觉得学习以前和学习以后大不一样了。学习以前常常凭感觉的东西多一点，学习之后有意识地通过理论指导。你就知道应该怎么做了，脑子里比较清晰。

陈：在电影学院，“于大船”这个外号是怎么来的？

于：因为我当时在这些学员里头，表现得是比较突出的一个。小品我编得多，那个时候专家是这样的，你今天晚上这个小品不好，明天早上我要看你五个小品。这时候就有点着急了，晚上就得连夜赶。这时候全班同学互相帮助，因为演小品，虽然在小小的舞台上，但要布置一种可信的环境，这里有灯光，有布景，我对这些特别感兴趣。布置环境我布置得最好，就几个破屏风。照明灯也是这样的，光怎么打，我对这些也很愿意研究。所以在班里头，几乎每个人的小品我都帮着做，我都给他们做过布景、打灯光。当然，这是大家互相帮助吧，我表现得比较好，愿意帮助人。在这里面，比如说像陈强、胡朋、黎莉莉、车毅等人岁数比我大很多，都是老哥哥、老姐姐们当然要帮助。包括上海的凌之浩这些人，关系处得非常好。当然有些年轻同志，他们有他们自己的想法，需要我帮助的时候我就帮助。所以在这个时候，也有一种不同的反映说：“于洋太逞能了。”这些行为，专家看得很清楚。他看出了我的想象力，看出我的创造力。比如，每天出课前五分钟的表演练习，今天海底动物、海底植物，上去做各种植物；今天是家禽，今天是动物。每一次我都上去，有的人不敢上，我就上，我几乎是不落后的。在这里，最突出的两个形象，一个是陈强的猫头鹰，他在那儿不怎么动，往那儿一站，一蹲，就是猫头鹰，大家就鼓掌。我做的一个什么呢，不驯服的马。说五分钟，实际上不止五分钟，半个小时，一个小时。我理解专家的意思，他不是让你原封不动地去从形象上来模仿他，他主要要求一个精神状态。所以我这一匹烈马，披着一个毯子，上去就在那儿跳，这时候过去一个人，“啪”一脚给踢开。这时候专家说：“好，你这是匹烈马，不驯服的烈马。”因为我比较喜欢马，像这种时候就觉得反应比较快。还有课前的音乐练习，音乐节奏的练习，考验演员的反应、节奏的变化、情感的变化，都要跟随音乐表现出来。在课堂上放音乐，比如第一段音乐有点像西班牙斗牛士的那个曲子，第二段可能是三步的那种曲子，第三段可能又是一种非常忧郁的、低沉的曲子。不管你表演什么，你要根据这三个音乐节奏变化去动作。

陈：跟音乐要匹配起来。

于：但是它得有故事，得有人物。我做了一个表演，得到了专家的肯定。第一段，我做的是炎热的天气里，我扇着扇子在写作，一边擦着汗，完全跟着音乐的节奏做。这时候，不时感觉到有蚊子，打这儿，打那儿。第二段三步曲来了，我就回头找，找一个敌敌畏的那种喷药，我跟着节奏走。这么一两分钟过去以后，三步比较缓慢、比较低沉一点，我动作变化不多，打了半天蚊子，自己也晕了，怎么也起不来了。专家说我这个编得很好，很合理，动作逻辑性也好。到后来拍两部大戏的时候，要根据演员的情况来选择。一开始选择了《奥赛罗》，演坏蛋伊阿古，杨静演苔丝狄蒙娜。卡赞斯基根据演员的特点，在第一学期就考虑选择毕业剧目，他看了《奥赛罗》几个小品之后总不满意，之后他还想让我们拍《阿Q正传》，我们到茶馆里去找茶馆里的生活细节，到后来他认为有困难，最后选择了《第十二夜》。让我演托贝叔叔，带头闹腾的那个叔叔。陈强演那个老管家，杨静演兄妹二人，小丑是凌之浩演，沙莉饰小姐，黄玲饰演女仆人，他的角色是根据班里的学员定的，他的心里已经早就有打算，第一学期就考虑这个。所以，后来这些作品的排练过程实际上是做小品的过程，让你熟悉人物关系，熟悉世界。有时候我们按照剧本说台词，他不让，他说："你们不要老说话，我看你这动作。演员要通过动作来表现，我不听你们演讲，你们演讲并不好听。"专家有时候说话也很刻薄的。所以我们这两年，排小品也好，政治剧也好，就是演员在不断地找行为动作和心理动作，所以接受一个人物的时候，都是要这样的。

陈： 习惯于找到两个定位，心理定位、行为的方式定位。

于： 这个我觉得对表演很有好处。这种训练好像生活在这个人物当中。要演医生，医生生活在什么情境中？开门，门上有细菌，拿手很自然地擦一擦，这种职业习惯动作都是要有的。资本家，特别是那种伪善的资本家，在人前道貌岸然的，得有种绅士的样子才行，他的生活是什么样？有时候拿指甲搓搓，这些都要有，这都要演员自己来找。专家来看，说："你这个对，你那个不对！"有时候他跟你提相反的问题。比如说让我演《第十二夜》，就是托贝出场，做了多少个小品，他总是不满意，后来请了一个舞蹈专家，也是苏联的，教了我们几段舞蹈，我们跳着舞出来的。他就让你思考，不断地锻炼演员，因为创作的过程也是个思考的过程，你不能老是重复，总得有新鲜的东西，其实这些好多都是专家启发来的。

陈： 而且您由此能创作出一系列的东西。

于： 对，之后演出了两个戏，《第十二夜》的影响比较大。在北京，特别是向新中国成立十周年献礼的时候，莎士比亚的剧目《第十二夜》还是很突出的一个。当时我们在好多剧场演过，"青艺""人艺"都演过，影响很大，很多国外的朋友也都来看这个。它和电影不一样，专家说："如果和电影一样的话，就失败了。我是根据你们的情况来排的。"后来《仇敌》这个戏比较沉闷，演的场次不多，但是像陈毅总理他们都看了，他们认为挺好，他们还说："你们这个专家还是思想性很强的。"但是作为一个中国老百姓来看，《第十二夜》更好。

陈： 热闹一点。

于： 当时我记得正值亚非电影节在中国。那是1957年，招待全体代表，乐队跟着我们，又唱又跳，我这里又唱，又击剑，又跳舞。因为托贝在里面，在喜剧线上是领头人，他是完全捉弄伪善者，捉弄马浮柳。这部戏现在回过头来看，爱情的那条线索稍微弱了一点，就是杨静、张莹他们的爱情线，这条讽刺伪善者的线比较突出。又唱，又跳，又击剑，又打斗，很热闹。这个话剧演完之后，要毕业了，那年9月吧，电影厂开始找我演电影了，就是《生活的浪花》。在毕业和专家告别的前夕，专家要给每一个人几句话。

陈： 就是评语。

于： 评语，像是评语，但是又有点告别的意思。其中说到我最形象，说："于洋，我们这两年合作得很好，你是一条大船，大船要在海洋里航行。"他很简单的几句话，当时大家互相看看，说是什么意思，就是他肯定我的学习，从这儿出去的"于大船"。所以我的自传的名字《在大海里航行》就是根据专家这个话。

陈： 告别说的。

于： 当然国家和国家是另外一个问题，就是作为老师和学生，作为人和人之间的关系，我觉得这个教练还是不错的，我认为他对我们这两年来的培养是用心了。所以到后来我到莫斯科去看他，他已经不在了，他的夫人还在。

陈： 他去世了？

于： 中苏关系破裂以后，在中国有一些表现好的专家回去后，在当时也被排斥下去了，他当时也得不到"好烟抽"，他们心里窝火。最后好多人都没有了，跟中国人关系比较好的人。

陈： 回国去反而受到一些排斥。

于： 是的。改革开放以后，我去莫斯科的时候，我和王澍两个到他家里，老太太还在，当时他的孩子还很小。当时是80年代，他们那实行配给制，老太太把攒下来的东西一盘一盘拿给我们吃。她把当年从中国带回去的东西都拿出来给我们看："这都是你们当年送的。"老太太说着很感动，也有些牢骚："你看我们现在成这个样子，当时到你们中国去的时候，你们对我们那么热情。"当时，我们经常请他们去，送他们东西，这种人和人之间的关系，他们也感觉到了。所以我们去莫斯科的时候对我们特别热情，她说："老头在走之前，经常惦念你们。"

陈： 黎莉莉是30年代就出名的演员，跟您是同学，她在学校里，您的同学当中有什么特别的吗？

于：她因为在那个年代是个很有名的演员，和王人美后来都是“北影”的演员，跟我们都是同事，演戏很有经验。但是他们演戏呢，有30年代程式的味道。说话啊，包括黄宗江演戏的时候，“哦，你怎么样……”都是带着这个腔调，因为那个时候从文明戏演绎过来的，和当时不一样了，我们那个时候和当前又不一样了。当前像“无厘头”，我们都不大明白。

陈：也不喜欢看那个。

于：不喜欢看，而且现在搞笑、恶搞的东西不太习惯，所以有时候看到这种节目的时候也不大愿意看。黎莉莉她也很想学习一下斯坦尼体系，她很用功、很努力，像这种比我们都大的老演员、老的艺术家，我们很尊重她。

陈：做小品什么的，都一样？

于：一样，她老拿出她家的道具，因为杨静她们那时候拍《奥赛罗》的时候不习惯穿高跟鞋，大姐把家里的高跟鞋都拿来给大家穿，演外国的戏都得穿高跟鞋。她年轻的时候也搞过舞蹈，很热情。我发现她们的头脑都比较简单，人和人之间关系都比较简单。不像传说的那种旧社会过来的人都很滑诈，不是那样的。她们很单纯，说单纯更准确一些。

陈：您说黎莉莉？

于：对，黎莉莉。包括王人美也是这样，你给她一分，她给你两分，属于这样子的人。所以我对黎莉莉非常尊重，她每次小品我都要帮助她，她搞什么，我就说：“大姐，你说话，咱们该干什么干什么。”怎么说呢，专家对待她、陈强、胡朋这些老的演员也很注意的，不大狠说他们，但是有时候很明显感觉到也不满意。所以专家就讲，培养一个演员，像那种白纸一样的演员反而好培养，有经验的演员，想纠正他这些毛病，很不容易。所以一开始我们到学校的时候，做个人小品，一个小品10分钟，或者15分钟，有表演经验的演员上去的时候，总带有一点表演的东西在那儿，给你看，我是怎么回事儿，怎么回事儿，他不喜欢这个。他欣赏什么呢？比如我们有一个演员叫杨光，他拿着碗往口袋里放米，有半碗撒在地上了，他演的是抗日战争时期，大概是外边日本鬼子来了，所以他把门赶紧关上，到这里头来捡米粒，一粒一粒捡，一共捡了五六分钟，在底下我们都看着烦了，他怎么这么注意细节。这个小品演完了之后，专家鼓掌觉得好。

陈：全神贯注在米上。

于：全神贯注，其实很简单的道理，我不是表演给你看，就是在做这件事情，所以他认为好。从这里我就体会到专家喜欢这种不带表演痕迹的演员。尤其是初期培养演员，所有演员一上来就带着戏上来，专家不喜欢。

所以要求演员能够在舞台、电影上，认真地来为对象服务，他一般要求演员在舞台上也好，在电影镜头面前也好，不是要求别人来服从他，而是他去适应别人，他认为这样的演员是好演员。所以到后来我在演戏的时候碰到很多演员，我就考虑到，要求演员的时候，你实际上是为他服务，一个好的演员应当为对方服务。有一次我讲王晓棠好，我就针对这一点，因为她对别人没有什么要求，她总是在适应别人，演员如果都是这样的话就能合作好。

陈：大家都好。

于：比如我们有时候分析矛盾，因为生活中矛盾是绝对的。我们分析罗密欧与朱丽叶，说他们一个在阳台上，一个人在楼下，两人谈恋爱，表示对互相的爱，这时候应该没有矛盾，但他说有矛盾，这是心理上的矛盾。罗密欧要让朱丽叶了解他是多么爱她，朱丽叶也在极力地表现她是真的爱他，这个本身就是个矛盾。看起来两个人的爱情是一致的，实际人的动作里，时时刻刻存在着矛盾。我现在跟你讲道理，讲清楚这个道理，让你知道清楚，这就是矛盾，你听了点头和不点头，这就是矛盾。

陈：在电影学院学习，您还有补充吗？

于：我们学习表演的同时，也有舞蹈课、绘画课、音乐课、语音课、文学课，学的东西还是比较多的，而且当时也和北京各大院校进行了较多的交流。我们是第一届电影学院的学生，原来叫电影学校。作为北京的大专院校来说，很多单位的知名演员、导演经常到我们这儿旁听，来看我们表演，当时北京电影学院在北京来说还是很有影响的一个单位。特别是到后来国庆十周年的时候，我们“北影”剧团又继续演《第十二夜》。

陈：您毕业以后？

于：对，毕业以后，1959 年了，1957 年毕业。1959 年“北影”演员剧团，重新把这个剧搬过来，还是我、陈强当执行导演。在学院时，作为执行导演就是每天带着大家，从小品开始，单元做起，演给专家看，专家再指导。那个时候节目表上有凌之浩、陈强、我，我们三个是联合导演，专家指导是卡赞斯基。到 1961 年、1962 年，我们去西安也演了这个戏，后来这个戏成为“北影”剧团的保留剧目，因为这几个演员都是“北影”的，我、陈强、杨静、李百万、闫增和，这都是“北影”的。

六、走上“十七年”巅峰

陈： 您和杨老师毕业后合作的第一部电影是《生活的浪花》。

于： 电影学院快毕业的时候，当时急于想借调我们出去拍电影，“北影”的《生活的浪花》，导演是陈怀皑。原来这个剧本名字叫《太平间的谋杀案》，是写一个有点惊险的、因为爱情而引起的谋杀案。到拍的时候，这个电影剧本就改了。当时“北影”同时拍两部电影，一部是《上海姑娘》，一部电影是《生活的浪花》。

陈：《上海姑娘》是成荫导演的那部？

于： 对。这两部电影都是汪洋厂长他们从苏联回来拍出的影片。我们这个组摄影是钱江，钱江也是从苏联学习回来的，导演是陈怀皑，副导演是魏荣。《上海姑娘》导演就是成荫，演员是赵联、陶白莉他们。这两个电影都是写知识分子的。是“反右”以后，恰恰他们从苏联学习回来。这个电影我和杨静，还有一个演员叫叶小珠，也是我们电影学院的同学，还有就是印质明、魏鹤龄。

陈： 上海的。

于： 魏鹤龄正在“北影”这边拍一部电影叫《探亲记》，这几部电影好像都是前前后后。《上海姑娘》《生活的浪花》是他们要将苏联学到的东西进行实践。而且这个时候 1957 年，“反右”刚刚结束，好像对知识分子，没有提出什么更多的问题吧。剧本经过修改，把原来《太平间的谋杀案》，改编成一个知识分子接受工农兵再教育的这么一部电影。我演的这个角色叫金章，大学毕业生，是很有才能的一个外科医生。骄傲自满，不听取别人的意见。又由于同学之间的误会、爱情上的误会，犯了错误。在这种情况下，他主动要求到工矿第一线，后来经过劳动、经过改造，最后得到了工人们的肯定，当了模范。最后他的女朋友也从学校赶来跟他一起，结果是非常美满的，大概就是这么个故事。当然这里穿插了爱情，三个男同学爱一个女同学，当中有误会，这个女人爱的就是我演的这个人物。拍的时候没有觉得有什么问题，觉得很好。因为我们在电影学院毕业以后，有些影响，这时候借调我去拍电影的人比较多。这部电影还没怎么拍完的时候，“北影”准备要上《飞越天险》，八一厂的《英雄虎胆》也在这个前后。电影《飞越天险》没等拍完的时候，八一厂的严寄洲就来找我，让我看了剧本，这个剧当时也不是叫《英雄虎胆》，叫什么《江边的枪声》，是剿匪的。

这时,《生活的浪花》就受到了批评。好像是《上海姑娘》同时也拍了,《大众电影》还是什么刊物提出一些异议，认为像这样的知识分子影片把知识分子抬得太高,就好像是改造生产队伍、工人队伍,让一个上海姑娘来领导，好像有问题。《生活的浪花》这样来表现知识分子、歌颂知识分子，好像不如直接来反映工农兵这种影片为好。在当时，包括《探亲记》这些影片都有点问题。所以这些影片当时没有给予更多的宣传。这时候我接拍《英雄虎胆》就走了。《英雄虎胆》这部电影是“大跃进”时开始的，叫“跃进声中拍虎胆”。我记得八一厂当时很热闹，拍得很快。严寄洲这个导演很聪明的。抗战前他在上海待过，在上海他参加革命以前是一个小自由职业者吧，我听说他会口风琴，写过口风琴的独奏法，他根本不会画海报什么的，他在上海滩是这样一个人。另外他可能也受一些上海电影的影响。所以在八一厂来说，他是拍电影比较多的一个，八一厂刚成立的时候，50年代他拍了几部电影，都是短片。因为八一厂那个时候，作为故事片厂来说，不是重点。当时重点主要是“长影”“上影”“北影”。八一厂在这时候更多面向军事题材。

陈：军事教育片。

于：对，军事教育片。但是，这时候已经开始拍故事片了，我记得这一年，借调“上影”的孙道临去拍《永不消逝的电波》，都是在这前后开始。《英雄虎胆》这部电影从二三月开拍，大概是拍了不到半年吧，就拍完了。那在当时来说是相当快的。

陈：“跃进”速度。

于：因为一般的电影都是要在10个月，有时候甚至一年这样的长度，而那个时候一个演员一年也就拍一部电影，最多两部电影，那个时候拍电影很慢。所以在这种情况下,《英雄虎胆》拍的速度是相当快，而且质量上还可以。当时人们认为这个电影拍得耳目一新，悬念性的内容、女特务等描写很新鲜，在创作上胆子很大，另外严寄洲对于演员的表演是放开型的。

陈：不太管。

于：他让你们自己找感觉。王晓棠大概刚调到八一厂去，她已经拍了《一个无铃的马帮》，就是《神秘的旅伴》，还有《边寨烽火》等，还是有点拍电影的经验。另外一个胡敏英，演那个女特务。还有方辉，这几个演员大家在一起。从拍完内景，到广州那一带去拍外景。这部电影因为是部队的影片，又赶上“大跃进”，所以这一路上，在火车上要求电影人劳动，在车厢里扫地，跟服务员在一块儿，给客人倒水。那时候强调电影艺术家，还有文艺工作者，不管到什么地方都要为观众，为人民群众服务，强调做一个普通的劳动者。但观众看起来你还是明星，那王晓棠做得最好了，一会儿帮着服务员给客人倒茶水，一会儿又擦桌子，我们都在硬卧，我和里坡当时很不错的，我说：“咱们也得干啊。”那时候不知道怎么有这么一种风气，反正要求我们都得干活。

陈：那列车不是有列车服务员吗？

于：有服务员，他们很感激，大家在一起交朋友。

陈：那不是引起围观、引起骚动吗？

于：那时候不围观，那时候顶多给你鼓鼓掌。大家说这是八一厂的，这是部队的。

陈：好作风，军人的好作风。

于：那时候就是这样的，到部队里嘛，也没有什么酬金。我记得有一点补助。这个时候拍电影倒不缴纳伙食费了。反而曾经在1955年、1956年拍电影的时候有酬金，一部电影大概能有几百块钱，有酬金的阶段我没赶上。像赵联说：“我拿那么几百块钱，我没见过那么多钱，不知道怎么花。”所以那时候，大家对于钱不是那么很重视的。当然有了钱之后，有人买了手表，赵联买了块表，有的买自行车。我拍《生活的浪花》的时候已经取消了，有酬金那个阶段，我正在电影学院上学，所以没赶上。

陈：《英雄虎胆》的时候也没有酬金，是吗？

于：《英雄虎胆》的时候也没有酬金，但是这时候每天有点补贴，每天大概是五毛钱。所以我们开玩笑说五毛钱能买十个冰棍。你看吃饭不花钱，还能买冰棍，大家就很知足了。所以那时候，我们到广州去拍戏也不买什么土特产，没有，我们心思不在那里。那时候就是工作，很紧张，再加上八一厂有点部队的作风，雷厉风行，说集合就集合，说走就走。当然，我对部队生活还是适应的，也挺好的。所以这部电影拍的速度比较快。我就感觉严寄洲拍这部电影拍得很潇洒，连说带笑，讲讲故事。因为他可能看美国电影多一点，另外一个导演叫郝光，两个人联合导演的，当然到后来主要宣传严寄洲。郝光后来也拍了很多别的电影。我记得严寄洲有的时候跟我们说：“这场戏你们自己研究一下。”让我和王晓棠研究一下。“今天上午我就不去拍摄现场了。”我说：“你不去干吗啊？”他说：“《大众电影》有稿子催着呢，要登。”这个严导演有个特点，他很注重宣传，给《大众电影》写拍摄资料，报道什么的，他化个笔名。

陈：他自己写？

于：自己写。自己写小文章。

陈：对电影宣传有很大的帮助。

于：就是啊，拍戏他就不去了。

陈：正式开拍他不去了。

于：不去了，叫郝光盯着。那时候，郝光对电影不像他那么熟悉，严寄洲在那儿是个主轴，摄影是个香港来的摄影师，叫蒋仕。他在摄制组、香港来回跑。所以那个组整个来说，拍得很轻松、很潇洒。

陈：多年以后您曾经说过和王晓棠老师配戏非常愉快，经验是什么？

于：因为在这部戏里，我搭戏最多的是张勇手、胡敏英、王晓棠。特别是王晓棠，原来戏还多一点，现在剪了一些。剪掉的就是我和王晓棠开汽车、游泳、在一起喝咖啡的这种洋生活。这组戏是反映王晓棠演的阿兰的幻想，她幻想未来的生活，和这位副司令真正到国外去了。我记得我当时开的车是别克，那个时候，完全自动档的，穿着西装，还有在咖啡店里碰杯、喝酒，在游泳池里在游泳，是这么一组镜头。

陈：后来全没了？

于：拍得也很好玩的，到后来审查的时候就把这组镜头拿掉了。1958年拍完这部电影的时候，长春有个电影工作会议。这个电影工作会议非常有意思，当时提出个口号，叫“插红旗、拔白旗”，把凡是电影里边有过接吻、拥抱的这种镜头连接在一块儿在创作会上放，说是中国电影这样拍的话行不行？当时我印象最深的是“拔白旗”，这都属于白旗色彩的。这些导演很紧张，做演员就稍微好一点，因为有导演在这儿顶着，厂领导也很紧张。

陈：《上海姑娘》肯定是白旗。

于：当然，《生活的浪花》也是白旗，都是在“拔白旗”的过程当中受到批评。《上海姑娘》《生活的浪花》《城里的患难兄弟》《悬崖》前后那么一批影片，那一批反映知识分子恋爱的，反映男男女女的这些影片，原来还准备宣传的，这时候一下就有点凉、有点冷了。

陈：《英雄虎胆》受影响了吗？

于：《英雄虎胆》正好也是在这个时候，虽然不作为重点宣传的影片，但是观众愿意看。这部影片当时审查后，是允许在国外发行的，有的影片是根本在国外不让发行的。《英雄虎胆》是国内外都可以发行的。当时这部影片在苏联和东欧国家，包括德国、波兰这些国家都放映了，在苏联的反响很大，我还接到苏联和德国的观众来信，当然观众都是一些学生。他们把当地宣传《英雄虎胆》的宣传品给我寄来了，也有照片，都是外文的。八一厂非常高兴，厂长陈播还把观众来信打印出来展出，证明这部影片在国内外都受欢迎。所以这部电影看起来拍得还可以，严寄洲也觉得挺好。但是和整个国家的形势来说，“拔白旗”这个有点不太好。所以《永不消逝的电波》拍得就比较正了，这个《英雄虎胆》有点匪气的。

陈：就是更好看一点，有观赏性。

于：对，当时严寄洲也是很强调这个的，要拍点让观众爱看的，你拍的人家不爱看，你拍这个干什么。当时在我们的观念里面，拍电影也要拍悬念性强一点的，故事性强的。当然，第一是政治性、思想性比较好的，艺术性也比较好的，所以到后来我当导演的时候，《戴手铐的旅客》我很强调这个。我说："这个片子我见不着一个女的不成。"我就加了刘杰的夫人，还有一个女特务，还有蔡明演的那个小女孩；风景要在云南这一带，好看；要有好听的歌。因为多少年的电影经验下来以后，这个问题很明确，电影是给人们看的，不仅仅是宣传，要有艺术性、思想性、观赏性。这个时候有的导演就走在前面一点，像严寄洲，因为他在上海待过，他知道。

陈：看电影也多一点，看美国片也多一点。

于：对，那时候我们对美国的好莱坞片都看得不多，比如说《出水芙蓉》这些，那时候看苏联电影多一点，苏联电影的思想性很强。

陈：您对《英雄虎胆》和《生活的浪花》两部片子的评价，和您自己的表演的总结是怎样的？

于：进入创作的时候，我感觉到演员要松弛一点，在一种宽松的环境里来进行表演，进行人物创作，这样出来的东西是很自然、很好的。演员就怕各个方面的要求都压在他的身上，他出来的东西就不那么自然，总有另外的东西要求他。所以我就觉得《英雄虎胆》这部影片在我的创作上比较自如，我所想象的东西都能够出来，而且客观上没有压我，没有在那儿指挥我，我是按照这个人物的动作逻辑，按照他的思想发展规律来演的。按我们行话来说，他动作的任务，追求最高的目的，按这样去做的时候就比较自然、自如，没有杂念。就怕有各种杂念在那儿，导演这样要求你，摄影那样要求你，走位要走到灯光的光区，对手对你要求。当演员身上加了很多东西的时候，虽然也在表演，但是看得出来很不自如、不自然。

陈：《英雄虎胆》您觉得比较好？

于：《英雄虎胆》我没有约束，所以我刚才说严寄洲这部电影拍得很潇洒，他对演员，他只是讲了他的看法，就放手让你发挥，再碰上王晓棠这种比较灵的演员，所以这部电影演得很舒服，很自然。当然今天回过头来看这部电影的时候，我认为也有缺陷。像这样一个侦查科长他到底为什么能够学会副司令那么多东西，前面应当在他穿解放军军装的时候有所交代。当然台词也有一点铺垫，过去他在港澳这一带走过，但光这个还不够，他后来在敌人面前那样潇洒，应该把前面他是解放军的前提铺垫一下，这个我觉得还不足。

陈：那《生活的浪花》呢？这个片子您的总结和评价是什么？

于：《生活的浪花》这个片子作为我学院毕业以后的一种尝试，尽自己努力做了，但是这个片子总的来说有些拘谨的东西在里面，在表演上也是这样，总是有一种要接受改造的那种思想。作为影片，从头到尾表现得直接了一点、简单了一点。

陈：作为一个演员，您认同金章这个角色吗？

于：我演这个人物，我当然要认同他，不认同他我演不出来的，像这样的人物我还是可以演出来的。但是当时也有一些负担，各种负担，因为它原来是《太平间的谋杀案》硬给扭转过来的东西，总觉得这个片子不是那么顺畅。

陈：原来那个剧本您看过吗？就是《太平间的谋杀案》。

于：看过。

陈：您觉得这个改好，还是不改好？

于：原来那个肯定有观众、有悬念。我们中国老百姓看电影，有时候爱看这种悬念性的、故事性强的影片。

陈：您是在说《太平间的谋杀案》比这个好？

于：比这个当然有悬念了。但是当时那种情况是不适合拍的。

陈：纯粹是一个类型片了。

于：对，所以那个时候讲向工农兵学习，所以就改成向工农兵学习，是这样的。所以这个影片是为了完成任务来硬图解它，这个不成的。作为演员也很不自然、也别扭，导演也很难弄，因为这是领导的一种要求，必须要这样，或者必须那样。所以现在我们电影人就没有这个约束，怎么想就怎么干，所以比较自然、比较顺畅。所以我常说我很羡慕现在的电影人，他们的创作空间很大，上下五千年、纵横东西南北中都可以拍，只要是艺术家能够想象的东西，你都能够实现。艺术靠什么？想象，无限的想象。合理、合乎逻辑的东西，美的东西，不失于真，所以我觉得现在拍摄电影空间大多了。虽然也有要求，但是不像那个以阶级斗争为纲的年代，看你阶级动向，所以作为艺术家来说，他的脑子里总有一种东西在控制住你。陈怀皑导演，我跟他合作过《生活的浪花》《青春之歌》《山里的人》，在生活上我们接触也比较多。他是一个非常聪明的导演，他从香港回来的时候给张骏祥他们都当过副导演，跟谢晋他们都同学过。我觉得他是一个很有抱负、很有才气的导演，他口才非常好，但是他的一生，背了一个很重的历史包袱，所以他的创作不是很自如很舒展的，总是有一种东西在捆绑着他。他在去世之前，一九九几年他入党了，我是他的介绍人。

陈：您是他的入党介绍人？

于：对，我和谢铁骊是他的入党介绍人。谢铁骊找我，我说可以，因为我对他也比较了解，大概可能有历史问题。因为他历史上比较复杂，要经过很多考验，经过很多查验之后才能过，他自己情绪也常年有点压抑。但是这个人在进入创作的时候又是非常振奋的，一谈起戏什么的很兴奋，但是一谈起政治的时候就无言了，所以是这样的。像这样的艺术干部，在那个年代大有人在的。上面对他独立工作总是有一点不太放心。所以你看《生活的浪花》，派的副导演都是党员，一切都要听党支部的。所以他作为一个导演，应该是三军的统帅，但是他实际上统帅不了。所以那个时候对陈怀皑这个导演的看法，就认为他是很有才能的导演。他对电影的整个创作流程很熟悉，剪片子也非常熟练。但是我觉得总是有点放不开，比如说《青春之歌》，崔嵬和他导演的。

陈：他们俩合作得好像特别多。

于：合作多啊，但是崔嵬是解放区的，原来当过中南文化局的局长，"北影"的艺术顾问，那在当时反映了一种大气吧，他什么都说了算，陈怀皑在旁边总是像个助手一样的感觉。其实很多创作上的点子是陈怀皑出的。因为这点也可以直言不讳地说，从电影拍摄的经验、拍电影这套流程，崔嵬当然不如陈怀皑熟。崔嵬没拍过什么，他就演过一部电影《宋景诗》，所以叫"大帅"。他调到电影厂的时候是中南的文化局局长，老资格，说话有底气，政治上来讲他是比较正确的一个人。陈怀皑觉得自己只能夹着尾巴做人，听从他，特别是在政治上。所以当时在宣传上，我爱打抱不平，我说："老不宣传陈怀皑，都是崔嵬的事儿。其实陈怀皑出了很多主意。"

陈：外人就不知道了。

于：当时，拍《青春之歌》有的时候崔嵬还真不在。他同时演《红旗谱》的朱老忠，和"长影"的一部中苏合拍的电影《风从东方来》又到浙江去了。《青春之歌》之前整个戏的设计崔嵬一开始参与了。但是到后来实拍的时候，那是陈怀皑一直在执行。崔嵬走几天、回来几天，常常是这种状况。当时我的戏陈怀皑拍得比较多。崔嵬在看完样片之后，比较满意，有时候汪洋讲点意见，崔嵬还在那儿顶呢。不是说"全厂怕汪洋，汪洋怕崔嵬"。这是"文革"群众给的，也并不是没有道理的，因为在当时崔嵬在艺术上确实说话是大拿的样子。汪洋当时很尊重他，厂长也尊重他。所以那个时候，崔嵬就是在社会地位上、在各个方面都比较受到尊重和重视。那陈怀皑就作为一个一般的导演，和他合作的导演。

陈：一般人有意无意把他当成助手，是吗？

于：所以一般我拍的镜头，都是陈怀皑跟我在一起研究，回来的时候，崔嵬总是不太满意，总是挑点毛病。我当时就很不满意，我就想"你在场就对，你不在场人家拍的戏就不对"。我这是心里话，我不敢说，但是我有这种感觉，我想说你太霸道了。

陈：您自己的看法是什么？

于：我同意陈怀皑的做法，我觉得陈怀皑在这个问题上我们有共同语言。所以我们这个戏就这样处理。他一回来说："你们这个戏怎么可以这么演呢？"我说："怎么不能这么演呢？我是按照对剧本的理解演的。"拍这部电影时，杨沫跟我谈过，江华是怎么回事儿。我当时也有我自己的看法，导演虽然是大导演，但不能说你讲的都是对的。这时就在创作上有点矛盾，陈怀皑就觉得没有办法，看着我说，就在那儿苦苦地点点头，没有办法。

陈：改吗？

于：不改。我说我就这样。最明显的有几场戏，我通知林道静入党，在北海公园，这时候卢嘉川、林红都牺牲了，这个时候党的领导人是江华。杨沫曾经跟我谈过，她请我吃饭，在写《青春之歌》续集的时候，这时候江华和林道静已经结合在一起到延安去了。在林道静的脑子里，江华是一个主心骨，是个依靠，无论从情感上还是从自己的革命奋斗上，是很可靠的这么一个人。你说这一点感情色彩没有吗？不可能。在现实生活里是这样。所以我在通知她入党的时候，在北海那场戏里，我说你可以填表，党准备吸收你了，在这个时候总有一种爱抚的眼光和情感来看她，又欣赏她，又很爱护她，很关爱她。看着这个女孩子成长成这样，我觉得这是对的。

陈：对，有什么问题吗？

于：崔嵬就认为你不应当带着那么复杂的感情，就是党通知她。

陈：公事公办。

于：到后来包括谢芳也是这种看法，央视六频道的《流金岁月》播出过。节目组给我和谢芳两个人一人一个底板，在上面写，江华和林道静什么关系，我写的和谢芳写得不一样。谢芳想着两个字"革命"，我写的是"关爱"。后来一打开，大家一看都乐了。因为我觉得我是从这个角色，从这个小说的感情发展来看的。哪能在这时候就是革命的关系，那种概念出发的东西，因为我毕竟拍这么多电影，在人物关系上，还能够找到这些，我觉得应该准确一点。所以在这时候，那场戏崔嵬特别不满意，从你的眼神就看起来不健康，我说有什么不健康的。到后来当然也改不了了，因为拍完了，我当时挺不满意。

陈：当时有个评价，就是不健康啊？关爱的眼光是不健康啊？

于：就是你不应该有这个杂念在里头。我觉得这不是种杂念，这是人正常发展的感情，过去我们电影里面概念化，总是从政治出发，你说没有感情因素在里头，实际上人和人接触当中，总是有感情交流，像林道静和江华通过这场斗争的接触。从麦收、定县的武装斗争，到后来她入狱以后，他营救她，到出来以后见面，在那么一种艰苦的斗争当中。这种感情那是多么宝贵啊。所以江华看到林道静现在已经成长了，在政治上已经有警觉性。他非常高兴，高兴当中当然有一种感情的色彩了。

陈：您干吗不把作者杨沫告诉您的续集告诉导演呢？

于：他应该知道。我们当时跟陈怀皑研究的时候，陈怀皑完全同意了，说你这样是对的。崔嵬回来就不满意。

陈：这是一个例子。您刚才说好几个例子，除了这个还有别的吗？

于：当然这个是记得最清楚的，也是最刺痛我的地方。因为我在演戏的时候，我确实很认真地在那儿研究，你这简单一句话把我这个动作给否了，你确实能够说服我也可以。但是也可能他有这种经历，革命经历，人家那时候就是革命，除了革命没有别的，因为他本身好像也参加过这种斗争。那时候像崔嵬这种人说话，说出了一句那就是很重的，别人不能驳的。

陈：您当时也不敢跟他争论？

于：我当然要谈出我的看法了，他不同意我的看法。我说："你同意不同意，那是你的看法，我的看法就是这样的。"到后来我跟崔嵬谈过这个事儿。我说我是这样理解的。到后来他对我也不能太过分，那时候我已经演了很多戏了，不管怎么样，我也是一个知名演员嘛。在这部电影里，那真是众星捧月，大家捧一个谢芳，那都是很有经验的演员。当然在当时，我同时拍的电影有《矿灯》《水上春秋》。一开始最早是定《青春之歌》，最后李恩杰同志找我演的《矿灯》也是讲地下党的。

陈：您当时在电影学院的时候，苏联专家讲课是带翻译的吗？现场翻译？

于：是的，王澍，那个大胖子，就是演《小兵张嘎》中的翻译官的那个。王澍从小生在哈尔滨，他在白俄的学校里上学。

陈：所以俄语是第二种语言。

于：从小就跟俄国小孩在一起。到1943年、1944年，他到北京来考到华北影业公司，当了演员。日本投降以后，他就回到东北，苏联红军一看他是非常好的翻译，把他请到"东影"，在那个时候我跟王澍就很熟悉。

陈：翻译过程当中有什么困难吗？出现过什么卡壳之类的现象吗？

于：还有一个翻译，叫徐谷明，在理论翻译上好像比王澍能力强，王澍是口语化、生活化的特好。

陈：同时一堂课是两个人在那儿翻译吗？

于：一般都是王澍翻译，徐谷明主要跟导演专家伊万诺夫，有的时候也到我们这儿来坐一下。王澍有那么一两次会卡点壳，但他能讲出大概意思来。我记得上学期间，我还跟专家发生过不愉快，具体事儿我忘记了，大概我在拍戏中因不同观点跟专家进行辩论，专家也有他的性格："你不是今天给我辩论吗，我就不排你的戏。"他就晾着我。专家老不排我的戏，我就到后面去买东西吃。快到排练结束的时候，专家叫我，我不在，当时专家就不高兴了，他让王澍把我找回来，他问："你为什么不在？"我就跟他顶撞："你不是就因为我今天跟你意见不同，你就不排我的戏吗？你就这样来对待一个学员吗？"我说话也比较硬，结果王澍这时候就不知道该怎么翻了，他一方面很护着我，他说："你这样说话，不等于跟专家干架吗？"专家在那边，小老头在那儿看着他，他两边为难，但他最后也没翻，他怕我们打起来。

陈： 1958 年《山里的人》，但是您的传记当中写的是《山里来的人》这是怎么回事儿，应该是哪一个？

于：《山里来的人》。

陈： 但是"北影"的出品记录上和片子上写的是《山里的人》。

于： 不是吧，《山里来的人》吧。我记得是《山里来的人》。《山里来的人》是拍《青春之歌》之前，拍完《英雄虎胆》之后，这是 1958 年炮战的时候在福建拍的，这个戏的导演也是陈怀皑，我和他的关系不错，在《生活的浪花》中合作得很好。其实《英雄虎胆》拍完后我又拍了一个《飞跃天险》，《飞跃天险》之后才拍的《山里来的人》。

陈：《飞跃天险》也在前面？《飞跃天险》的出品年是 1959 年，《山里来的人》出品年是 1958 年。

于： 是这样。我记得很清楚，《英雄虎胆》没拍完的时候，厂里又调我回来拍《飞跃天险》，《飞跃天险》差不多拍完的时候，1958 年"大炼钢铁"嘛，这时候就到福建去拍的《山里来的人》。

当时"北影"演员剧团分组，我就分到凌子风那个集体去了。第一组是水华，第二组是崔嵬，第三组是凌子风，第四组是成荫，俗称"北影"四大帅，这么四个组。凌子风因为跟我合作过《中华女儿》，而且后来他的作品《陕北牧歌》中，我给他的男主角配过音。凌子风这个导演是艺术型的，他不像成荫当过指导员，他是有点疯的这种艺术人吧，过去的说法是这种人总是艺术性很强，政治上不是很强的。像成荫、崔嵬这是一个类型的导演，都是政治上比较强的。按当时的话来讲，组织能力强才能够把艺术弄好，也就是说电影创作也需要群众路线，那个时候不管做什么都强调群众路线，电影创作同样是这样的。所以在这种时候，凌子风的风格是我所喜欢的。

陈： 那您先说说《飞跃天险》的创作过程中您的创作体会，导演李恩杰，以及其他人员。

于：《飞跃天险》这个剧本在“北影”应该说放了几年了，作者是陈戈，写我们的空军飞越天险到西藏去。原来是另外一个导演叫伊明，但不晓得是什么原因，一直搁浅。李恩杰同志原来是一个美工师，他在“北影”拍了两部片子《一贯害人道》《一件提案》，还在长春拍了一部《马兰花开》。我没等拍完《英雄虎胆》，还在广东的时候，厂里就给我打电报，让我回来赶快上这部电影。因为这部电影是写空军生活的，我演过海军，这次能演空军，我觉得挺好、挺新鲜。原来伊明同志当导演准备拍的时候，当时演员都定下来了，有金焰、谢添，金焰演中队长，谢添演副机长。后来改成赵联和我来演，我演中队长，赵联演副机长。等于我们是小一代的，他们是老一代的，他们大概当时四十多岁，我们也就二十多岁，最后定的我们这帮年轻人来演。

李恩杰这个导演也有很多艺术想法，但是他讲不出来，他很有意思，老说：“你们怎么看？”人非常好，有胃病，每天拿个小手绢，里面放着几块饼干，带一瓶水。摄影是朱今明，是个著名摄影师。那个时候住在西郊机场，我们跟飞行大队的战士一起做训练，每天坐C-46，美国的那个大肚子飞机，跟着他们练习起飞、降落，我坐在副驾驶座，看驾驶员的动作。

陈：这是开拍之前体验生活？

于：对，开拍之前，从广东回来我就到空军去了，每天跟他们在一块儿生活。当时正处于“大跃进”，“大炼钢铁”时期，那个时候生活开始有一点，反正不是那么宽松。但是我们呢，我和赵联几个演员吃空灶，空灶吃的比较好。

陈：空灶就是飞行员灶。

于：对，每天还能喝啤酒，享受飞行员的待遇。那个时候空灶，像运动员就是运动健将灶，海军就是海灶，都有一定标准的，一天多少钱，那比一般的生活要高一些，都属于一些特殊人才吧。所以我们在那儿每天吃空灶，每天做空军练习。空政文工团的几个老的演员原来我们在“长影”都见过，也都认识，其中演电影《六号门》老大哥李紫平在这里演大队长。整个摄制组很和谐，但是这个剧本有它先天性的缺陷。

陈：是什么？

于：戏剧性不是很强，虽然有点感情上的联系。秦文演我的爱人，她搞地勤，地勤和飞机失去了联系，造成了一点悬念，但这方面的东西当时不敢多写，就写了几次试航，一次、两次、三次不行，最后还冒着风险穿过天险，飞到拉萨上空。

陈：主要是写事儿，没有把人写出来。

于：人物性格上不行。所以这个电影看起来概念的东西比较多一点。台词都是“这个任务能完成吗？”“能完成！因为我们都是共产党员。”

陈：那个时候会跟导演提吗？说这个台词实在是太空洞了？

于：当然会提啊，但是导演在这个时候也没有办法，导演说：“这个剧本就是这么通过的，不说也不成。”常常有这种情况。这种政治性的台词，一般的大家不敢动。动的话将来出问题算谁的啊？尤其那个年代“反右”“大跃进”，又开始“拔白旗”“插红旗”，经过类似这样一系列运动，所以剧本语言政治性很强，没有性格化的语言。演员即便有这种感觉，说出来，导演也不敢做什么。尤其像李恩杰这种导演，老老实实的。

陈：其实您在这时候已经演了很多戏了，李恩杰导演您刚才说了，他不太善于表达。这个时候演员能够帮助他吗？您会帮助他吗？

于：分镜头的时候我们会参与一点意见，我们作为演员来说，还是很尊重导演的，导演只要不是太过分，我们一般的都是跟导演合作得很好。当然，导演应该是演员的镜子，应该随时给演员提出来，但是有的导演和这种演戏比较多的演员合作的时候，更多的是尊重演员。

陈：因为有经验。

于：所以为什么到后来像李文化这些导演，总爱找一些演戏经验比较多的演员来合作。李文化是摄影师出身，他总希望找一些比较有经验的演员合作，他不费劲。因为这些演员接触一个剧本之后，总有很多想法给导演。一般来说，有的时候想得比导演还具体一些，这些演员能很快掌握、承载这个角色。所以在这个时候，演员说出这些意见后，导演都会很容易接纳。

陈：《飞跃天险》的过程当中，您跟李恩杰导演的合作怎么样？

于：我们合作得非常好，后来又接了第二部《矿灯》，又是李恩杰导演的，他一定要跟我合作。我这个演员，也比较好合作吧。所以一般有了第一部，第二部还愿意找我，陈怀皑是这样的，李恩杰也是这样的。

陈：我想请您谈一下赵联和秦文这两个演员。

于：这两个人现在都不在了。赵联是个很有才气的演员，他的悟性很好。但他在准备角色时是比较吊儿郎当的那种，不像有的演员，特别刻苦地在剧本上翻来覆去研究，他不属于这种。在我们过去的看法，这种演员比较自由主义，有时候即兴的东西也比较多。有时候导演说他什么事儿，他还坚持自己意见。但是一般的戏来说，都能够完成，而且完成得还可以，他确实是有天分。他就是大概看看剧本，有个谱就行了，但是他对角色容易满足，不太深入。我们排话剧《第十二夜》的时候，我当导演，他演的就是我曾经饰演的角色托贝，我演原来陈强的那个角色马浮柳，我跟他在一块儿排戏的时候就有这种感觉，他是差不多就可以了，但是他接受导演的东西很快。导演提出三分东西，他能够表现出五分，再深入一点就不是那样了。不像有的演员，像安震江是导演提出三分，他完成五分，导演要求五分，他又给你再加几分，他总在不断地琢磨。赵联如果能够再用一点功、再深入一点的话，我相信他的成绩会更大一些。

陈：秦文呢？

于：我跟秦文合作过《青春之歌》《飞跃天险》，《飞跃天险》我们演一对。她那时候已经演了李恩杰几部电影，因为是秦怡的妹妹，所以当时也有一定的影响。她虽然不像王晓棠和我对戏那么自如，但经过反复的排练、反复的琢磨，也能够完成得不错，当然我们合作得也很好。有一个镜头最有意思了，电影开始时我们演一对情侣，散会了，我们转到走廊黑暗处，我正要抱着她亲吻她一下，这时候赵联演我的战友，他骑着摩托车过来，灯光一闪，结果我就没吻成。当时我就说："赵联，你这个时间掌握得准点，慢的话，我就吻上了。"那时候，我们拍戏也常常开玩笑。像这个时候，拍这个镜头我就很紧张，秦文也很紧张。

陈：您怎么会紧张呢？

于：因为拍这个东西是相互的反应的问题。秦文看着完全是……我说不出那种感觉，当时把我弄得也很紧张，所以我说："赵联，快点！"灯光一闪过来，我一看他，就是这么个情况。当时，现场大家都乐了。像这种镜头，如果两个人都松弛下来，我想这个镜头会演得很好的。

陈：也很美的。

于：但是这个镜头后来看的时候很别扭，我说两个演员都有责任，我也有责任，她也有责任。都比较紧张，不像现在男女演员演这种戏很自然。特别是因为 1958 年"大跃进"以后，不是会议时曾经把这些接吻镜头接到一块儿吗？大家把这当作笑话来谈。所以碰到这种戏也很紧张。秦文还是很能演的演员，有些戏演得还是蛮好的，特别是合适自己的戏。但是跳出自己的、距离大一点的角色，有时候恐怕很难演。

陈：您是演完《飞跃天险》以后，再去演《山里来的人》。就又演铁道士兵了？

于：对，又是铁道兵了，外景在福建，陈怀皑是导演。最有意思的是，拍这个戏的时候正好赶上"多快好省建设社会主义"这个口号的提出。当时按照条例规定，一天要拍 8 到 12 个镜头，超过这个数会给予奖励。"大跃进"以后，各行各业都在"创纪录"，电影那个时候也来个"创纪录"。《山里来的人》我们创下了一天拍 110 多个镜头的纪录。

陈：超过了原来 10 倍。

于：拍之前我们要做三四天的准备，这8个镜头放这儿拍，这12个镜头放那儿拍，那现场来回一趟小跑似的，演员演戏也是这样的。当时汪洋下指令要“创纪录”“放卫星”①，陈怀皑也比较听话。当时讲究“放卫星”，“大炼钢铁”也“放卫星”，拍电影也“放卫星”。这时就让别的摄制组停下来，来看《山里来的人》这个组“创纪录”“放卫星”。让别的导演来看，最典型的导演是水华，水华是拍得最慢的一个导演。实际上，这是给水华一个刺激，要让他看看“快”是怎么拍法，水华在那儿不吱声地看着，有一个参观的台子在那儿搭好了，那么几层参观的人来看。

陈：就那三天不拍东西？

于：不拍，就是练习。现场端着机器到处跑，就来回排练，其实这也是一种形式主义。

陈：形式主义。如果平均下去不是一天也就一二十个。

于：所以啊，这个如果分开，一天能拍20个的话也很不错。“大炼钢铁”也是这样的，形式主义，把铜门都拿出来，放进炼钢炉里，炼小炉，我们都去炼钢，我记得我拍《飞跃天险》回来后还在我们院炼钢。

陈：您1958年演这么多戏还参加炼钢啊？

于：那当然，停一天就得炼钢去，炼钢回来再拍戏，都得参加。“创纪录”，尝试一下。当时我炼钢铁，在《大众电影》里都有反映，我是穿着空军服在那儿炼钢。

陈：还穿着《飞跃天险》的戏服。

于：对，穿着戏服在那儿炼钢。这个《大众电影》都有照片的。《山里来的人》也是做这个，就是为了“创纪录”。其实那个时候各行各业很多都弄虚作假的，电影也离不开这个大的环境，也是那样做的。工棚的戏，全戏大概有二百多个镜头，一天要拍完一半。演员就是这些演员，衣服一会儿变这个，一会儿变那个，服装也跟着，道具也跟着，该拍哪一场了，三、四、五场，赶紧换三、四、五场，这个摄影来回跑，来回折腾，旁边参观的有一帮人。所以大家也发牢骚，彩排了三四天，来这么一下，只为了教育像水华这种导演，让他们看看。当时也就是陈怀皑做这个事儿，大概也动员过别的导演，别的导演不干。陈怀皑因为比较听从领导的安排，所以当时做这个。今天回过头来看，这都是很荒唐的事儿。

陈：《山里来的人》这个角色，您在表演上的体会和对演员的评价是什么？

---

① 1958年“大跃进”各地浮夸风盛行，虚报夸大粮食产量，上报虚假“小麦卫星”“水稻卫星”等在各行各业中发生的类似行为被统一称为“放卫星”。

于：很一般，我就演一个曾经在山里打过游击的战士，解放以后，当了铁道兵的团长，修铁道。这个团长也就是个符号式的人物，我们要开工，炮的画面就出来了，都是这种命令式的、战斗口号式的这种场面。当时演这个戏的时候，也没有做那么多的准备和研究，因为那个时候我的戏也比较多，我主要的戏还弄不过来呢。就是因为当时陈怀皑觉得我演这个角色很合适。那时候不分大小演员，没准儿这部戏就要演一个群众演员，那也要去演，跟现在当然不一样，现在的大腕演员哪可能啊，那个时候就是这样，角色不分大小。

陈：分配干吗就干吗。

于：分配干什么就干什么。其实我在《红旗谱》还有俩镜头，让我演一个老地主，逼迫严志鹤签责任手印。凌子风说："于洋，你一定演一个。"好，我把牙也改了，还留个胡子。

陈：一点印象也没有，一点也看不出来。

于：删掉了。

陈：我还说看了没有印象呢？

于：这场戏我后来看了，自己都乐，删掉了。我记得那个时候《红旗谱》里，像秦文她们都是群众演员，在里头闷着头，挑水，抬猪肉，在里头跑来跑去的。那时候秦文已经在我们这儿演女主演了。但是这种戏，演员剧团作为任务，大家都得去。

陈：这是一个好的传统。

于：在当时工作需要吧，所以大家也不说什么。什么都体验一下也有它的好处，本来这个演员可能还觉得自己是大演员，一到这时候做群众演员了，你就是群众演员之一了，你就尝尝群众演员的滋味。所以那个时候大家不管大小角色都得去。

陈：在这个片子当中，张雁和高时英这两个人怎样？

于：高时英、张雁都去世了。张雁在《火红的年代》里演应家培，后来演过《月亮湾的笑声》。张雁是个老演员，和陈怀皑他们算同辈了，也同学过。过去国民党抗战时期的演剧队，他们都参加过。演剧队那个时候在历史上也认为是不光荣的，不像现在对演员的这种看法。

陈：五六十年代当然，因为是国民党的。

于：对，那时候是国民党的，所以当时有演剧队背景的人不是很光彩，一提到演剧队好像是个包袱似的，那个时候是那么回事儿。现在一提演剧队那是抗日战争的老同志了。

陈：对，应该是敬仰他们。都是从家里跑去做抗战宣传的。

于：对，所以不同的历史时期，对这些问题的看法也不一样。

陈：再接着说张雁老师，您跟他合作过多次。

于：他演戏的历史长，经验很丰富。他拿到剧本之后，很快能进入角色创作，也很松弛。他接受任务以后，不像我们一开始拍电影的时候，进入一种紧张的状态，他写自传，每天都研究，他们都很自然。当然，一般来说，排练一下最好，不排练也可以，因为他们有经验，反应很快，现场的适应能力也很强。

陈：高时英呢？

于：高时英是电影学校的学生，拍这个戏之前演了一个《上海姑娘》。高时英在我的印象里演的电影不多，到后来她做了电影文学编辑。

陈：俞仲英也是后来改行做导演的。

于：对，也是“文革”之后改行的。俞仲英原来是歌剧院搞歌剧的，1945 年、1946 年参加革命。演过《小二黑结婚》《白毛女》。

陈：我们再回到《青春之歌》上。《青春之歌》我好像听您说过，还是我看到过，是杨沫点名您演？

于：杨沫请我吃过一次饭，当时我们在“北影”的老厂，新街口那有一个西安食堂，那时候是“文革”之前，现在大概还有那个地方，毛主席还去吃过。杨沫同志请我到那儿吃饭，我们吃的是泡馍。我和杨沫是一个单位的，她是编辑部的编剧，吃饭时她跟我说：“你演江华非常合适。”她看过我的一些电影，她说她创作这个角色的时候，她脑子里就有我的形象，我说：“非常感谢。”她说这部戏主要是写林道静从认识革命到走上革命，这个线索非常清楚，一切围绕着林道静。在续集里，林道静和江华结合以后，他们在延安生活，接触到农民的精神。她把她的创作意图给我讲了。当时，我也挺感动，我说：“杨沫同志，我一定演。”也是老同志了，我很尊重她。原来这个电影有两套方案，这个你大概听说过，一套方案是白杨演林道静，白杨非常喜欢林道静这个人物，她想演，那时候她也就是 30 多岁，不到 40。

陈：39 岁。

于：所以当时要化年轻一点也可以，她要演林道静的话，赵丹演卢嘉川，金焰演江华，戴余是谢添演，反正是老一拨的。我记得这个电影在筹备过程中，向社会上征集过演员的名单。

陈：让观众来票选？

于：是的。当时大概有这么个活动，就是《青春之歌》要搬上银幕，当时《青春之歌》的小说非常火。到后来崔嵬是赞成用年轻的，《青春之歌》嘛，他的意思好像不用那些老演员了，他自己说老的江华他最合适了。

陈：他自己是革命者的原型。

于：所以最后用的年轻这一拨，谢芳同志是崔嵬到武汉自己去找的。崔嵬原来是武汉文化局局长，他看过谢芳演的《小二黑结婚》。这个戏一切围绕林道静，所以当时像康泰、于是之、赵联、我、秦怡，戏不多的像王人美、史宽、邵华这些演员都来了。大家思想很明确，就是选定了这样一个年轻演员，大家都要帮助这样的人物。

陈：拍摄过程顺利吗？

于：还可以吧，从 2 月开拍一直拍到“十一”，我记得 7 月的时候，这个电影已经快拍完了，他们到青岛去拍外景，就是于是之在海边救林道静的那场戏。第一次是在北戴河拍的，后来又到青岛拍。其他的戏都拍完了，就进入审查完成样品这一环节。当时陈毅同志带着国务院秘书长齐燕铭来到“北影”看这部片子，当时汪洋就叫着我作陪。陈老总看了之后很兴奋，他说这个电影拍得很好。他说了一句非常要紧的话：“什么叫国际水平，我们这就是国际水平。”

陈：说《青春之歌》？

于：对，他说：“我们中国电影不要妄自菲薄，我们要看重自己的电影。像这个电影就拍得很好。”他们就问崔嵬导演和谢芳同志等演员在哪儿，我说：“正在青岛拍外景。”问：“住在哪里？”说：“住澡堂子里。”那时候找不到旅馆还是怎么着，说住在澡堂子里。所以这个时候汪洋一汇报，陈老总让齐燕铭马上打电话给青岛交接处，让他们来接待摄制组，那边马上把摄制组接到交接处去住了。

陈：一下从澡堂子到最好的地方。

于：是的。陈老总看了这个非常高兴，他说：“我希望你们快一点，一定要赶上十一国庆节啊，把这个电影拿出来。”从这儿以后，陈老总见着我，不叫别的，就叫“江华”，“江华，你好吗？”我有一次还纠正他：“陈老总，我是于洋。”陈老总回答：“我知道你叫于洋，但是你演江华，我就承认你是江华了。”

陈：那陈老总对这个电影，以及对您演的这个角色真的非常喜欢。

于：他很喜欢，他觉得这个电影拍得很好，所以到后来他带着夫人张茜也到“北影”来看了这个电影。

陈：第二次再来看这个电影。

于：到后来他又来过，那时候中央领导看电影，有时候就到“北影”小放映室来看。我是后来听说他又来看了，总理也看了。那一年国庆节，文艺招待会上，“北影”去了一些代表人物，其中有我一个，也有赵联，我们去了几个演员，当时，崔嵬、陈怀皑在不在，我不记得了。

陈：谢芳老师应该在。

于：谢芳不在，她还在湖北。

陈：她演了以后就回去了，后来才调到“北影”?

于：后来才调来，又拍了《早春二月》嘛。在这个时候，在北京饭店，周总理接见我们“北影”这一行人，过来跟我们碰杯，祝贺我们拍了部好的电影，其中就有《青春之歌》。《风暴》《红旗谱》《水上春秋》，都是这个时候的片子，向国庆献礼。“北影”那个时候还是很突出的。在这几个电影厂里头，“北影”和“上影”比较突出。所以我和总理有一张在那儿谈话的照片就是那次在北京饭店，跟我们在一起聊天，祝贺我们。

陈：您跟总理合照还有很多，您1961年开那个会?

于：全国创作会议的时候，那是另外一次了。所以周总理从电影学院看我演《第十二夜》认识我了之后，到后来见到我的时候就叫于洋，很亲切的，总理的记性也比较好。1961年在香山，我们晚上到人大会堂厅去做报告，报告之后又去中南海跳舞，那个时候总理非常高兴。总理提出来：“演员都是艺术家，要向苏联学习，要做人民演员、功勋艺术家。朝鲜也是这样的，咱们是不是也要这样做啊？”当时我记得我们很多演员说：“咱们中国有中国的情况，我们就是电影工作者，这就是最好的称号。”总理说：“还是我们中国的演员有觉悟啊，有政治觉悟啊。”到后来，总理还是建议，就是把电影院苏联演员的照片换成中国有成就的演员。

陈：22个明星。

于：22个，让各个厂提名单，征求意见，然后经过文化部，报中宣部，最后给总理看。这22个人是这么出来的。当时我们都不知道，这都是文化部进行操作的，夏衍他们直接操作这个事情。

陈：您自己在电影院看到自己的照片，还大吃一惊?

于：那个时候我记得是1963年，我借调到“珠影”去拍《大浪淘沙》的时候，因为这事儿我都不知道，也没有像现在事先通知，要照片，都没有。

陈：照片都是剧照?

于：《生活的浪花》时拍的照片，当时我不是演英模金章吗?我的照片挂在光荣榜橱窗里，那张照片是我们“北影”照片科拍的，就把那个照片拿去了。《大浪淘沙》是到济南拍外景，我们看样片都要到电影发行公司的标准放映间去看，看拍得怎么样。我们一进发行公司，里边摆了二十几个人的照片，我很惊讶。他们说：“于洋，你看，有你。”当时也不叫“二十二大”，反正就这么多演员，一看“北影”有七个，“上影”有八个，八一厂三个，“长影”四个，反正就是这几个电影厂的演员，都是在1959年前后献礼影片当中有所表现的。有“上影”的赵丹、秦怡、上官云珠、张瑞芳、孙道临等，“长影”有李亚林、庞学勤等，八一厂就是王心刚、王晓棠、田华等。

陈：您当时看到自己的照片什么感觉？

于：我没有什么太大的惊讶，我就觉得是一般的宣传。

陈：挂照片也是为了宣传。

于：对，我没有什么特别的感觉。因为在“长影”拍电影的时候，很多电影的海报到处都挂，也都有我的相片。

陈：都已经习惯了。

于：所以那个时候我看着照片也就是个照片，那时《生活的浪花》海报都画的是我，《暴风骤雨》啊，要讲大头像，那都是大头像。而且当时对这个问题的看法也不像后来，“文革”以后提得这么高，“二十二大”怎么结合起来？为什么叫“二十二大”？“二十二大”叫明星，当时也没有叫明星，我记忆当中没有什么明星，就是二十二个演员，二十二个在国庆献礼当中有过特殊贡献的演员。没有国庆献礼的话，不一定有这个的。国庆献礼之后，周总理他们中央领导一直在提这个“二十二大”。那么“文革”把“二十二大”一下看成罪行了，他们把它和“苏修”的“二十二大会议”结合起来，说这都是有预谋的，这二十二个配合那二十二个。

陈：这个有点荒唐。

于：太荒唐了。当时我们觉得怎么这么厉害，也觉得很奇怪。现在经常为了纪念周总理，为了电影创作会议，经常提到这“二十二大”，尤其是电影博物馆里，把这“二十二大”专门作为一个栏目。这也是一个历史阶段吧。

陈：我们回到《青春之歌》。《青春之歌》当时杨沫要写续集。

于：她写了续集。到后来不知道为什么没有拍，这时候，60年代已经开始了，特别是1963年以后，文艺界有一个争论，写“十三年”，还是写“三十年”。所以当时，像包括我们拍的《大浪淘沙》都受到牵连，他们提出：“你们怎么对知识分子那么感兴趣，写30年代也是写知识分子，写农村也是写知识分子？”所以在那个时候对知识分子题材也有一点避讳。

陈：所以这个续集就没有拍？

于：就没有续集。

陈：您确认续集已经写好了吗？

于：续集当时我没有看到，但是我知道有续集，可能已经脱稿了吧。就因为在这种形势下，就没有提到日程上来。

陈：您对江华这个角色和对《青春之歌》这个电影的总结是什么？

于：《青春之歌》这部电影毕竟写了一段历史，这段历史还是很可歌可泣的，我觉得整个影片拍得还是可以的，在当时的条件下，拍成那样，很不容易。当时，北京市委领导万里很重视这部电影，北京各个大学也都参与了，它写的是北京的“一二·九”运动。我记得有两三天，把新桥饭店那条大街都戒严了，恢复成30年代的原貌，部队、各个大学都参加拍摄，那是很壮观的，场面非常大。《青春之歌》描写了青年学生走上民族斗争第一线的成长过程。当时大家还都是很满意的。我觉得这个电影拍得还是很成功的。当然，要找毛病的话，毛病很多，特别在今天看起来，当时还是以政治为主的环境下来拍的，人物的性格矛盾、感情的交流还不够，从今天的观点看很不到位。后来拍的电视剧，也受原来那个电影的影响。我想如果若干年后，从人物来写的话，我相信会出现更好的《青春之歌》，这是我的看法。因为一个名著、一个民族的一段历史、一些可歌可泣的人物，我觉得拍几遍都不为过。就像法国的《茶花女》多次搬上银幕。时代背景不同，会对《青春之歌》有更新的诠释，盼望有那么一天。

1961年于洋被选入“新中国二十二大明星”

陈：江华对您有挑战性吗？表演这个角色，还是不过瘾，演的戏太少了。

于：演这个戏主要还是受一些拘谨吧，没有放开来尽情地去演，更多的是政治概念的东西，演党的领导，要约束自己。我们过去的电影，更多注重政治上的作用，艺术上当然也考虑，但绝不是第一位的。

陈：所以即使有一点个人表现不过瘾也得这样。

于：当然是这样，得服从大局啊，这里写林道静，我觉得写得还是比较完整、比较充分的。从她的各个不同侧面来反映一个人物的成长过程，我觉得写得还是不错的，其他的人物都不是很完整的，包括江华、卢嘉川、林红，这三个党的领导人。

陈： 余永泽怎么会请于是之来演？

于： 这个我就不知道了，因为于是之在当时也是个顶级演员了。

陈： 当然了，我就是说他没有在电影界发展起来，到话剧界去了。

于： 对。可能崔嵬和陈怀皑对于是之了解。

陈： 您对这些演员的表演有什么评价，如秦怡、谢芳、康泰？

于： 总的来说，我觉得这几个演员还都是比较称职的。谢芳当然还是很突出的一个，一个年轻演员第一次上电影，能够有这样的表现，对演员来说是非常幸运的，我认为谢芳在她所有的电影里面，《青春之歌》是演得最好的。

陈： 是因为众星捧月，大家都帮助她。

于： 一个是她在表演上比较真挚、真诚，没有杂念。这个演员在镜头面前，从眼睛里能看出来她没有杂念。这是谢芳最大的优点，真诚、单纯，很适合林道静的心理状态。

陈： 因为林道静就是很真诚的。

于： 就是。如果这里找一个非常成熟的演员来演这个角色的话，可能就有演戏的痕迹，她没有。

陈： 比如说白杨。

于： 白杨要来演的话，可能演戏的痕迹就多一点了。摄影师为了拍谢芳特写的角度，每天研究脸型，灯光怎么打，聂晶是非常下功夫的一个摄影师，所以这部电影他拍得非常好，把谢芳拍得非常美。到后来《小兵张嘎》的摄影他也拍得非常好。所以崔嵬就一直抓着他，到后来拍京剧也都是找聂晶。聂晶他拍之前的准备工作做得非常细，第二天拍多少个镜头，每个镜头的角度、灯光，主光在哪里，副光在哪里，侧逆光，几个光位。那个时候摄影的技术很大程度是看他对光的运用。光是电影的灵魂，他对光的设计、运用是非常细致的。所以这几个摄影师每个人都有每个人的特点。聂晶是拍人物肖像拍得非常好，朱今明展示气氛非常好，钱江是拍得清透，他们都有自己的风格，都有追求。

陈： 这也使得演员光彩。

于： 演员很光彩。谢芳初次上银幕，真诚、单纯、没有邪念再加上给她配戏的演员烘托她，使这个角色完成得比较好。一个有经验的演员，有演戏的感觉之后，就反而有些问题了。所以，我在电影学院学习的时候，专家就喜欢像白纸一样的演员，他能够训练好，能够塑造一个非常洁白的、干净的，像水一样的角色，很感染人。就怕有了点演戏经验之后，有时候运用又不那么熟练，就开始去刻意表演，那反而糟糕了。这在演员的成长道路上是必经的。我们也都是这么过来的。从无意识演戏，到有意识演戏，到后来又回到无杂念的，完全从人物感觉出发的那么一种境界。演员是要经过几个阶段的，我觉得谢芳的初级阶段，开始得非常好。

于：康泰饰演的卢家川这个人物剧作上是概念化的。演员表演呢，康泰自己说是赵丹的学生，他跟赵丹学了很多，他在表演上总还要有一些表现的东西。但是导演在选择这些演员的时候，总是有他选择的道理。他认为现实中的演员和剧本中的人物，有某些地方有相近的东西，有能够合到一块儿的地方，所以导演才选择他。所以这几个演员，按照小说来理解的话，秦怡演林如并不十分合适，当时一看我就认为她的体型各方面，太富态了。但是现在她能够演成这个样，已经很不容易了，秦怡作为一个演员，能演出这样一个革命者的形象，是下了一番功夫的。

陈：您是说本来她其实不太适合这个角色。

于：她演的这个人物我看小说的时候，觉得应当是一个干瘦的、很精干的女人，类似江姐的那种形象。我的意思是秦怡通过她的努力，把这个人物演得还是很好的，很真情，特别是在监狱里回忆丈夫那段，看得出来秦怡是下了功夫的。所以这部戏里演员的安排，我觉得也还都是很合适的。后来从戏剧效果来说，要根据原小说那样要求的话，也有很不同的地方。但总体来说，这个电影应该说是个成功的电影。

陈：那我们接着说《矿灯》。

于：《矿灯》呢，因为我那年三部电影同时拍，一个是《青春之歌》，一个是《矿灯》，一个是《水上春秋》。《水上春秋》是演一个年轻的运动员，世界冠军穆祥雄；《青春之歌》是演大学地下党领导人；《矿灯》是演老矿工，地下党的领导人傅东山。这几部戏几乎是每天穿插着拍。我在《矿灯》里的一段台词，和在《青春之歌》里一段台词几乎是差不多的。所以我就说这是剧作的问题。

陈：一个矿工和一个知识分子说出来的话一样？

于：因为其实在发动群众的时候讲的这个革命道理都是一样的。我在《矿灯》里的台词："我们的工人，汗珠子每天掉在地上摔八瓣，我们创出的果实都让资本家，让日本人给剥夺去了。我们一直被压在最底层，我们只有团结成一把筷子，一支筷子容易折断，一大把就不会折断了，就是团结的力量。"发动工人的时候，大概的台词都是那么个意思，《青春之歌》也有类似这种话，虽然不完全一样，但是内容差不多。

陈：逻辑也是一样的。

于：所以当时我提出过这两个问题，因为这两个戏，我都要准备角色、背台词，怎么感觉差不多。当然每一部戏都强调自己的特殊性，那时候也就是这么拍下去了。当时我尽量在表现的形式、动作的安排上，有不同处理方式。所以这也是个经验，我以后演这种戏的时候，尽量跟导演说明一下，区别、反差大一点。

陈：不然就串了。

于：那个年代整个电影行业也是这样的，大家都知道，阶级斗争的工具嘛，所以还得服从那个。

陈：但是《矿灯》有一个特殊情况，您一家三口，杨老师、您女儿在同一部戏当中。

于：当然她们跟我没有直接对戏。

陈：都在一个组。

于：有我的戏的时候没她们的戏，有她们的时候我不在，是这种情况。

陈：没在一起？

于：没有在一起对戏。我女儿在当时很小，大概五岁吧。让她演杨静演的女孩子的妹妹，让她管杨静叫大姐，她不干，她说："那是我妈。"

陈：对，我采访她的时候问过她。

于：当时哭，让干什么都不干。反正那个时候让小孩来演戏，有时候就吓唬一下，有时候掐一下，就哭了。

陈：对傅东山这个角色，您自己表演上有什么感受？

于：这个人物我还真很喜欢，我觉得这部电影，当然有条件的限制，当时就作为一种"北影"正常生产的故事片。

陈：不算重点片。

于：不属于重点片，重点片是《青春之歌》《水上春秋》，这部是后赶上的，没有提议作为献礼片。这部影片，我觉得李恩杰导演还真是下了功夫的，我这个角色确定比《水上春秋》早，几乎是跟《青春之歌》同时，我还去了门头沟煤矿体验生活，每天跟矿工在一块儿爬那个巷道。

陈：真的每天下去？

于：去啊，在底下跟工人们一起劳动，了解他们的历史、他们的生活，那个时候矿工的生活还是蛮苦的。

陈：到50年代您体验的时候，还是蛮苦的？

于：那时候住得还是非常糟糕的，工人的福利待遇，洗澡、食堂的供应已经好多了。但是他们的住处大部分还是很糟糕。所以这部电影拍出的样片我就感觉到有点像日本的电影《蟹工船》。

陈：《蟹工船》？

于：《蟹工船》，有点那种样式的电影，写工人的，拍好了很好。当时李恩杰导演因为是搞美工出身的，他有很多自己的设想。所以这部电影我觉得应该说是完成任务了。但是当时这部电影是“三结合”的产物。

陈：“三结合”？领导出思想，作家出技巧，群众出生活。

于：对，“三结合”的。作家有一个是“北影”的作家，叫林怡。领导当时好像也有人参加，这“三结合”的作品总不是那么完整，各个方面意见不一样，导演很难处理。导演虽然有美好和完整的设想，但是过去拍电影老开会，召集矿工的领导来开会研究，听人家的意见。所以这个时候作为像李恩杰这样的导演，人好，老听别人意见，有时候这个作品风格就不统一了。

陈：被意见所左右了。

于：在风格样式上不是很统一。个别片段上可能很好，但是整个衔接起来之后就不太令人满意了。我看了这个片子之后，我就觉得不是原来想象的样子了，就不像《蟹工船》那样的作品了。当然也受点限制，再加上拍这部电影一个照明工人被电死了，摄制组一下子停了下来。所以我们拍这个电影，我觉得导演也好，演员也好，还是下了一些功夫的，也吃了一些苦头，这三部电影中，这部是最吃苦的。

陈：比《水上春秋》还吃苦？

于：那当然，《水上春秋》吃得好，环境又干净，每天穿得又好，《青春之歌》当然又是重点戏，各个方面照顾得很好。《矿灯》就比较吃苦了，下到巷道里面去，最吃苦。这也是我们最卖力的一部戏。像赵联、安震江就在这部影片里头，葛存壮演的日本人跟我对质的有几场戏，都挺好。

陈：黄宗江是在这里面吗？

于：黄宗江演个老工人。

陈：他演得怎么样？

于：最早“北影”本来请他演《革命家庭》里孙道临的那个角色，后来请了孙道临，就把他安排在我们《矿灯》一组，他和李恩杰都是老朋友，大家都是老朋友。黄宗江很愿意演戏，这时候正好这里有个老工人的形象，叫王德厚，请他来演，他很愿意演。但是他的表演毕竟是跟现在的表演有一点不太统一吧。他说台词这种状态，总是表演的感觉多一点。

陈：有时候话剧腔。

于：对，他有点话剧腔。

陈：舞台感。

于：但是也很吃苦，每天穿着破衣服。他演的老矿工最后被扔到野外，让狗给吃了。当时拍这个戏的时候，用的飞机头刮大风，在门头沟那边，很吃苦。

陈：安震江在这里面演什么？

于：安震江演狗腿子，那个工头。到后来耳朵让赵联演的“石头”给砍掉了，最后抓我的就是他。安震江是个很用功的演员，他总在琢磨，因为他自己也说：“我在每个电影里都死了，这个死不能一个样啊？”所以他就研究这个“死”，有的时候往后倒，有时候往前倒，有时候翻滚，《红旗谱》里头他也演，《矿灯》也都是，还有什么戏，连着几部戏。

陈：他老演坏人。

于：别人打死他，但是他非常用功。就是他肯于塑造形象，每一部戏都要不同。

陈：就是很敬业的一个演员。

于：很敬业。这部戏留小平头，那部戏可能就是光头，这部戏里这儿安个假牙，那个戏可能那样。每个戏都是这种狗腿子、坏蛋，他就说我不能演一个样，根据每个戏不同的情况，设计这个人物外形的特点、性格的特点，包括语言，说话是结巴啊，你看他演《粮食》的四和尚，我们都在一块儿。

陈：您和安震江在拍戏之余交流得多吗？

于：过去我们在摄制组里，演员还真有这个爱好，大家闲下来，有的时候要交流戏。喝点小酒，就谈戏，怎么演。每个人的创作大家都公开讲，你这个戏，准备怎么样演，怎么设计，为什么这样，就讲一讲。像安震江他自己在那儿琢磨，琢磨完了就跟大家讲一讲。我们相互交流，谈戏，这是最愉快的时候，谈这个戏，最痛快。将来这个戏角色的效果是个什么样的，大家一边聊着，一边脑海里有画面出现。安震江这个演员也很有特点，他总问别人，我这样怎么样，那样怎么样。所以有时候他讲这个问题，我们听听也乐，怎么每部戏都死，不是挨枪，就是挨棒子。所以过去演员准备戏都不一样，像安震江这种演员和项堃基本上都一个类型的。

陈：项堃演戏也是要准备的？

于：他也是在剧本上，写得密密麻麻的，此处应该紧握着手中的枪，眼睛凝视着什么，他在每一个镜头旁边都有注解，此处我是个什么，把他的心理动作都写上，安震江也是这样的。

陈：您自己的准备工作呢？

于：我当然要做了，我案头工作做得比较仔细。案头工作定了之后，我拍每场戏的时候我看一看前面的提示，基本上在这个时候我在脑子里头，已经将案头的东西都融汇到感情上、行动上了。

陈：还跟配戏的对手互动。

于：这个时候我更多地适应对手的东西。所以在这个时候同我演戏的演员，倒没有什么别扭的，大家都觉得和我合作很融洽。因为我去适应别人，老演员我也能适应，年轻演员我也可以适应，我总觉得一个演员应该是这样的，适应各种情况。你看我和蓝马也好，刘琼也好，舒适也好，我们都合作过，这都是老演员，很有经验的演员。我和谢芳这些年轻的演员合作得也很好，包括《水上春秋》和业余演员在一块儿。

陈：我们说说《水上春秋》。

于：拍《水上春秋》已经快到夏天了，是春末夏初的时候，这时候“北影”献礼影片缺少一部反映体育的，就去找谢添做导演，因为谢添是快手。另外谢添非常喜欢体育，他喜欢乒乓球，喜欢游泳，一个好动的导演。谢添是演员出身的导演，对电影很熟练，尤其他和陈方千两人合作，陈方千也是演员，他们在“中电”三厂的时候就是很好的朋友，所以他们合作得非常默契。谢添只要有一个想法，一说什么，马上陈方千在那儿就记录下来，就成文字的东西了。所以从合作剧本，一直到后来实拍，再到后期工作都做得非常好，所以他俩合作了好几部影片。电影的编剧叫岳野，演员有“人艺”的周正，还有一个叫罗国梁，谢添找到这几个人，每天在北海公园，大家在茶馆里坐着聊天，聊故事情节，应当怎么拍。谢添他们认为创作应该是一种愉快的，只有在非常松弛的情况下才能够产生更多的创作灵感，可能过去在1949年以前创作的时候也是这种做法。

陈：任何时候都应该是这样的吧？

于：但是他这种做法当时就引起了很多异样的看法，其实现在看起来很自然。那个时候他们集体搞了一个本子，就准备以游泳世家穆祥雄这一家子为拍摄对象，所以他们采访了穆祥雄，准备写这一家两代运动员的遭遇，写社会如何重视体育的培养和锻炼。那时候贺龙元帅当体委主任，摄制组将剧本大纲汇报给他，他当时非常高兴。厂里也同意赶快拍。他们一边搞剧本，一边做准备。他们知道我会游泳，我那时候跟谢添经常在太平湖那边游泳。说可以考虑这个演员。

陈：肯定是要会游泳的。

于：要找一个现成的、熟练的演员。光找运动员，不会演戏也不成，所以就想找我演，厂里就同意了。我说：“我已经有两部戏了，能忙得开吗？”他说：“这个你甭管了，我们把时间调开。”所以就确定我了。

陈：一年演三部戏，在五六十年代极少吧。

于：很少。不像现在一年七八部戏，那个时候没有那样的，一个演员一年排上一部戏就很不错了，充其量两部戏。所以把舒适请来，舒适也是很喜欢运动的老演员。我一没事的时候，他们就把我拉到什刹海游泳池去游泳，不管是白天也好，晚上也好，只要没戏，我就上那儿去游泳。这时候谁当我教练呢，是穆祥雄的哥哥，叫穆祥英。那时我游泳还是很慢的，后来就到体育学院去矫正姿势，那时候吃运动灶的，每天运动。

陈：说您真达到了三级运动员的水平。

于：到最后，我是达到了三级运动员的水平。三级运动员在当时是1分40秒。后来测验我百米蛙泳的时候1分46秒。当时叫劳卫制，国家劳卫制三级运动员，我是三级运动员的水平。所以，当时健将穆祥雄他们都说：“我看你到我们国家体委来吧。”所以到后来，像西城开运动会我们都参加了，接力赛啊。

陈：接力赛怎么参加？

于：就是以“北影”为单位参加。接力赛的时候我游得还是蛮快的，但是整个队的水平不如人家。所以我还过了一段运动员的生活，当时很多外请的演员，舒适、谢芳、康泰、罗国梁，他们都住在“北影”在太平胡同三号的招待所，我经常到他们那儿去。因为我是本厂演员，他们是外请演员，包括于是之都是外请演员，那时候我有责任去关照他们。汪洋他们找到天津一个演员叫颜美怡，这个演员在50年代初的时候演过一部国际电影《五朵花》，她在当时是天津“人艺”的台柱，准备让她来当女主演。但颜美怡当时说不会游泳，这就没办法了，汪洋很着急。那时候，汪洋厂长事无巨细他都管，秦怡那时候拍《青春之歌》，有一天他把秦怡拉到游泳池去了，让秦怡换上衣服，让她到游泳池游，看她能不能演《水上春秋》。秦怡换上衣服以后，太胖了，她自我感觉也不对，所以她下去以后，就上来了。她说：“我这个怎么可以演一个运动健将呢？汪洋你别了。”那时候秦怡就跟我聊天，我说：“这是领导让你演这个，你锻炼锻炼吧。”她说：“就这几天也来不及啊。”还有这么一段。最后找到了一个电影学院的学生叫舒迈，形象很好，但是演戏好像没有什么经验。她在昆明市运动会的时候，蛙泳曾经得过冠军，游泳游得很好，又正好也是演员，就把她借调过来了。所以这部电影就是舒迈演玉铃，我演华小龙，舒适演我父亲华镇龙，体委一个运动员叫王应辅，到后来演女跳水队员。这个电影拍得很轻松，因为谢添这个导演你也知道，他是个很潇洒的导演，“开始！”“停！”旁边是游泳池，一下跑到游泳池穿着小短裤游泳，游一会儿，上来。下个镜头咱们拍这个。拍这个电影很有意思，拍得很轻松、愉快。

陈：这是您第二次说轻松、愉快，第一次是在《英雄虎胆》。

于：每个摄制组都有党支部，党支部要求严的时候，大家说话、做事比较拘谨一点。党支部如果不是这么要求，再加上谢添当时是非党员，他很活泼，又是演员出身，所以当时党支部就要求大家起作用，赶拍摄任务，就没什么其他要求。

陈：您觉得谢添导演是个好导演吗？他是快手导演。

陈：他电影技术上很熟练，影片的节奏掌握得很好。但是，不能再深下去了，更深一点的层次的东西，可能有一点吃力了。他不像成荫这些导演，一个影片的分量和导演个人的修养分量，有的时候是成正比的，《西安事变》是属于这样的。你看像成荫也好，崔嵬也好，他们拍电影都是那种重分量的。

陈：大块头，大题材。

于：是的。凌子风虽然也是写这种历史，但是他艺术的成分在里面多一点，不是那么干瘪的。像谢添这种导演，包括严寄洲，你看他那本书，他四次开除党籍，虽然是个党员，但是思想非常开放。所以导演个人的思想修养、作风都跟影片有直接关系。

陈：您接受过穆成宽，就是穆祥雄、穆祥英的爸爸的亲自训练吗？

于：我没有接受过他的训练。穆祥英就是很好的教练了。他们哥四个“英、雄、豪、杰”，穆祥英、穆祥雄、穆祥豪、穆祥杰，他们这一家子都是游泳健将，教练、运动员，还有滑冰，他们都会。

陈：运动世家。

陈：跟舒适配戏，您交流的方式和体会是什么？

于：舒适是老演员了，非常有经验。

陈：对，40 年代特别红。

于：这人很强调感情的东西，这种老演员都有自己的特点。谢添有时候一个人在那儿琢磨，在那儿坐着，小动作特别多，舒适不是这样，他总是找那种感觉的东西。我觉得这点也是很有经验的老演员的一个很独特的作风。蓝马也是这种，找感觉的东西，你看他剧本上也没写过什么东西。

陈：您说的蓝马还是舒适？

于：蓝马、舒适这些老的演员都有多年的演剧经验，所以他们各自都有自己的那套方法。究竟怎么入戏，有时候不一定看出来，但是有时候能感觉到，他们对自己戏的准备、琢磨，都是很到位的，包括魏鹤龄，魏鹤龄外号叫“魏大睡”，老爱睡觉，老是在那儿思考问题。但是他一来了他那个劲儿，就跟他要演这个角色距离就不大，所以他演得很自然，他一点都不紧张。有时候想想台词怎么说来着，问一下场记：“你再给我说一遍，是这个，好了。”他自己知道了，马上就进行。所以这些人过去在长期的社会实践当中，他们有自己表演的方法。所以我说舒适也是这样的，舒适这个人演戏，那种真挚的东西很值得崇拜。因为这种东西有时候从眼睛里可以看得出来，激动的时候，这是从内心调动这种激动的感情，可以看得出来。这个不是说导演在那儿调动的，是他自己调动的，像蓝马、舒适，包括刘琼，所以我说这些演员，他们之所以有那样的社会地位，一定有他们的功力。

陈： 您和舒适在影片中扮演父子，是他向您靠近得多，还是您向他靠近得多？

于： 他向我靠近得多，因为我当时几个戏来回跑，我一到他那儿之后，还给我倒水，很关注我，我知道他在培养感情。后来我们再见着的时候，他对我都挺好的，包括刘琼我们都在一块儿。

陈： 您对自己在《水上春秋》的表演有什么评价？

于：《水上春秋》应该说我没有特别地来进行表演，表演痕迹不多，不像《英雄虎胆》，包括《飞跃天险》，包括《矿灯》都有一些动作的线索。这个影片任务搞得比较明确，角色的性格都比较清楚。所以进入戏的时候是按照我自己的案头准备工作来进行的。《水上春秋》当时我就掌握了一点，就是年轻、单纯，热爱游泳，很忘我。

陈： 而且不服输。

于： 没有什么杂念，谢添也是对我这么要求的，他说："你这里啊，感觉的东西多一点。"

陈：《水上春秋》是比较含蓄的？

于： 对，谢添的要求，就像他演《林家铺子》林老板一样，他是那个路子。严寄洲是喜欢你暴露出的东西多一点，鲜明一点，尖锐的东西多一点。所以每个导演要求的不太一样。在这种情况下，演员要了解导演的特点，自己来安排自己，一般是可以适应的。

陈： 就是整个《水上春秋》的表演还是比较自然的？

于： 比较自然、比较含蓄的。

陈： 您对这个片子的感觉是怎样的？

于： 这个片子上演之后，体委看了比较满意。大家看了也觉得，在当时这种轻松愉快的游泳题材是没有的，当时《冰上姐妹》还没出吧，当时这个又是献礼影片中唯一的一部体育题材的，所以社会反响很好。

陈： 我想问您自己对这部影片的看法，直接的观感。

于： 我就觉得这部影片是完成任务。

陈： 完成任务？

于： 是的。我并没有使剧本减色，我增加了剧本的色彩，我觉得我们每一个人都是这样的，都是有自己的贡献的。后来看完成片贺龙老总来，让我坐在他边上。看完之后他在那儿鼓掌："很好！我们的体育片拍得很好。"他还摸摸我的大腿，当时我记得我的腿还挺硬的。

陈： 有肌肉，是吗？

于： 他说："你将来能不能演一个足球运动员的电影？"我说："将来

我们足球好的话，我可以上啊。”他说：“好，我等着看。”贺龙元帅是体委主任，他还说：“希望你们以后多拍反映体育健儿的影片。”我说：“好，将来我一定多演这个。”

陈：后来足球的影片有吗？

于：关于足球的影片到现在也没有。那次我见到贺龙同志的女儿，我还说起这个事情，我说很遗憾。像贺龙、陈毅这些元帅都很喜欢电影。

陈：对，喜欢电影，也喜欢体育。

于：也喜欢体育，都很好玩，见着我们这些电影导演也好，演员也好，都非常亲切，老问“你们怎么样？”陈老总见了我：“江华，怎么最近瘦了，是不是要下去啊？”三年自然灾害的时候，我那时候瘦了一些，所以后来我们到西安去，那是陈毅老总的提议，他派的戎子和，戎子和是当时西北财政委员会的主任。

陈：他当过中央财政部副主任。

于：对，戎子和当时说：“行了，有你这尚方宝剑，我就执行了。”那是在舞会上，在那儿大声喊，大家都听见了。所以回来之后，我们就准备，那时候就通知我们准备到西北去，到延安去。

陈：补充给养。

于：是的，追肥。“你们是搞表演的，你们这个形象不能变啊，你们怎么瘦成这个样，不好！”确实很爱护。所以当时戎子和一传达陈毅这个意见，外交部长那时候很当回事呢，当时组织接待，一天四顿饭都有羊肉吃。

陈：您在《粮食》当中扮演王团长，戏不多，但是非常出彩，您自己的表演体会是什么？

于：《粮食》导演是魏荣，他原来也是一个演员，改行做的导演，我们关系不错，合作了几部戏，最早合作是在《怒海轻骑》。

陈：请您谈谈对他的印象或者记忆。

于：他是文工团员，抗日战争末期的时候，演了一些戏。他调到“北影”的时候，是一个初学的年轻导演。虽然很年轻，但长得很老，他比谢铁骊小一点。《粮食》呢，是解放战争时期海默写的一个作品，在当时有一个独幕话剧，这个独幕话剧影响很大。我在“长影”的时候，我曾经导演过话剧，我在演员科，业务学习导演，导演过这部戏。到后来从“长影”调到“北影”来，成立演员剧团的时候，我们就拍了这部戏，这戏是我从“长影”带过来的。

陈：再拍。

于：对，葛存壮演了清水，还有几个从“长影”过来的演员。这个戏情节很有意思，反映的内容是抗日战争时期跟日军作战，两面政权，日本人来了怎么样，我们八路军来了怎么样。当时演出很受欢迎。

陈：话剧？

于：是的，很受欢迎。因为它是一个情节戏，两面政权的斗争，很吸引人、有悬念。咱们中国看戏的习惯就是要有意思，有悬念。所以这个戏呢，我觉得当时大家都很喜欢。1959 年，魏荣希望拍点现实题材的东西，当时就拍了《耕云播雨》,《耕云播雨》他也想找我演，但当时我的任务实在太多，就没有参加。《耕云播雨》之后他就要拍《粮食》，他把原来跟他在一起拍戏的这些人都聚在一起。

陈：全招进来了。

于：对，像葛存壮、安震江、周森冠、李雨农，演员倒全是“北影”的，没有什么外请的演员。

陈：还有张平老师呢？

于：还有张平，演那个老村长。张平也是从“长影”调过来的，当时魏荣借调到“长影”拍《怒海轻骑》,我们大家都在一起。所以跟张平也很熟。这部戏拍得很快。魏荣这个导演呢，他跟谢铁骊不太一样。

陈：谢铁骊有点像水华，慢。

于：谢铁骊是比较慢工出细活吧，总是在那儿琢磨，翻来覆去琢磨。魏荣这个导演比较直率，什么差不多就行了。有时排练的时候我就说：“导演再来一遍，再试一下。”“你怎么还来啊？”我说：“你这个做导演的，”有时候我们也开玩笑，“你倒容易满足。”他性格比较直率，可能是在部队待过，有军人的作风。所以他的戏不是很细致，如果《粮食》这个戏再细致一点的话，我想比现在的效果会更好一些。总的来说这个戏拍得也比较仓促，我记得是在 1960 年的冬天拍的。

陈：那就是 1959 年到 1960 年之间。

于：对，是个冬天，1959 年献礼以后开拍，我记得是在北京的郊区找了几个地方拍的，大概是怀柔、密云这一代，都是农村。河北农村的景象都差不多。那个时候粮食已经开始比较紧张了。在农村拍戏，夜里很冷，我们没事儿到小铺里买点鸡蛋，买点二锅头。从那个时候开始，大家有一个俗语：“晚上该吃药了。”其实就是喝酒的意思。这个习惯一直延续到“文革”，在干校里，大家晚上也是：“哎吃药了啊。”那时候，生活上开始比较紧张一点，苦一些。但是大家创作的情绪都很高涨，因为年岁还不大，有种热情。当时拍电影，每天都有拍摄规划，一般是每天拍 12 个镜头，超过 12 个镜头有奖励，不到 12 个镜头要挨批评，那时候都是这样的。魏荣这个摄制组有个特点，一般都超过 12 个镜头，拍的速度比较快。

当然我演的王团长这个角色在话剧里边是为了丰富剧本加上去的。安震江演的那个四和尚，其实这里是最有戏的。

陈：就是安震江老师的四和尚。

于：对，当然也还有一个很有戏的，我方的队长叫康什么，当时演员是秦汉，秦汉在当时我认为挑得并不是太合适的，因为这个角色本该很精明、非常活跃的一个人。但秦汉不是太活跃，所以演这个戏费点力气，因为我导演过这个戏我知道。这个戏因为大家都很熟悉，所以创作很顺利，拍的速度很快，拍出来的效果也还可以，观众也比较喜欢，所以当时在农村放映，很受农民欢迎，反应很热烈。在这里，我要特别讲一点关于安振江这个演员，他是非常好的演员，他早就不在了。当时大家对他有一种看法，就觉得他是走形式主义的。他总是注意这种行为上的表现，习惯于找这种外形上的特征，行为细节，怎么死，怎么倒下。其实这种也可以，因为创作方法总是各种各样的。他也说过："好多电影里我都死，《红旗谱》也死，《矿灯》也死，现在拍《粮食》我还得死。"他总是在琢磨这些细节上的东西，所以他是很用功的演员。

陈：是不注重内心体验吗？

于：有体验。但是他首先着手这个路子。

陈：表现？

于：对，在体现这个人物的时候，特别一开始接触这个人物，有的演员可能从历史琢磨，从内心的体验。但他是先从形象特征入手，然后再去揣摩内在的东西，所以当时有人就觉得这小子太形式主义了。但我觉得他有他的特点，因为我觉得演员不可能是千篇一律的，要有自己的特点。你就拿过去那些老演员金山、赵丹、崔嵬、蓝马、石挥来说吧，他们接近角色的路子都不太一样，有的可能从形式上先抓特点，然后逐渐走向内在的感受、感觉。有的一开始可能从感觉出发，从内心来研究，然后表现。每个人入手角色都不一样。但是大家最终的目的是一个，就是要体现出丰满的人物，看最后在银幕上给观众造成什么影响，最终是这个。

陈：秦汉老师是什么样？

于：秦汉，他原来跟赵联在电影学校的时候是同学。是很年轻的一个学员，他拍了《粮食》《花好月圆》，还拍了《革命家庭》。在当时，他表现得不是很突出，他的戏很一般，但这个演员也是很用功的，他有时候反应很灵敏、很快，有的时候总是在那吭吭哧哧的，总觉得他是出奇地慢一点，他是属于这样的演员。

陈：张平老师当年年纪也不算太大，演老村长？

于：张平是抗日战争的老干部，是从老解放区、老延安来的。岁数虽然不大，但是他因为长期做支部的工作，显得很老成，可能是养成了这么一种“领导干部”的气质吧，一说起话来总是原则性比较强。但在这一点上，张平和陈强其实都是从延安过来的，但是陈强就跟他不太一样，陈强属于那种活跃的，见面很快就能跟大家打成一片。他一谈起戏来，一谈起角色来就特别有兴趣的一个人，他愿意研究戏。就群众关系上来说陈强跟大家比较融洽一些，他没有这种“老同志”的威严，大家也很尊重他。

陈：1959 年，四大帅以前的创作集体的情况，您的经历，以及您在第三集体，为什么很少演第三集体的戏？

于：1959 年在当时为了生产，那时候“多快好省”，口号是这样的。

陈：“大跃进”？

于：为了适应这样一个总的要求吧，所以当时在体制上做了一些决定。可能也是根据苏联的经验，因为汪洋他们从苏联莫斯科学成回来，需要实践。那么分了集体以后呢，这个集体把基本的成员定下来，比如说支部书记、导演、摄影师、美工师，甚至包括化装、服装，就等于像四个小电影制片厂一样。那么第一集体以水华同志为首，当时支部书记是史鹏，这个组的特点是从《林家铺子》开始逐渐形成的，后来拍《革命家庭》《烈火中永生》都延续这样一种风格。那么在这组里头呢，碰到另外的所谓四小帅导演。小帅是谢添，他是第一集体的。我还参加很多第一集体拍摄活动。比如《水上春秋》《革命家庭》，我都参加了，第一集体摄影师是钱江。第二集体就是崔嵬，摄影师是聂晶，党支部书记兼制片主任是胡奇明，还有几个副导演，像刘纯明、袁月华啊，我记得刘纯明也当过支部书记，他肯定是支委。这个摄制组的创作力量也蛮强的。

陈：有四小帅吗？四小帅是？

于：在当时有四小帅，谢添、谢铁骊，魏荣是不是也算一个啊？还有年轻导演是史大千还是？

陈：陈方千算吗？他不算？

于：陈方千一直跟谢添在一起，他们是二位一体，有谢添就有陈方千。

陈：就像崔嵬和陈文凯一样。

于：是这样的，因为陈方千和谢添解放初期在“中建”三厂时一直在一起，大家比较熟悉。所以在后来的创作中，他们俩在一起非常顺手。谢添一想，陈方千就马上能给他文字化，陈方千是非常聪明的一个人，会各种乐器，京戏唱得又很好，文字、书画都可以。但是唯一一点就是演戏不太好，但是他还就做演员了，他特别喜欢演戏。所以，到后来我们也臭他，说：“你干别的多好啊，就演戏没什么出息。”他说：“我还就喜欢演戏。”

陈：他跟谢添导演不一样。

于：谢添是能导能演，想象力非常丰富，点子特别多。第二集体拍了《青春之歌》，当时很轰动的，后来崔嵬又接着拍《北大荒人》《杨门女将》。第三集体就是凌子风，摄影是谁啊？

陈：有一个朱今明。

于：他倒是跟朱今明合作过，朱今明好像到后来也做导演了，朱今明在第一集体还待过，摄影师可能根据工作需要来回调。

陈：四大师不是配四大帅吗？

于：是配四大帅的，高洪涛和陈英是第四集体的，第一集体钱江，第二集体聂晶，那就是第三集体是朱今明。第三集体就是凌子风和朱今明，这里还有一个导演叫李文杰，第四集体在当时称为青年摄制体，都比较年轻。

陈：陈英老师年龄比他们小吗？

于：陈英比他们几个人小一点。

陈：高洪涛大师也不小了，他也是青年组的？

于：是，但是这组整个配备的力量还都比较年轻。

陈：弱一点吗？

于：好像比前边稍微弱一点，但也拍出了《万水千山》。第三集体拍的《红旗谱》，每个集体都有重点戏。演员并不太固定，当时演剧团还在。但演员如果愿意加入这个集体的话，这个集体也有演员组。所以当时凌子风就找我，我们最早在东北拍《中华女儿》时在一起合作，后来他借调到"北影"拍了一部电影《陕北牧歌》，那个戏男主演刘斌说陕北话，找我给他配音。所以他有什么事爱找我。凌子风也是个艺术家型的导演，爱开玩笑，爱玩，爱逗，工作起来又是拼命三郎。当时第三集体拍《红旗谱》，还让我拍了一场戏，当时我主要是在第一、二集体里拍戏。凌子风说："于洋，你一定在我这戏里上！"我说："可以啊！"结果有一场戏是被老地主逼迫画押卖地，就给我粘胡子化装，这场戏后来被剪掉了，人家说我不像，我自己看了都乐，我自己也觉得不像。我和凌子风是这么一种关系，像凌子风、谢添这些导演都比较活泼，当时我也很年轻，二三十岁的样子，凡是这种类型的创作人员我们关系都不错，水华同志他就比较严肃一点了，崔嵬就是大师一级的，居高临下的感觉，我们当时啊，看这个人是仰面来看。

陈：然后就是 1960 年，1960 年您的戏有三个。

于：《为了六十一个阶级弟兄》当时是根据报纸的一篇报道改编的，当时电影是为政治服务，这个故事在《人民日报》一刊登出来很感人，所以当时汪洋就召集谢添、陈方千这些人在一起，说看能不能拍一个电影出来，谢添说："当然可以。"就下军令状，这个片子用了不到 10 天的时间就拍完了，拍了一个礼拜，动员所有的导演都参加了。

陈：所有的导演都参加了？

于：所有导演都参加了，有影响的演员也都参加了，包括北京“人艺”、北京实验话剧院，像上海的舒绣文都调到北京来了。这个戏我不知道你们看过没有，集中的演员很多，就是所有在电影上有过表现的这些演员，在这个戏里都有。就像现在我们的春晚，跟那个差不多。

陈：明星荟萃。

于：对，最近要拍《建国大业》我看他们也是这样，老、中、青各个方面演员都有。

陈：《为了六十一个阶级弟兄》也是？

于：《为了六十一个阶级弟兄》像金山、吴学、于是之、舒绣文，我们厂的像田方、崔嵬，小一点的像赵联，这个片子谢添带一个组，李恩杰带一个组。

陈：分组拍？

于：分好几个组，四五个组。

陈：难怪 7 天就出来了。

于：分门别类，汪洋亲自带队到平谷去，平谷是一个组。北京这边，拍我的戏是李恩杰，我是开摩托车送药，于是之演药店的职员，还有史一夫，史一夫本身是导演，也是演员。这个戏演员很多，拍得很快。这是个挺有意思的戏，拍出以后马上就放映了，甚至是全国都放映了，因为这个戏，后来平谷还派了一个群众团体来北京感谢“北影”。这个戏当时能调动的演员都调动了，这是一种政治上的热情吧，突击出来的，很典型地适应当时社会。

陈：可以作为当年的明星演员文献片。

于：这也是很少有的，那么多人都聚到一块儿，我记得当时在王府井特种药房拍，都要戒严，连北京市公安局都来协助，因为当时我会骑摩托车，所以我演的送药人。

陈：《革命家庭》呢？《革命家庭》在前还是《五彩路》在前？

于：这几个戏都差不多同一个时间拍的。我们那个年代跟现在不太一样，要求演员不管什么角色，只要是组织需要你，你就应该很好去完成。其实我那时候已经演了很多主演的戏，可是在当时哪怕只有两个镜头你也应该要上，而且在我们思想里也是这样，角色无大小，演员当然有“大”一点、“小”一点的，但是在角色面前大家都是平等的，当时有这么一个思想，“只要是领导给你的任务，就要无条件完成”。当时我们叫“文艺工作者”“电影工作者”，跟今天的叫法不太一样，今天叫娱乐圈明星。我们那时候是需要什么就做什么。所以当时像《五彩路》我那个角色，还算是很重要的角色。《五彩路》导演是魏荣，魏荣这个导演有个很大的特点，他的戏里用的演员都是“北影”的演员，他不外请。他是速度很快的导演，这是“多快好省”“大跃进”的时代。像水华、崔嵬都是这样要求的。我记得拍那个戏的时候，还让水华去参观，水华在旁边看着。

陈：参观就是让他学习学习？

于：让他学习这个。其实这是形式主义，我一会儿再谈水华，水华有他的特点。所以我说这些导演，在当时的那种形势下，各有各的招法吧。

陈：各有各的性格特点，《五彩路》表演藏族人民要体验生活吗？

于：这个戏没有体验生活，就是凭一些资料。这个戏也由一部儿童小说改编的，看了这个小说之后，我们就到藏庙里看一看，还看了一些藏族的照片、画报、纪录片《百万农奴站起来》，是一种间接的观摩。我的造型是按照藏族青年打扮的，戴着带卷的假发套，很彪悍，因为我演过少数民族，演过苗族的青年。所以对于少数民族和汉族的特征还能区别出来。他们比较热情，包括他们看事物的眼神也很坚定、很憨直，我演蒲巴叔叔就是抓住这种基本的特点。这个角色其实戏也不是太多，蒲巴叔叔就是给这些孩子们讲革命道理，让他们去寻找解放军，这部电影是这样的，也起了一些作用。

陈：《革命家庭》呢？

于：《革命家庭》是水华同志创作的，这个导演是慢工出细活，很细。我演地下工作者“老梁”，一开始和“梅清”（孙道临饰）是同事，后来“梅清”牺牲以后，由“老梁”领导。这个戏光是造型就讨论了大概四五次。

陈：一开始对各种造型不太满意或者不太确定？

于：每次造型都要拿到夏衍同志那儿看，每次造型水华同志都要提出很多问题。我虽然只有几场戏，但是事先准备工作却用了很长时间。这个阶段，我记得副导演经常给我送30年代上海搞运动的资料让我看，为了让我熟悉这个人物、这段历史。当然，这段历史我们也要做一些设想，这个都要跟水华同志在一起座谈，要跟他讲，有时候我们在那儿讲他就闭着眼在那儿听，听到他觉得不对的地方，他就说：“这个事不是那样的……”他总是给你做一些小小的纠正和补充，一般来说他还是很尊重演员的，但他也有自己的看法和做法，所以他是那种一定要把演员的想法纳入他自己的想法中谈话才能结束的导演。他的态度非常和蔼，好像总是在跟你商量，所以跟水华在一起合作的时候，觉得他很尊重你，也很好合作。但是又觉得呢，总是完不了这个创作，总是在进行，总是在探索。

陈：当时您的性格应该是很难接受吧？

于：按照我的性格来说我当然是很着急了，到后来和水华同志拍戏也是一样的，今天夜里拍这个戏到十一二点，拍完之后他总是要把我们又召集到一起，其实已经很晚了，谈明天的戏怎么拍，多少镜头，一谈谈到一两点钟，有时候把大家弄得很累。但是他这个人性格非常好，他总是在那闭着眼睛讲，拿出饼干让大家吃。

陈：闭着眼睛讲？

于：对，他闭着眼睛讲，他说："这个我想是这样的……"他讲影片的背景、人物关系，他脑子里想的东西太多了，确实对我们有启发。他看的材料比较多，会告诉你飞行集会是怎么回事，当时的口号是什么。他很注意细节，街上贴的海报，30年代不是这样的吧？哈德门烟卷到底什么样？他特别注意这个，当时划的火柴是什么，坐的椅子什么形状。

陈：他非常注意。

于：对，所以像水华同志拍的戏，一般在这些问题上挑不出什么大问题来，因为在那个时候，大家也知道水华导演的要求。比如搞道具的人，水华如果要一个灯罩，道具一般会准备三个到四个，就怕他换，一说不行，道具组马上拿出另外一个。所以演员也是这样的，像于蓝很适应他。不光是我，包括孙道临到后来也说这老头怎么没完没了了。他最有意思的是，今天这个戏拍完了之后座谈的时候，他还在想昨天的那个镜头。他问大家："昨天那一场能跟今天拍的接上吗？你们觉得怎么样？"要不满意，还得补拍昨天的戏，所以张水华这个导演用的胶片，1:3不够，这部电影10本胶片你给他30本不够，要给他40本或者更多一点。所以到后来讲成本计划的时候，水华拍《蓝色的花》，他自己掏钱买胶片。当然，也不会真让他自己买胶片，这种时候摄影师也会跟外组借一点，他胶片用得比较多。像魏荣、谢添这些导演，他们节省胶片，有时候30本用不完，能剩个七八本，就支援一下水华他们。每个导演的作风不太一样，凌子风也是快手，"拼命三郎"，所以到后来大家说他性格粗糙，所以到"文革"之后他拍《边城》就比较细致了，他说："咱也得学学水华。"

陈：《边城》绝对是没得挑。

于：这些导演每个人的性格不一样，谢铁骊跟着水华在《林家铺子》里当副导演，到后来谢铁骊拍《早春二月》基本上也是水华这个路子。"北影"这几大帅啊，各有特点，摄影师也是这样的。比如朱今明拍电影，讲究画面气氛要好。道具、布景人员要经常给他准备一些烟火，画面总是雾气腾腾、大气磅礴的，这样一种气势，这是一种风格样式。钱江呢，跟他就不一样了，钱江跟水华在一起，我们拍《生活的浪花》时他是摄影，跟戏的木工要经常准备什么呢？经常要准备几桶水，开拍以前一定把场子，把地都弄得一点尘土都没有，很透气、很透亮的，所以你看他的戏画面也很精细。

陈：晶莹通透。

于：后来《早春二月》基本也是走这个路子，很通透的，他要那么一种气氛。《革命家庭》里的群众暴动集合那种场面，这个风暴不一样，很鲜明的。聂晶呢，他是拍人物胶片拍得比较好，《青春之歌》里把谢芳拍得确实很漂亮。当时谢芳有点干瘦，当时演这个角色还有些争议，但是聂晶就经常研究谢芳这个脸，拍了很多照片，研究怎么用光，他的作业非常细致，第二天拍多少镜头，头一天晚上都要把它画出来，这个特写镜头几个照明灯，主光在哪里，侧光在哪里，怎么打，副光、眼神光怎么打，他都设计好，所以他拍出来确实好。

陈：林道静读书是电影里的经典特写。

于：拍别的形象他也是很注意的，他有他的特点。高洪涛拍《万水千山》，他也是老摄影了，很有经验，他最大的特点是适应导演，导演怎么要求他怎么做。他和史东山合作，到后来和陈英合作，都跟很大的导演合作。

陈：1960 年的时候，普遍都比较饥饿，参加摄制组有什么粮食补贴吗？

于：那时候出外景就有一点补贴了。

陈：粮食补贴还是钱补贴？

于：有外景费，一天一毛五到两毛，也就是这些粮票自己拿去换。

陈：没补贴？

于：粮票，像我们这些吃得多的人可以申请一点补助，我那时候定量是 28 斤，不到 30 斤，一天不到 1 斤粮食。我们反映不够，到后来又补助了几斤，一个月 35 斤的样子。那时候普通劳力都 40 斤到 48 斤的样子，像我们做电影的，说完全是脑力也不完全是脑力，完全是体力也不完全是体力，介乎二者之间，所以一般的工作人员是 30 斤到 35 斤。

陈：到 1960 年降到 28 斤，您怎么才 28 斤？

于：一开始是 28 斤，基点是 28 斤，后来涨到 30 多斤。

陈：您出外景的时候可以申请粮食补贴？

于：可以有一些补贴。

陈：1960 年的时候，摄制组的党支部这种建制已经是正常化吗？

陈：您的表演经典作品之一《暴风骤雨》，这个片子的拍摄经过是怎样的？

于：《暴风骤雨》这部小说是周立波同志写的，我看过这部小说，看这部小说很亲切，我在1946年参加过土地改革，而且地点也是在东北，我是在东北的“北满”，佳木斯、牡丹江、林口这一带。《暴风骤雨》小说写的是哈尔滨双城一带，虽然地域不同，但也还都是北部。那时候，东北局调各个单位的人员去参加“土改”，我记得口号是“一万两千干部下乡”，这是东北局从各个单位抽调干部组成工作团，我们属于二团，二团的成员主要是东北大学的学生，有“鲁艺”的，延安过来的那些老同志，还有一些是当时科学院的、广播电台的都是这些文化干部。

陈：《暴风骤雨》小说写得跟您的生活经历相同？

于：是同一个时期，同一个口号。

陈：您觉得非常真实吗？

于：写得非常真实，一看之后很亲切。当时我看这部小说就好像回忆我自己的经历，像访贫问苦、扎根贫困，这些活动我都参加了。包括后来的澡堂子啊、分浮财啊、动员参军啊，整个东北土地改革的过程我都经历了。所以对这部小说是很熟悉的，就特别希望能拍这部电影，作者是谁？就是周立波的夫人。

陈：编剧是吗？

于：是周立波的夫人，她就是我们厂的编剧师林兰，我们都很熟悉。其实这个小说从早些年就应该拍的，它是得了斯大林奖金的，是一部名著。

陈：它怎么会拖到60年代初？

于：当时解放了，歌颂新生活嘛。拍摄这部电影还是领导提出来的，但也没有作为很重点的戏，只把这个任务交给了只拍过一部电影的谢铁骊，他拍过《无名岛》，也是一般的影片。谢铁骊一开始是搞青年团工作的，他从部队调到电影局的时候，我记得他是青年团的干部，团书记或是副书记，到后来大概是演员剧团成立的时候，让他当副团长。

陈：演员剧团的副团长？

于：对，1953年的时候。他大概一直想做导演，所以到后来他跟张水华拍《林家铺子》，专家来了，他又要求去学习。这时候要拍《暴风骤雨》这个担子就落在他这儿了，他对“土改”也很熟悉，他也很喜欢这部小说，所以就接受这个任务。当时他还是很严肃地对待这样一个任务，他把它看得很重，所以在选演员上也很慎重。从1958年到1960年，这期间在选择演员的时候是可以试戏的，就是同样一个角色找两三个演员来试，看谁合适，拍出样片给大家看。在这当中，他就找了一些人试戏，我记得当时赵玉林这个角色很吸引人，当时我、张平和高保成都试了镜，认为高保成更合适一些。我演肖队长，我一化上妆，他就很满意了，他说：“就是他了。”

陈：赵子岳老师试了吗？

于：赵子岳没试，就要他那样的，而且大家一看这个人物好像写的就是他那个样子，很风趣的、很幽默的一个老头。赵子岳平常也是那个样子，包括刘季云演的韩老六，韩长脖、张富英、小麋子，这些人物。

陈：这些名字您都记得？

于：这些因为我当时老跟他们在一起，包括小猪官、老田头、老孙头。这个摄制组呢，虽然没有作为重点，但是这个摄制组还蛮庞大的。我记得一开始到东北，到横道河子这一块儿，拍这个电影的时候已经是困难时期了，粮票比我们拍《粮食》那个时候要困难多了。我记得我们拍外景的时候很有意思，我们国家那时进口了很多伊拉克枣，好像是两个国家在商业上的交换，伊拉克枣当时整个社会都知道。我们出外景每天的饭菜里头必须有伊拉克枣，一开始觉得还挺好吃的，后来大家就有点发牢骚了。那时候一般吃玉米面，到东北去吃高粱米，肉几乎是很少见了，更不要说什么大米白面了，很困难。食堂的做法是粗粮细做，还做过一种假猪肉，不知道用什么做的，也不太好吃，有那么点香味。那时候确实很困难，但是每天的劳动强度很大，又是冬天。《暴风骤雨》是在这么一种情况下拍的。我们出外景一到火车上，因为当时我的电影在社会上映了很多，《青春之歌》《水上春秋》啊，餐车上的服务员都认识我，他们看我们一个个很瘦，他们就给我们炸排串，做猪头肉，给我们啤酒喝。

陈：是免费的吗？

于：算一点钱，很少，算点成本。

陈：别的人可能买不着？

于：这反映一种群众对演员的爱戴，我们是演员，他们都认识，就特别优待，本来没有啤酒的餐车都拿出啤酒，摄制组其他工作人员人家不大认识，要酒就没有，所以这时候就容易产生矛盾，我们几个也很为难。

陈：但是工作人员应该也能想得通啊？

于：想不通啊。我们都一样的，出来工作拍外景，都坐一样的火车，花一样的钱，怎么他们就可以买那个，我们就不能买那个啊，有这个事。就无形中造成人为的隔阂，这样不好，我们往往在这种情况下也很难为情。人家那么热情地招待你，你拒绝也不好，确实又想吃，你不拒绝又怕摄制组有意见，所以就很难。

陈：那时铁路上稍微好一点是吗？

于：铁路上当然稍微好一点。有软席卧铺啊，供应需要的。当时赵子岳坐软卧，因为他是老干部，我们都是硬卧，这个首长还不吃软卧的东西，他自己带那么两个烧饼，他的爱人给他准备的，抽烟一次抽半只，他是这样，但是像我们这些年轻人就馋，后来我们和餐车服务员熟了，他们告诉我们，说一个礼拜后还路过这儿，你们来接站吧。一接站给我们一大包，猪头肉、炸排肠、哈尔滨红肠都有。

陈：那个时候得到这样一大包东西。

于：那太不简单了。一看这么多，咱们几个人吃不完啊，咱们吃的话别人发现怎么办？所以我们拿回来之后就没办法，偷着吃吧于心不忍，当时组里大部分同志都很通情达理，但也有个别同志经常给你上纲上线。我们怕被人说成在困难时期经不住考验，有资产阶级思想、享乐思想。谢铁骊通常比较会处理这种事情，他不会生硬地批评，比较近人情。所以我们说这个事儿咱问问老谢，看看老谢怎么说。到他那儿一说，他说这个事儿好办啊。

陈：给大家吃。

于：他说："今天吃中午饭的时候，每个桌子上给他摆上两盘，肠啊，猪头肉啊，和饭堂的白菜炖粉条在一块儿吃，剩下点儿你们在那随便吃了，这样大家就不会有意见了。"那天晚上我们连夜把东西拿到厨房去，我们住在一个小客栈里，你想亚布力横道河子那种地方，不会有大的饭店，是小客栈，拿到厨房让他们给分。厨房一看，说："哎哟，这个好东西，你们哪来的？"我们也不说。到吃饭的时候，大伙一进食堂一看："哎哟，今儿不错，今儿这是什么日子？"大家都吃，像那些爱挑剔的、原则性比较强的同志也吃，吃得也挺香的。我们特别注意那几个人，看他们吃不吃，吃，吃就行。谢铁骊就讲，这是于洋他们的朋友送给他们的，就没什么意见。在"文革"当中，这可又一大罪状，说我资产阶级思想。

陈：中间有一个插曲说是要推倒重来？

于：这个你听我讲，在后边。这个戏作为我本人创作应该说，我对肖队长这个人的想法，结合我自身条件，再结合我在生活的历程当中，认识的几个工作队的队长，他们的形象一直在脑子里转，包括我周围老同志的形象。演员在接受人物的时候，他脑子里像小仓库，会有很多人物形象涌出来。在这个时候我就想我演的这个人物应当是什么样的，根据我的情况，很立体地在脑海中画了一个画像。我觉得这个人应该很平和、很刚毅，眼睛要很厉害，对老乡很亲切，性格的基调合理了他的生活经历。在人物关系上，一开始听小糜子、张富英介绍这里的情况，眼睛看着他，看着他的同时又琢磨他，"你是什么人？"我们搞"土改"的人都知道，"土改"工作刚开始的时候，真正苦大仇深的人不敢接近你。敢于来接近你的都是所谓的"勇敢分子"，这种"勇敢分子"可能在"土改"当中起了一定的作用，但是不能依靠他，因为他们有的和地主有一些关系。他们能说会道，摇摆性比较大。如果真正把苦大仇深的人发动起来，你告诉他这个道理，为什么掌握这个政权，为谁掌握这个政权，他会拼死为这个政权负责。到后来，土地改革到末期的时候，一般都是要发动农民参军。为了保卫胜利果实，把自己的子女送到部队上去。东北解放战争之所以那样迅速、那样快、那么顺利，都跟“土改”有直接关系。

陈：从 10 万人发展到 100 万人。

于：噢，这个是很厉害的。到末期的时候，每个工作队员都要发动农民参军，是有任务的，我发动了五个。这些人一旦觉悟起来之后，什么力量也阻挡不了。相比之下，当时国民党调到东北的部队，新一军、新六军、英缅远征军、青年军，他们对东北气候适应不了，冬天打仗，手都伸不出来，拉大拴都拉不出来。那个卡宾枪，一粘粘一层皮啊，太冷了，零下 40 度啊。所以那个时候我们抓俘虏，很多是在被窝里头被捕的，八路军作战的习惯是夜间作战、白天休息。

陈：壮大东北跟土地改革有直接关系。开会推倒重来的原因是什么？

于：当时“北影”的直属机关是北京市委，有一个宣传部长，叫陈克寒，当时厂里准备把这部戏作为继《青春之歌》之后的一个重点影片，汪洋他们打报告，说这个电影要准备再拍彩色片，导演呢，还显得稚嫩一些，准备换崔嵬、陈怀皑，因为他们两个导演了《青春之歌》，摄影也要换。这时候已经做了这个打算，但还没有宣布。这时候崔嵬已经开始准备了，看《暴风骤雨》的小说，看我们的样片，我们拍了很多样片。这时我们电影已经基本上拍了三分之二了，开始有风声要换导演，换摄制组，甚至演员了。

陈：当时您还在外景基地？

于：这时候已经回到厂里了。还有一部分外景，春天的外景、夏天的外景还没有拍。谢铁骊也知道这个消息，我们也都听说角色也都要换了。

陈：角色也换了？

于：陈怀皑跟我透露基本上就我这个肖队长没换，他们认为我这个肖队长可以站得住。其他的都要重新选演员，我一听，我说这功夫大了。那时候这个举动正在等待领导批准，电影制片厂做不了主，这时候陈克寒同志把我们拍的这部片子看了一看，看了以后，让我们到北京市委召开座谈会。陈克寒同志问了我们的意见，问我们对这个片子的意见，我当时发言说：“这个片子花了我们很大的力气，这些演员大部分都参加过土改，这段生活我们很熟悉，我觉得大家演得还是可以的，我们还有一部分没有完成拍摄。”大概谢铁骊也讲了这些理由，后来陈克寒就找厂领导谈话，他说这个片子拍得还是可以的，像这种历史上“土改”的影片还是拍黑白更合适。

陈：有历史感。

于：市委宣传部最后没有批准，我们这才把后边的戏继续拍完，当时有一段停顿等待。谢铁骊作为导演来说很不好过，那时候我们住在老厂，安定门外那个地方。他有时候中午拿着挂面到我家里，让我老母亲给他煮煮，搁点酱油，有这么一段。

陈：如果这个真重拍了，对谢导是一个重大打击？

于：那太重大了，《暴风骤雨》这个戏来说是个重大事件，底下有很多人并不见得都知道，因为我当时作为一个主要演员。老谢这个人也很低调的："换导演就换吧。"他是这样的。

陈：他当时已经做好了换导演的准备？

于：当然，那时候崔嵬、陈怀皑他们已经有所准备了，都开过一些议论会了。但陈克寒倒挺满意原来这个样片的，说拍得很好。他认为像这个影片，拍彩色的并不一定合适。这个电影就这样保住了，也使一个导演后来……

陈：成长道路就会要顺一些。

于：1961 年 6 月，我们在新侨饭店开了一个会，当时我、陈强、张平都是代表，赵子岳、陈怀皑、谢铁骊都参加了。在这个会上我们看了完成片。

陈：在公映以前看的？

于：是的，这部电影在会上被给予了充分的肯定，大家都比较满意。我记得当时荣高棠同志还带着一批运动员来看这个电影，我们都聚在一起。庄则栋、徐寅生、李富荣啊，我们在一起。

陈：没有容国团吗？

于：有容国团，容国团那时候可不得了，我们都是朋友，当时我拍《水上春秋》的时候，在体委住过一段时间，那时候他们还是孩子。

陈：他们比你小不了几岁。

于：好像很小，比我小很多，容国团比他们成熟一点，因为他在香港待过。那时候我去看他们，常跟他们一块儿吃点"运动饭"。容国团的作风有点洋，喜欢喝点咖啡什么的。这个电影在 1961 年创作会被肯定了之后，谢铁骊在当时名声就不太一样了。创作会后导演的创作空间变得更大了。谢铁骊后来大概找了一些剧本来看，他很喜欢 30 年代巴金、柔石的作品。他很喜欢两个作品，一个是《为奴隶的母亲》，一个是《二月》。当时我记得好像是陈怀皑喜欢《为奴隶的母亲》，他要拍的同时谢铁骊要拍摄《早春二月》的规划就报上来了。因为他拍《暴风骤雨》获得了肯定，所以这时候请示上级给他们条件，让他到北戴河去修改剧本，连创作带休养，这大概是 1961 年、1962 年的事情。水华同志大概也去了，夏衍同志当时也在，《早春二月》经过领导批准，就这样诞生了。

陈：电影演员高保成老师、赵子岳老师您都记得，鲁非和刘季云这两个老师呢？

于：刘季云去世了，他是演韩老六的。他是个旧艺人，在天桥待过。那些旧艺人对解放以前地主的生活很熟悉，他演得很好，刘季云也是很喜欢研究戏的演员，他唱京剧老旦，唱得特别好。

陈：唱老旦？

于：对，他唱老太太。戴上假发，假牙一拿掉，完全是老太太形象。在八一厂也算是个老同志，在《战上海》里演得很好，包括后来《英雄虎胆》里都有他。在《英雄虎胆》里演地主，很愿意研究戏，生活中愿意喝个小酒，聊一聊什么的，不属于那种很刻板的演员，按今天来说他就是个艺人。后来他去了总政，一直在部队生活。这个戏他演得很不错。

陈：是，这是我印象最深的地主之一，觉得他演得很好。

于：这个戏他演得很成功。虽然当时处在自然灾害最困难的时候，还记得他当时拍戏时对我说："于老弟，肚子没食啊，枪都别不进去，一别掉地上了。"当时瘦啊，我们就这个带个鸡蛋，那个带个素馅饼，大家分着吃。那时候，你别看不挣钱，生活那么苦，大家还挺团结，挺乐呵，很有意思。

陈：精神状态很好？

于：很好，每买几两白干，都是地瓜干酒，在那研究戏。

陈：鲁非老师呢？

于：鲁非呢，他过去是文工团的，从"东影"过来的。解放初期的《桥》里，他演工程部长。那时候他也就 20 来岁，给他化装化成很老的样子。后来他在部队上，调到文工一团当演员，最后到"东影"，演了几部电影，像《在前进的道路上》《荣誉属于谁》《光荣人家》，他都是演这种干部戏，年轻的干部，后来到戏剧学院去学习，他和于蓝、姚向藜、田华是同班同学。

陈：您觉得他演戏怎么样？

于：他演戏还可以，没有什么太突出的表现，一般的戏都能够拿下来，没有问题，是个老演员。演员很大程度上是靠机遇，演员跟好的戏，碰上一个好的角色闪光会大一点，成长会大一点。他可能机会不是太多。

陈：1961 年的新侨会议刚才已经提到过，新侨会议您有哪些记忆？

于：新侨这个会议开得非常好，换句话说，它把全国这些主要创作干部都集中到一起了，也叫"舒心会"，大家都讲讲心里话。因为在"大跃进”，“三面红旗”那个阶段，特别是“多”“快”“好”，电影上也是临时为政治服务，创作不出什么好的作品来。艺术创作是必须有它自己的规律的，违反规律的事情，肯定做不好。我参加的是演员组，组长是赵丹，白杨、张瑞芳、秦怡都来了，上海的演员多一些，“北影”就是我、陈强、张平、赵子岳，参加的人不多。

陈：您刚才讲赵子岳老师是特约代表？

于：他是列席，不是正式代表。正式代表就是我、张平、陈强三个人。

陈：为什么他是老干部团长，反而是列席？

于：这个原因我不知道。那时候他自己发言的时候说：“我是列席的。”但是他一切跟我们都一样，吃住都在新侨饭店。会议上大家的共同意见就是希望按照创作自身的规律来拍电影，不要硬性注入政治机制，另外希望领导不要太多地干预创作。

陈：1961 年就开始这样讲了？

于：对，大家在新侨创作会议上已经谈到这个问题了。另外大家都谈到要加强电影特技这部分，因为由于当时拍摄条件的限制，很多演员都是冒着生命危险在拍。当时还举了我的例子，比如我拍《中华女儿》跳桥的镜头，“长影”拍《人民的战士》、“北影”拍《陕北牧歌》，炸药把人炸残废了。“拍电影怎么会死这么多人？”这在当时是一个话题。还有演员创作的时候，可不可以要求演自己喜欢的戏，演员和导演合作当中有些什么问题。比如有的演员希望导演和演员是朋友，不是上下级的关系而是合作关系。实际上正常的应该是合作的关系，但过去强调导演是三军统帅，那个时候口号就是导演是三军统帅，所以像这些问题，在创作会上都有一些说法吧。最主要是围绕创作自由的问题，有的时候给导演的这个拍摄任务，导演对这个影片背景根本不熟悉。像这种情况，一是要注意在生活当中的培养和积累，一是要注意导演的创作特质，水华和谢添不一样，每个人创作习惯不一样，性格也不一样。

陈：《暴风骤雨》以后两年，您好像演戏少了？

于：《暴风骤雨》以后是困难时期，这个时候北京市为了繁荣文艺，当时话剧界有一些活动，也借调一些电影演员去参加话剧表演。比如《降龙伏虎》，那是很卖座的一个戏，当时让张平去演男主角，到后来有一个阶段来借调我，借调我演《伯尔克杀敌》里面的朱克莱，还有一个《中锋在黎明前死去》中的中锋，这两个人物当时希望我去演。厂里征求我意见，我说舞台戏还是蛮过瘾的，我就同意了都去报到了。但是这个时候，八一电影制片厂有一部电影通过电影局跟“北影”协商，一定要借我去。叫《大战清风店》，作者是杜锋，导演是李树田，这样“北影”又和“青艺”商议，又把我借调到那儿去了。在1962年我就下生活了，在八一厂生活了很长一段时间，这个电影女主演是田华，就是写清风店战役中一个营长和他的爱人，一个民兵队长，对这个战役的贡献。剧本改得差不多了，我和田华的试装照都拍好了，像一家子似的。结果剧本修改之后争议比较大，说是要暂时停一停，这时候又把我放回来。田华后来还说："咱们俩好几次都没碰上。"最早是《白毛女》，第二次就是这个《大战清风店》。

厂里这时候演员剧团准备拍一个舞台剧，叫《兵临城下》，因为"北影"演员剧团在北京来说，当时还算是比较有影响力的。

陈：跟"青艺"有点并驾齐驱。

于：话剧《兵临城下》我演地下党员李忠民，这个人物有正但也有邪恶的一面。调回来我就演这个话剧，在当时北京演出还可以，也很有影响。拍完这个话剧之后，又要拍一个话剧，叫《自有后来人》，就是《红灯记》，改成了话剧本，这个话剧本当时东北"人艺"在演，长春大概也在演，当时这个剧还是蛮红的。导演是电影学院的教授张贺，他也是电影导演。演员剧团请他做这个戏的导演，美工请了总政文工团的一个美工师。这个话剧里我演李玉和，袁玫演铁梅，熊塞声演李奶奶，陈强演鸠山，李百万演那个叛徒王连举。

陈：李百万演王连举？

于：对，演员就这么配备的。我们这个戏是在总政排练场演出的，还挺好。我认为在剧团排的几个话剧都比较好，布景、设计都非常好，演出的效果也非常好。在当时演了五六场，当时反响很大。大概是1963年初吧，这时文化部下了一个很大的通知，就是日本代表团要来，这个要暂停一下，所以当时就停演了。当时我、陈强、张平是我们演员剧团的核心成员，这时候想使"北影"这个演话剧这个牌子再往上推一推，就特别关心《兵临城下》还能不能演，甚至说《第十二夜》还能不能演。正在这个时候，珠江电影制片厂《大浪淘沙》来接我。伊琳同志派人来找我，给我带了一本书，这本书就是《在大革命的洪流中》，让我看了，问我去不去，当时电影不多。

陈：您在演员剧团除了演《兵临城下》另外还演过、导过什么？就是1961年到1963年。

于：《第十二夜》我是执行导演，到后来"北影"演员剧团1959年献礼的时候，一直到1961年去西北演出，我是执行导演。而且在这里我演了几个角色，公爵我演过，马伏里奥我演过，驼背我在电影学院毕业的时候就演了。

噢，这个是在1961年，当时我们厂在安定门外，影片《阿娜尔罕》都是新疆演员，拍完之后要翻译成汉语。

陈： 又另组一批人？

于： 对，李恩杰来找我，说于洋你给配配男主角，我说可以。那个时候，哪需要就上哪去，也没有什么另外的报酬。我们那时候电影也没有，话剧也没有，顶多有时候晚饭的时候宵夜补贴一毛五。

陈： 一毛五？

于： 有一毛五买鸡爪喝点酒就不错了。所以那时候怎么说呢，跟现在这种专业化完全不一样，还是有点过去革命战争延续下来的习惯，哪需要就上哪去，所以那时候需要我配音我就去了，去了之后花个把礼拜就完成了。

陈： 配音，就是正式开拍之前，那个电影要看是吗？

于： 要看几遍，要熟悉他的口形，熟悉他的感情。配音演员很不容易的，我觉得应该肯定他们的劳动。高兴的时候、愤怒的时候，都要和演员情绪吻合，当然还要对准。凌子风的《陕北牧歌》的男主演也是我配的。

陈： 另外，谢添导演的《小铃铛》当中您演了一个警察？

于： 那个就是纯粹友情客串，因为在那个时候，尤其像谢添和陈方千、陈怀皑这些导演，一来任务首先想到"北影"演员剧团，"北影"演员剧团有谁？就我们这些。

陈： 也方便。

于： 打个电话一叫就去了，有什么事调换一下就去了，所以那时候首先要保证厂里的任务，厂里的任务还是重要的。当然让你干什么，你就干什么。现在《红旗谱》里还能看到，秦文在里边跑群众，走过去镜头一扫，扫过去，就像现在我们"北影"门口等的那些人一样，当然我们也有时候在街道上找群众演员，给他们几毛钱，那时候五毛还是八毛。

陈： 就是一个群众演员一天？

于： 对，有时候给一块、一块五，反正都是这样，不是太高的。

陈：《小铃铛》当中警察有台词吗？

于：《小铃铛》中我的戏算是比较多的，拍了好几天呢，在使馆区这一带。每天都跟着他们跑，那时候拍戏也是很愉快的事情，虽然没有什么报酬，但是这些人都很好，大家在一起合作很愉快。规定就是一天外景费，中午补助一毛五，出去到郊区拍外景，住小学校，自己带行李卷，所以我们经常打行李卷，我专门有一套行装，就是专门准备拍外景的。

陈： 不住几星级宾馆？

于： 那时候没有星级宾馆，一般就住在老乡家，小学校。好一点的是县城招待所。县城招待所呢有时候就不用带行李了，一般到农村都得带行李。

陈：在《小铃铛》当中的表演对您有任何挑战吗？

于：没什么挑战。拍完这个警察之后，伊琳同志要拍《全家福》的电影，原著是老舍。当时话剧《全家福》在北京还是蛮有影响的。女主演是杨静，她演派出所的女警察，让我演派出所所长，但是这个戏没拍成。

陈：《全家福》没拍成？

于：没拍成，当时我们有很多电影，只拍了一半，老是这样。一开始认为这个题材非常好，研究研究改什么的，这时候可能任务撞车，到最后就没了。

陈：在这个以后拍摄《大浪淘沙》？

于：伊琳同志我们这是老朋友，又是入党介绍人。他的第一部电影，也是在解放区我的第一部电影都有他，《留下他打老蒋吧》。到后来那些年代，他大概在导演上也没拍很多片子，拍了《扑不灭的火焰》，还有新凤霞那个舞台纪录片。

陈：《刘巧儿》是吗？

于：对，那是他拍的，他大概没拍什么戏。到后来他出国当专家，他是去越南的电影专家。从越南回来以后他就调到珠江电影制片厂了，他原来在电影局艺术处担任过领导。那么他到了珠江电影制片厂，他就希望拍《大浪淘沙》这个戏，所以他反复看小说，把朱道南同志的秘书请去了。还有于炳坤，他俩修改了这个剧本，他们研究这个角色谁演什么，第一个最早确定的就是我。因为这个里头我大概两三个人物合并起来，所以我去这个组是最早去的。因为他了解我的情况。

陈：这个片子，还有金公寿名字？

于：是这样的，一个文学作品改编成电影剧本，这当中确实是如何使人物立体化，更合情合理，特别是人物关系的调整。这都是在改编电影剧本的过程中需要解决的问题。因为有时候文学小说的东西，心理描写更多，可以写一张写两张。电影不能这样，电影更多的是形象化，所以他们考虑这个人物的时候就考虑我，那么我去了以后让我看这个小说。我对这个小说非常喜欢，我说那个年代，当然我觉得像《革命家庭》，像这种历史戏，《暴风骤雨》属于后来的，像这种历史戏，特别是马日事变、“四一二”前后这些事情。真正参加这部戏演出我觉得很有意思，所以我很高兴。在改剧本的过程中我参加一些意见。伊琳是非常虚心的一个人，让我讲讲我的看法，我就讲了看法。包括对原来的小说，包括这个电影如何改，我都特别清楚。因为我这时候，五六十年代，拍电影比较多了，所以这方面也有自己一定的经验，所以我就说这个角色应当怎么样。在这个时候，我很注意导演这个角色，所以我说我有一个想法，因为你是我的老大哥，你是我的领路人，我有什么都给你讲，他说这样最好，有什么讲什么。艺术创作过程实际上是互相启发的过程。在这个过程里，我觉得这个剧本越改越精辟。当然有几个最明显的地方我是有意见的。一个是原来一直叫公今寿，是有姓公的，但是在南方一般叫老公老公，这个老公就是丈夫的意思。我们北方也是老公，正是这个角色男女之间有一点爱情的关系，我说将来王蓓演这个戏，谢辉跟我谈话，“老公”不好听。“对对对”，那么一说，我对姓金的很感兴趣，金，一个是也好叫，一个是很硬朗。金公寿，他说你这个意见好。这是我提的一点意见，所以后来这部影片遭难的时候，在这个名字上也遭了难，因为到后来“文革”当中造反派把金公寿这三个字作为一种变革，金和寿在一块是陶铸的铸，公就是铸工，因为那时候陶铸，那是书记，也跟着叫过铸工，所以正好这个这么碰上了，这个我都不知道。

陈：您当时完全不知道?

于：完全不知道。再一个是如何从行为上表现当时金公寿对国民党反动派情感上决裂，像这种细节的地方演员要给予补充。比如说马日事变以后，看到国民党那个帽徽党旗，一把把它抓住扔掉，像这种细节的地方要演员来演，表示他的一种气愤，一种心情，内心的活动非常强烈。所以像这种地方，伊琳同志就说好。还有像比如说，我拿着手枪在雨地里看着赵教官，我说这个时候应该有画外音啊，他说画外音是什么?我说火车，火车的叫声，变成人物的情绪，接过来就是火车在跑，我坐在火车上，接上了。像这种地方我是个演员，角色情绪的发展，我觉得这个时候应当有一种外界借助反映我情绪的东西，包括音响、道具，我觉得这种东西在创作里都是非常有必要的。

陈：这是属于导演的工作吗?

于：我觉得导演也好，演员也好，都是为了共同塑造人物。这个应当是导演的工作，所以在赵锦章牺牲那场戏调度不太好，现在看起来因为这个调度问题，我没怎么太研究，当时又是下雨，拍的都是平面的，不是那么纵横的反应，镜头太单一。这个没办法了，到后来就那样了。所以拍类似这种戏，见到女孩子那种憨直，不敢讲话，从山东老家出来，见到乐观女孩子还有点羞涩，都是完全从一种感觉出发的。

陈：这个剧本都有吗?还是后来的?

于：剧本里有，但是通过这个角色人物的创作，加上这方面的色彩要重一点。这个导演都很同意，特别是一个人物，在一个场景里头，通过画面，通过画外音、声音、音乐都是为了塑造这个人物，塑造这个人物的心情。一会儿赵锦章在启发他，在市场上，他给卖唱的老太太钱，赵锦章说：“你能救得了这个老太太，你能救这个吗?”把他带到车站，看到劳工受苦，日本人在那耀武扬威。所以这应当是我们民族的悲哀，我们应当起来，站在人民当中。有一场戏扒着铁丝网，看日本人鞭打民工老人，那老头儿是真的找一个工人来演的，长江码头工人。所以像这些气氛的制造，像武汉北伐军进入的场景，需要拍的时间很长。

陈：怎么会用两三年时间？

于：因为也是边拍边改，边去找地方，景并不是一开始都定好了，先后去了深圳、长沙、青岛、济南、天津，走的地方很多。

陈：这部影片的预算是不断地膨胀吗？还是预算就大？

于：是不断膨胀。“珠影”当时从《南海潮》之后，好像没有出过什么好的电影，想作为一部翻身戏，所以给它的条件各方面比较好，就像“北影”当年十周年献礼影片一样，一切让路。“珠影”对《大浪淘沙》也是这样的。我记得有两个副导演，刘欣、林岚，给的条件比较优越。

陈：那时候外请的演员条件是什么？“珠影”付给您多少钱？

于：就是生活补助费，别的什么都没有，生活补助费在珠江我出差一天应当多少？就给一块钱吧。

陈：“珠影”不要付给“北影”演员剧团的钱吗？

于：我的工资大概要给“北影”，因为这时候很不一样，后来到上海的时候，我的工资整个拿过去了，上海付给我工资。这时候他们的工资，大概通过他们会计给我转。

陈：仅仅付工资吗？

于：就是工资，那时候演员互相借调，兄弟单位嘛。那时候也没有这种经济上的，不像现在拍电影。

陈：现在百分之五十。

于：那不可能的，那时候我去就给点生活补助费，工资转移过来，就是这样的。这是我讲的在“文革”以前，大概就是这样。

陈：这个戏是您表演上一个新的高峰，您说一下吧。

于：这个戏呢，我首先认为那个年代就是一个激情的年代，所以演员的表演，特别是我演的靳恭绶，是革命时期的年轻人。这个名字《大浪淘沙》的意思就是在那样一个决定中国命运走哪条道路的时候，青年们在寻找道路，所以有各种不同选择。像我饰演的这个苦大仇深的农村青年，当然他是充满着激情来寻找他前进的道路和真理。那时候很简单，追求真理，所以他爱憎分明，这是首要的。好的我拥护，坏的我批判，像这种因为文化水平有限也不可能有更深的影响，所以他表现得更直接一些。我爱就是很爱你，我恨就是很恨你，所以这个人物简单地来划分也可以这样，当然在每个单元他的感情是有细致变化的。所以我说这个戏呢，在我演出的过程中并不是太费劲。

陈：不需要太多的设计吗？

于：也要设计。当然我是每场戏自己都有想法的，每一场都有设计的。这场戏从不认识到认识，甚至模糊的时候，特别对余宏奎这个兄弟，一开始结拜的时候，大家在一起，后来开始有矛盾，特别是对地主的态度，有一场在武汉的小客店里，大家在骂农村的泥腿子，其实靳恭绶就是从农村出来的，所以当时他马上就反驳，那余宏奎就说："不不，你讲的有一定的道理。"这时候两人开始有思想分歧，像上台阶一样的，一阶一阶上去，最后打他一拳头，一直到最后枪毙了。所以这是一步一步走的，事实教育了他，使这个人物跟这个事的变化，他的情感在变化，情感不断地丰富，认识不断地成熟。如果一开始有一种迷茫的东西，那么到最后的时候，应该是很坚定的革命者，所以到后来动员学生们下乡的时候，到广大的农村去，甚至到后来当然是上井冈山了，到革命队，投入到火热斗争中去，那时候他已经渐渐通过斗争，已经认识到，这是唯一的一条道路，所以那么坚定。在这时候老大哥都要跟着他，包括那两个女孩子，当然这时候一个小弟弟，小知识分子吧，有点知识革命高潮的时候情绪很高涨，革命低潮的时候一下什么希望都没了。容易受这种形势左右，在没有认清这个形势之前，作为靳恭绶这个人物他有切实的体验，革命这是一定要走的道路，没有革命这条道路，没有办法活下去，就实现不了自己平等社会的理想，所以最后这个戏特别是在马日事变，赵锦章刚被杀了以后，那么在很多地方，我处理表演更成熟一些。不是像一开始进城的时候，四个学生那样，看这儿新鲜，看那儿新鲜，听讲话这人讲得对，有时候跟着人跟错了还挺难为情的，因为这个人物的成长做演员很清楚。所以在武汉打斗的时候，谢辉把他接到家里问他，你是干什么的？你怎么这么，意思就是这么勇敢。他就说出第一句话，我杀死过人，那个意思就是我是个逃犯，就讲他父亲被逼债上吊等。他的革命很彻底，没有那么多观望。他认准这条路走出去，所以我说我们革命的成功，从农村到城市一直到解放，靠的就是这么一帮人，真是这样。他可能并不是知道更多的马列主义的东西，他只是很简单的一个认识，我就要自由，我就要做人，我不要受人压迫，推翻旧社会，就坚持。

陈：您刚才说这部戏的表演，对您来说不存在太大的难度。怎么讲？

于：因为这种人物不是那么复杂，比较清楚，他的成长，他的认识的提高，层次还比较清楚。

陈：您刚才举的那些例子。

于：对，开和收前边做好铺垫，创造一个人物也是这样，特别这个人物是从头到尾贯穿下来的，你要有案头准备，没有的话是支离破碎的，一开始就那么坚定，那不对，所以要去拍电影，要几年坚持下来，要没有这种案头上的提示不行。

陈：肯定早忘了。

于：就忘了，所以每次看的时候要翻剧本，回忆当时那场戏怎么演的，什么阶段什么段落，这是蛮复杂的一段创作。所以演员说起来当时也确实复杂，要想真正地提高他，真正演出一个人的性格，塑造一个人物，还是要下一点功夫，下几番功夫就看出几番成绩，这是个正比例。

七、火红的年代

陈：咱们谈一下《火红的年代》。

于：“上影”的摄制组来找我，这时候北京的几部戏呢，有人就提过，说怎么没有于洋呢？像《南征北战》这种戏，我的形象应该有的。但是在当时由于我的问题他们还拿不准，所以一直没敢用。这时候上海有人找我，他们核心组大概研究了一下，又请示一下，领导人同意了。所以各个厂准备拍故事片，“北影”有《红雨》《南征北战》。钱江、谢铁骊在当时都是“北影”的领导，他们召集会议同意借调我。当时还特别问导演演什么，说演一个党委书记。那时候不讲一号吗？没有讲演一号，因为一号、二号这种称呼是“文革”之后的称呼。过去我们拍电影没有这称呼，男一号、女一号这都是“文革”之后的词。他们说既然演的不是一号的，那么你去吧。所以我就去了。

这时孙永平到我这儿来，他和我是老乡，过去开会总跟我在一块儿。他跟我说：“你要赶快去，慢则有变。”所以我就去了。去到上海以后就试镜头，先让我试党委书记，后来又让我试赵四海，他们所谓的一号吧。大家一看样片，说于演赵四海更合适。因为那时四十刚过嘛，也还年轻，在干校锻炼得身体比较好，比较强壮，也有劲，也不是太胖。所以他们大概经过了厂领导研究，请示上海市委，那时候确立一个男主演、男一号，那是要经过各层批准的。

《火红的年代》让我演钢铁工人，这应该说是我第三次演钢铁工人。第一次是《桥》，演电炉工人。1951年，“北影”拍《走向新中国》那是第二次演工人，是在天津炼钢厂，演一个平炉的炉长。这次又演一个钢铁工人，也是一个炉长，大平炉，上钢三厂。确定我演之后，就让我下去炼钢厂，每天跟工人们一起练习。

陈：体验生活。

于：我这些工作一做，还真是那么回事儿。那个炉长姓赵，后来我们成为朋友。我说我练过，他说：“你的动作还都不外行，添料等一些动作都会。”我们一帮演员，十来个人在那儿，很快就跟他们交上朋友了。我们也参加炼钢工人的小组会，每天穿着工作服，跟他们住在一起，真像钢铁工人似的。在这时我就想起我那次跟工人们在一起生活的情况，我深感这几十年我演过不同的钢铁工人，这儿的钢铁工人的文化水平是最高的，东北的是比较低，那是那种农民的炼钢，天津的在当时也还比较有知识，但不像上海这样，它有很多现代文化的东西。当时也做一些分析工作、案头工作。到后来这个电影开拍的时候，当然上海方面非常重视，我们住在"上影"招待所。拍钢铁厂的时候，住在钢铁厂，跟工人们在一起，吃在一个食堂里，住在一块儿。我去了之后，炼钢工人们也都认识我。

陈：那时候真的不喜欢《英雄虎胆》吗？

于：《英雄虎胆》至少不是一种革命化的电影，是一种带点修正主义色彩的，总是有缺点的吧。今天要深入工人阶级，学他们的思想品质。当然有的时候也感觉到工人里头也有发牢骚的情况，但这都是次要的，主要还是要表现对国家的贡献。所以在这个当中也受到一些教育吧，也就是说拍摄的过程中也是改造思想，建立新的世界观的一个过程。也就是用实际情况批判过去的修正主义路线，是这样一种思想。但是在创作上，演戏毕竟不是个抽象化的、概念化的东西，只要有批判就能演好戏，不是这样，还得真正深入到人物里面去，这个工作还得做。有的时候研究这些人物，研究他的思想感情，但是总的走向还是这么个走向。当时的思想就是说工人阶级作为主人，为了国家的建设，发奋图强，敢于和封建的、落后的、依赖外援的思想做斗争，这是公认的主体。

我曾经写过赵四海的动作线索，导演那时候都要做这份工作：人物的任务是什么？动作线索是什么？和其他人物的关系是什么？他为什么这样做？怎么做？这些都要在案头工作当中，包括这个人的节奏、人物内心的节奏、行为的节奏，包括他的语速是什么样的，都要有一些想法和设计吧。特别是我经过那段学习，虽然批判了斯坦尼斯拉夫斯基，但是这个时候也还是要这样。

陈：还是要用？

于：当然，因为我要想全面地了解人物，并塑造一个立体的人物，他的各个方面都要了解。这方面工作我还是要做，基本上还是那个路子，我觉得对我演戏有帮助。这个时候，大家都是从"文革"当中走出来的，表现得都特别积极、特别卖力。

陈：从导演到摄影、录音、美术都一样。

于：都一样，就从演员来说，过去很多都是演主要角色的。比如说李玲君，她就是《渡江侦察记》演刘四姐的那个，可在这里演一个很次要的角色。尤佳是影片《枯木逢春》的女主演，她在这儿也演一个工人。王琪是《北国江南》的男主演，《南征北战》也有他，这些演员都在一起，不分戏轻戏重，主要、次要，大家都很平等地来对待创作，写人物关系啊，写小传，大家都一样。那个时候大家对我也都非常好。

陈：摄制组这个时候还是有党支部？

于：当然有党支部，党支部成立有党支部支委。

陈：党支部的领导是由工宣队的人担任？

于：对，他们也是支部的领导之一，但不是支部委员也得参加会，也谈意见。

陈：您“激情大师”这个称号就是从这个电影开始的？

于：就是从这里来的。

陈：从炉前演讲。

于：炉前演讲这一段戏呢，当然我拍这段戏是很激动的，如果说这个戏从一开始拍，我认为这场戏是推向高潮的一场，能够激发我对整部戏的行为动作。

陈：《火红的年代》这个片名是谁建议的？原来叫《钢铁洪流》。

于：上海市委非常重视这部电影，这是上海“文革”之后第一部故事片。除了这部影片之外，还有《春苗》。我们的《钢铁洪流》经常到“上影”开座谈会。在一次送审会上，徐景贤带着一些“笔杆子”，看了全部的样片。徐景贤提出来说《钢铁洪流》这个名字太一般化了，你们想想还有什么好名字，当时我记得提各种各样名字的都有。到后来《火红的年代》是不是徐景贤讲的，也可能是他。就是说分析那个年代大的背景，这个背景是一个战斗的、革命的年代，也就是说非常红火的这么一个年代。因此到后来就一致通过叫《火红的年代》，这样送审到北京来，大家每天在那儿等待北京来的消息。

陈：说到化装，我觉得赵四海那个衣服太白了，毛巾也很白。那个时候会有那么干净的衣服吗？

于：到后来我还在那儿尽量弄脏，但是也不行。

陈：我印象当中特白。

于：当然那个时候对这个英雄人物、主要人物，形象不能损害。

陈：已经超出了生活的真实。

于：你看他们那时候拍《南征北战》，那个年代衣服上连褶儿都不让有，风系扣都系的那种红领章。解放战争怎么可能是那样的，但是在当时就要求歌颂正面人物，这里有个立场问题。

陈：您后来就把《火红的年代》《英雄虎胆》《暴风骤雨》《大浪淘沙》和《戴手铐的旅客》这几部影片，算作您重要的里程碑作品，《火红的年代》也算是一个里程碑，这个您怎么看？

于：我认为在那个特定的历史时期，我们是竭尽全力地塑造这个人物。应该说我调用我演员的感情，我的动作是最深入的，是最让我动情的，平常找不到、看不到的那么一种东西，在这个时候看到了，所以我很珍惜这一次的创作。

陈：请您对《火红的年代》的创作做一个总结。

于：《火红的年代》只能在那个特定的历史时期来这样创作，在今天创作的话不会这样，今天创作空间会多一点，会更自然一些，想象的东西会更多一些。可以没有那么多的枷锁，可以更自由一些。

那个时候总是有样板戏的东西来驾驭你，总是小心翼翼的，怕犯错误。所以思想负担比较重。但是那场批判的戏，长长的独白，我为什么又非常肯定它，因为这一段抒发了我作为一个演员的真实感情，对那个时代，要看我话后面的话是什么。

陈：潜台词。

于：我的内心独白，真正的内心独白，只有在那个特定的历史时期我能够那样，今天再让我那么演，我还不一定能够演出来，这就是历史时期不同造成的。所以我对那些创作，既有批判，同时也有非常尊重它的地方。这是演员职业生涯中很少有的。

陈：在这一部戏合作当中，我想您对傅超武导演和摄影师罗从周做一个评价。

于：傅超武跟我合作非常好，他也是山东人，这个人性格有点像我，很用功，是革命老同志。他在当时拍这个戏的时候，有时也会发一些牢骚，特别是宣传队那么一种效果，他不太适应，甚至在现场也想发火。我经常提醒他，我说咱们还是注意点吧，咱们都是“黑线”过来的人。他过去也拍了几部电影，《幸福》等，是一个非常有修养的、很正直的老同志。

陈：就是拍《火红的年代》，其实有时候也憋火拍的，但是又不能发出来。

于：就是。有时候他常跟我摇头：“于洋！”常常有这种动作。罗从周是一个很资深的、很有成就的摄影师。

陈：解放前也是。

于：解放前就是，他也是非常有才情的，但是在这种时候也受样板戏的影响，很谨慎，犯一点什么错误，往政治上靠就麻烦了。“为什么这光用红光？为什么都是黑光？你这立场站到哪里去了？”常常是这样的，所以这个时候大家都小心翼翼地进行工作，进行拍摄。他是非常资深的摄影师，我觉得这个戏他拍得还是挺好的，我们合作得都很好。

陈：在新版的《侦察兵》当中您扮演了政委，您喜欢这部影片吗？

于：这部影片拍得也很粗糙。因为当时拍完《火红的年代》从上海回北京，北京很多文艺界的老朋友看了我这部电影之后，大家都很兴奋。

因为在当时像我这样一个演员，所谓的“二十二大”，在修正主义路线下，先是一个兼职演员，这时候能够起用我，而且像《火红的年代》这样一部影片，一般都认为这是党的知识分子政策落实。

陈：一个信号。

于：是的，认为原来好多老同志在修正主义的文艺路线下犯了很多错误，能不能再用这些人，以后还能不能做文艺工作，都是未知数。那么《火红的年代》上演之后，大家都认为这是一个非常重要的信号。所以我从上海回来之后很多人请我吃饭，当然那个时代请吃饭和现在不一样。人家请我吃饭呢，讲出很多心里话，说你这部电影好坏不说它，就是通过这部电影看到党的知识分子政策在你身上落实，同时也看到我们的希望。比如当时内蒙古演员恩和森，他见到我特别热情：“我一定要请你吃饭，请你喝酒。”老演员熊塞声、作曲家苏民请我去到马凯饭店，一定要请我吃饭。在吃饭的过程中他们甚至流着眼泪告诉我，说是看到了党的政策曙光，好极了。

所以我觉得这部影片，特别是对北京的文艺界，包括“人艺”也好，“青艺”也好，是比较有影响力，有一点名望的。大家都感觉看到了希望。《人民日报》发表了社论，全国的工农兵、各个方面的人都在看。大街上，县、市的文化馆、电影院都悬挂我的大头像（赵四海的头像），尤其上海，当时还时兴了赵四海的发式，赵四海的毛衣，我在片中就穿一个紫红色的毛衣，还有很多企业根据这个电影起的名，什么“四海”饭店，“四海”什么什么。当然我收到的信也很多，接到的信中文艺工作方面的比较多，大概内容都有这么一种情绪吧，一方面肯定你成绩，但最重要的看到了党的文艺政策的落实。回来以后，厂里宣传队对我另眼看待。当时厂里开始拍摄《侦察兵》，李文化拍过《早春二月》，江青虽然批评《早春二月》，但是又很喜欢《早春二月》那种情调，特别是摄影风格，当时摄影是李文化。李文化也很喜欢做导演工作，这部戏开始了他的导演生涯。《侦察兵》我记得不断地换演员，比如老太太原来是沙可夫的爱人岳慎饰演，但因为没有革命人的气质，虽然已经拍了很多，最后还是换了于蓝。那时虽然解放了，但给什么角色都得演，这是一种政治态度，所以于蓝也就演了。军宣队有一个工作队的分队长演《侦察兵》的团政委，因为他本身也是搞政治工作的，当时也作为一种尝试吧。在“文革”中批判我的时候，他们说过：“像你们这些人将来要被赶下银幕，将来真正的演员是工农兵。”未来电影究竟是什么样子，大家有点糊涂，这时候好像有些人要试着演，让一些真正的工农兵来演。那么这个政委就找了军宣队的一个干部来演，他也没演过戏。当然表演毕竟要有一点表演的才能啊，既有天赋，又有这方面的知识。他一点这方面的知识都没有，所以上了镜头之后呢，不大会动，走路都不大会走。导演一喊开始，他就紧张地直哆嗦，拍了一些镜头后就想换人，但困难很大，导演也不敢提换，换的话，等于把军宣队赶下了银幕，这也有政治危险在里边。后来是军宣队的领导人狄福才提出来要换的。“这哪行啊？这根本不是那么回事，一看像木头人一样的。”之后说让谁来演呢？《火红的年代》的影响大家也都看见了，所以狄福才提议让于洋来演。“墙内开花墙外香，这于洋是北影的人，既然回来了，就让他来演了。”当时就让汪洋他们找我谈话，我说这戏我就不演了吧，我心里也有意见，你这时候找我来演了这个戏之后，将来说我把工宣队的人赶下银幕，这不又是修正主义嘛。他们就说：“不要有这种想法，你就等于救火吧，现在需要你。”所以我习惯性地，既然党委做了决定，就得服从。完全是一种政治上的服从，那演吧。当然也没有几场戏，很快，很顺利。李文化在摄影上很有经验，表演他也知道一些。但是怎么启发演员，一般他不大熟悉。

陈：没干过这活儿。

于：所以凡是李文化拍的电影，找的演员都是很有经验的。他经常说“这样就可以了”。魏荣导演也是这样的。演员设计的和表演的，比他想象的还要好一些。我有时候说再试一下，魏荣就说不要试了，导演都烦了。我说真有意思，应该是导演不断地要求才对。所以到后来，李文化拍《反击》的时候又找我，他觉得我这个演员比较顺手，一般的导演愿意找这种演员，比较顺手，快，不用操心了。《反击》之前有部影片《决裂》，那不也是他导演的嘛。找的演员是郭振清啊，葛存壮啊，都是有经验的演员。后来这个戏王心刚也不太满意。

陈：为什么呢？

于：他觉得这个戏不行，到现在谈起来，他还有点不大承认这个戏。“不行，不行。”但观众的反映还可以，因为有一些惊险、悬念的东西。但是对于演员、导演来说，这个戏比较简单化，是一种概念化的东西。

陈：您自己对这个影片评价如何？

于：很一般的一个小片子吧。这个剧本我本身不大熟悉，是临时看的，也没做什么工作。

陈：对您来说太容易了？

于：我觉得这个上去演就可以了，这部戏当然和我演《火红的年代》不一样，作为《火红的年代》的演员，我特别肯定我自己所赋予人物的东西，因为我确实下了功夫，我认为是我的真情来使这个人物能够立起来，因为我付出的太多了。

陈：我想问一下，从《火红的年代》到《侦察兵》那个时候，拍电影的经济待遇怎么样？比如说补贴。

于：没什么补贴，就有点出差费，按照上海的出差费给我。他们直接把我的工资发给“北影”会计，我是在“北影”领钱的，就是工资，再就是我每天有一点补助费，生活补助费。但是吃饭什么都是自己掏钱。

陈：摄制组不是集体吃饭吗？

于：摄制组发给你补助，吃饭你自己吃，不是说大伙一块儿，有在食堂发的饭票。在工厂也是这样的，在“上影”也是这样的。

陈：不会摄制组几个人坐下来一块儿吃。

于：不是，还是在食堂买饭票，有点伙食补助费。

陈：《侦察兵》呢？在本厂演出，连补助都没有？

于：什么补助都没有，那时候出外景在后海拍的时候，就中午发个饭费，那时候是该吃饭的时候就回家来吃。

陈：紧接着是《第二个春天》和《创业》这两个戏也都找您？

于：我拍完《侦察兵》之后，我从上海回来以前，“上影”江雨声就说我们还有一部电影叫《第二个春天》，当时《第二个春天》这个话剧当年影响很大。他们要我演那个冯涛，算是男主角吧。我说这个原来不是赵丹演过嘛，赵丹曾经在“文革”之前演过这个。

陈：演话剧还是电影？

于：电影，准备让他来演这个角色，女主角当时定的谢芳。当时厂长就说：“这个你不要管，这都是组织上的安排。”与此同时我还接到厂里于彦夫同志给我寄的一个剧本，叫《创业》。两个角色一个是周挺杉，就是那个铁人，一个是政委。问我这两个角色喜欢演哪个。我看完剧本后说我演周挺杉，而且周挺杉的造型我之前都跟于彦夫谈好了，准备把头发剃掉，真正往铁人那个形象来塑造。这个剧本我很喜欢，我觉得很好。所以“上影”找我演《第二个春天》之后，我就说我已经接了“长影”这个戏。他们说：“这个你不要管，我们去打交道。”我当时就说不是打交道的问题，这事儿我选择的是那边。那时候要讲组织观念，他们说：“现在上影需要你！”两个人穿着军装在上海找我谈话。

陈：都穿着军装？

于：他们那时候都是穿军装，军宣队嘛。而且他们还跟我说了另外一个情况，说是因为我拍了《火红的年代》影响很大，希望能够调我到上海，因为上海缺乏像我这一类的演员。他们一开始选了十几个演员试镜赵四海，都不合适，后来找的我。他们认为非常好，电影拍完了影响又那么大，他们希望我过去，而且说：“你来上海的话不仅仅是演戏，你还要兼任一点别的工作。”

陈： 行政领导？

于： 当时不会让你做行政领导，就是让你兼任一些事情。我当时就这个事情还征求了家里的意见，杨静还有我母亲都说：“不去上海，不去上海。”

陈： 不去上海的原因是什么？是生活的原因还是政治原因？

于： 一个是生活不习惯，当时我也考虑这个问题，如果把我调去的话，给我安排点别的工作，比如电影厂、电影局什么，做点领导什么，我还真怕这个。

陈： 您不愿意？

于： 我当然不愿意，像王心刚他们，有一些演员，有的也做过领导。

陈： 也做过副厂长。

于： 对，我当时就怕这个。我就推辞说我已经同意去“长影”拍《创业》，他们说这个事你不要管。

这是领导之间的事情，就是这个事情已经做了决定。就是不管你同意还是不同意，已经就这么决定了。所以后来我给于彦夫同志写了一封信，我说你能不能再通过什么渠道再跟领导商量一下，再争取一下。后来，于彦夫说他们也做了工作，但是没有办法，还是按领导的决定吧。

陈： 您始终就是更偏向《创业》。

于： 因为这个剧本我看的时候特别喜欢。

陈：《第二个春天》也是那个时间？

于：《第二个春天》我也喜欢，但是相比之下我觉得我喜欢演这个周挺彬，我觉得我演这个人比较合适，他的形象在我脑子里比较活跃。这个时候“长影”刚拍完《艳阳天》，主演是张连文。所以就把这部电影的两个演员都留在那拍《创业》了，我就留在上海拍《第二个春天》。《第二个春天》的导演是桑弧，摄影是沈西林，都是很有成就的导演和摄影。桑弧是非常平稳、非常安静的一个文人，一说话总是面带笑容的，什么事情总是跟你商量，从来不动肝火的这么一个人，而且很有工作经验。沈西林在“上影”摄影师里是很有经验的，《红色娘子军》是他拍的。但是同时在这个组里，又派了第二分队的人，那就是桑弧导演旁边有一个年轻的导演叫王秀文。老摄影师边上有一个年轻的摄影师叫夏力行。那么等于是两个导演、两个摄影师。当时有明文规定，作为领导给的这么一个任务，老摄影师和老导演要带两个新人。

陈： 但是在行家眼里，年轻人很多意见是不靠谱的。

于： 当然是这样的，他们没有经验啊，尤其拍电影。

陈： 有一定的规则。那桑弧导演和摄影都不说话的时候，您呢？

于： 我就不行了，我要发言了。在这个时候，我常常是站在桑弧这边，这时候摄制组就要注意这个阶级斗争动向。就有一种议论出来，说是“黑线”回潮了，就是修正主义要回潮了。

陈： 这纯粹的技术和艺术的问题，怎么能够跟修正主义扯上呢？

于： 这时候他们就分析，说是于洋因为在修正主义路线下也是那种红人，跟桑弧啊，他们都是有共同语言的。很多观点都是修正主义的东西。新人属于小将，他们的东西是有闯劲儿的，所以一般的工宣队，工人代表都支持小将。

陈： 不管他有理没理都支持他？

于： 在这个时候，我因为之前演《火红的年代》，我底气比他们足一点，所以有些时候我敢顶他们，我一顶，有时候他们工宣队对我也很客气。他们对我虽然有一些意见吧，也不敢公开。

陈： 但是您说有舆论出来是怎么回事？

于： 谈戏的时候，比如说有一场戏很有意思。我作为一个舰队的政委，到造船厂来，造船厂厂长是我的老战友。两人见面之后，厂长要请我到他家里去坐一坐。处理这场戏时有一些分歧。导演的意思，是老朋友在一起叙叙旧，我更加上一点，不仅是叙叙旧，还要包点饺子，吃点东西，更自然嘛。可这时候就引起争论了。有一种意见是我们党委的代表和工宣队的人，说这是一种吃吃喝喝的不好作风，这不是一种革命的作风。导演一听，哭笑不得。那时候，桑弧不大同意别人意见的时候，经常看向我，然后就这么摇摇头。这个事我也不同意，我就站出来说话了，我说这怎么是旧作风呢？做朋友的，吃一顿饺子怎么就吃吃喝喝旧作风了。后来有一位党委的委员也是造反派的头头儿，他说我们的军队传统不是这样的。我就顶他，我说：“人民军队我待过，我们老朋友见面的时候，吃顿饺子这不很正常的事情嘛，喝一口酒这有什么？”所以到后来还是按照我们的意见做。我常常替桑弧和沈西林据理力争，引起了一些议论吧，被归为“黑线”回潮的代表人物。说我很不注意，作风很不检点，对我有意见。这时候我也不怕，有意见就有意见吧，我也不想在这儿待着。拍完这个戏我就走，我还回北京呢。这就一直磕磕碰碰的，总是有些不太愉快的事情，到后来有一两场戏桑弧都不愿意去现场了，因为总有工宣队在那跟着，监视着你。所以那个时候拍戏确实有很多难处，摄制组那个时候经常要学习，社论一出来就要学习。

陈： 时间是什么时候？拍摄结束以后晚上？

于： 每天找时间吧，比如今天阴天了，外景不能拍了就开始学习。检查是不是按照样板戏要求的原则来拍的，在那么一种情况下拍电影，大家胆战心惊的。我呢，因为拍过一部了，所以我就轻松一点，敢代表他们讲一点话。所以他们有什么心里话都跟我说。到后来，很多事情，一个眼神就明白什么意思了。有很多艺术观点，包括形象处理，镜头的处理，长短、角度的处理，人物关系，我们一谈的时候就有共同语言。当然这两个年轻同志也还可以，也还比较尊重。但是领导给他们的权力很大，说："你们可以按照你们的意思去做。"虽然没有正面的冲突吧，但是有这种心理。

陈：您最后总结的时候提到王秀文和夏力行这两个人，年轻的摄影师和年轻的导演，他们就是有自己的看法，但是并不是咄咄逼人，没有和您有正面的冲突，仗势欺人？

于：没有。

陈：盛气凌人？

于：有的时候也有点盛气凌人，尤其是导演，摄影师没有。她会跟桑弧在那儿争。我当时就帮着桑弧，就按照桑导演这个吧，她在这时候就不说了。

陈：对您自己表演的评价呢？

于：表演还是按照那样一个套路吧，革命的激情，在这种斗争面前人们不会那么平稳，总是要有一种抗争的力量吧，这种感觉。这部戏我觉得我比《火红的年代》进了一步，《火红的年代》中一直在斗争。这里总还是有跟知识分子谈心的部分，这部戏有一些台词写得蛮好，充满哲理。有几个演员都是新人，比如张瑜、郭凯敏这都是第一次拍电影。我们这个电影不能老是斗斗斗，需要缓冲一下，这部戏在情感的部分和人物关系上都做得不错。

陈：有张有弛，表演也是收放自如。

于：对，表演也是这样，该松弛的时候、特别舒缓的地方要很舒缓的，对朋友啊，战友啊，对年轻人的鼓励啊。我这个角色，最后集中在一点，就是跟所谓的苏联专家合作不合作的问题。在这个问题上和其他的同志拍桌子是最后的高潮部分："我们自己干了！"大场面，那一段讲话是戏的高潮，红旗招展，响起歌声。

陈：您对这个表演总体还是比较满意，另外我觉得比《火红的年代》有一个进步就是张弛有度。

于：我觉得在人物关系方面比《火红的年代》要复杂一点，要丰富一点，思考的东西多一点，策略的东西多一点，双关语很多，比如"吃饺子要靠人家的话吃不了什么的"这种，比较有文化，很多语言很有哲理。没等拍完这部戏，另外一部戏找我，也是"上影"的，叫《欢腾的小凉河》。

陈：真成“上影”人了。

于：我说这样一来的话我在“上影”走不了了，因为在“上影”待的时间太长了，从《火红的年代》一直到《第二个春天》。军宣队领导跟我说：“你在我们上海啊，你第一部拍了个工人片子，第二部拍了个军人的，你再拍个农民的，你就工农兵都占了，你领衔在我们上海。”我说：“谢谢，谢谢，实在不行，我回北京了。”在这个时候，北京有人传下话来，说是江青看了《侦察兵》《火红的年代》之后，让人告诉我，说于洋、王心刚以后不要再演小工人、小战士了，年岁已经大了。在这时候我就比较敏感一个问题，我说我这个演员的命运到此为止，我就不想演戏了，我就很想做导演。

八、演而优则导

于：我觉得银幕上的形象，我们已经到时候了。王心刚怎么想的我不知道，反正我认为，正好我还愿意做导演，那我就改行做导演吧。回来我就跟汪洋提出来，他们就同意了，我就这样到导演室了。这时是1975年，我就没回演员剧团。到了导演室，我就让编剧们帮着我选剧本，我连副导演都没当过。

陈：直接当导演。

于：直接做导演，那时候因为我有这两个戏，《火红的年代》《第二个春天》很有影响。原来又是“二十二大”的，所以就直接让我当导演。我当时找了两个副导演。正好电影学院要来实习嘛，电影学院的一个教授叫文伦，还有一个叫都郁，现在他们两个都去世了，还有刘诗兵当时是场记。

陈：刘诗兵老师曾经给您做过场记啊？

于：《万里征途》他做场记，刘诗兵是一个非常细致的人，我当时讲什么话，他记录得清楚极了。

陈：刘诗兵老师当时不是在电影学院吗？

于：对，那时候大学学院都想到生产单位来实习，来跟戏。吴天明也给崔嵬他们当副导演。我有一个美工师叫杨予和，又派了一个吕志昌。我的摄影是张庆华，他们派了一个摄影，导演组是文伦，刘诗兵是表演系的，这就组成了摄制组。

陈：我还有一个问题，我们知道当时染印法跟现在不一样，您在镜头中面色不是一般的红润，而且能反光。这是化装的效果，还是您当时的精神状态真的是电影中表现得那么好，我们现在想象中“文革”时期人的精神比较萎靡，营养不良，但是在您脸上完全没有体现。

于：当时和本人的情绪有关系，当时我心情也比较好，当然化装、照明各个方面都很注意，塑造人物的肖像特别注意，拍不好的话那是政治问题，都怕这个。那时不像现在追求艺术形象，那时得考虑政治倾向性，还是那句话，不求艺术有功，只求政治无过。整个的创作状态、创作思想都是这样。当时我想不是我一个人，其他人都是这样的。

陈：《万里征途》是怎么选择的？是您自己挑的？

于：《万里征途》是“北影”编辑部提供给我的。

陈：推荐。

于：我看了剧本，《万里征途》是写汽车司机的事儿，当时农村到城市只能靠交通运输。原来这个戏没有“走资派”，是后加的，因为当时没有打倒“走资派”的戏电影就不成立。这个作者是安徽交通厅的。另外有一个诗人叫贾梦雷。当时我曾经提过，我说这个剧本加个“走资派”不自然、生硬，他们说没有这个不行。

陈：通不过是吗？

于：通不过。那时候“北影”大概几部戏都有这个问题。而且当时用哪个演员，都得经过党委研究。

陈：导演不能说了算？

于：当然我可以提意见，推荐演员。当时男主演找的是张连文，他拍《创业》回来了，是“北影”的演员。对立面是找了一个“青艺”的演员孟庆良，也是一个很有造诣的演员。这时候里边有一个大的反派，当时就想到了王秋颖，辽宁话剧院的，还有李默然，我想借调他们。当时李默然也好，王秋颖也好，都在盘锦干校里边劳动，还没“解放”呢。《火红的年代》《第二个春天》他们都是在农村看的，他们还没有完全“解放”。我们就到盘锦找他们，回北京后还让组织部帮助协调。组织部还真干预这个事情了，那个年代，把电影看得比较高。

陈：最后还惊动了中央组织部。

于：通过组织部，辽宁省委下了通知，说把王秋颖借调过来。结果没过几天，王秋颖就来北京了，一进屋先给我作揖：“于老先生把我借出来了。”

陈：“解放”了。

于：“解放”了，就说明能用他了。当时还借了总政文工团的梁玉儒和安徽省话剧演员丁一红。这些人现在都不在了。借来之后呢，演员集中，先学习、检查世界观，清除批判原来的修正主义思想，要建立一种新的、真正的革命队伍。所以那时候一进摄制组之后，大家就知道政治上没有大问题，才能进得来。那时候我也下去看看外景，走了一些地方，准备在闽南那一带，交通部派了顾问和车辆配合摄制组。拍革命电影，各个地方要给予大力支持，不计成本地支持。这时候准备开拍，突然厂里找我谈话，汪洋他们说现在有一个紧急的任务，一个重大的政治任务。他说梁效[①] 写出一个电影剧本，叫《反击》，写天安门事件的，领导觉得你演合适。我说我这边都准备开拍了，当时《万里征途》还是黑白片。他说：“不成，这是政治任务。”一拿政治任务说事儿，你就很难说话了。

---

① 梁效，“两校”的谐音，“文革”后期批林批孔运动中北京大学、清华大学批判组的笔名。

陈：这时候已经1976年吧。

于：1976年初。这时我的戏就给停了。

陈：让摄制组怎么办呢？

于：等着我，我说摄制组不能解散。他说可以不解散，人都在那儿，让他们继续下去收集材料，看外景，让他们自己进行。就把我抽调出来去演《反击》。我跟李文化同志商量一下，能不能换人，我推荐了郭振清、郭允泰、王心刚。李文化说我这三部曲，《决裂》《反击》《占领》都是由梁效来搞的。

陈：您不演《反击》这个片子，主要原因是要改行了，不想再演戏了。

于：对，我不想演了，另外这个剧本我也没看，给我看了剧本，可能我更不愿意演了。我觉得这个剧本写得像个纪录片，没有什么故事情节，人物也非常单调。

陈：也没有立得住的人物？

于：没有。我看了这个本子之后，我说这不是一个故事片。《第二个春天》总是有那么一个故事的。汪洋第一次跟我谈的时候说三天之后让我回信。三天之后他就说："于洋，这不是咱个人的事，个人的事好办，你看你要求做导演我让你做了。现在这个事情，领导认为你来演，你就来演吧。"我说我看了那个剧本，除了口号以外还有什么？结果汪洋说，党员要服从决定。实在没办法了，我说我一般我很少提条件，我上这个戏我要提几个条件。"你提什么？""第一，我现在《万里征途》的演员都要到这个戏来，我不能让他们闲着。"他说可以考虑，所以到后来《万里征途》的演员都在《反击》里边。"第二，我那个《万里征途》让我拍彩色片。"他说这个我们研究，我们会满足你的。"第三，摄制组不解放，什么时候那个完了我马上上这个。"我提的这几点要求他们都同意了。

陈：您自己有压力吗？

于：我没有压力，我很坦然，到后来我跟汪洋他们说，我说《万里征途》这戏大概拍了五分之三了，还拍不拍吧？不拍的话我解散人员。他说："拍，拍！"我说拍的话现在安徽树叶都没了，他说还得拍啊，我说那只有到云南去拍了。云南四季如春嘛，于是我带着摄制组又跑了一趟云南大理，在那里交通部又派车子，又派干部，跟着我。把在安徽没有拍完的那些镜头，在云南大理拍了。当地也是也给了很大的支持。作为电影拍摄，那时候有计划，一天要拍18个镜头，制片主任跟我总希望多拍一点，给大家多加一点生活费补贴什么的，这没问题。快慢确实在导演掌握。

陈：《万里征途》有一个总体的预算和投资额吗？

于：有。

陈：去了安徽，那云南之行肯定是计划外的。

于：追加预算没问题，可以批的，你要不拍的话就没有。厂里这个戏拍这么多哪能不拍了，追加也没有对我们惩罚。我的胶片也是，不够了，那时候我用的是保定的彩色胶片，别的耗片比是1:3，我的是1:5，可以大量拍。

陈：1:5是对您第一次做导演的一种放宽，还是？

于：就是对这种影片，敢用我们国产的彩色片的一种奖励。那时候不大用国内的，像《反击》用的完全是高质量的，所以给的耗片比也比较大。

陈：服从是党员的天性，应该是铁的纪律。

于：《万里征途》在1977年5月1日上映了，是作为一般的影片公映的，公映的同时有两个影片。一个是汤晓丹的《祖国啊，母亲》，一个是我的《万里征途》。我记得《万里征途》到云南补戏的时候，他也在云南补戏，我们两个摄制组碰到一块儿了，他是从内蒙古转去的云南。1977年基本没有新片。

陈：在《大海在呼唤》之前，我们有一些小的问题，《万里征途》上映情况什么样？

于：就是一般的电影，"五一"假日上映的电影。

陈：印的拷贝呢？

于：这个我不太知道。那时候交给厂里的发行处，他们控制这个。

陈：您第一次做导演，从前期、外景到后期制作有遇到困难吗？在技术层面或者组织层面，还是一路很顺利就过来了？

于：我基本上是很顺利，因为我拍了很多电影。各种导演我都见过。

陈：都合作过。

于：从第一部的王滨到后来凌子风、崔嵬、陈怀皑我都合作过。这些导演在摄制组他们怎么做的，他们什么路数我都清楚。所以我组成摄制组的时候，我也效仿我认为比较好的东西，比如各种组织的建立。

陈：组织建立包括工会、党支部。

于：这都得有，我组织的都有。而且分镜头走群众路线，我在拍《大浪淘沙》和《第二个春天》的时候，桑弧同志和伊琳同志曾经说过我："你这个脑子考虑的问题，好多都是导演的事，你可以做导演。"

陈：伊琳导演也说过？

于：说过，所以在摄制组拍戏的时候我比较注意。

陈：我是想问，您刚才说的导演的这个过程当中，您自己跟各个导演学习，这个过程一直比较熟，后期呢？您应该很少参加后期制作？

于：不，过去我们是这样的，一个摄制组从开拍准备工作，到实拍，后期做完了，出来第一个标准拷贝之前，我都在这个摄制组里。后期我们也参加，跟导演在一块儿。在剪辑室看他们怎么剪片子，当然有时候导演亲自上来剪，有时候看看样片。

陈：您不离开吗？

于：我不离开，不像现在一拍完就走人了，那时候一个摄制组什么时候解散才走，不解散大家都在那儿等着，万一在这个当中有什么问题，要补戏、改戏什么的，都在那儿，出来第一个标准拷贝，大家看了这个拷贝没问题才能走。所以应该说这个工作的流程我还都比较熟悉，从准备工作、剧本，一直到分镜头、选外景、选演员，甚至演员的排练、镜头拍摄，到后期录音、混录、剪辑我都知道。

陈：您自己剪辑吗？

于：过去的剪辑，只能叫剪接，现在叫剪辑。现在有的导演交给剪辑师就不管了，其实剪辑就是导演的助理，跟导演在一起。导演让你剪哪儿你就剪哪儿。剪接师那时候跟着我，我让他剪多少就剪多少。

陈：也就是剪接点都是您来定？

于：都是我来定，因为拍摄的时候，我知道我的点在哪儿，每个镜头，动作接动作怎么接。这个剪接点我在拍摄的过程中就知道，我做演员的时候也知道，因为做演员动作要衔接，跟导演都有共同语言，这个摄影师都知道，特别是做电影演员都得知道。

陈：做演员也要知道剪接点？

于：我知道，特别我演的几个主要角色，特别几个主要点，比如打断讲话的内容，我在哪儿一回头、一说话，镜头怎么变，我都知道，我不知道我就无法演。我脑子里像放电影一样的，能顺下来。所以我作为演员，可能比别的演员接触多一些。

陈：导演有两种：一种就是坚持以拍摄演戏为主，就是以人物表演、场面调度作为主要导演业务；另一种导演就看摄影机，拍画面，用镜头说话。第一种肯定没问题，表演和调度。第二种镜头语言和画面我想问一下，这个知识素养，您是一开始就很熟悉吗？

于：在这个问题上，要跟摄影师在准备工作的时候，两个人就要有共识。怎么拍这个画面，多用这种推、拉、摇、移的镜头，还是镜头跳镜头。我不用什么技巧，这个在事先都要和摄影师商量的。

陈：您在做导演之前这些想法和这些素养是从哪来的？因为您过去也不太管这个，不管镜头怎么运动。

于：这也是实践当中摸索出来的，一般我都比较信任摄影师，我说这组镜头，一、二、三、四、五剪接点都是在哪里，我们事先在分镜头的时候把这个定下来，分镜头要摆沙盘。美工要做几个小人，环境美工师给我们在一个大的沙盘上做好。哪个镜头摄影机的位置在哪里，定得非常具体，第二个跳进，方位是在这边……提前定好。

陈：这个定机位是谁来定？摄影师来定还是导演来定？

于：基本上是导演。但摄影有他的想法，所以这时候是要协商的，一起研究。最后主要听导演的，由导演做决定。技术问题由摄影师决定，比如拍夜景，究竟白天拍，还是晚上拍，这个要跟摄影师商量，摄影师有他的经验。有的时候可能是大白天拍夜景，摄影师有他的习惯，比如拍老百姓的窗户，窗户离得很远，没有反光板，上面弄几道格子，反光过来，从远处一看就像老百姓点的灯一样，他有这个习惯，就这样做，只要拍出效果就行，在技术流程上摄影师有他的道理。

陈：请您说一下您在《万里征途》当中的合作伙伴，从张庆华到都郁，您的副导演，到主演达式常这几个合作伙伴。

于：我做导演有一个很大的特点，我很重视大家的意见，也就是说走群众路线吧。大家有什么意见都提出来，每个部门都要有创作的想法。讲出来之后，对导演有很多新的启示。至于导演是否选用，就是导演水平和审美情趣的问题了，每个导演都是不一样的。我很重视这个工作，所以跟大家的合作一般来说都比较好。因为我在镜头前几十年了，经验告诉我，镜头跟我距离是多大，拍出的我就是什么样的效果。我做导演也是这样，我为了拍后景稍微虚一点，用 70mm 的镜头调，机器虽然很远，但是拍镜头很大，这个都知道。什么时候用什么镜头，35mm 的广角还是 28mm 的，还是 70mm 的、75mm 的，这个我都知道。

陈：怎么知道的？摄影有那么多的机器型号。

于：做演员的时候，摄像师给我打光，我会问。有时候，我会自己过去看一看，所以通常的摄影程序我是很熟练的，这就是一种实践当中的经验，最后在脑子里头放电影。我在拍摄现场最重要的还是跟演员的戏。我觉得演员的戏是最重要的，有时候跟演员解释为什么这样，希望他们不要故意演戏。因为有时舞台戏的演员容易过火，在这时候稍微提示一下。演员也很聪明，一讲就明白。我还是追求这种人物关系，特别是角色在镜头前那种感觉。这种感觉对了，任务就完成了。

陈：我问一下和都郁、张庆华这些人合作，您对他们的印象、评价是什么？

于：都郁原来是“上影”的，拍《第二个春天》的时候，他爱人在北京，是芭蕾舞团的，他问我说能不能调到“北影”来，我就跟汪洋说上海有这么一个小伙子，看能不能调来。厂里说你把他材料看一看，所以在“上影”

他的档案、材料都是我调看的，借调过来，是这么一个关系。所以到“北影”之后别人也不了解他，就给我做副导演。刘诗兵非常细致。文伦是学导演的，有时候分镜头跟我在一起研究一下，提一些他的看法，有时候我同意就用上了，不同意我还是那样做。美工师是吕志昌。

陈：关于《万里征途》最后一个问题，您是这部电影的导演，最初的设计和最后的完成情况相符吗？

于：它是时代的产物，在那个时候做导演，第一是先完成任务，这是很重要的。第二就是因为这也是一个传统的、多快好省的作品，不能少慢差费，拍完之后不能作为废品，一定要上市场，当然过去拍电影很多拍完了就入库的也有，只要是不入库，我就是胜利。至于艺术质量的提高，这是逐渐的，就是在改革开放以后的几十年内，电影都是在完成政治任务的前提下，去求艺术创作的。《林家铺子》也作为一种任务，《青春之歌》也是这样。当然在这里头，有很有城府的导演，像张水华一直是，因为他有这种资格吧，不管厂里怎么催他，他自己有他一定的主见，质量是第一位的。所以他总是在这样一种状况下进行创作。

陈：您作为新导演对自己第一部作品满意吗？

于：我当然不满意，我是一般地完成任务。

陈：您自己给自己的评价是吗？一般地完成任务。

于：对。那时候能够做上导演，能够拍上这部戏，就是我最大的胜利。而且能够在市场上放映，能够承认你是导演。艺委会看这部影片的时候，崔嵬、成荫他们都看了，说我在剪接各方面不像第一次拍戏，很熟练。我得到这么一个评论，这就是我一个很大的胜利了。当时我要求并不高，没有枪毙这部戏就是我的胜利，原来要是有个“走资派”这个戏出不来就完了。但在我的导演历史上，这是第一部电影，我并不满意。我跟那些老导演没法比，只能打个及格分吧，就是这么一个水平。

陈：您改行做导演的时候，也还是拿补贴？

于：没有，这时候还是工资，出去也有外景补贴。

陈：您刚才提到，您讲《反击》的时候，杨老师（指杨静）已经是清除“四人帮”专案组的成员了，您和杨老师直接做过汇报吗？就是杨老师在场的情况下您谈过吗？

于：没有，那时候有工作组下来。

陈：跟工作组谈。那杨老师他们干吗呢，他们不参加？

于：他们做什么事情我不知道，他们大概是帮助工作组吧，实际上都是工作组的人。本单位的领导小组都是形式上的东西，实际上是文化部电影局派过来的工作干部起真正作用。

陈：我知道杨老师也是很早就想以后要做导演，后来在《大海在呼唤》中跟您联合做导演，在您拍《万里征途》的时候，杨老师帮您做过一些什么吗？

于：没有，这时候她还在搞运动。到后来她还有一段，日本人来拍《天平之甍》，她会日本话，让她去帮助那个摄制组做中国方面的导演工作。导演是熊井启，她给熊井启做中国方面的导演。熊井启跟她说怎么要求群众演员，她就布置群众演员，她做了一段这个工作。

陈：接着是《大海在呼唤》。

于：叶飞部长让我反映远洋船队，我对这个题材也很感兴趣。所以这个时候我就找了一些海洋方面的资料，了解写海洋题材的作家有谁。这时上海有一位作家，叫陆俊超，他曾经写过《九级风暴》，当过船长。我就把这个人请出来，想通过交通部把他调到北京来。

陈：调到北京来跟您见面？

于：对，跟我见面了，我把事情的原委告诉他，陆俊超也很高兴。他给我拿出两个本子看，一个是《九级风暴》，写国际海员的，还有一个是《亚飞太平号》，看了之后都不满意。影片是远洋公司出资，我们就提出来，能不能到远洋船队走一走，部里就批了，说："让他们跟远洋船队走一次航程。"

陈：体验生活，寻找灵感。

于：我和美工师、摄影师，作者陆俊超还有远洋公司一个人，一共五个人。我们作为当时远洋公司的特派干部，上了清水号，我们每个人都有职务，过海关时都得有身份，这时给我的身份是副政委，摄影师是实习大副，陆俊超是木匠，木匠就是管水的，船上是这个叫法。我们也做了出海的装备，1977 年 11 月，清水号就从上海启航了。走的路线是沿台湾海峡，绕冲绳岛、菲律宾到印度尼西亚之后到马六甲海峡，马来西亚槟城是第一站。这个是商船，随时卸货，随时装货。船上生活很枯燥，四十几个人，每天看看电影。我单独有一个房间，我们的待遇和船员一样。我们在船上和船员交朋友，了解他们的家庭状况和常年的海上生活。当时我们随身带了摄影机和胶片，《大海在呼唤》那里有一些镜头都是我们在国外实拍的，马来西亚那时候跟中国还没有建立外交关系。之后到红海，经过埃及，到了英国伦敦，大使馆接我们去过年，当时柯华大使接见了我们，使馆给我们掏钱，让我们参观伦敦塔，看蜡像馆。文化参赞接待我们，每天陪着我们去这儿去那儿，这是极为特殊的待遇。这几天收获还是蛮大的，很多英国人对我们也很热情。船员每到一个地方，都有专门接待船员的俱乐部，专门卖给船员低价的东西。英国、荷兰、比利时、德国几个大的港口我们都去了，每个港口都待了几天。中国使馆一听说我们去了，特别是我演了几个电影，大家都认识我，这些全是资本主义国家，所以那时候还真开了眼界了，这对我们创作是有帮助的。

陈：不仅对于创作那部戏有帮助，对于后来如何看待这个世界有帮助。

于：对，资本主义是什么样的，那时候亲眼见过了，当然，他们生活总的来说是很富裕的，我们国内的垃圾都是脏兮兮的东西。他们非常好的毛衣、毛裤就在垃圾堆扔着，我们就想这个在国内扔了的话早有人拿走了。那时候船上有纪律，特别是到这些国家不许捡垃圾，也不许到垃圾商店买东西，买东西怕人家拍照，丢中国人的脸了。我们这次出去受到了很大的冲击，尤其到了香港，看了之后让人浮想联翩，想到我们这几年“文革”，落后了一大截。后来就想怎么结构这个故事，有一条线索就是写海上的船员从历史上到现在的一种国际主义的友谊吧。1978 年 6 月，我们回到无锡，在湖滨开始集中创作剧本。当时剧本审查要经过很多部门，需要相当一段时间。1978 年秋天时，我在“北影”《电影创作》杂志上看到一个剧本《戴手铐的人》，很短，挺有意思的，脉络很清楚，我说这戏要拍的话，很快就能拍完。这时候我就跟汪洋说，在等审查过程中我能不能套拍一部影片《戴手铐的人》，汪洋这个人也是很痛快：“拿来我看。”一看之后，“可以啊！”同意了，我还是全班人马拍这个，这时候我就让陆俊超在家改剧本。这时候拍《戴手铐的旅客》，我找到马林同志和原著赵昆仑修改剧本，大概到 1979 年底，这时候我为了拍这个戏，为了季节的问题我又到云南畹町、瑞丽这一带选景。改编《戴手铐的旅客》这个剧本，我有几个原则，一个是要充分利用火车这个逃跑空间，原剧本中这个特务是从新疆跑，我说新疆跑不好，太明显的话是往苏联那跑。我说改个路线，老挝、缅甸那一带，画面也会比较漂亮，亚热带的风光，有香蕉林，少数民族服饰也漂亮些。另外这里头呢，都是“和尚戏”不好看，要加女的。

我做导演之后，电影的政治性、艺术性、观赏性，其实那个时候在我脑子里已经有了。我认为电影里有首好听的歌，有好看的女孩子，有很好的风景，又有悬念，观众可能会愿意看。当然也还要有感动人的地方，应该说写情是非常重要的。因为经历了这场“文革”，知道人情是怎么回事，感情是什么样的。把我这几点想法讲出来之后，马林他们都同意按照我这个思路来写。摄影师还是原来的张庆华，这时候就集中搞这个戏。在这个时候，有一位作曲家知道要拍这部电影，他来找我，叫王立平。

陈：最有名的电影作曲家，他主动来找您的是吗？

于：他主动找我，这个时候作曲已经确定另外一个人，叫杜鸣新，杜鸣新的爱人袁其丽是我们剧团的演员，所以我们就认识了。但是这时候王立平来找我，找我的时候非常激动，他说他非常想参与，他就把他自己在“文革”当中受冲击的过程给我讲了，讲他父亲是怎么受的冲击。讲的时候很激动，哭了。你知道搞艺术的人很容易动情的。他哭的时候，我也很受感动。根据我的经验，一个创作人员，如果在情感上能够喜欢这个东西，他创作出来的东西绝不是概念，会非常具体，因为他融入了他的感情。所以我相信这个人。他这样一说，我觉得他很有创作激情，我们那时候很讲究创作激情。我就找杜鸣新同志，我说这个戏能不能让一下？他说谁？我说王立平，他说：“那是我的学生，让他。”我说那就更好了，王立平是这么来的。

陈：《驼铃》也是这么唱响的。

于：王立平就经常来我这儿了，骑个自行车，在“新影”的时候，挺年轻，很苦。那个时候我去云南生活，到张家口拍戏，我都让他跟着我。我听过他的《潜海姑娘》，我觉得旋律很好听。旋律上口，一听就把你带到这个情绪里，我很注意这个。我跟杜鸣新都谈过，我说你们这个对位啊，什么乐理的东西群众听不懂，不够大众化。但是王立平有很多新的想法。所以在这部影片的片头、片尾的音乐上都是“文革”的枪声、嘈杂声，甚至人的喊声，完全融合在这个旋律里边，很有特点。我说这个好。到后来我又提出来能不能写一首歌，他说这个哪能用，我说这个你就不用管了。干部之间、兄弟之间的情，同志之间的情是多么宝贵。这时候我脑子里出现了像赵子岳这些人同情我，给我传话的，给我递纸条的，当时像地下工作一样的，那是一种情啊，这是非常难得的。我说在这个电影里要写一点这个东西，特别是男主人公逃跑碰到各个老战友。而且写情的那个词呢，我说咱也不要什么红旗、红星这些词，我说要用感情比较浓郁的。当然，王立平他很聪明，“当心夜半北风寒，战友啊，战友啊，兄弟啊……”写得比较有感情，我说我要的就是这个东西。电影快拍完的时候他拿出这首歌，哼给我听，我叫过蔡明他们，小年轻儿的让他们唱。那时候我们出去拍戏，早晨坐汽车出去，晚上坐汽车回来，大家都拿这个谱子唱这首歌，那种感觉挺好。我为了这个歌还拍了一些空镜头。

陈：当年这首歌感动了全中国。

于：这是歌曲，另外是选演员，原本我这个角色，我是决定让印质明同志来演的，现在他已经去世了，他演过《铁道卫士》《国庆十点钟》，我首先想到他。我就把他从天津请来了，让他看了剧本，准备让他演刘杰。他说：“你饶了我吧，就我这身体这不给我跑零碎了。你这里又打又斗的，我这身体不成。”他说他可以演魏子恒，那个战友。我说：“那怎么办呢？

你再推荐一个。”他说：“老于啊，我看就你来吧，这个你演正合适。”那时候我身体也不错。哎呀，当时我一听让我演，当然我也很喜欢，但我这个导演怎么弄，自导自演？这时候我就给汪洋汇报了这事儿，结果和汪洋一拍即合。“我看就你演吧，因为你搞这个戏又熟悉。你跟副导演、摄影也熟，你自个儿演吧。”汪洋拍板让我演这个戏，我说那我就试试吧，我就跟张庆华他们几个主要创作人员商量，他们都同意。

陈：摄影师、美工师都同意？

于：同意，制片啊，支部书记张青山他们都同意，说就你演吧。副导演我找了李新。也找了几个老朋友来演这个戏，一个赵子岳，演难友，一个八一厂的“大里坡”（指演员里坡）。外景最后定在大同云冈石窟。云冈石窟那时候让拍，现在我估计不让拍了。去那个地方为了有点神秘的色彩，当时大同公安局全力以赴。这部影片拍得还比较顺利，拍完之后当然很受欢迎的。这个电影本身有悬念，很惊险。但这个片子还是写情的，战友的情。当然看得出每一个人都在表演。至少在我周围我看到了各种各样的表演，每个人都给自己写历史，也看出了他们的真实感情，所以我力求在这部电影里表现人物的关系。影片拍完后，我曾经到影院去看过，戴着口罩，到那像暗访一样，看观众的反应，当时反响还比较强烈。有的观众鼓掌，到最后戴上手铐那一刻，很多女孩子哭了，我都看到了。散场的时候，我听到观众议论：“把这个人带到哪去了？是不是还有下集啊？后来他怎么样了？”

陈：当年百花奖的评奖，《驼铃》响遍全国，这部电影当时反响很大。

于：对，当时有个朋友给我通报了一点消息，说《戴手铐的旅客》是群众比较喜欢的影片之一，男演员当中当时我的票数是比较多的。当然，我对得这个奖也并不是太在意，只要观众能够喜欢就行。后来，可能是1981年吧，这个朋友又跟我透露说：“你这个奖危险了。”当时从上海组织了一批观众投票，有部影片叫《燕归来》。女主演是高英，男主演是达式常，超过了我的票。当时我非常敏感，知道为什么不选我，很简单，因为我在《火红的年代》《第二个春天》中出演，特别又拍了《反击》，从政治效果考虑不太好。

陈：但是您是演员，又不是导演，又不是编剧。

于：演员也同样，你为什么接受这个任务？你为什么不装病呢？说明你的立场，说明你的政治态度。所以在这种情况下，我估计不会选我。

陈：结果果然跟您预料的一样。

于：一样，那一年百花奖的最佳男演员就是达式常。我觉得不得奖没什么，在观众当中的影响还是最重要的。所以很多人为的东西，我觉得是很需要的，今天我们也是啊，常常认为要做一些导向性的宣传。

陈：您谈谈对印质明的印象。

于：他是一个很好的演员，很专业，在“长影”他演的几部影片还是很受欢迎的。后来经过“文革”，也受到一些冲击，他自己要求调回天津电视台做导演，在群众文化方面做了些工作，举办学习班，培养了很多文艺方面的骨干。

陈：当年这部影片这么有影响，有几百个拷贝，应该赚了很多票房，会给导演奖金吗？

于：什么都没有，那都是国家的事情，都是计划经济，没有这个，只是年终总结的时候，肯定一下这部影片就完了。如果按照现在的话有一点分成啊，有一些物质上的奖励啊。那时候精神作用是第一位的，而且大家都没有什么特别要求。

陈：您在做完《戴手铐的旅客》后期多长时间去了《大海在呼唤》剧组？

于：我记得当时影片一上演，我的精力就转移到《大海在呼唤》上了。我认为电影局在当时比较谨慎，因为这部电影要出境拍。这在新中国成立以后还没有过，当时中法合作的《风筝》也是小规模组织的。这部戏在当时我初步的预算是将近40人，已经是比较小的摄制组了。一般的摄制组都是七八十人。这个摄制组要求精简人，当时要求非常明确，你出去多少人，要回来多少人，不能跑掉一个。外事纪律特别严格，那年我记得成立了一个审查小组，审查每一个人的情况，社会关系。当时原则是这样的，台湾、香港地区有社会关系的人禁止出去，怕到那儿不回来了。当时我挑选演员还有外厂的演员，后来被厂里制止了，让我尽量选“北影”的演员。

陈：“北影”的演员便于审查，是这个意思吗？

于：便于掌握啊。

陈：您刚才提到的审查小组，不是摄制组的审查小组，是人事处的那个？

于：人事处和摄制组的统一起来。当时我记得张骏祥同志是电影局的副局长，他负责艺术创作方面，他专门嘱咐我：“于洋，你出去多少人要回来多少人，你可不能少一个啊，少一个的话我们可都……”那意思就是乌纱帽就摘掉了，我说：“你放心吧。”还有司徒惠敏也来给我们做报告，港澳办的人也来给我们做报告，就是讲外事纪律，很慎重。当然，当时要求到这个组来工作的人很多，来找我的人也不少。这还得从工作出发，不过我还真是照顾了一下赵联，赵联的父亲在台湾，他几十年跟父亲没有任何联络。我答应他尽量安排一个角色。

陈：他能通过审查吗？

于：他跟父亲几十年没有来往，没有多大的问题。当时特别规定出去以后要三个人一个小组出行，不能单独活动。当时做了各种准备工作，交通部给予很大的方便，我们摄制组吃住都在船上。我们38人，待遇和海员享受的待遇是一样的，生活补助费按照广东的最高标准来给补助，出去按照在国外的补助，一天大概是一二十块钱吧。当时新华社香港分社工委的领导姓王，叫王匡，原来也是在文委工作的。我们摄制组只要到了香港，就要听那里的指挥。当时招商局给了我们很多好的条件，招待我们宴会，迎接我们。我们提出什么条件，基本上都能满足。到香港这几天，我们就抓紧拍香港的镜头。但是到后来审查的时候，他们说："你怎么不拍香港的穷人生活的地方？"我说在那儿拍穷人生活的地方很少，时间比较紧，棚户区我还真拍了一两个镜头用上了，但是他们没注意。一般都是看香港的楼啊，海洋公园啊，都是比较漂亮的地方，反映我们的海员在"文革"之后，第一次出海的兴奋心情。但是作为这部影片的主人公陈海威，当时我自己演的，他看这些景象的时候，引起他很多思索："我们要不是经过这么多年的内乱，我们也可以发展成这样，至少不能落后到哪里去。"因为当时香港的繁华景象和我们内地反差很大，很明显。所以主人公看到这些景象，很为自己的祖国着急，那种心情。像这些镜头，我拍的时候加了很多画外音，画外音就表达了这种思想，想自己的国家快点腾飞，不能再像原来那样，因此他就极严格地要求船员们。总的来说这部电影拍得比较顺利，有海洋公司的支持，成本甚至还不如一般电影的成本那么高。

陈：厂里的投资不比别的电影高多少？

于：不高，所以拍的时候希望还是很大，到后来在试片的时候请了一些专家，在西单民族宫看的。当时看双片效果也不太好，有时候断片，工作样片都是像下雨似的，不如拷贝的。当时王立平也是第一次到香港，我让他为这部电影作曲，到后来我们也经过很长时期的磨合，写了一首《大海啊，故乡》。

陈：那首歌也是流行全国。

于：在当时也是，这个也是写一种对祖国很深的感情。电影里弹钢琴的是王立平本人。这个电影拍完了之后看着蛮新鲜的，但是到即将上映的时候，我们内地又有一个运动。

陈：1981年到1982年左右。

于：对，结果当时反映我们摄制组到香港买东西了。

陈：那不是人之常情吗？

于：我不是说嘛，这是重视之地，大家就觉得拍这部电影到底是大海在呼唤，还是香港在呼唤啊，还是资本主义在呼唤啊。甚至造谣说摄制组在那儿倒卖黄金了。我说其实我们是严格按照国家的政策来办的。当时舆论造得很厉害，评论家就说了一句话，“功夫在天外”。

陈：这是开玩笑的吗？

于：我也不知道。

陈：您也是听传言。

于：后来文章出来了，作者是上海市委的一个宣传部长，就说这部电影是宣传香港的。他一说这话，底下就跟着上来了，大小报纸就上来了，就批判这部电影。

陈：这个就成典型了。

于：当时包括电影局的一些个别领导，也在那儿跟着摇旗呐喊。当然我对这些批评是非常不服气的，我说怎么可以这样理解这部影片呢？

陈：批评文章多对影片发行有没有好处？大家可能都想去看看。

于：所以很多人都看了。这时候引起了不同的看法，科学院一群科学家们，一群知识分子，也写了相反的意见，认为这个电影很新鲜，肯定了这部电影。

陈：而且大海在呼唤，是呼唤国家开放，对外交流的。

于：所以一部电影从这个角度解释，是这样一个效果，从另外一个角度来解释，又是另外一个效果。评论家们讲的话不要紧，虽然掀起了很大的舆论。当然这部影片在艺术上不是很成熟，包括剧本的设置有很多不是很完整的，甚至有很多毛病。这作为艺术作品来说是这样的。

陈：当时有人跟您讨论这个作品在技术上有一些不太圆满的地方吗？这个您能接受是吗？

于：这个当然可以接受了，有些常识性的东西可以接受。但是你说大海呼唤就是香港呼唤，好像我们在资本主义面前败倒了，不是这么回事。这个电影你可以拿出来看，是这样吗？不是这样。那年我记得在上海要开中国电影工作会议，当时各个电影制片厂都有代表参加。汪洋还问我去不去参加，我说我不去了，我在准备接下来一部《骑士的荣誉》，我已经做了剧本修改和研究。他说：“听说要批评这部《大海在呼唤》，你去听听意见也好。”我一听这个，那我去吧，我就去了。当时气氛确实很紧张，要表扬几部影片，要批判几部影片。批判了三部影片，包括滕进贤的《内当家》，还有《开枪，为他送行》，再一部就是我的《大海在呼唤》，点名还印了材料。当时要歌颂的影片，一部是《大泽龙蛇》，一部是《春兰秋菊》。印的材料是各个报纸上的批评剪报，大字报运动又来了。在开幕式之后的动员大会上，电影局局长石方禹在大会上做要求，他英文很好。他传达中央文件，说好的影片很少，坏的影片也很少，大部分都是中间的，要上去。

关键在于导演，导演水平不行，他说今后我们的导演，至少要会一种外语，不懂这个就没有资格当导演，火药味很足。他这一句话得罪了很多人，大家都在想：“你不就会说两句洋文吗？”第一天放电影就放了《大海在呼唤》，第一场，大家看完了散场往外走，导演们就有各种议论，其中郭维就很大声在那儿说，“这部电影有什么问题啊？我看没什么问题嘛，挺好的嘛，这宣扬爱国主义的，这有什么呢？也不是反党反社会主义的。”所以接下来又看其他两部，大家主要在研究如何提高电影水平的问题，看了《大泽龙蛇》也好，看了《春兰秋菊》也好，大家也觉得并不是那么高明。所以这个创作会也没掀起来什么风浪，后来会上也不再批判了，我就从那里直接去了东北满洲里一带，内蒙古草原。

陈：这是为了拍《骑士的荣誉》。

于：在外景地，我写了一篇文章，是我对《大海在呼唤》的一个态度，我寄给了《中国青年报》，因为《中国青年报》在当时是首当其冲地批评《大海在呼唤》，我当时跟《中国青年报》副主编傅强认识。我说：“傅强同志，你有没有这个胆量给我开辟一个栏目，讲一讲我对这部影片的态度。”后来这篇文章发表了，傅强是冒着丢掉帽子的危险发的。这篇文章登出去以后，事情平息了，再也没有反驳意见了，再也没有批评《大海在呼唤》的意见了。这时候有很多知识界的朋友写了文章，也在报纸上登了。

陈：您给《大海在呼唤》做一个总结。

于：我认为这部影片在艺术上是不成功的。

陈：怎么讲？

于：在艺术上真是，在创作的过程中，有的时候选择这样，有的时候选择那样，这时候创作脉络不是那么清晰。

陈：您是说您自己思路不清晰还是？

于：整个创作集体。在我来说紧紧抓住一点就是海员之间的友谊，当然抽象概念的东西是明确的。但是具体到落在胶片上，如何反映这样一个主题思想，选择的戏剧的细节不一定很准确，交代的也不一定很清晰。所以这时候容易使人家产生另外的想法，“可能吗？”“是这样吗？”但是一个艺术作品也经常会有这种情况。

陈：一个作品本来可以从不同的角度去看。

于：所以我就觉得，还是比较仓促的，考虑得不是那么完整。所以我说它不算是一个成功的艺术作品。这部影片很多同志都付出了心血，包括香港那些朋友，招商局还有电影厂的朋友，他们对这部影片出的力，都被否定了，所以我有点负疚于他们。

陈：交通部他们的反应是什么？片子上映，他们应该有一个态度。

于： 对于交通部门来说，不管怎么说反映了船员了，他们是很满意的。

陈： 您怎么说《骑士的荣誉》这个剧本写作在“文革”前呢？新时期投拍的时候怎么去修改的呢？结合“文革”后的意识可能有一些变化吧？

于：《骑士的荣誉》是20世纪50年代内蒙古的作家敖德斯尔创作的，“文革”之前的七八年，水华就想要拍了，但一直没动。为此，水华同志还去过内蒙古跟作家讨论过修改剧本的事儿。文艺你也知道，一会儿这样一会儿那样，后来凌子风同志也要拍，“两帅”都要拍，但是不晓得什么原因，都没有拍成。所以这部戏我接了之后，我征求过凌子风和水华的意见，他们说：“您完全可以拍。”当时我50岁左右，身强力壮，你看我拍这些戏，《万里征途》《大海在呼唤》，如果再拍一个草原戏都是动态的，我愿意拍这个。等将来老了之后，走不动再拍室内的东西，我是这么想的。所以选择剧本上，动态的戏比较多，再加上我的夫人是蒙古族人，和她接触以后，我结交了很多内蒙古的朋友。演员像恩和森、朝鲁都是很要好的朋友，这些人现在都不在了。

陈： 内蒙古的生活您也很熟？

于： 对，我觉得这个民族很可爱。《骑士的荣誉》反映内蒙古人民经过斗争的实践，认清了只有跟着共产党走，才能使内蒙古这个民族兴旺。特别是写了男主人公义德尔，有点像夏伯阳那种人物，共产党派了政委改造他，他从一开始不理解到理解这个过程。我去内蒙古呢，主要是了解在那一带拍摄的情况、条件怎么样。我把这个故事讲给当地人，当地的群众都挺欢迎的，所以我从那里回来之后，就组成摄制组来拍电影。这时候上海创作会已经结束了，内浪已经过去了，厂里汪洋同志也很支持我。这时候我就向内蒙古自治区争取拍摄的条件，因为过去我们拍电影，不像今天只要有钱就可以。那个时候我们钱不多，主要靠社会的支援。所以我拍这部电影的时候，在当时做了个预算，一匹马一天要多少钱，草料要多少钱，要给多少钱，外景地在什么地方，什么地方要多给钱，这个规模是相当大的。在当时拍一部电影一般的都是100万元左右，拍这部电影要两三百万元。

陈： 超出一般电影的一到两倍。

于： 超出了，所以这部电影想找点社会上的关系。我通过一个同志，认识了当时北京军区司令员秦基伟同志，内蒙古军区归他管。他很喜欢文艺，我就向他介绍了影片，希望能借用骑兵部队。他说：“好啊！”我说：“能不能借训练的机会，我拍这部电影，这样可以降低成本。”他同意了，马上打电话给内蒙古军区司令，这一个电话不得了。

陈： 省了一大笔钱。

于：我们一到包头，那里的领导很热情地接待我们。我们的外景都是在五原一带拍的。后来到东北齐齐哈尔一带，用当地的一些牧民的马匹就比较散，跟部队不一样。那时候拍电影很艰苦，整天在草原上、在沙漠上，每天中午就吃炸的麻花、大烧饼。我们当时说每天给吃麻花，把脖子都吃歪了，大家苦中作乐吧。我们住在兵营里边，很便宜，一个床板费大概是一块钱。但是那时候我们出差费是固定的，住招待所一天多少钱，按照最低的标准，不到五块钱，那时候我们预算这么算，我们叫床板费，床板费一个人一天多少钱，出差费一天一个人多少钱，这样一天一个人能得一点补助费吧，十块钱左右。所以到后来很多摄制组做预算的时候，从我们开始加了一项内容，就是床板费。那时候拍电影穷，但凡是个人能够得到的钱，当然再吃点苦，大家没有怨言，那时候拍电影都是那样。这部电影整个来说，内蒙古给予支持很多，尤其是内蒙古的部队。这部电影应该说没有什么问题。

于洋

也组织过几次会，在内蒙古这些军区。内蒙古军区原来的老司令员、老的政委也都参加过。这部电影拍完之后在审查的时候受到欢迎，在当时我去送审的。

陈：送给内蒙古自治区领导审查吗？

于：对，当时内蒙古自治区的领导书记是周惠同志。送审的时候我最担心的一个问题，影片开篇，一帮马队跑过来之后，在一个大庙宇里，男主人公作为成吉思汗的后代拿起马刀宣誓，字幕出来是蒙文，一翻译过来成《骑士的荣誉》，这个能不能通过。蒙文当时银幕上还没见过，出来蒙文行不行，这都是非常敏感的问题。所以当时我送审的时候也很紧张，除了内容之外，就是这个开头，蒙古族同志一看全场鼓掌，成吉思汗的后代为了这个民族宣誓。那几个蒙文字很漂亮。看这部电影的时候，我坐在周惠同志旁边，他老问我这个、问我那个，估计也没看得太仔细，他一看完没什么大问题："布赫同志，怎么样？"大家鼓掌。

陈：算通过了？

于：通过了，一下就通过了。因为像这种反映民族的电影，特别要通过民族的领导同意。

陈：这个问题上布赫发言权应该超过周惠？

于：对，所以这部电影放映效果还是蛮好的。2007 年庆祝内蒙古自治区成立 60 周年的时候，还放这部电影了。

陈：您和杨老师导演分工是怎样的？组织工作或者语言工作，是蒙古族演员的她负责，您负责汉族演员，还是您负责现场执行，她负责后面或者做前期的准备工作。

于：现场执行基本上都是我，有时候她在旁边，她特别注意演员的表演，有时候做一个提示，当然这部影片是以我为主的。从《大海在呼唤》开始，我们开始联合导演，当然现场的时候也有不同的看法，但是基本上最后还是按照我的意见来做。

陈：就是如果有不同的意见，按照您的？

于：还是按照我的，有主次嘛。有的时候我的想法不见得每一点她都能理解，所以默契很重要。民族习惯的东西她负责，因为我不是很熟悉。我只是对这个民族在感情上有好感吧。

陈：您对这部影片做一个总结。

于：导演上怎么说呢，拍这种大的场面，我做了一些尝试。当然这部影片，现在来说没有一个特技镜头，都是实打实的。包括落马、爆炸都是实打实的，如果现在有特技的方法的话，我们会拍得更精彩一些。这部电影我觉得拍得很实在，跑了很多地方，下的力气比较大。我觉得在人物刻画上，力求突出主人公的性格、民族的性格，敢于战斗、敢于胜利，追求一种真理正义。我觉得现在这部电影也是可供欣赏的一部电影。

陈：接下来是《驼峰上的爱》。

于：这部电影完成之后，内蒙古有一个汉族作家叫冯苓植，写了一部小说《驼峰上的爱》。这部电影我希望由杨静独自执导，杨静也确实想单独执导一部。《骑士的荣誉》的摄影是蒙古族人，是《小花》的摄影，他的蒙古族名叫谢里赫图，汉族名叫云文耀，拍得还是不错的。他总有一些想法，有特点，拍电影很多。在这当中，导演和摄影师矛盾很大，他们一道去拍外景，准备开拍了，这时候对演员戏的处理，摄影和导演意见不一致，甚至都拍桌子了。摄制组没办法进行工作了，拍不下去了，整个摄制组就回来了，就因为用演员的问题。摄影就坚持用这个演员，杨静坚持要换演员。这时候，领导说这个戏还得拍，预算什么都通过了，新疆那里关系也沟通好了。杨静当时也跟我讲这个情况，说她第一次独立当导演，却给她制造了很多难处，她的很多想法不能实现，所以还得我来。我继续拍，女主角换了斯琴高娃，还有演《牧马人》那个小孩，叫方超，演员阵容比原来提高了一个档次。

陈：摄影对您换演员没意见？

于：我在这儿，他说有意见也没办法啊，有意见可以换摄影嘛。那时候导演的权利大一点。

陈：杨老师做导演权力也一样啊？

于：人不一样啊，是不是？我做导演，和一个小姑娘第一次做导演当然不一样，说话的分量不太一样。所以重新组织摄制组，重新调配。

陈：还是去新疆库尔勒那个地方。

于：主要在库尔勒。当时斯琴高娃也很高兴，这组都是蒙古族人，导演啊，摄影啊，她啊。作曲也找内蒙古的作曲家。当时导演骆驼的戏太难了，而且骆驼都是老乡的，租金每天要多少钱，没有训练过，它一发火的时候，吐白沫很厉害，浑身都是。但是骆驼在戏里要求和孩子有很深的感情，他要驼着这个孩子走，在火焰山那一带，孩子干渴的时候，它要在清泉里吸一点水，往孩子脸上扑，这种戏要演的。等于我们现场在那儿指导，有的时候我在骆驼后边，扒着骆驼身后，摄影机看不见我，我在后边趴着摆那个骆驼，骆驼有时候发火就回头喷你。副导演是内蒙古的，叫陈红光，他很尽心地拍这个戏。杨静主要是负责现场，所以她来管这个。

陈：这回全场掌控是杨老师。

于：对，所以到后来字幕是以她为主。这部电影原来设想的东西没有完全出来。

陈：就是因为骆驼。

于：太困难了，因为这个片子选的角度不是很准确，我觉得应当是选择儿童这个角度看这个世界，看骆驼。所以这部电影也不是很理想，不是很成功的一部影片。

陈：在剧本阶段，您有没有参与？

于：我也参与了意见，但是更多是让杨静参与。

陈：在这部影片拍摄之前，就有精神污染、反精神污染这一说，剧本有因为反精神污染做修改吗？

于：当然，在那个年代国家有什么大的运动都受影响的。精神污染，当然那个时候大家都要考虑这个。特别是拍夫妻恩爱镜头，不敢抱一下，亲一下都不敢。

陈：那时候抱一下亲一下都不敢，即使拍夫妻之间？

于：对，那时候当然作为内蒙古这样一个民族，男男女女应当很刚烈的，如果放开手拍的话。

陈：很刚烈很奔放的。

于：我们还可以拍得更刚烈一点更奔放一点。我们拍电影就是受环境影响很深，有时候困扰我们。做导演当然更难了，确实更难，出了事拿你是问，要检查。那时候做导演和现在做导演真是不一样，现在做导演我有权不干，那时候不成。但是现在也太奔放了，无止境搞这个，也有问题。你做评论家你会知道，那个年代有那个年代的问题，这个年代有这个年代的问题。年代不同，要求也不一样。所以这部影片拍了之后，也不算儿童片，也不是成人片。后来还给很多学校的学生看，有的还很喜欢这个电影，诗情画意的。《驼峰上的爱》我们是尽了最大努力了，这部戏群众演员给我印象非常深刻，热情。我们临走的时候，骑着马追出几十里截住我们的车，给我们铺上毯子，在那儿又喝酒又唱歌。当时我们还有个计划，拍《嘎达梅林》，想把它拍了，后来我们干不动了，这些年轻人就起来了。内蒙古土地非常广阔，可拍的东西很多。

陈：您跟冯苓植后来合作为什么没有实现呢？您说要再合作。

于：后来就是各种原因吧，到后来我们还接触过。这个时候我想没有拍的原因主要还是经济上的问题，在这个面前我们就没办法。所以到后来年轻人上来之后就拍这个拍那个，自然被历史淘汰了。当然到后来我还想拍一点东西，水利部出钱，拍了部《孤帆远影》。那是水利部他们商谈的。

陈：这是什么样的一部电影，因为这部电影好像没有公映。

于：水利部内部的。制片人是程墨同志，老摄影师，他跟水利部有这么一个关系。这个电影主要是写跟水利有关系的。在宜昌有个水利学院，以它为背景。后期是在上海电影技术厂做的。这部电影到后来没有公开发行，原因我到后来就不清楚了，主要是程墨来搞，最后是在水利部内部演的，湖北人都看了。

陈：杨老师参加过这部影片吗？

于：参加了，主要是以她为主。

陈：这个不是厂里的任务，这个时候报酬怎么算，应该比过去拍厂里的钱多一点还是按照借调？应该是有片酬的。

于：这时候好像有一点钱，不是很多，有片酬，有出差费，都比过去高一点。这个时候好像拍电影的成本比过去提高了一些，也就是几百块钱的样子，没有太多。

陈：您自己对这部影片记不太清了，所以您对这部影片的总结是什么？

于：很一般，1987年的时候，改革开放了嘛，强调电影的商业化。

所以我对这部电影不是很喜欢。

陈：您对您做电影导演做一个总结，包括您觉得怎么样才能让导演的才能得到充分的发挥，和最理想的导演创作是怎么样的？怎么样让导演的创作进入理想状态。

于：我从事电影工作几十年，我很喜欢电影导演的工作。因为电影导演可以把他对生活、对社会的感悟通过不同的题材反映出来，创作的主动性很强。演员也好，摄影也好，总是服从导演的总体构思，总是有它的局限性。所以导演的创作自由度很大。但是呢，这只是从艺术表现方面是这样，在选择什么方面也还有很多制约。

陈：您当导演的时候也有？

于：当然，你要拍什么，政治上要层层审查，还是有很多限制的。所以这个自由是相对而言的，在当时做导演还是很不容易的事情。所以我说包括“北影四大帅”他们能够在那样一个条件下拍出那么多好的作品、精品，说明他们的本事确实是很大。我呢，也就像一条鱼在夹缝里游泳，即便是领导上没有给你条条框框，但是自己也有意识。我拍这几部电影我还是很喜欢的，比如《戴手铐的旅客》《大海在呼唤》《骑士的荣誉》和《万里征途》我也都下了功夫，虽然是躲来躲去，不是很流畅。应该说我对于这些电影总的评价一般吧，没有什么太突出的，也没有什么太看不过去的。因为在当时的条件下，拍出这种电影，还是要下一番功夫的，也不容易，是吧？

陈：是，要小心谨慎。80年代末期，您开始电视剧导演工作，这是因为电影工作的投资实在是比较麻烦？

于：市场啊。

陈：然后自己找投资，对您来说也不太在行？

于：不行，我脑子不往那儿想。在这期间，我参加过我儿子的一部电影《女贼》，我就知道了什么是包装，什么是宣传，甚至在公共汽车上写上宣传语。我说你搞这个干吗？市场需要这个，要造成一种舆论。我们那个时候，电影没有完成的时候很少宣传，宣传完了，万一电影不通过怎么办？总有这个顾虑，不像现在，没等开拍先宣传出去，大家脑子里已经有这个印象了。

陈：电视剧创作开始于《山乡骄子》，创作背景怎样的？

于：《山乡骄子》制片人来找到我，说有一个电视剧剧本写一个河北县委书记肖建章的事迹，当时电视剧都是独幕剧，没有大篇幅的。我看了剧本，很受感动，我认为这样的干部应该歌颂。我当时说我没拍过电视剧，他们说比拍电影简单。我说：“好！”那是我第一次接触电视剧。制片、摄影我都是找的“北影”的人一块儿去的，杨静在里面还演了一个女书记，县委书记是找演彭大将军的丁笑宜来演的。

陈：您觉得电视剧导演和电影导演不同点是什么？

于：在我拍的时候我认为我的工作跟电影导演没有什么区别，我是按照电影导演来拍的，但是当时他们拍摄的时候已经比较简单了，那时候不太分镜头了。排练还得排练，排练之后我心里就有数了。

陈：当过电影导演再做电视剧导演是小菜一碟。

于：对，比较容易。另外电视剧要拍实景，电影都要搭景。拍实景，拍老乡家，一个照明光进去就拍了，比较简单，觉得有点像拍新闻似的。

陈：创作周期有多长时间？

于：不到一个月。

陈：这应该是1990年了，因为这跟您工作完全不相干，跟“北影”也没任何关系了。

于：跟“北影”没关系了，但是我在“北影”，我得交“北影”劳务费，我只要借出去了就得交“北影”劳务费，是要办手续的。这种主旋律的戏，酬劳当时还是很低的。这个戏拍完了之后，受到了河北省的表扬，河北省委把这个作为社会主义教育素材来看的。

陈：请您谈谈《十米小屋的风波》和《哪里是我的家》这两部影片拍摄的情况。

于：《十米小屋的风波》是全国总工会文工团来找的我，也是独集剧，歌颂上海警察的先进事迹。我们这儿有个导演叫巴鸿，我和他一块儿去的。那个时候拍这种电视剧比较快，赶时间，我就有点不太适应。

陈：不太适应太快的节奏。

于：因为我喜欢坐下来按部就班的。

陈：您在《十米小屋的风波》里面做导演还是做演员？

于：导演，我后来很少演戏。这之后又拍了电视剧《哪里是我的家》，共十集。这是北京“儿艺”、儿童电影制片厂、黑龙江省电视台三家合作的，请我做总导演，有两个导演，一个叫史美明，是“儿艺”的导演，一个是黑龙江省电视台的，我主要做一些指导。中间我们跟苏联高尔基电影制片厂还有合作，当时去莫斯科拍摄中国儿童参加苏联国际儿童节活动。这时正好赶上了1991年“八一九”事件。“八一九”那天，我们在宾馆里看了一天电视，不让我们出去，使馆当时要求我们不要出去。我们亲眼看到苏联很多铜像被扳倒了。有坦克往红场那边走，路过我们住的那个宾馆。但后来没有到红场。原来拍这样的电影，到哪儿都要放个列宁像，放个斯大林像作为背景，这时候我说就不要放了。后来我们从莫斯科，又到了列宁格勒，我们到的那一天正好改名，列宁格勒改成彼得堡，我们在彼得堡还拍了一些镜头。我们在苏联待了两个多月，当时苏联的电视台还采访过我，我们当时讲话的口径都是讲预祝苏联人民怎么怎么样。我们来这里拍电影，得到了莫斯科的人民群众的支持，感谢他们。

陈：您对《哪里是我的家》这部影片满意吗？

于：作为儿童片来说还是可以的，当时很多人看了还是蛮受感动的。我觉得这个戏拍得可以。

陈：您对自己的几部电视剧的创作，自我的总结是什么？

于：我觉得电视剧跟拍电影确实不大一样，电影当然各个方面要求比较严格，花的时间、精力特别多。电视剧给我的感觉，即兴创作的东西比较多一点。因为它没有胶片的限制，一盘一盘的，一大箱子。但到剪片的时候可困难了，要翻来覆去地看，剪片大概将近半个来月。后来我还拍了一部电视剧，作为艺术指导，就是《何长工》，何长工是杨静的老校长，何长工同志我也认识，他的几个子女来找我们，希望我们能够去一下。我和杨静两个人就参与了后来的修改。

陈：是何长工家属邀请您去代他们把关的？

于：对，特别杨静在何长工手下当过战士。后来，我们又重新去了趟井冈山补拍了一些镜头，把原来的镜头删掉了一些。特别补那一部分就是何长工在井冈山改造王佐部队，这是个很出彩、很动人的情节，原剧里是没有的，这是后加的。所以我拍电视剧，我就希望能够拍得像电影那样精致。

陈：精雕细琢。

于：但我本身在电影导演里，我不算是精雕细琢的，我也是个快手。我拍电视剧的话，我是个细手，我说拍电视如果像拍电影那样进行创作的话，我相信我们的电视剧品质会更高一点，会提高一大截。

九、采访手记

于洋先生在新中国电影史上的重要性不言而喻。早在2008年3月，我就曾与他预约，要对他进行口述历史采访。他的自传《在大海里航行》（于洋口述，杨静记录并整理）出版，既丰富了我们的信息来源，也对我们的采访提出了更高的要求。若我们仅仅是让他重复自己在自传中已经说过了的话，则我们的口述历史采访的必要性就值得怀疑了。

在写作采访提纲征求意见稿的时候，我注意以下三点。第一是对其自传中没有涉及或语焉不详的部分（如他在“满映”当童星时）进行重点关注。第二是对其参与过的摄制组进行广角提问（如请他谈合作者）。第三是增加学术含量，请他对自己的主要作品进行自我阐述。

陈墨采访于洋

对于洋先生的采访还有两大难点。第一，他是一个“大名人”，接受采访早已成家常便饭，因而缺乏新鲜感，也容易走入某种思维或记忆的套路。第二，他是一个“大忙人”，采访时间安排上必须服从他的时间表，因而必须为他列出采访时间表的专案。即抓住他没有公共活动、没有出差且身体状况良好的一切时间，时间和场次安排上尽量灵活机动，如此才能完成对他的采访。我于2008年秋季对于洋先生预访，并上交采访提纲。而对于洋老师的第一次正式采访是在2009年2月2日（农历正月初八），第二次采访时间为2月19日。其后几个月，因为于老师东奔西忙，时间很难确定，而我们的口述历史采访又安排得比较满，因而对于老师的采访拖延了下来。直到6月，第三次采访时间为6月11日，第四次采访时间为6月16日，第五次采访时间为6月25日，第六次采访时间为7月1日,第七次(最后一次)采访时间为7月2日。后面的5次采访，每次时间都是一整天,即上午9点至12点,下午2点至5点或5点半左右。每天采访时间基本上在6小时左右。如此安排，当然是于洋老师确定的。

对于洋老师的采访虽然时间跨度很长，预约采访不易，但采访质量却比较让人满意。这是因为于老师的记忆力非常好，对于任何与他有关的问题几乎都能够滔滔不绝地回答。进而，在采访过程中，于老师也相当坦诚，面对不断的追问，他能够耐心解释、坦荡应对、诚恳回答。总体而言，于老师是一个非常好的采访对象，而我们也达到了采访目的。

需要说明的是，于老师的照片资料没有同期拍摄。主要原因是：他的许多照片都是与杨老师在一起的，需要杨老师整理、选择和确认，因而他建议在采访完杨老师之后再一并拍摄。加之7月2日采访结束时，时间已经较晚，且天气也比较炎热，我们只能同意于老师的安排。等待日后再拍。

本采访的摄像、录音、拍照工作，由赵晶担任。她很好地完成了任务。

陈墨

2009年

杨静访谈录

采访人	陈　墨
摄　像	赵　晶　王家祥
录　音	赵　晶　王家祥
采访时间	2009年10月9日至29日
采访时长	24小时
采访地点	北京电影制片厂家属院于洋家中

一、草原上的“太阳花”

杨静（以下简称“杨”）： 首先我要表达一下我对中国电影资料馆口述历史工作的感谢。我是1945年参加革命，从我参加革命这64年来，党的历史错综复杂、坎坎坷坷，才有今天的辉煌。而党的历史由每个人组成，所以你们重视收集这些材料，我觉得特别感动，我相信这个工作会有很重要的历史价值。

陈墨（以下简称“陈”）： 谢谢您。那我们正式开始，请您从您的家庭谈起。

杨静

杨： 我是蒙古族人，出生在通辽科尔沁左翼后旗，原东北哲里木盟，就是科尔沁草原。当年我家住在毛家窝棚，是蒙汉杂居的小村，这个地区纯牧区比较少，都伴有蒙汉杂居，半农半牧。我因为父母早年去世，所以我都说不清自己到底多大，到底是什么时候生的。我有三个生日。

陈： 哪三个生日？

杨： 我知道我属龙，这个大概不会错，应该是1928年生人，我从小就知道我是腊月二十三的生日，腊月二十三选民登记时一换算成阳历，是1929年的2月2日。但1949年，我又见到我一个多年不见的大姐，提起生日的时候，她说你哪是什么腊月二十三，你是3月23日生的。这样就出了三个生日。

陈： 就是腊月二十三、3月23日、2月2日，2月2日和腊月二十三是一个？

杨： 对，是选民登记时折算过来的。我的家族，我的父亲是满族，我的母亲是纯粹蒙古的贵族，在科尔沁草原，据说祖代还是一个有点名气的世家，好像是一个贵族家庭。我父亲生在蒙古族区的满族家庭，据说是旗人到蒙古族去工作生活多少代的这样一个家庭。据别人告诉我，说是我的外祖母背叛家庭嫁了一个很普通的劳动人民，因为这样我的曾祖父就不给她财产，因为她嫁给外族，那时候蒙古族和汉族是不通婚的，这是90年代听舅舅的儿子讲的。我母亲又嫁给了我爸爸，也是个满族。我爸爸当时好像是一个内蒙古地税局的管家，文化层次不是很高。我妈妈连续生了6个孩子，我是老六。大姐叫金花，二姐叫金叶，大哥叫巴图，三姐叫金香，二哥叫巴塔，我叫金环。每3年生一个，都非常规整。在我虚岁3岁的时候，我的妈妈就去世了。妈妈去世的时候，爸爸不在家，我的大姐比我大18岁，她已经出嫁了，大姐下边是15岁的哥哥，哥哥在县城药局里当学徒，我们当时住的地方离县城郑家屯几十里地。

陈：药局是指药店吗？

杨：对，药局里的学徒。据说我虚岁1岁时，我父亲不在家，他得在地税局顶班养活一家人。母亲忽然病倒之后，家里没有大人，最大的二姐12岁，二哥9岁，三姐6岁，我3岁（均为虚岁）。后来有亲戚告诉我，就说母亲躺在地上，在堂屋地上铺一块门板，人就躺在那上头，我就趴在妈妈身上哭着要吃奶，周围的人特别悲恸，觉得可怜。我那几个姐姐哥哥都在那儿哭，妹妹这么小，要吃妈妈的奶，当时还没有断奶。这个时候，邻居一位汉族的山东老太太赶过来：“这些没妈的可怜孩子们。”她就哭着把我给抱走了，引开了这个悲惨场面，于是才能进行丧事的处理，所以我从小跟山东结缘。当时我二姐金叶是家里最大的，12岁，首先我哥哥就非常感激那位老太太，就说：“把我妹妹送给你吧，我们一辈子感谢你。”因为要处理母亲的丧事，我大姐也赶回来了，大姐在城里，离这儿有几十里地，大姐回来以后，听说这事儿，就说：“你们这些人都活着，怎么能把妹妹送给人呢？”觉得很不像样。结果我二姐金叶又跑到老太太家里，连哭带闹把我又抱回来了，就没有给那位老太太。几天后，我们就离开毛家窝棚了，我和那位山东老太太未曾谋面，也不认识这个老人，但一辈子在我心里都有一个养我的母亲。

陈：太小了。

杨：这一段是1949年南下前夕听大姐讲的，我自己是毫无记忆的。听到曾有这么一位山东老人是我的养母，由此我对山东人有一种莫名的感情。我爸爸回来以后，那个时期特别苦难，开始闹胡子。

陈：就是土匪。

杨：土匪抢东西。那可见我们家可能还不是太穷吧，因为还有一个在地税局拿工资吃饭的人。我姐姐就给我讲，当年闹灾，那时生活艰难，尤其是母亲去世以后，这一帮孩子不知道应该怎么办，夜晚就坐在炕上，围上一个被子。最大的二姐金叶在边上，四个孩子就在炕上坐着，外边谁来敲门拿东西，干什么我们都不敢说话，随便。本来也不太富有，但是最后叫人欺负得家徒四壁。后来有一天有人送信说又要有恶人夜里来抢我家，我爸爸一听这个情况就背上我，带上我哥哥、姐姐，半夜逃跑，鞋都跑没了。据说躲到一个苞米地里，躲了一宿，天亮了，沿着路，就奔着郑家屯我大姐家去了，现在想我大姐家可能是一个比较富裕的人家，因为他们出了大门以外，外面还有一排房子，好像是小地主一类的。我们就寄居在大姐家的门房。我们就在那儿住下了，后来我爸爸就在大姐家病倒，去世了。因为我家是蒙古族嘛，当时日本有一个很坏的政策，分化挑拨民族之间的矛盾，日本人口头对蒙古人表示一种特殊的亲善友好，说我们是同根，说日本人小孩生下来以后屁股上有一块青胎记，说是蒙古人也有这个青记，成吉思汗的后代才有这个青记，所以他们和我们是亲兄弟，日本人用这个办法统治。我小时候都受这个影响，觉得日本人跟我们很亲。这时候就已经是日本统治了。

陈：科尔沁旗也是在伪满洲国。

杨：那当然了，整个是在伪满洲国境内。我没具体计算过这个时间，反正我当时是 6 岁。

陈：当时肯定是伪满洲国了。

杨：后来就住在我大姐他们家的门房，这么多孩子怎么办呢？大姐想办法把我二姐嫁出去了，剩三个，我 6 岁，二哥 9 岁，三姐 12 岁，后来一个亲戚，好像是舅舅家的人，就把我哥从后旗的药房介绍到兴安南省科左中旗，中旗就是嘎达梅林的故乡，是达尔罕王统治的地方，我哥哥就在旗政府做勤杂员，当时我记得很清楚，我大概 7 岁。爸爸去世我当时什么都不记得，是个生瓜蛋子，不是很聪明，也不记事。

陈：6 岁，您爸爸就去世了？

杨：我不记得了，这些都是大姐金花告诉我的。

陈：您姐姐嫁的也是一个汉族人吗？

杨：是的，我们家蒙汉通婚特别多，我的姑姑也嫁给汉族人，我姨娘这边全都是老蒙古，地道的老蒙古，现在还有往来。爸爸去世时，棺椁停在院内，各方亲友来祭奠的时候，每人头上用白布包上。我记得我什么也不懂，也给我戴一块小白布，就在院里面跑来跑去的，也不知道为什么，爸爸为什么死，什么时候会醒来，什么都不明白。后来客人可能是多了，东西不够用了，反正不知道为什么，又把我这块白布要走给别人扎上了，结果我姐姐硬把这个东西拿去了，我就哇哇大哭一场，别的什么记忆都没有。所以我小时候说不是弱智吧，反正也比较晚熟，就是不太懂事。父亲走后，好像是舅舅家的人帮忙，把大哥巴图介绍科左中旗去当勤杂人员，从此离开大姐家，有了自己的房子。因为不能老寄人篱下，人家姐姐家还有一大家子人，所以我哥哥就从药店，有亲戚朋友帮忙，就到中旗的衙门去当仆人，那就觉得不得了，进衙门了，有个房子住了，这时候就开始有个家。

陈：就由大哥养着。

杨：对啊。大哥也困难啊，大哥才 18 岁，他就恋爱了。他跟一个汉族人恋爱了，并且没结婚就有孩子了，这个嫂子才 16 岁，肚子就有那么大了，那时候人也真是。我的嫂子太早熟，她在我爸爸病之前就怀孕了，所以我大哥就跟她赶快结婚。我姐姐们都骂我大哥，说是因为他结婚，才把我爸爸冲死了，就这么说的。哥嫂结婚了，我们就到了中旗。我嫂子 17 岁的正月就生了我的大侄子，我大侄子比我小 7 岁，我背着他嘛，那一年我虚岁大概是八九岁，那时候好像都八九岁才上学。人家都上学了，我就得给我嫂子背孩子，每天背孩子到处疯玩，我记得我们的房子周边都是草地，盖起三间土房，对门有一家，我们两家就这么来回跑来跑去。不知道忧虑，傻，什么也不懂，特别淘，像男孩子，爬上爬下的，背个孩子疯跑。但是我有一个特别的爱好，这也是注定我的命运，就是人家在学校里学什么，我就在边上什么都学会了，他们跳舞唱歌，今天学校教了个什么，我明天也就学会什么。

陈：您是旁听生。

杨：我在外学会啥，回家里头表演，我嫂子就说："那丑样。"我小时候长得挺丑，不漂亮。她就说："看你那样，还学人家。"嫂子当然也没有想让我念书，她就让我给她带孩子。在我哥调到中旗前，我上头那个哥哥，比我大三岁的二哥怎么办了呢？这时候我大哥也困难，他当个仆人，养这么多弟弟妹妹，又自己有孩子，怎么办呢？有个好校长收留了二哥，把我二哥送到离中旗不远的地方叫瓦房店，瓦房店学校的校长叫金校长，到现在想起我都感动，我觉得是我的恩人，可惜始终也没有见到，太小嘛。我的二哥哥，金校长就收留了他。

陈：二哥被金校长收留了。

杨：金校长把他带走了，说把这个孩子给他，让他念书，也没有说寄养什么的。蒙古人确实有那种传统，我二哥就被校长领走了，我大哥又少了一个负担。中旗离嫂子的娘家 60 里地，她娘家叫郑家屯，她要定期回娘家，她回娘家了，我在外边就更自由了，也不背孩子了，我就跟人家玩、跳舞、唱歌。家里剩我和三姐，我这个三姐是特别有头脑的，有主意，三姐就找到了学校，那个学校不要钱，就跟人家哭诉，说我们从小没有爸爸妈妈，她跟老师说："你看我妹妹，你们教的课程她都会，能不能把我妹妹收留下来公费念书？"那个学校是公费的，不要钱，那个老师姓沈，到现在我还记得，她问我："你会什么？你差人家半年啊。"我就说跳舞、唱歌，都会，那时候我的话也挺有意思的，蒙古话我也不全会，汉话我也不全会，说这两种语言的话，双语。

陈： 都会一点。

杨： 我是双语，我也不懂汉话，"好花"是什么意思，也不知道。"好花"是花，就知道"好"花，能念出音，但不知道其意。我演完了以后，那个老师大笑一通，说："来吧，来吧，她挺聪明，你妹妹不笨。"我姐姐就说："她笨，我们家也没有钱，你们能不能收？"后来老师说："挺好的，就让她上学吧。"这样我嫂子不在家，把我也就送学校了。我嫂子回来挺生气的，谁给她看孩子？接着她又生第二个了，她也是三年一个，生了8个，她的第二个孩子又出来了，我在家是个小帮手，可是我姐姐已经把我送学校了。我姐姐就说："让她念书，我不念了，我给你看孩子。"这样我就上学了。就这样念上的书，就在巴彦塔拉这个地方我上了小学。后来，一个旗的小街道里头有一个小卖店里需要女店员，当时三姐大概14岁，她比较漂亮，挺聪明，就去当了售货员。日本人那时候挺规范的，售货员都穿得挺漂亮，他们都有工作服，很讲究的，就像女高学生，都很漂亮。她当了售货员，我就这样念了书，就得到了念下去的机会，我嫂子也不好往回弄我，嫂子人也不坏，现在一想她很小，她身边也需要人，她又没钱，所以她也挺不容易的。我小学三年级的时候，我哥哥又调到兴安北省政府当职员，就是现在的乌兰浩特，当时的名字叫王爷庙，是兴安北省，政府所在地，我们就调到北省，在那儿上到小学毕业。这中间就不说了，家庭是比较困难，我嫂子孩子越来越多，我就是放学回家也帮不上太多忙。高小毕业后就应该考女子高等学校，其实就是中学，日本是四年制的，叫"女高"，女子高等学校，我也就考上了，我念书是不错的。但是嫂子这回是绝对不让我再念了，因为上女高需要学费，不像小学，小学基本上不要什么钱，到女高的时候起码要住宿费，要住到学校去，那时候在我看来，一床被子、一条褥子、一张单子，上哪儿去找？没有，而且有很多难处，但是我还是考了。有一个邻居的老头送我了一条褥子，凑齐了，但我就是没有收到通知书，后来知道是嫂子扣了通知书，她确实也不想让我再上什么学了，而且她给我找了一个小警察。

陈： 说婆家是吧。

杨： 嗯，要给我找人嫁出去，她不就省事了。上学出来得四年，要花多少钱，而且四年以后也不一定听她使唤了，所以她当时就给我找了一个小警察。当时，我们同班同学都说："有你啊，那榜上有你啊。怎么你家里就没有收到通知书？"那时候也不懂，也不知道去找，其实我要是去找，肯定学校也收了我了。我也不懂，我姐姐那时候已经出去当售货员了，就觉得我是没考上吧。这样又给嫂子背了一年孩子。那时候孩子多了，我脑子仍简单，就那么疯玩，完全像男孩子。

陈：小学毕业还是那样？

杨：嗯，小学毕业还是那样。这个时候，我们后山盖起来一个成吉思汗庙，现在还有。我每天早上得去那个山上去拾柴火，拾回来树杈回家烧火，生火炉。过这个山坡后面有一个叫兴安学院，就是我二哥上的那个学院。那个时候，这个城市有两个学校，有一个军官学校，在这个军官学校毕业的学生解放后都成为内蒙古军区的主要干部。

陈：那个军官学校是谁办的？是共产党办的还是日本人办的？

杨：日本人办的。这时候我好像是 14 岁，那一年等于荒废一年，这时候我二哥在兴安学院，学校管得特别严，他用晚自习时间翻墙出来，回家，因为不太远嘛。回到家找到我，给我补习功课，说无论如何要离开这个家，哥哥、嫂子负担太大，我要这样待下去，就没有什么前途了。另外我告诉他，嫂子给我找了一个小警察，我说我不愿意嫁人，我愿意出去，干什么都行。那时候我跟他说，王爷庙有一个麻袋工厂，专门缝麻袋，我说我要去做，人家要 15 岁的，我说我报大一点，我也可以挣钱，也可以补贴家。我二哥说："你要有想法，你得独立，不能依靠男人。"他就给我灌输这些，我当时是很接受的，我不愿意嫁给警察，我没有任何的正义和不正义的区分，我就是不愿意那么早嫁人，他同意我不要早嫁人。他就每天回来给我补课，给我补什么课呢？就小学那点东西，别让我忘了。后来，二哥告诉我说："现在有一个机会，是一个助产士学校，这个学校在奉天，你能去。"当时我一听奉天（今沈阳），像天上一样，我问："我怎么能去？"他说："你的功课要达到中学二年级水平。"所以，他每天来给我补课，补习中学课程，为了考这个学校，二哥还出主意，找熟人托关系。后来考上了助产学校大概不是凭我的能力，我的小学同学的父亲，就在伪满政府里头管厚生部门，日本人卫生部叫厚生省，一个厚生省下属有一个蒙民厚生会，蒙民厚生会专门对蒙民给予照顾的。二哥替我求大哥，我的大哥虽然没有念什么书，但是他写字很漂亮，他有药房工作的底子。他很快就当职员了，我不知道具体干什么。另外他也挺聪明，他的日本话学得很快，他到省政府以后，日本话学得比人家都快，所以他很快被提拔成职员了。我又求大哥，我邻居姓金，是同学爸爸，他在厚生会，我又让大哥求他。我说我二哥告诉我，说奉天有这么一个学校，大哥帮我托托邻居，让他给我帮帮忙。他女儿又跟我同学。当时都认为嫂子给小姑子受气，嫂子哪有几个疼小姑子的，我小又淘气，又没能力，又不听话。这件事我特听二哥的话，我又去求金太太，我说："你看我在家那么受气，赶快给我个出路，救我出来吧。"后来那个金先生动了心说："那你好好准备准备，考考试试吧。问题是你的年龄不够，你才14岁，那个学校要求17岁以上。"这是14岁的冬天，转年我才15岁，"另外文化要初中二年，你也不够"。后来说那怎么办呢？"就多报两岁吧！"我小时候长得特别单薄、特别瘦小，可是那也没有办法，就多报了两岁。金先生也是我大恩人，我哭着给他叩了两个头。之后，我二哥就拼命给我补初中一、二年级算数、语文等功课。其实我当时上这个学校也有顾虑，我想我还没结婚就给人家接生孩子，觉得挺可怕的。但我二哥说这是妇女独立的一条路，他说："另外奉天是大都会，你要能考上，你的前途无量。"

然后我就去考了，考的时候最有意思了。什么都不知道，问我为什么要考这个助产士，我记得二哥告诉过我，我说："我要为蒙古民族的复兴而献出生命，所以我要救助蒙古人，将来我还要上日本军医大学呢。"挺大题目，日本考官他也挺讲精神的，他一听，这有思想，这个挺好。作文我就等于写了个口号就搁那儿了，然后其他的数学什么的，我也不知道蒙得怎么样，肯定也不是太够水平，但是就因为我有我这个同学的爸爸，就把我的名给搁上了。这样我就考取了沈阳同善堂助产士学校，这是1942年底的事，现在一想要按周岁，真是太小了。考上了是好事，但要去奉天得有行李，我没有行李。正好有一个刘大叔，他给我一条褥子，是个蜡染麻花布的褥子，我印象深极了。我太满意了，我都没见过。在家都睡炕席，根本没有褥子，说给我一条褥子，然后还给我扯了一块白布。然后没有衣服怎么办？上沈阳大都会没有衣服，我记得我嫂子还算一咬牙，一跺脚，把我哥哥一件绸子的大褂给我。那时候我年纪小，脖子细，个儿高挑，现在看是矮的，那时候还觉得挺高。我哥哥的褂子我居然穿上到脚面，我同学的妈妈给我改了一下，改瘦了，然后把这个领子抽出很多褶才缩小，有一圈褶，我记得当时特别漂亮。没鞋怎么办呢？我哥哥也算支持我了，把他脚上唯一的，上新京开会买的一双皮鞋，其实是男人的鞋，就给我穿了，但我穿上也行。穿双男鞋，穿个大褂子，你想想是什么样的形象，就这样上了奉天。这个学校每个月有十块钱的补助费。

陈： 伙食费什么东西都免，然后还有补助费？

杨： 伙食什么的好像是不要钱的。因为是蒙民厚生会送去的，都算留学生，奉天同善堂是军阀开的慈善机构，蒙民厚生会和这个学校有一个合同规定，就是你上了这个学校毕业以后，你必须为蒙民无偿服务两年，那我当然愿意了。我没地儿吃饭，服务一辈子也行啊，那时候思想太简单，于是我就上学了。这样在奉天念了两年书，还叫留学生呢，从内蒙古北省派到沈阳的叫留学生。到沈阳两年，环境不同，视野也不同，接触面也广，而且我的同学里我是最小的一个，没有我这么小的，都是职业妇女偏多，她们是寻求一种职业，大学毕业的、国高毕业的，甚至毕业多年工作的，最大那个大姐都二十八九岁了。一个班大概有六十来人，据说这个同善堂是一个军阀办的慈善机构，是张作霖还是谁？我不敢肯定。里面有医院，有接生堂，就是来生私生子的地方，所以我们这些学生才有机会实习。晚上，铃响了，来孕妇了，马上就去，有很多实习机会。所以同善堂毕业的有很多地方愿意要。

陈：实践经验比较多。

杨：汉族学生是那样的，毕业都到医科大，或自己开业，这是最多的选择。北省来的蒙古族学生是必须回草原，为蒙古民族去服务的。毕业以后，由厚生会分配到各地。大部分同学不爱远离父母，我要求分配到最远、最苦的地方。按现在说，好像我思想很进步，其实不是，我就是希望离家远远的，离我嫂子、哥哥远点。那时候，大部分人是留恋家，愿意离家近，我就表示，谁不愿意去哪儿，我就去那个地方。结果我被分配到现在的通辽，鲁北往北的扎鲁特旗。每个毕业生给你配备一个上班同学，你这个上班的同学就带着你，你做他的助手，这个挺科学的。我上班的同学已经有一年的实践了，况且我们这个学校它不同于一般的，在学校实习机会已经很多了，学生都有经验。她带着我，我们两个人就在扎鲁特旗，政府给我们安排那么一个独立小屋，叫小卫生所，还挺全面。

陈：是扎鲁特旗的那个所在地吗？

杨：扎鲁特旗所在地，从通辽经鲁北。我二哥对我的工作很满意，也这么教我了，我也就这么想的，我想蒙古民族培养了我，我家没有钱，民族培养我，我当时并不领日本人的情。我觉得我得给民族服务，这个观念是特别强的。

陈：感恩心。

杨：感恩的心，我说我到别人不爱去的地方。他们想妈、想爹，我又没有妈、没有爹想。我也不回家探亲，觉得好像心静，但这里面偏僻，交通不便，于是就去扎鲁特，那里是真够苦的。你知道当时是什么条件？当时坐大轱辘车，牛车在沙海里迎沙石行走。全是戈壁，那个沙尘，记得我从通辽到开鲁再到扎鲁特旗那个地方整整走三天。我记得那时候车上还有一个警察，带他老婆和孩子，一家人也坐那个车。但凡有好车，警察他不会坐那个车，很远，走三天，而且有很大的风沙，有一天那个沙刮起来一丈高。那个地方实在是偏僻荒凉，人家真是不愿意去。我那个班上同学是达斡尔族人，我们都是蒙古族人，当时达斡尔族还没分出去。

陈：达斡尔族现在是一个独立的民族。

杨：现在独立了，当时都算蒙古族。这个工作期间有两件事我想说一下，挺好玩。一个是曾经到一个村里头我遇到的难产病例，难产就是立生，胎位不正，孩子的腿先出来了。哎呀，我就没有办法了，把我急得一头汗。后来我那个上班同学比我胆大，她替我解决难题，所以我跟这个上班同学的关系非常好，我们俩一起工作挺开心。这个地方的老乡时不时会给我们送些柴火，一会儿送一筐鸡蛋，我们在那个小诊所里头很自在，工作很开心。

陈：卫生所是自己开火吗？

杨：自己开火。没有人管，都自己做饭。

陈：卫生所不是还有很多人吗？

杨：谁也没有，就我们俩。这个旗头一次设卫生所。

陈：但是你们俩只会接生，别的不会。

杨：对啊，别的当时可能还不健全，还没有建立起来。因为这样，所以才有第二个事情，第二个事情就是，一般我们都接生嘛，正常的工作是接生，有的地方坐车，有的地方骑马，那是一个农牧区，牧区就得骑马去。有一天就有一个人来送信说："我们那个村里，我们一家人都病倒了，请你们去。"我们又不是大夫，说怎么办？那也得去，我们就背个卫生箱，穿个白大褂，觉得挺美的，就去了。到了那儿，不少家都病倒了，我们没有任何手段，当然助产士一般的病的知识是有的，但是没有太多的实践经验，我们不是大夫，或者说没有处方权。但是我们俩一看，村里好几家都倒了一炕。心里想，这是什么病呢？也不能见死不救啊。我们又没药，当时我们只有阿司匹林。

陈：那时候阿司匹林可是贵重的药。

杨：当时只有阿司匹林，我俩研究一下，决定这都发高烧了，先给退烧吧，管它什么结果，我们就送退烧药，一家一家送。没过两三天，就都好了，其实也就是碰巧了，如果不碰准，就出洋相了。就这两件事老百姓都赞扬，这两个女医生还真好，送柴送米送蛋的人更多了。就这样干得起劲的时候，省里又给我们一个命令，干吗呢？分配到蒙古草原去做卫生调查。调查什么内容呢？蒙古族牧区的生育情况。这是对民族复兴很有意义的事，所以我又选择了呼伦贝尔，兴安北省最远的地方。分往呼盟我们组共六个人，省派来个领导，还派一日本人，还有伪满洲医大学生。当时由兴安北省出个干部管生活，出个日本人管钱，由伪满洲医大出一个大学毕业生，三个助产士组成一个调查小组。这时候我们有三个女同学去了，当时是 5 到 7 月吧，差不多三个月左右，我们走遍了呼伦贝尔草原，从东到西，几乎到整个呼伦贝尔草原，直到苏联中蒙边境，都走了。就在中蒙边境那头，忽然有一天，天空中有成群结队的飞机飞过来，不知道是怎么回事。忽然发现跟我们一起随队的有一个日本人，每一个队跟一个日本人，是管钱的，他们给往外拿钱，这个日本人就忽然没了，我们也不知道怎么回事。还有一个省政府的蒙古人也跟着我们，他说大概是日本人出事了，他跑了。这个老头有点经验，说这个飞机大概是苏联的。我们也不躲，当时我就像看西洋景一样，随便看着玩，也不知道是怎么回事。

陈：您现在知道吗？到底是苏联飞机，还是日本飞机？

杨：苏联飞机。当时都不知道，这个蒙古老头知道，他懂俄文，老头说可能是苏联飞机，日本人不行了。日本人不行了我不十分清楚，那个大学生明白。我们当时穿的衣服全都是比较时尚的，就是裙子、西装、上衣什么的，不是草原的衣服。我们那位大学生就赶快跑到村公所一类的地方，牧民已把日本人把守的仓库打开，把整匹布料拿出来，到牧民家里做了几件蒙古袍，我们一行是五个人，两男三女，一个伪满洲医科大学学生、北省一个老头、三个女的，日本人跑了，剩下五个，每人一件蒙古袍。我们把日本人的箱子撬开拿到钱，把钱分五份。我们就拿钱做袍子，都穿上蒙古衣服，我们怕苏联人把我们当日本人杀了。后来坦克部队就进来了，就知道是苏联军队来了，我们都看见了。我们正启程回家。

陈：就是您亲眼看见。

杨：亲眼看见了，吓得我们赶快躲到牧民家里，然后就跟那牧民商量，说：“请你给我们派一辆车，我们是海拉尔的人。”牧民当时都是蒙古族人，他给我们派了一辆骆驼车，我们把牧民袍子都穿上。随队的蒙古老头家是海拉尔的，他是海拉尔卫生厅的干部，当时卫生厅叫厚生厅。大学生和一个助产士是鄂温克族人，一个达斡尔族、两个蒙古族人，这五个人，我当时最小，我头发剪得非常短，像男孩子。老头出主意，就说咱们一家人到这儿走亲戚啊！牧民借给一辆骆驼车，一头骆驼，扮成一家人从海拉尔来草原探亲。

陈：为什么？

杨：害怕啊，当时还不知道苏联士兵那么糟糕。我最小，扛着一个红旗，都是蒙古老头出的主意，一块红布弄一个长条，旗子用一个竿捅着，让我就坐在骆驼上面。

陈：坐在骆驼上面，还是坐在骆驼车上？

杨：他们所有人坐车，我骑骆驼，赶着骆驼车走，我就举个红旗，谁来我们都投降。北省蒙古老干部安排，他是牧民，怕露出伪政府官员身份，三个女的是他女儿，一个大学生是他儿子，我们一家人探亲归途，这时候我才知道，这里不是日本人的国土，这块地是我们蒙古族人的地方，被他们占领了……

陈：在此前没有想过这些事，也没有人跟你说过？

杨：对，我不像于洋，他12岁就懂得八路军，我们不知道，听都没听说过。我是这么大才开始知道，这是咱们蒙古族人的地方。他们来不是帮助咱们，是占领咱们，咱们还受气，是这么慢慢才知道的。在沿途看到日本人丢的东西。我们那个骆驼车走到大马路，一看远远地有苏联部队过来了，他们整个一个大队，有多少车啊，天上过的东西我们不怕，地下的东西当时害怕啊，不知道把我们当什么人。一遇见有苏联红军在马路上走，我们就赶快找一个沙窝子往下弯下去，等苏联军队过去，我们再往前走。反正这个假扮的“爸爸”指挥，他大约知道海拉尔方向，我们就往海拉尔走，就避开苏军走。但终究避不开，到海拉尔方向的大马路上，还是遇见了红军。结果就审我们了，一帮人穿的是新袍子，怎么办？那个老头其实会一点点俄文，但是他还不敢大方地说，他就说：“这是我的女儿，这是我的儿子。”一个儿子、三个女儿：“我们去参加亲戚的婚礼去了。”

陈：都穿的新衣服？

杨：是的，说现在要回家去。红军一看也差不多，就给开了张路条，我们拿上路条，挺高兴。差不多走了七天，我们从蒙古最边境往回走，要不然我们怎么会看到坦克车进来。

陈：国境线了。

杨：最边上了，叫额尔古纳河，沿着额尔古纳河走，沿着达赉湖，达赉湖当时也很大，都看不见边。到达赖湖边上，我们找水喝，结果是咸的。你看过《紫日》这部电影吗？

陈：冯小宁导演的？

杨：那部电影我一看，特别有共鸣，那个年代就是那样的。雨多，连雨天，下瓢泼大雨，状态就跟那个一样，秋季山村都挺美的。遇大雨我们躲在车轱辘底下，五个人抱在一块儿，就那么一宿一宿地躲。牧民家给一点吃的，带一点奶块什么的，吃一点充饥。七天，走到山里头有一种树叫山丁子，小小果实，吃一点，就这么走，凑合了七天七夜到了海拉尔南屯，是鄂温克旗，不敢进市区，我们在那儿流浪，住几天窝棚，因为同民族的人也都已经躲到郊区南屯来了。地下随便铺一点什么东西，有什么就铺什么，年轻，反正都熬过来了。就在这时候，我们遇到了同族的朋友们，特别是卫生厅的人，他们说：“这帮人是我领到草原去的，现在回来了，他们不能不管。”我们三个女的都是外省的，老头就把我们安排到海拉尔自治省政府的接待地方，给我们找了工作。1945 年 8 月下旬，我们就入了呼伦贝尔自治省政府。

陈：自治省政府是苏联人占领以后，蒙古族人自己组织的一个组织？

杨：对，蒙古族人自己组织的。

陈：那时候共产党还没来？

杨：是苏联红军掌控，八路军没来。我们也是在自治政府的卫生所，又在那儿做助产士。在这儿当助产士期间我就结识了一些朋友，到海拉尔上班期间我住在同学李志萍的亲戚家，李志萍的亲友有国民党，有共产党，两方面人士都有。这挺有意思的，当时这个道路的抉择也是很有戏剧性，我在海拉尔住在同行李姐的表哥家，姓敖，是达斡尔族的大家庭。在这里，我认识一对叔伯兄弟俩，一个是国民党，一个是共产党，我跟这俩人都熟，当时大家就一起谈论起来了，平时没事就说。说你将来干什么，我说：“我还没有念完书呢，应该念书，想上医大。”那个国民党的敖奎文说：“你跟我走，我告诉你，我这是中央军，中央军是中国的正统，你想上什么学校就上什么学校。”

陈：那个哥哥是军人吗？

杨：不是军人。

陈：国民党员还是国民党的干部？

杨：不清楚，他俩都是学生，就是他倾向国民党，国民党地下发展那一块儿，他就是让我们参加国民党，有一天敖奎文突然说现在有车在这儿，把你们送出去。当时海拉尔地面是苏联红军，地下是共产党、国民党都有，这时，这个倾向共产党的，叫敖奎虎。

这两边争夺我们，我们都不太清楚。我和李姐跟二人都很好，常往来，敖奎虎常讲外蒙革命的故事。后来一个偶然的机会，光复军的车来了，敖奎文找我说：“你不想上大学嘛，快上车。”

陈：光复军就是国民党中央的，就是国民党军队。

杨：对，当时我们很想找机会走出海拉尔，回家，所以我们准备很简单的行装马上就走，这时他那个弟弟敖奎虎来了，说你快下来，他把我从车上拉下来，他说有点事。我下来了，他说：“你绝对不能跟他们走，他们是国民党，你跟他们走，你就是国民党了，你不能去。”我说：“能上大学啊。”“咱们这儿也能上大学。”他把我拉下来，我比较听奎虎的话，我觉得他更诚恳，就留下了。

陈：这一下真是改变命运的一瞬。

杨：改变命运，我下来以后就跟他做朋友，关系很好。后来就在省政府工作了一段时间，他经常给我们讲苏蒙的革命故事，讲妇女在革命中的作用。他告诉我地下党在中苏友协活动，这个地下党的成员就是东北军政大学的老干部。于是我们认识了他，他就是东北军政大学招生的同志李衍，他向我们介绍了学校的情况，我们就都参军了，参加了共产党东北军政大学。我们考的时候，这个大学还在长春，我们考上以后，这个大学从长春撤退到哈尔滨，到齐齐哈尔，节节败退，当时咱共产党的形势正是战略撤退的时候，也有人劝我们国民党就会过来了，但是当时我朋友说，咱蒙古族人不能跟大汉族主义走，所以我走了这条路还对了，这么早就参加革命了。

陈：去考军政大学，当时具体的手续、细节、审查是一个什么样的情况？

杨：地下党审查，那个地下党就在中苏友协的一个办公室里接待我们，然后给我们几个试卷，我们三个助产士学校的校友在一块儿接受考试。

陈：需要填表吗？了解您的基本情况，是谁？家在哪儿？

杨：要填表，发给你三张表格，东北军政大学招生处发的，填你的经历、地址、社会关系，什么都有，然后答题。我现在想起来，那时候答得好与坏都要了，因为当时两党争夺东北青年比较激烈。尤其是地面上苏联红军把持的时候，面上要支持国民党的，但是暗地里中苏友协支持共产党，所以形势非常复杂。就这样我们参军了，之后，介绍我认识共产党的那个朋友敖奎虎也跟我到军政大学了。这是 1946 年 4 月，学习上就不说了，反正在学校我也挺活跃。

陈：1945 年 8 月到 1946 年 4 月，这 8 个月是干吗？都在自治省政府的卫生厅工作？

杨：嗯，卫生所，也叫卫生厅，职务也是助产士，当时也没有太多事情。

陈：1946 年 4 月参加革命？

杨：在省政府待到 1946 年初考的，1946 年 3 月我离开海拉尔。这个东北军政大学当时在长春，我们考的时候当时它还在长春，等到我们开学的时候，它已经撤到北安去了，最北面，很偏僻，那时候每天都战略撤退。

陈：对，因为那个时候苏联红军要撤走之前，国民党军队要来占领，因为苏联是跟中国政府有条约的，所以共产党只能撤。

杨：国民党节节进攻，共产党节节败退。这种时候我们还参加共产党，那领导很重视我们，当时亲国民党的都留在国统区。其实我们也没有那么高的觉悟，就觉得蒙古族不能跟国民党走。国民党大汉族主义，共产党是讲共产主义的，讲多民族的，就相信这一条，所以就跟共产党走，走得很坚决。退到哈尔滨，从哈尔滨又退到齐齐哈尔，从齐齐哈尔又退到北安，在北安学习期间我记得还准备撤到苏联，最坏的打算是撤到苏联或到大兴安岭，当时有学生留着旗袍准备逃走，战局最危险的时候是那个状况。

陈：那时候您在军政大学里时间是怎么分配呢？多长时间上课，或者学政治？

杨：到了学校就编队，那个学校有好几个大队，在齐齐哈尔一个大队里有好几个小队，我们是第五队，是女生队，一共有七个队。七队是蒙古族队，男生队。五队里一半蒙古族、一半汉族。

陈：具体做一些什么事呢？全上课？

杨：全上课，大课还非常多，没有教室，扛个凳子在树林里头，那时候军营院子里是一个很大的树林。但很可惜，我九几年跟于洋去看，已经都伐掉了，那时候都这么粗的树。就在树林里头，扛个板凳坐下就是课堂。

陈：大课主要是政治课，是吗？

杨：政治课，首先讲形势，讲战争新闻，讲中国近代史，讲中国革命基本问题，也讲简单的哲学、政治经济学，就基本上这些东西。

陈：当时能够接受吗？有抵触吗？

杨：没有抵触，因为没听过，像我就觉得特别新鲜，原来不知道世界是什么样，在这里才知道一些，世界是这样的，是这些国家组成的。过去也不是说一点没有接触过，没动过这个脑子，在这儿我是最傻的、最认真听课的一个学生。

陈：这个时候讲课都是用汉语讲的，您那时候汉语水平是什么样的？

杨：可以，我后来汉语越来越好，我主要是在沈阳助产士学校那一段学的。所以我的语言里有东北沈阳口音，沈阳味挺足，就是因为那两年。

陈：助产士学校使用的语言是汉语？

杨：汉语。上课都是汉语，专家教授、博士、导师全是用汉语，它跟医科大学普通科没有区别，什么都学，医学基础课，只有舍监是日本女性，特严厉。

陈：您改名，使用汉名是什么时候？

杨：我使用汉名是参加军政大学以后，以前有汉名，不曾正式使用。

陈：为什么不叫原来的名字呢？您过去上学一直叫德勒格尔玛是吧？

杨：不，最早我叫那仁齐木格，就是太阳花的意思。

陈：那仁齐木格，还不是叫德勒格尔玛？

杨：小学直到去助产士学校都叫那仁齐木格，为什么改德勒格尔玛呢？就在日本投降那一段，我在草原，我是叫那仁齐木格，日本投降后在呼盟已改成德勒格尔玛。因为那仁齐木格是南省人用名。现在海拉尔对我们这一段还有一个展览，据说这个展览有一个名字就是那仁齐木格，那就是我，有的人知道，有的人也不知道是我。

陈：那仁齐木格是您的真名是吗？就是您的兄弟姐妹在家就叫那个名字，是吗？还是上学以后又改了名字？

杨：不，乳名叫金环。小学那时候汉名叫杨文玉。

陈：叫杨文玉，然后上小学以后叫那仁齐木格。

杨：那仁齐木格，“那仁”是太阳的意思，“齐木格”是花儿，其实我就是那个“那仁花”，或者叫“太阳花”。但是日本投降以后，就不愿意叫这个，那仁会让人想到日本人，不好。另外因为齐木格是我们南省的名字，反正一听这个名字就知道不是呼伦贝尔的人。当时很乱的时候，就把名字改为德勒格尔玛，是在北省改的，是藏名。

陈：是什么时候？

杨：就是 1945 年日本投降，我们往回跑的时候。

陈：往回跑的时候改了。

杨：到呼伦贝尔就叫德勒格尔玛，到自治政府就开始叫德勒格尔玛，就一直用德勒格尔玛。

陈：军政大学时期呢？

杨：到军政大学我也填的是德勒格尔玛，但是生活中有人知道我有一个汉名叫杨静，生活干事问我：“你有别名吗？我说有别名，叫杨静。”他在档案上写上了别名。这个杨静，是我们同学之间自己起的，就自己随便起着玩的，助产士学校时，大家叫过。

陈：您是姓杨？

杨：我是姓杨，我爸爸是满族，是姓杨。但是这个杨的名字不曾用过，后来这时候我们的生活干事说：“你这个德勒格尔玛，真麻烦，你还有汉名吗？”我说：“有啊，我叫杨静。”

陈：就是在军政大学里面就填了杨静。

杨：谁知道他一弄档案的时候，把我这个别名成了正名，正名成了别名。所以一点名“杨静”，我也没有想那么多，这也是我的名，结果以后档案全都是杨静。

陈：按照您刚才说的，其实您的满族血统是最多的，然后您的外祖母、外祖父，就是您母亲其实有一半的汉族血统，您外祖母不是嫁给汉族人了吗？

杨：不是汉族人，也是蒙古族人。就是嫁给了一个不是同阶级的人，不是有钱的人，是普通牧民。

陈：当时您母亲是嫁给了满族人。

杨：我的母亲嫁给了满族人。

陈：您为什么没有取满族的名字呢？或者填民族的时候，为什么没有填满族？

杨：那时候我父亲也写蒙古族。他已经随妈妈了，他的父辈在那儿工作了多年，他就随蒙古族人了，但说起来我知道他是八旗人。

陈：他是旗人。因为满族的旗人分满清八旗和蒙古八旗。旗人不见得是满族人，蒙古八旗是蒙古族人，蒙古族人也有八旗，清朝建立了蒙古八旗，因为蒙古族都是满族的盟友，所以旗人当中也有蒙古族人。

杨：那我就全不知道了，我大姐说咱爸是八旗人。

陈：您没有考虑过，那您父亲怎么会姓杨呢？

杨：那不知道，姓杨的多了，蒙古族有，在伊盟有一大家族都姓杨，这个考据起来很复杂，因为蒙汉通婚毕竟比较早，而且血统里头比较混杂，特别和汉族人通婚早就有了。你说你是汉人，说你是蒙古族人，你都不清楚，特别是汉族和蒙古族这两个民族之间。

陈：对，因为蒙古人在几百年前统治过全中国。

杨：这也是我大姐后来讲的，说其实咱们是八旗人，所以我一看，我的姑姑们全嫁给汉族人了，可是我这个姨娘全都是老蒙古，都是蒙古族人。

陈：您参加革命的时候，跟哥哥没商量？

杨：日本人投降前分开的，以后都没联系上，因为从我到北省就跟他们断绝联系了。没法联系了，战争啊，南省和北省也割据，当时郑家屯是国民党占着，我们退到北安的时候，前面都是国民党，我哥在国统区。

陈：就是说您离开家那么多年。

杨：刚离开那会儿可能有书信联系，但是也很少，我记得我走以前跟我大姐见过面。

陈：就是您后来参加革命的时候，完全是独立做出一个决定了？

杨：对，自己决定的。临离开南省去北省草原之前姐姐见了我一面。1949 年我大姐才找到我，大姐说：“杨静走的时候，我给她吃了几个鸡蛋。我真后悔，这滚了蛋，再也不见人了。”她就到处找我，大姐年纪比我大 18 岁，所以她对我有点母爱的感觉。后来到 1949 年我南下的时候，我姐姐才找到了我。她从一个蒙古老乡那儿打听到我在东北军政大学，她就找过来了。

陈：您在东北军政大学待了多少年？待了三年吗？

杨：当时在北安，后来又搬到齐齐哈尔了，1946 年在北安，1947 年就搬到齐齐哈尔了。

陈：然后 1948 年就是辽沈战役之后，把国民党就赶走了。

杨：1949 年 7 月南下。

陈：您一直在"军大"？

杨：我 1946 年 4 月参军，到 1946 年底毕业。

陈：这一期是半年，是吧？

杨：对，实际上就算半年。第五队第一期，是"抗大"的第九期。在我后面还有一个九期、十期，也是女生队，毕业以后我就分到文工团。1949 年底离开回家。

陈：就是军政大学的文工团是吗？

杨：对。

陈：请您谈谈文工团话剧和文艺创作。

杨：在连队除了认真听课，因为简单，共产党说什么就信什么，因为过去知识太少，也没有外来影响，所以一切知识还真都是共产党给的。当时中国革命的基本问题、哲学思想，对树立人生观有很大的作用，都有帮助。

陈：那时候入党怎么申请？通知您入党，入党仪式是什么？

杨：我有一个特殊情况，跟别人不一样。我不是在学校入团了嘛，1946 年底分到文工团的时候，我一个很好的朋友已经入党了，所以她就带了党的关系到了文工团，我就带一个青年团的关系到文工团。

陈：您知道她是党员吗？

杨：我不知道。青年团这个组织在文工团里没有，因为这是在连队发展起来的这么一个共产党外围组织，对外也是秘密的。也不公开，因为那个时候整个党是在秘密召开。后来到文工团以后，我看他们都开会，也不找我，我想他们怎么不找我呢？我就不知道怎么回事。那时候我还不懂，我说我以为我入团了就是党员了，文工团书记说："你不一样的，你入党应该单独申请。"让我写申请。

陈：入党宣誓仪式是什么样的？当时批准您入党是在 1948 年。

杨：非常遗憾，在前线讨论通过，1948 年 5 月才通知我被批准，到现在为止也没宣誓。

陈：就是通知您。

杨：后来就告诉我了，告诉我入党就完了。到现在，没有任何仪式，我这辈子没宣过誓。

陈：刚才您提到前线，我们先把前线说一说。

杨：这已经是到文工团了。

陈：文工团上前线是怎么回事？您到前线是慰问还是干吗？

杨：我当时毕业还不愿意去文工团。

陈：为什么？

杨：因为我在连队学习期间，曾经很活跃，参加跳高、跳远、骑马，指挥唱歌，编写话剧，演出，都有这些活动，在连队里活动我都参加，我非常活跃。我是很出风头的，我爱好文艺，但是我不愿意终身从事文艺工作。

陈：为什么呢？

杨：因为我要做大夫，我还要完成我的愿望，为蒙古民族去服务、做努力的愿望没有变。所以这些只是我的喜好而已，当时我的志愿填写是东北军医大学，我毕业以后，我们有好多同学上夜大的、上军大的、学外语的都有，我填的是医科大学，我要当妇科医生。

陈：就是东北军医大学。

杨：东北医大。只是因为我在连队演过一个叫《奔向光明》的话剧，我参与写作又参加演出，演主角。宣传队的人当导演，他们就看上我了，就把我内定到文工团了。你写什么志愿也没用，得服从组织分配，所以我确实是打上背包、流着眼泪，去文工团报道，这是很少有的，我就是不想去。

陈：《奔向光明》创作前后，是一个什么样的情况？为什么去写作？在什么场合去表演，内容是什么？

杨：我是1946年4月考进军政大学的，7月正式开学，从4月到7月这中间有将近三个月的时间，当时情况是战争，正在战略撤退。我们大连有一批学生，从大连直接到北安多不方便啊，因为当时国民党占领了沈阳，就过不来了，长春、沈阳被国民党占了，所以这批学生就通过朝鲜转圈来到了北安念书。在这些学生里有一个故事，就是一个女生她家里阻拦她参加革命，她有一个恋人，是她的表哥。故事就说，她怎么跟表哥决裂，怎么跟家里决裂，又绕着圈到了“北满”，参加了军大，这个题材当然是对宣传学校最好了。校部宣传队让我去采访，我也忘记怎么去采访的这个人，采访了以后建议我们写个小剧，我和一个叫陆洁的大姐就动手了。

陈：这个人其实就是您的同学，是吧？

杨：我的同学和我。采访了她的材料，加工了一点，宣传部长就鼓励学生搞创作：“你把这个改改，咱开学好演啊，挺好的。”于是我就组织了比我年纪大的、比我文笔强的姓陆的一个大姐，还有一个人，我们三个人就把它重新结构加以改编。就写成剧本了，写好了剧本，大概都6月底了，这时候“七一”开学，开学都组织学生自己演节目，文工团也演，文工团演的九一八活报剧，学生大合唱，我还指挥。这个时候就说这个剧本还可以，宣传部有个部长审查以后，认为还可以，说写得挺好，算集体创作吧，就在我们军大校刊上发表了。

陈：署名是集体创作吗？还是个人的。

杨：集体创作，实际上就是三个人创作的。宣传部长很重视，就叫文工团派人来演。结果文工团挑来挑去挑不到女主角，最后他们说，因为是我参与写的，词很熟，就说我形象可以，文工团导演就挑上了我，叫我演。

陈：导演是文工团派的。

杨：对，在学员里肯定有比我好的，但是因为没有接触这个创作，所以最后就决定让我演。

陈：决定了您后半辈子的命运。

杨：没错。所以你上医科大学也好，上哪儿也不放，文工团要定你了，这样我就调到文工团了。

陈：您到文工团以后具体的工作是什么？

杨：演员，当时叫宣传队员。

陈：然后参加一些什么样的演出活动？请您谈谈海拉尔那一段演出的活动，这是您文艺工作的前传。

杨：对，就是在自治省政府那一段。那时候自治省政府一成立，我们卫生所在自治府边上，没几个人找，没有太多的事儿。那时候我们有一个当地的活跃分子叫索岳乐，他组织一个文工团，把南省、北省的人都搞在一块合唱，主要唱歌，也演小节目。

陈：这个是业余性质呢？

杨：业余文工团唱歌。当时我记得最多的是唱了大批的外蒙的蒙古歌，以前我们都没学过，新鲜嘛，那时我们经常爱学习，学会了就演出。

陈：蒙古的创作歌曲还是民歌？

杨：恐怕有一些创作歌曲，很多是民歌。也演过话剧，那时候我的蒙古话和海拉尔的蒙古话还有一点不一样，好在戏比较少，还有诗朗诵。

陈：那是群众文化活动，您做演员也没有报酬？

杨：那时谈什么报酬啊。当时正逢民族解放，觉得自己是主人了，按捺不住流淌的歌声，是这样的。苏联红军一来，每天晚上跳舞，有时候通宵地跳、通宵地喝，如醉如狂的那个感觉。

陈：索岳乐也是出于个人兴趣来组织文工团的吗？

杨：这个团体的形成还是从舞会开始的，他也许有职务，我不清楚。我们这些人爱唱歌、跳舞，然后就把这些人组织起来，到处演，有时到附近的牧区，有什么活动就去参加。

陈：您唱歌跳舞这种天赋，是什么时候发现的？

杨：其实我也没有正式学过舞蹈，演员形体训练有一些，但是跳起舞来，我觉得我从小有点这个天分。人家学校学了歌，我都能照葫芦画瓢画下来。那时候跳舞最多，跳交谊舞。

陈：是在自治政府？ 1945 年。

杨：解放以后，举办舞会受苏联的影响，早期在海拉尔的苏联人很多，各方面的官员很多。另外一个就是，在部队做演员，虽然没有正规训练，但从事这个工作，就得学习，向老演员学，基本要求会多少有点锻炼，而且我胆子很大。

陈：蒙古民族真是有跳舞的细胞。文工团的那段生活，您刚才提到上前线是什么情况，上前线文工团演出吗？

杨：到文工团以后，我被分在戏剧队，主要演歌剧。那时演得比较多的是当时很红的《血泪仇》，还演过《为谁打天下》《天下无敌》。反正我总是主演和主要的演员吧，工作挺多，老有事干。其实时间很短，1946 年底调到文工团，1947 年 4 月，大概就几个月，《为谁打天下》是前线回来拍的，1947 年春节刚过就决定去前线，初到双城“土改”，就是支援前方，参加土地改革，“土改”不久之后，就把我派到前方去了。因为我曾搞医务，我从春天去的，到秋天回来，差不多将近十个月这样。

陈：您具体做什么？是参加“土改”吗？

杨：开始是参加双城“土改”，打土豪、分田地、分浮财、斗地主啊。

陈：就跟《暴风骤雨》很像。

杨：一样，三查三整嘛，就是那些事，不过我不在斗争地主的第一线，我最主要的是在后勤的分浮财啊，物资分发，做那些事。

陈：所谓的浮财，就把地主、有钱人家的家产没收来，然后再分给穷人。

杨：嗯，分给农民，分出去，根据类别把东西分类，然后分给贫下中农。领导让我们做什么就做什么。

陈：您做的工作是干吗？是发放登记吗？

杨：都有，一般是两个人合作，就像会计和出纳，东西都要登记，然后统一领导说发给谁，我们就送。

陈：咱们继续说文工团在前线部队。

杨：后来前方整编和“土改”后，支援战争开始了，根据每人情况分派去，动员参军等，因为我学过医，就被派到部队的一个前方的野战医疗队，四平外围野战医院，我做野战医疗队队长。

陈：别的地方送伤员来，您给安排病房。

杨：对，送哪个医院、哪个病房，做这种组织工作。印象最深的是，有一次大暴雨天，那个雨就像用桶浇水似的，在四平前线的郊区，房子都没有了，唯一遮挡的就是一个烟囱，一个高立的烟囱，这个烟囱边上就安置了很多伤员，往下走几步就是水。护士一批一批运走伤员，这批伤员很多是朝鲜族的，我就安排他们，这批送这儿，那批送那儿，再指挥下边赶快上来救援，在这里我看到一批抬着担架的日本护士。

陈：抬伤员的是日本人。

杨：我当时会点日文，我说："你是日本护士吗？"她说："是，我们这批都是日本护士。"哎呀，把我感动的呀。我说你们为什么留在这里？她说："我是反战同盟。"我当时特别激动，我说："感谢你们，赶快放下人再把这批人抢救走。"跟反战同盟抢救这批伤员。那个夜晚，从黄昏到夜晚，都是站在没膝的水里，把伤员抬到肩膀上，甚至于水深的地方要举起胳膊来，这样抬过去。有的伤员就说："你别费事了，不要抢救我了，你去抢救别人。"可是怎么忍心呢，我曾经见到一个最不忍睹的伤员，四肢都没有了，对我的刺激非常大，我觉得战争太残酷。大概连续前后两天，把伤员全部抢救到后方医院，到后方医院以后，我跟伤员成了亲人，我们互相交换帽子、钢笔啊这些，很感人，我受了很大教育。抢救完了，我发了高烧，我也被抬送医院了。那时没有仪器，就当肺病在那儿养了半个多月。后来就不让我上前线，在后边待了一段，到天冷，就把我送回后方，因为身体坏了，这就是我的一段前线生活。从前线回来时，野战医疗队给我颁了一个二等功。

陈：二等功很厉害了。现在如果农村的子弟兵，二等功以后就可以国家分配工作。

杨：对，肯定的。好像还有东北解放纪念章，"文革"都丢没了，都找不到了。这个前线经历对我的成长、对我的思想进步有很大的影响，而且这批日本护士我永远不能忘记。从前线回来，因为当时我有肺病，养了一段，正好排话剧《白毛女》，本来分配我角色，结果因为还要静养一段，就没有参与。后来就参演了《为谁打天下》,《为谁打天下》也在前线的外围演，林彪还看过。

陈：林彪当时是东北最高长官了。

杨：对啊，他那天晚上来看《为谁打天下》。那时候这个歌剧在东北军政大学比较有名气。我演一个地主小老婆，第一次演反派，其实我见过地主小老婆，但是也没有那么注意过，我趁下乡去借服装时就偷偷观察地主大院里的小老婆和他们的家庭情况。演的时候，造型很独特，这儿脑门儿拔罐子，那儿揪着头发唱歌剧，很夸张，连扭带唱地出来，这个戏我在东北会演里影响比较大，要搁到现在肯定获奖。

陈： 是首演吗？还是演了好多场再参加会演？

杨： 演太多场了。《为谁打天下》从齐齐哈尔演到哈尔滨，从哈尔滨演到武汉，演了很多场。

陈： 整个文工团都随四野南下？

杨： 对，我们是 1949 年南下的。

陈： 没在北平逗留？

杨： 没有，我们不是野战部队，我们是后方学校。林彪是军大校长，何长工是副校长，政委是吴溉之，都是中央一级人物。

陈： 文工团南下经历是怎样的？

杨： 1949 年 7 月，我们是“八一”进的武汉，这个我记得非常清楚。打着裹腿，背着背包，穿军装，那裹腿都湿透了，后背全是湿的。武汉太热了，我们北方人实在是受不了，头发上都是汗水，进武汉市的时候，那老百姓在我们身边就说：“哎呀，这些女兵真可以，她们都汗湿了，哎呀，味道不好闻。”走路嘛，热得衣服都馊了。

陈： 请您讲讲开国大典那一天的情况。

杨： 开国大典那一天，在武汉举办盛大的联合各文艺团体的演出活动，唯一能够记得的就是参加了《黄河大合唱》，以我们文工团为主。我们文工团有一个演员叫李维新，是不错的演员，他朗诵，我们大合唱。还有武汉当地的剧团一部分人参加，队伍非常大，挺震撼的。另外，我在东北演《奔向光明》，到武汉以后又重排《奔向光明》，八一厂有个导演叫王冰，跟我一起排的。还演了一个叫《群猴》，那是表现国民党腐败的，那个戏我演一个叫玛瑞的角色。

陈： 洋名字。

杨： 对，我一小土包子，演一个非常时髦的女的，怎么办呢？我没穿过高跟鞋，结果给我买了高跟鞋，挑合适的服装，穿好衣服让一个同志陪着我，就在大街上来回练走路。以前演玛瑞也演过两回了，也穿高跟鞋，但那时候不会穿，他们说：“你不像，走路也不像，另外抽烟，拿着烟卷也不像，你得练。”到了武汉，我就把军装脱了，穿上旗袍、高跟鞋，由别人陪着，上大街转，就这样，演了这么一个剧。10 月初开文代会的时候，总理跟我们团的代表说现在这个事业发达了，电影很需要人才，想从几个野战军往回调一些人。在那之后我们团就派出几个人调回京，正好我们学校有一个政委，叫吴溉之，他调到最高人民法院，有一个专列，我们团有四个人就随着他们一块儿进北京。我记得当时不让我们穿军装，从服装里找出几件蓝色褂子穿上才让进京的。

陈：不让你们穿军装是什么意思？

杨：说北京兵太多了，不要穿军装进京。于是把服装都找出来，给我们找的蓝色的制服。

陈：那个时候您已经知道举办过开国大典了吧。

杨：当然知道。

陈：10月1日那一天，还有什么印象？

杨：我们的纪念活动就是唱《黄河大合唱》，然后听广播开国大典。

陈：《黄河大合唱》是10月1日那天演的。

杨：嗯，纪念演出，庆祝新中国诞生。

陈：在武汉当地不算是一个机密是吧，都知道今天北京要举行开国大典。

杨：都知道。

二、电影界新兵

陈：您当时来北京知道是要到电影厂？

杨：知道。

陈：当时激动吗？要演电影。

杨：一般，我大概也不会有太大的成就，我没有什么奢望。

陈：但是比当年进军大文工团要好一点，那时候是哭着进去的。

杨：对，对，知道要搞电影，也没有什么神秘和兴奋。当然，进北京很好。因为我小时候想，哎呀，我都到了沈阳这么大城市了，现在要进北京，像梦一样的，但说完就完了，就像现在说我要上月球多好，但根本就没有认真想。当真来的时候，也没觉得怎么样。

陈：您当时来北京的时候，对北京的向往比对电影的向往更大一点，可以这么理解吗？

杨：都比较平淡，当时可能和我的心态有关系，我觉得也没什么，因为在这以前，我参加过一个电影活动。

陈：是什么？

杨：军政大学在 1948 年的时候，曾经调我们整个文工团到长春电影制片厂拍过一部叫《回到自己队伍来》的电影。

陈：您也参加过《回到自己队伍来》？

杨：我也参加这部影片了，我们团都参加了，其实我真正上电影，应该是这部电影，可是我从来没谈过。

陈：对，我都不知道，您还演过《回到自己队伍来》。您演的是什么？

杨：我演一个群众老百姓，国民党兵抢我的镯子，有几个镜头。那时候，我们都是一两个镜头，跑群众。我们戏剧队的副队长叫武兆堤，演的男主角。

陈：当时拍《回到自己队伍来》，没有觉得电影特神秘吗？

杨：跟我的心境有关系，我不觉得怎么样，没像人家那么狂热。很多孩子问我："哎呀，你怎么走上电影之路，你怎么成为明星的？我说我就不想走这条路，可偏偏让我走了这条路。"

陈：您第一次看电影是什么时候？

杨：小时候看过纪录片，日本统治时期。

陈：在哪儿？在沈阳的时候？

杨： 就是在沈阳念书的时候，看了很多电影，20 世纪 30 年代电影，许多歌都会唱，那时候只能看电影，有时候为学插曲，一进电影院都是循环放，反复看。两毛钱进去一天，学会了为止，再出来。所以这些电影可能也是对我的一个启蒙吧。但是我也没有那么如醉如狂地喜欢电影，当然了，应该说愿意不愿意，这一行都是走定了。

陈： 您到"北影"来最初的印象、"北影"当时的情况是什么样的？您的心情和报到的经过如何，"北影"当时还是在"中电"三厂那个地方吗？

杨： 对，老"北影"，就是现在"科影"的那个位置。来"北影"，我还是不习惯穿那个蓝衣服，就把军装给穿上了。因为我们那批来的人吧，大部分都是部队各个野战军调来的人，还是觉得军装亲切。所以"北影"院里忽然就涌进来一大批年轻的、穿军装的人。我被分到演员科，那时候"北影"就一个演员科，差不多有二三十人，我们先学习电影知识，了解"北影"的历史情况。也没有正规上课，就是一个日常生活吧，早晨起来有早操活动。那时候"北影"演员科不在北影 32 号上班，在太平胡同 3 号的院里，那个宿舍是原来一个旧王府，演员科的活动点在那儿。大部分人都住在那里，一早晨起来，就在后花园里扭大秧歌、练声、唱喊，就是各种活动，主要是以扭秧歌为主。那时候有好多"中电"三厂原来的老演员什么的，他们没这习惯，他们是一家子一家子的，而我们是单身，我们就把他们都轰起来，科里指定人领秧歌、练声这样的活动。当时，"北影"演员科科长是谢添，桑夫是副科长，带领演员活动。刚到"北影"的时候，正好赶上拍一部电影，叫《烟花女儿翻身记》，我们等于是熟悉一下电影，看了看是怎么拍的。

陈：《烟花女儿翻身记》是一个纪录片？

杨： 纪录片。

陈： 讲北京八大胡同。

杨： 对，是反映取缔妓院的故事，讲被教养的妓女们。但这个纪录片是纪实的，不过由演员来扮演，当时李萌是女主角，谢添和他夫人都参加这个戏。我们等于是实习了一下，那是唯一的一次业务学习。其他就是，谢添经常给我们演员弄一些京剧的票，四大名旦的票，挨个叫我们看。那时候，我们都不是太熟悉京剧，他告诉说："这是咱们的传统艺术，大家得去熟悉它。"我们就经常看京剧，另外领着我们到天桥看曲艺、杂耍、大鼓书很多门类，叫我们熟悉整个天桥生活。当时，我们还请了京西大鼓的演员到院来教大伙儿，所以觉得很有生气。我没有待多久，大约半个月，有一天，科长叫我："杨静，你来一下。"我就跑去了，也不知道干什么。

大伙儿指手画脚，在外面说：“你看来选演员来了。”我去之后，我的第一个导演严恭就见了我。他问：“你刚从部队调来，还没脱军装？”我说：“对，对，我没来几天。”他说：“你愿意不愿意拍电影啊？你拍过没拍过？”我说我看见人家拍过，我参与过一点点，但是我不熟悉电影，我这辈子也没想到我会到电影厂来。他说：“我给你一个本，你看一看，咱们拍一部电影怎么样？”我说：“那太好了。”他当时就给我一个本，他说：“你看一看，要是同意，你演这个角色，我们很快就要去山东（体验）生活。”我连夜看本，这个本是《杨贵香鼓词》改编，名字叫《革命姻缘》，我一看故事，觉得是让我演女主角，我还挺害怕：“导演，你看我能行吗？我也没演过这么重的角色。”他说：“没问题，咱们一块儿去下生活。我也没有在山东生活过，咱们一块儿去体验生活。”后来我说：“服从组织分配。”大概没两天吧，很快就出发，那差不多都10月中下旬了，完了我们就去山东了，有导演严恭、摄影师聂晶。

陈：严恭当时是“东影”的导演。

杨：对，我们先到青岛，然后从青岛坐车。那时候，我们导演还有辆车，坐车送我们到莱阳，莱阳当时有一个女民兵英雄叫孙玉敏，她年纪跟我相仿，我记得好像是比我大一岁半岁的，我当时20岁。先到县里，然后到大队，一直到她家，安排我住她家。

陈：她是《革命姻缘》的原型之一是吗？

杨：就是原型。作者叫王震之。

陈：剧本创作所的所长。

杨：对，他写的原型就是孙玉敏，而且背景就是海阳一带，正好是地雷战非常活跃的地方。我们主要就是去了解一下农村生活，因为严恭同志他在上海，很少下农村什么的，我也没有到过老区，所以就去体验生活。然后一对一，我就跟孙玉敏住在一块儿，住在她家，严恭和他们就分别去采访各级领导干部。大概住了半个月，海阳、莱阳周边那几个村子，凡是有民兵活动、抗日战争，有过战争的地方都看了一下。严恭还让孙玉敏都给我从头表演一遍，那时候地雷怎么埋的，怎么拉火，敌人来往什么方向……

陈：孙玉敏重新操练一遍，做示范一样。

杨：当时还有别的男民兵跟着我们。然后就演练，从民兵打仗开始。还有最逗的是故事中孙玉敏有一段恋爱，严恭让她讲怎么恋爱的，都在什么地方见面，让她领我们去，墙院角落里、河边，反正各种场合，凡是她生活过的地方都带我们走了一圈。有的个别地方还让她表演一下，问她“你当时怎么跟你爱人约会的？”她都来给做一遍，比一般的体验生活还要细致一些。然后，甚至家里头怎么做饭、怎么烧火，农村的很多农活，像院子里喂鸡、养猪、养鸭，基本上我等于把农活整个地学一遍。当然，很多时候也坐下来跟她聊天，聊她们家的历史，聊周边的朋友。以往的体验生活就是下去光跟着干活，干完了以后，你顶多休息的时候问点什么，这次不同，这次是全神贯注。区里那时候还有一个文工团的同志，还随我们一块儿。

陈：哪个文工团？

杨：当时山东有一个文协文工团，这个同志现在在“空政”。他是当地文协文工团下来陪我们的一个同志，叫陈志昂，是胶东人。那时候，为了理解年轻的农村姑娘的习惯，我把军装脱了，穿上一件小褂，脱了皮鞋，穿上布鞋。我还记了很多当地的民歌，生活非常有意思。也因为新鲜嘛，我们没参加过抗战，但是能看到普通的农民在战争里的表现。看起来这个孙玉敏很一般，长得也很秀气，根本就不是像我们想象的，民兵一定得是什么大个子。

陈：抗战时期她才十四五岁。

杨：那可不，最大十七八岁。她看着比我还小，那小扁扁嘴，长得挺秀气，皮肤也很细嫩，看不出来是民兵，对我也有启发，我当时很瘦，我说我也不够粗壮、不够大。

陈：对，一说民兵就觉得是五大三粗的。

杨：对，对，本想自己距离太大，跟她接触以后，增强了信心，我觉得我也可以试一把。我觉得做这个事主要看这个人的思想、精神状态和意志力，并不在于她的形体。这次体验生活半个多月比一般地下去生活得到了更多的照顾，我们收获很大。

陈：食物呢，能适应山东的食物吗？

杨：太适应了。山东食物没什么太特殊的，白薯是最多的。莱阳盛产莱阳梨，莱阳梨大家都听说过，没见过，其实特别不起眼，但是很甜。其他吃的东西，跟北方没有太大的区别，大片子、窝窝头、南瓜粥，也就是那些。觉得好像摸到一点门路吧，就当是特别抗战时期，他们所受的那些苦，那些吃不饱、穿不暖，跑来跑去、颠沛流离的生活，都能够从他们的谈话里感觉到。就这样，我们差不多待了 20 天左右，我记得回来的时候，就已经 12 月底了。我在北京就没停留，到北京就直接去长春了，在长春过的元旦。严恭原来是地下党，他做事非常严谨，而且很有计划，很有条理，当时给我印象很深。后来我才知道，据他说是陈波儿同志推荐我演的，那时候陈波儿同志是电影局艺术处处长，她丈夫袁牧之是局长。她看过我 1948 年在东北演的《为谁打天下》。陈波儿说：“你就找那个女孩，那个女孩戏不错。”严恭他从白区来，两眼一抹黑，他也不知道谁行、谁不行，反正他听党组织的，他就找了我。体验生活回来他就说：“那好吧，就定你了，咱们就去东北。”我们就直接到了长春。到了长春，正好是新年嘛，我一看定的演员都是年轻人，都是从各个团体来的，比如齐市文工团、东北一团、青年文工团调到“长影”的，我一看她们都不错，特别年轻女孩子个个眼睛大大的，东北人挺结实的。我一看都比我强，我当时真那么想。我说我得小心点，得好好演，所以特别认真，特别谨慎。过了年后，大家稍微有点熟悉了，把我分配到凌元的房间，除了我，其他演员都是“长影”的，还有一个妇女主任也是“长影”的，再就是于洋，于洋也是“长影”的，这几个主要演员基本上都在当地有房子，就我没房子，我就被分配到凌元那儿，当时凌元是单身，我就住在她那里。

陈：这是您第一次见凌元老师吗？

杨：第一次。

陈：您原来应该知道她吧，原来在“满映”的时候她演那么多电影？

杨：知道，可是我都没看过她的电影。

陈：您刚才说您看过很多周璇的电影。

杨：我看了30年代华北的电影，“满映”的电影几乎我没有看到。

陈：您在伪满洲国没看过“满映”的电影？

杨：没有。我在伪满洲国的时候没有机会看电影，在沈阳的时候，剧场里放的全都是30年代最好的电影。像《渔家女》周璇的那几部我都看过。

陈：反而就是没有看过凌元老师的电影。

杨：没看过。但是到长春以后，知道她是一个老演员。而且最巧的是，跟她谈起来，她也曾经学医，学的也是助产士，所以我们俩有共同话题。那时候反正很强调演员之间的合作，不像现在，到一块儿就演戏，演完戏就走，那时候的准备工作相当充分。我跟凌元同志住在同一个房间，就是为了增进“母女”感情，因为她演我妈妈，张莹演我爸爸，于洋演我未婚夫，其他的就是妇女主任车毅同志，她也是从部队调去的，大家都很融洽。过年以后，我们又一次下乡，这次于洋是我们演员组组长，于洋带队，我们这一组，十几个人就下了东北吉林的一个农村，坐大轱辘车去的，他们村里人专门来接我们下去。下去第一天，都没休息，就去刨粪，粪全部都是冻的，东北冷。这次生活跟上次不一样，这次生活是我们自己住在老乡家，南北两个大炕，南边男生，北边女生，下去就是干活，一天没干别的。

陈：那是体验生活？

杨：体验生活。

陈：受得了那个劳动强度吗，刨粪，大冬天又冷。

杨：那反正是不惜力。像我们的年龄不是事儿，那根本不是事儿。就是一种习惯，就在部队也得干活。像我们下农村给老百姓分浮财，那背的东西可重了。

陈：凌元老师她当时下乡习惯吗？您还到山东去过，她还没去过。

杨：她没去。我记得当时她是有戏，下去的都是年轻人。体验生活回来以后，说是八九月就要出片。

陈：1950 年的八九月就要出片？

杨：嗯，规定。严恭这个人拍片有个很大的特点，他的镜头分下来吧，几百个镜头分得清清楚楚，一动都不动，他不像别的导演翻来覆去，没有，就这些。而且那个时候镜头本多长就是多长，每个镜头的长度、声音、画面，都是非常完整的，他的工作方法很科学。我们就熟读剧本、研究剧本，之后就开始试镜头，试完了镜头，就准备开拍。大概我记得开拍的时候，好像天稍微暖了一点，我记得好像是 4 月。总的过程，严恭他非常认真，他对每个演员的自传都要看。

陈：每个演员写的角色自传。

杨：每个演员都得写角色自传，我就从第一次下生活开始写起，写到第二次生活，然后再写到通过两次生活，我怎么认识我这个角色的。当时叫杨贵香，这个本改成陈贵英，我写我是怎么认识这个人物的，她应该是什么样的，都按镜头写。先把一个总谱写出来，我这个角色出身是什么，家庭经过是什么，什么性格，跟谁是什么关系，写得很仔细，然后分镜头，按导演分的镜头，哪一段镜头是我的重点，突出我什么性格。

陈：导演把分镜头剧本发给演员？

杨：当然发，他这方面比别的导演都厉害。文学剧本我是在北京看的，到长春就拿到分镜头剧本，很快。拍戏时试镜头的时候，我就有个感觉，我觉得我是主演，当然要先试我，我就有几个特写，还有中、全镜头，反正有几段戏。试完了以后，凌元、于洋，每个演员都试，试完镜头就到放映室看，“拉秀”，看完“拉秀”就讨论，我第一次印象最深的是，坐在放映室看自己演的，觉得自己有的镜头演得不好，不敢抬头。

陈：为什么？

杨：觉得不理想，觉得跟人比不行啊。跟谁比呢？就跟凌元和于洋。当时就是比如背词，“我要代表妇女会怎么样、怎么样”，有点近乎舞台表演。

陈：就还是有点舞台的感觉。

杨：对，像在舞台，“一定要怎么样”。可是过分用力，于洋在那儿说，

“我们民兵怎么样、怎么样”，很自然。

陈： 就是生活化那种。

杨： 凌元也是：“哎呀，我女儿。”看完了，还有一些人，那就比我还有舞台感了，那就没法看了。放完了，灯一开，我不敢抬头。后来导演就问：“你们看完镜头拉秀什么感觉？每个人都说一说。”我就不敢抬头。他说：“你怎么不抬头啊？”我说：“我不敢看你。”他说：“你怎么不敢看，你不挺好吗？”我说：“我不好。”他说：“你怎么不好？”我说：“我像舞台戏。”他就笑。

陈： 他们也有感觉。

杨： 最突出最自然的就是于洋和凌元，那真是不一样。

陈： 他们已经是电影化了。

杨： 看他们演戏确实舒服。其实现在看于洋有些戏也不舒服，但是就我们当时试镜头，于洋拿着个枪，“我们民兵要怎么样怎么样，我们一定好好配合”，挺舒服的。凌元也是，“孩子，你可千万别那样”，我一看人家都挺好，怎么就我在那儿，“我们一定努力怎么样、怎么样”，觉得过于用力。导演就说：“没关系，你是从舞台来，你们肯定会带来舞台上的痕迹。你们自己都看出来了。”我说：“导演，你说吧，你说我们怎么办？”他鼓励大家：“我觉得蛮好的，整个都挺好。确实有一点舞台的动作，你们不要用那么大劲儿，你们就像生活那样，慢慢向生活靠拢。慢慢就好了。”这是印象最深的。因为之前第一次演电影几乎没有台词，一个国民党兵来抢我手上戴的镯子，就是拉着我胳膊，我就跟他挣，最后他还是死乞白赖把我镯子抢走了。这就是一种动作真实的反映，什么都没有，所以等于没有演戏，也没感觉到不好。大家都觉得很好，因为它有动作，不需要去演，所以这是接触电影的第一个感觉。另外这个镜头大，给你特写的时候，你的表演应该收敛，应该很自如，你的动作不能太大。可我是“我跟你说，我要这样，我要那样”，总怕表演出格，这个镜头框框在每个人心里头都框着呢，这些戏都通过试镜头来总结。大家总结完以后，再开始拍戏，就知道注意了，戏准备不好就不敢动，这都是经验，慢慢就熟悉了。因为我的戏多，镜头也多，给我的锻炼机会也就多，结果总的说那个戏还是比较生活，和我年龄又相似，也不要特意去演什么，所以还比较舒服。

陈： 后来在拍戏过程当中，表演方面再没有像试镜头那样，比如要重拍的有吗？

杨： 有。拍的过程中，每次拍完都要讨论，不合适的都要重拍。即使当时导演通过了，也还觉得不可以，就要求重拍。

陈： 导演如果通过了，是您自己觉得不可以吗？

杨：自己觉得不可以也可以提出来，但是导演接受不接受，那就是导演的权力。比如我说:“这个镜头，哎呀，导演这个不好，我太过火了。”他说:“不，挺好的，你这个戏接起来就好了，你不要管！”他告诉你。但是他要是实在觉得过不去的，他也是趁这个景没有撤以前，赶快给你补，这种时候也有。

陈：那时候片比很小吧？解放初期拍片。

杨：对！演员最大的负担是不能老NG（不好，要重拍），你一个NG多少钱花出去了，这是演员的最大负担。

陈：那个时候拍电影术语也是NG？

杨：那当然了。好的就说OK，也说OK。

陈：也说OK？

杨：嗯，都说英语，镜头术语都是，预备开始，都是这样的，这当然是比较小的事。

陈：当时会不会有意见，比如从各个军队文工团来的人，不要说英语，翻译成中文。

杨：没有，就觉得是天经地义。30年代电影就是这样的，就是觉得你要适应。当时我们有一个思想，你要适应电影，因为电影是新的东西，对你来说是没有学过的，那你就要去适应。对与不对，没有挑剔，不认为是不对，就是这样。

陈：这个电影，您和于老师第一次合作，感觉怎么样？就是除了同事以外，作为男青年、女青年的那种感觉，有那种感觉吗？

杨：有。

陈：而且演的是未婚夫、未婚妻，演的就是情侣不是吗？

杨：对。这个组有一个号召，就是大家要亲密、要熟悉，就像我们都是老邻居、老朋友，就不要有生疏感。其实人家现在演戏不论这个，哪有什么演仇敌就非得疏远，演好人就非得亲密。他那个时候确实也有这么个建议，就是说为了戏，尽快接近角色，要培养感情。我住在凌元房间里，她对我照顾就很周到，她也是一个性格温柔的人，我们情同母女。

陈：比您大十来岁。

杨：对，她当时真像是我妈妈，她那个感觉，确实是演妈妈比较多。关怀人、体谅人，她也是这种性格，我跟她就不用培养感情，我们东西都放在一起，钱就放抽屉，她等于是我的妈妈，什么都管我，就比较自如。于洋呢，就觉得演一对情侣，哎呀，你看于洋和凌元演得那么好，我得跟他们多学点，他们怎么演得那么好，有这种愿意亲近他们的感觉。首先最初是学习他们。

陈： 学习他们。

杨： 要学习。跟于洋的戏多，所以得重视跟他的交流，他又是演员组长，就各方面促成这个关系，就一定要亲密一些。每天这个戏开拍以前，要和他交换意见，样片出来也问他："你说我哪儿演得不好？你觉得我应该怎么做？"而且，当时我倒是没有像别人那么崇拜演员的感觉。我对于洋，就格外合得来，他演得那么好。

陈： 他演过两部影片了。

杨： 但是我当时也没觉得他是个明星，别人都说，那时候于洋已经是明星。我说："是啊，但是我也没觉得。"反正他演过戏，就是不一样，我得跟他学，叫他教我。我跟他商量好了："哪个地方过火了，当场给我指出来，也许演完了叫导演重拍。这一段戏，咱俩这样做了，如果好了就通过了。不好，你可得告诉我。"就是这样的，亲密的艺术创作交流。再加上于洋这个人直来直去的，我这个人也是直来直去，性格也很相投，沟通也很容易。

陈： 不绕弯子。

杨： 就没有那一套假东西，都很真情流露。所以我们俩那时候不错。那时候有那些交流，这些交流是只有女孩子能体会的，不能言传的，现在才知道用文学形容，那就是有电流。有一种交流确实是无声的，而且只能凭感觉的，无形中在我们俩中间就有了。其实生活中就有了，就像我说的，他也属龙，我也属龙，说了半天其实他不属龙，他骗我，他就是想亲近我，我也想亲近他，都有这种，互相有这种愿望。因为没有什么太过分的，别的同志们，人家也不觉得不对，你们不是演一对情人嘛。

陈： 对，本来就要培养感情。

杨： 就要培养感情，你们应该这样。"妈妈"也是这样，生活里我就叫"妈"，到现在我还叫凌元"妈"，改不过来口。

陈： 就当年演那个戏以后，从此以后就叫妈。

杨： 嗯，一直叫妈妈，这么多年，60 年了，一直叫妈，到现在还是叫妈。而且这个关系确实就有一种相互的关怀，老太太（指凌元）很多的事情我也都参与，我们能关怀她的事情就关怀她。反过来也一样，我有什么事情，老太太也是很在意的，建立了这种比较好的关系。其他的人也有，当时演村民的安琪，安琪我当时看着挺漂亮的，不过她确实个子太矮。安琪那么漂亮，没让她演这个主演，我对人家挺有歉意似的，所以我也对她特别好。她们一看我这个人傻了吧唧的，也没什么心眼，也对我也特别好。所以后来"长影"人都把我当成"长影"的，到现在他们官方的文字上，还把我划到"长影"演员里，其实我是"北影"借调过去的，我也不拒绝。

陈：因为第一部影片。

杨：其实我始终是“北影”的。包括张莹，我们都有很好的感情关系。那时候张莹演我爸爸，我还不太相信，哪像我爸爸呀，他是硬派小生，但是后来从戏里相处，大家彼此沟通，那时候是动真心吧，反正这部戏，如果说有点成功，就是它很真诚。演员之间是真情，从生活里到戏剧里，大家的关系有着那个时代铺垫的东西，那个年代人之间的感情是质朴的，大家是互相关怀的，大家没有隔阂，所以我跟于洋就发展得相当不错了。

陈：那个摄影师聂晶，他后来不是在“北影”吗？当时是“长影”的摄影师还是那儿的摄影师？他不是“北影”的十大摄影师之一吗？

杨：聂晶好像也是借去的，因为他也是“中电”三厂的，所以他应该是在“北影”，家在北京。

陈：您对他的印象是什么？就是在这部戏的合作当中。

杨：聂晶这个人，他是个老好人，是非很少，就是一个书呆子。拍戏没有他那么认真的，谁都知道。我觉得《卫国保家》里有些镜头拍得很漂亮，比我本人漂亮，他就是每个镜头都一丝不苟。

陈：他也特别善于拍。

杨：特别注意镜头，我遇到的摄影师里头，一个他，一个朱今明，这俩人都非常厉害。细致到什么程度？比如说我这里，所有的角度他肯定都观察过，都拍过。那如果是这么运动的，我从这儿一直到这儿，他认为到这儿是最合适的，他绝对不让我过去一点，过一点都不行。他说：“杨静，过了，过了。回去，不对，不对”，就科学得很，要七分的，你过六分半都不行。

陈：就是角度非常严。

杨：对镜头角度要求非常严格。他拍我近景，总是选我脸的七分侧那个地方。有时我感情一激动，稍动大些也不行，也得控制，老是叫你保持最美好的那个角度。

陈：后来银幕上看着也确实是最好的。

杨：确实是。《大众电影》有我的一张画页，是50年代，就这部戏刚拍完。那个角度是聂晶认为最好的，连头发丝的亮度、光线都得合乎他的要求，那就是他认为的最佳角度。以后拍很多戏，他都要你那个角度，而且有的时候，比如说这头发没太在意，不行，他到你跟前，非得让你恢复原来那样。他非常严谨，我觉得他是在艺术上非常严谨的摄影师，我还真不多见。

陈：就是在第一部戏中，都是他来要求您，您会要求他吗？现在比如有些演员，他跟摄像师说，要拍我哪儿。

杨：我一点儿也不懂，从不提什么。

陈：当时您不会要求他去拍什么角度，当时也不太明白？

杨：也明白，他是为了美，但是我有一个思想：演员不要考虑自己美还是不美，要考虑我最初的感情对不对，这个我们很忠于当时的表演艺术所要遵循的标准和演员道德，比如说我此刻哭了，我不能考虑我这样哭不好看，换一个样，没有，有的人有这个习惯，我没有。

陈：当时没有。

杨：要哭就真哭，要笑有时候就笑大了，有时候也笑小了。当然严恭他有个毛病，什么毛病呢？我年轻时候的牙齿特别漂亮，不像现在。

陈：现在也很漂亮。

杨：年轻时候牙很白，大家认为我的嘴好看，另外我的脸型轮廓好像特别好看，所以严恭启发我就说："杨静再笑一点。"我就笑不了多少，"再笑一点，像桃花开了一样的，像开了花一样的……"我就很烦他这个，老说像开了花，本来我心里有笑，可有时就没了。他们很欣赏我年轻时候那个笑，笑得很甜美，其实我不好看，我也知道，就是有点像山口百惠那种纯朴的味。他们就要把我那味儿调出来，他们就觉得完成任务了。这种时候自己也知道，他们就说："你别过火，别过火。"只要是过火了，那就是失态了，对角色也不合适，形象也不好看，所以摄影和导演都很讲究形象，不光我，对别人也是一样，每个人物一个样，拍得认真。

陈：您自己对这部影片当中的表演，现在的评价是什么？

杨：现在我觉得就是一个比较本色的表演。因为那个时候我也没经过太多学习，我在部队虽然也演了不少戏，我在舞台上、在我们剧团还是演了不少戏。但是没有什么太多的理论基础，也都是根据老同志们的经验，给你一些零散的塑造人物的经验，照着去学，但是没有一个完整的塑造。说我创造一个人物，虽然自传里是那么写的，但是自己还达不到像写得那么准确，把这个人物完整地塑造出来。我觉得只是比较本色，我比较朴实，就是不追求形式的，比较注重内在有的东西，因为这样，应该说大部分镜头内心比较充实。

陈：就是说您表演很自然？

杨：很真情，有激情。比如说我有一场戏，剧情是说我要跟未婚夫结婚了，准备要在家过好日子了。可是这时候战争来了，要送丈夫走，我不愿意让他走。之后上面动员我，批评我，最后我醒悟，我觉得我不应该忘本，我应该送丈夫去参军，就这么一个戏。我检讨自己，在毛主席像前检讨自己忘本思想。就这一场戏拍的时候，我那天早晨很早就到摄影棚，连饭也不吃，坐在摄影棚，一句话没有，专注生活在剧情里。

陈：培养这种情绪。

杨：我的妆都是辛汉文给我画，我够幸福了。辛汉文是中国第一化妆师，他给我画，一画画两个钟头，当时我脸上哪儿都挺完美，就是眼睛特小。那么怎么办呢？他就用非常细腻的笔给我画那个眼睫毛，画完之后，眼睛特别有神，谁也没觉得我眼睛特别小。那天，我等他画完两个钟头妆，我也不吃饭，我还是一句话都不讲，我把心理保持在我犯错误了，我应该跟毛主席认错的状态里。等到拍戏的时候，我就说："我对不起党。"眼泪哗地就下来。这段戏，我还真就是这样演了，当然不是说都那么好，但总还是在基本状态里流出眼泪了，结果拍完了这个戏，真是巧，那天正好谢添从北京来"长影"拍戏，顺便参观。一到我们组，别人告诉他说，你的演员在这儿，她今天演戏，你进去吧。他进去的时候，我就在角落里待着，打招呼我也不回头，我就这样。等这场戏一演完了，他过来拥抱我说："真好，真有激情。"就给了我这么一个评价，我当时非常满意。他是我们"北影"的演员科长。现在我回忆起来，这种表演方法、这种培养感情的做法，也不是很科学的，过于紧张了些。

陈：怎么了？

杨：不能这样过分用力，这样演员都要累死。拍完了那场戏，累得就不行了，哪能这样，我有两次这样的事。一次是在《卫国保家》里，一次是《风暴》，《风暴》我演一个挺小的角色，就是演那个被压道车压死的工人的妻子，抱着孩子哭。那个戏也是，因为丈夫死了，所以就抱孩子在那儿哭，施洋大律师控诉的时候，镜头就摇到我，我眼泪唰一下流下来。演戏那天我也是不敢吃、不敢喝，抱个假孩子，整天在那个状态里，到最后镜头推到我，我确实真的流了眼泪了。但是按原来分的镜头，我这里要停顿的，后来因为主线是大律师的话，有点怕跑题了，就把我那个镜头剪掉了，我这一辈子都感到遗憾。

陈：后来电影上没了这个镜头，是吗？

杨：刚要流眼泪，就转了，哎呀我就心疼得很。

陈：但实际上拍的时候流泪了。

杨：拍的时候有，戏结束时，也是金山拥抱我，对汪洋说："哎呀，这么好的演员。"所以我自己用这两段戏说明我是一个演员，我有这样的激情，可惜我命中都没有机会全露出去，都没有显露的机会，所以也是很遗憾的。

陈：接下来就是《一贯害人道》。

杨：《一贯害人道》之前，我从东北回来以后，我就接了一个戏，叫《一架弹花机》，这个戏没拍出来。我和另一个同志，到保定去体验生活。接着就是《一贯害人道》，原定我演女主角，后来导演蔡楚生同志说：“杨静太硬了，应该换一个人。”就换了姚向黎，姚向黎性格很软，我挺不高兴。但那时候讲究演员道德，就是说你演什么就是什么，演主角就是主角，不是主角就不是主角，结果我服从分配就演了第二位女主角。那个戏没什么太说的，就是宣传，就是反“一贯道”，完全是宣传片，好就好在这部影片当时放映得非常多，因为当时是配合政治运动，把“一贯道”打击下去，导演是李恩杰，也挺努力的。好像后来还放过多次。

我就是熟悉会道门的规矩方法，到那儿去学，找他们去教，怎么唱，我去练唱，也去体验生活。先把“一贯道”那一套东西都学会了，然后才演。

陈：您会不会更喜欢《革命姻缘》一点。

杨：那当然了，《革命姻缘》中是女主角。

陈：心里喜欢程度不一样。

杨：那当然了，这部影片觉得是任务嘛，配合政治运动。

陈：那时候拍一部电影，肯定是没有什么片酬的。

杨：从来没有。

陈：出外景有补贴吗？

杨：外景有一点补助费，一两毛钱吧。

陈：拍这两部电影的时候还是供给制，还没有领工资。

杨：这时候肯定是给小米，四百斤小米。

陈：接下来就是《结婚》了，这部电影拍摄的经过是怎样的？

杨：《结婚》时的情况是我们“北影”派到农村去劳动锻炼，“北影”演员剧团分了好几个点，北京有一个黄土岗，我是去了河北省饶阳耿长锁农业生产合作社。当时是胡朋带队，当时胡朋还在我们厂，我们下去了将近有十几个人。那个时候纯粹就是劳动，也叫体验生活，就是什么都要学，从头到尾，就是搬下去，住在农民家，当时计划就半年，一下去就是半年，没戏你就在那儿劳动下去。

陈：劳动半年啊？

杨：嗯。我们是1952年的春天下去的。下去以后，到豆子成熟了，已经秋天了，这么长时间。怎么说呢，一般的人熬不过。

陈：是体力劳动熬不过，还是生活习惯熬不过？

杨：生活苦也熬不过啊，那时候我们在城里再苦，也比农村强，农村那是很苦很苦的。陆续地谁有事就调走，一天我在田里割豆子，春耕以后去的，还穿厚衣服，我还记得，一直到回来又穿上棉袄，这多长时间。我还记得邻家妇女每夜的呜咽声……据说这妇女的丈夫和她离婚了，原本感情很好。只记得在地头割豆子，割豆子是最累的活。那刀一下去，那根特别硬，要用力气才行。正在割豆子时，地头有人喊我“杨静”，我说：“谁啊，干吗呀？”在地头老远就喊“杨静，我接你来了”，我说：“你是谁啊？”“我是刘玉合。”刘是摄制组的剧务，我说：“你接我干吗？”“我接你去结婚。”我说：“什么？”把我吓坏了，因为我心里的一点秘密就是于洋，而且我们也没有结婚的打算。

陈：而且对象变成刘玉合。

杨：把我吓得“咚咚咚”心直跳。我说：“你别逗弄我了。”他说：“你过来，过来，一会儿再干活。”他这就把我叫到地头上，说：“严恭要请你去演《结婚》的女主角，不是要你结婚。”他们是逗我开心。我说：“你这家伙挺坏。”他就是这个《结婚》组的剧务，叫刘玉合。结果我就忐忑不安地放下镰刀，回去准备走。队里都知道了，说：“你就赶快去吧。”这样就从五公村，穿着农民的小花棉袄，戴一块头巾，就又到长春了。这个戏，我跟张锡奇演一对，这个戏拍了两年。

陈：拍两年？

杨：嗯，1952年去的，1953年秋天完，反正跨年。为什么跨年呢？因为这个戏拍完了以后没有通过，又让改了好几次。拍这个戏期间，我跟于洋就在“长影”厂里结婚了。我们俩结完婚，我已经怀上了女儿了，这时又补戏。你想就是这样的跨度，一年半以上嘛。这时北京已经建立北京电影演员剧团，于洋他们从“长影”调回北京，并入演员剧团。这部戏是严恭导演找我的第二部戏，这部戏很长时间都出不来，我不知道为什么。后来我看到严恭有一个总结，他觉得这部戏拍得不好，其实我不以为然。他是因为后来拍的《红孩子》，拍了别的更好的戏，是他的成名作，他就不谈《结婚》了。每一部戏的起伏和导演有非常大的关系，那个导演起来了，演员也跟着起来了，那个戏也就起来了。他后来那个《花儿朵朵》出来了，当然《结婚》和《卫国保家》确实是比较早期的，确实是比较幼稚。

陈：我想听听您对《结婚》这部电影的总结，您认为这部电影是什么样的？它有多么好？或者有哪些遗憾？另外还有对您自己表演的总结。

杨：我认为在当时作者有生活，电影也是非常忠于生活。我觉得这点跟《卫国保家》一样，严恭还是延续他原来的那种严肃的态度，比较靠近自然地表现了一个农村题材，他写的是河北涉县，一个很美的村庄里，茂密的树林、清澈的水渠，这里一对青年人要结婚了，去登记的路上遇到种种事，他们各自放弃登记，先把遇到的事情处理完，所有的好事做完了，就登记去了，这个戏就结束了。

陈：就结婚的过程，是做好事吗？还是好事降临到这个主人公身上？

杨：为别人做好事，当然它没有那么巧妙，有点简单了。就是一出门碰见水决堤了，男主角堵水渠，我演一个助产士。

陈：您在电影里面演助产士。

杨：对，我的本行，演一个女队长，是个助产士。要结婚，结果登记路上碰到人家要生孩子，就给人家接生。这两个人结婚，老碰不上，最后两人结合了，就这么个故事。当然显得太一般了，但是我觉得比起那些乱七八糟的片子，还好。

陈：您自己的表演比前一部影片会更自如吗？

杨：我觉得自如得多。因为这部影片的摄影师好，我又遇见大摄影师朱今明，原来这部影片是杨洸演，就是庞学勤的爱人，导演觉得不行，半路把我从农村调来。朱今明他要换我来的，严恭也觉得我可以，熟悉了嘛，他觉得我还是认真的，而且《卫国保家》演完之后我还做了总结，严恭还拿着我的总结去上课，那时候有一个表演艺术研究所，他上课还讲了很多我的例子。《结婚》是抢拍，因为豆子都割了，农村没有什么东西了，田里已秋色，就赶快抢拍，结果就是没什么太多时间，很赶。这次我又遇到了不一般的摄影师，他要求戏，要演员表现出目的性，导演在那儿要求，他要求更细，他老说“不行，不行，你这个目的性不强，你还得来一遍”。

陈：他不仅管画面，还得管戏。

杨：对，对，他“越权”，但是因为他们是老哥们儿，所以也无所谓。一个镜头要绝对准确他才通过。这个画面怎么样，他也很讲究，他把我拍得也蛮好的。他后来还到苏联去学习了。

陈：他在这之前拍过《一江春水向东流》。

杨：对，对，都拍大片的，是大摄影师，所以他要求戏，一个镜头没有空的。演员有时候空站在镜头前面，再漂亮观众也不要看。演员再漂亮，如果像招贴画那样没意思，你再不漂亮，只要那戏感人，人家还是愿意看。所以他很注意戏，这个我印象最深。

陈：他这样对演员其实也有一点促进作用。

杨：有启发，绝对有启发。有时候导演都忽略了，他要求戏准确，他说：“不行，不行，你这个还没回头看他一眼，怎么就走了。”他就可以给你提示这个，我想：“对了，刚才我想跟他说说走了，还应该再回头看他一下。”戏深化一下，我觉得这个摄影师是挺棒的。

陈：您刚才说《结婚》拍了很长时间，不通过的原因是什么？

杨：当时我们有一段红绸舞，长度太长了。

陈：长了剪掉就好了，后来又要重拍，那就是剪辑的问题。

1961年全家合影

杨：不是，后来还补镜头了，我记得接生那段就是后补的，拍接生的时候，我自己都怀孕了，所以我要把腰束得很紧，做出来很麻利的动作，其实那时候我有一点显怀的，腰有点儿粗，当时我要特别注意，不多吃饭，小心地把那个戏补成。我记得，有一大段红绸舞，我表演红绸舞，那段戏删了，没有原则问题，是因为长度。这个作者是大作家，没有给拍好，他们很熟悉农村戏，写得其实还有一点生活，但不是特别有趣。

三、生活的浪花

陈：您跟于洋老师拍完《卫国保家》以后，后来怎么联络，您回到北京拍《一贯害人道》，这期间一直到结婚的过程是什么？

杨：当时我们可能无望，有过信件往来，后来联系间断很久，中间曾通过朋友联系，组织上给我包办的事（婚姻）解决前都有这个约束。

陈：于老师在结婚之前，1953 年之前知道您有那一段经历。

杨：“长影”借调我拍《结婚》，我就说这是命运的安排又让我们见面。拍《卫国保家》，我对他一句假话都没有，我如实的、全部的、毫无保留的，无话不谈，在他宿舍，有人在旁装睡，晚上把我们俩说话内容向组织告密，支部就批评我们，也许就因为这个，他非常同情我，当然最早的印象还是两个人很好。

陈：当时决定要结婚的那个场景细节是什么？是谁提出来的？

杨：我们俩是这样的。我这个事情解脱以后，他一直心里还不十分明白我究竟怎么样，所以我们彼此心中无数。我们住同一个楼层，有一天他就给我门里塞了一张纸条，就问我说，是不是出去走一走。于是我们就到了厂外南湖，大冬天，那么深的雪，就到南湖去遛弯儿，我就告诉他，我是彻底地解放了。但是我说：“我听说你有朝鲜女朋友，我祝贺你。”

陈：朝鲜女朋友？

杨：有两个朝鲜女孩子追他，对他特别好。他说：“不可能，不可能。”然后他就从书包里掏出来一条秋林公司的大白兔毛围巾，给我围上了。他说：“我永远等着你，你看怎么办。”所以我们俩就等于从那儿开始沟通了。当时我们有一个顾虑，就觉得社会舆论不好，别人都认为你们是乱搞，杨静是个坏女人，于洋你干吗找她。好多朋友劝他：“你不要找她，有的是女孩，那么多女孩对你好，你干吗非找她呀？”我也觉得人家会觉得我不好，所以我说：“你也别跟我好，你去找一个你喜欢的人吧！”当时不仅朝鲜女孩，身边的演员也有追他的人。

陈：但是于老师坚持要等您？

杨：对，他这一点，特感动人。他说：“我要找人早就找了。”我们俩是被命运牵到一块儿的。

陈：当时的婚礼于老师喝得大醉了，您也醉了吗？那天是什么样的情形，怎么婚礼那天喝得那么醉呢？

杨：那天婚礼是这样的，在工会办公地方举行了简单的婚礼。回洞房，屋很小，因为没有大房子，宿舍走廊就是大家的房子，摆了很多巧克力、酒和香肠。男孩子们喝得酩酊大醉，当时朝鲜部分演员在“长影”。1951年我们“北影”有一个队到朝鲜去体验生活，认识了一些朋友，所以一块儿来，还有我内蒙古的老乡，正好《草原上的人们》也在那儿拍片，好多人参加婚礼。而且那时候大家心里虽然不说，就有点像平反一样，我们俩那个婚姻，当时理解我们的人很多，觉得我们是很好的一对，特别为我们高兴。那天非常狂热，醉倒了好多，有人平时有洁癖，也醉到厕所里。灌酒的人多，于洋吐得很厉害，我也醉倒了。散场后留下两个同事守到我们天亮才走，所以就有“四个人入洞房”之说。我觉得大家有一种心情，为我们高兴，也宣泄压抑了多年的感情，这中间于洋肯定谈到那一段，谈到个人英雄主义。

陈：对，经常被说翘尾巴。

杨：其实很重要的一个原因。

陈：是因为跟您结婚这个原因。

杨：肯定的，这个原因是很重要的，因为当时他没转正。“忽视党的组织，你又去乱恋去了。”

陈：就犯自由化，没有听党的话。您的婚礼上，您的哥哥、姐姐有谁来参加吗？

杨：谁都没有，他们都知道我的婚姻不顺，其他不知。

陈：为什么呢？您在参军以后，特别是全国解放以后，没有及时与这些姐姐、哥哥们联络吗？

杨：1949年南下前夕，我的姐姐从内蒙古找到我，找到我部队，待了几天。当时就是我那个状况，她也知道我很不快乐，待几天就走了，但是她知道我活着就挺好，因为战乱中以为我死了。我就从姐姐那里知道哥哥在沈阳，知道他的地址，并且也知道他当了国民党的军需连长，姐姐给我讲了些家史，以及其他姐姐的情况，这一切事情我都知道了。后来我抗美援朝路过沈阳，我就去看了哥哥和他的八个孩子，一铺炕上八个小家伙，而且穷得叮当响，被子都掉棉花渣，很困难。他从内蒙古改名换姓隐蔽到沈阳，是想把自己国民党那一段掩掉，但是我一去，我说：“你不可以，你把这一段留下，你将来就是死路。”我劝说并拉着他去当地派出所去坦白交代，所以免于刑事处分，把他留下了，管制三年。实际上他加入国民党时间短，没什么太大的过错。

陈：然后您在“长影”拍戏，一直到在长春结婚，离沈阳很近了。

杨：那时候没有把家里人找去的，不像现在，那时都没有。

陈：结婚的时候不叫自己的哥哥、姐姐、亲人们来。

杨：没有，因为我自己也没想立刻结婚，我真的当时也没想结婚。我跟于洋两人商量再过两年，因为过两年，舆论就烟消云散了，我们再重新交往，好像比较好。后来欧阳儒秋老大姐说："你等什么呀？你等，这还等他干吗，你不是为了跟他好嘛，结！"老太太给我们做主。

陈：当时欧阳老师也是"长影"的吗？

杨："长影"老演员，她跟于洋在一个组里演《葡萄熟了的时候》，她虽然是一个老演员，她也同情我们这个遭遇，老太太说："结婚！没事，你结婚，人家就不说了。你不结婚，人家总说你。"在她的鼓舞下，当时就决定结婚。

陈：原来是欧阳儒秋老师帮你们促成的。

杨：嗯。

陈：关于婚礼的事还有什么补充吗？是葛存壮老师做的主持人。

杨：对，他主持，他当时是工会主席。很多年轻人也是同情我们的，但是也是敢怒不敢言。那时候的事就是那么回事，但是心都向着我们。所以他说："我来给你们主持。"他很支持，他觉得天下有情人皆成眷属，在当时很不容易。在当时能具有这种思想，而且敢将这个思想化为行为的人，不是很多的。我也有很多好朋友心里支持我，但不露面，暗地支持我，甚至给我出招，因为社会压力很大。因此，我有多少年都不去"长影"演戏了，"长影"很多都是我的战友，就是自然地有一种看法，觉得杨静演了两部电影，你看她就变了。他们把于洋称作小明星，说找小明星去了。可是我说："就是他要饭，我也跟他了，就这么跟定了。"

陈：是，这个历史已经证明了这一点，"文革"都已经过来。

杨：对啊，多少人都对我们说，说："你们是真正相爱，你们是真正互相有责任感。"

陈：才会一直这样过来。以后是不是跟葛存壮老师家交往更多一点？

杨：对。

陈：因为我前天晚上还在电视上看到葛存壮谈你们的婚姻。

杨：拿起我们的照片，是吧。

陈：对，对，拿你们的照片。

杨：我们深深地感觉到，这些同志是从心底里头祝福我们。别人对他也有看法，不管别人怎么看他，他给我们主持婚礼。而且严恭同志也蒙受了一些责难，严恭同志给我们做证婚人。我们一辈子都感谢严恭同志，他也很巧，他那个戏不换我去演《结婚》，我跟于洋也未必能成。

陈：至少不会那么快。

杨： 都是上帝安排的，真的。你看我到电影界，没有半个月就上了《革命姻缘》，从《革命姻缘》一直拍到《结婚》，拍完了《结婚》，我们就结婚了，结婚后回到“北影”。

陈： 您在 1954 年拍过一部叫作《大步前进》的电影。

杨： 那是个苏联话剧，一台舞台戏。

陈： 是什么情况？

杨： 我从长春回来以后，因为怀孕了嘛，就没有戏拍了。生完孩子以后这段时间，要喂奶什么的，也不能出去拍电影，所以就拍一些话剧，拍了好多。

陈： 您怀着孩子怎么能演话剧呢？

杨：《大步前进》当时不能上电影就排舞台戏，排许多舞台戏呢！是生完孩子以后。

陈： 1957 年您不是在电影学院吗？

杨： 对，1955 年秋天考的，1956 年、1957 年两年就到电影学院了，就没机会拍电影。

陈： 我查遍了中国电影片目，就是查不到《大步前进》这部影片，所以我问您有没有另外一个片名，是一个舞台剧，是吧。

杨： 舞台剧。

陈： 您女儿出生三天，黎铿帮您拍了很多照片，黎铿也是“北影”演员剧团的。

杨： 黎铿也是剧团演员，是电影世家黎民伟之子，小童星，解放初期，他上戏很少，他与我私交很好，为什么呢？我跟他还有贺小书、姚向黎，我们这一帮年轻人经常搞诗朗诵活动，还有拍《红楼梦》的王扶林，这都是我们当时的一波人。

陈： 都是在“北影”演员剧团？

杨： 不是，是北京社会上有很多诗朗诵活动。50 年代苏联的一些好的作品、莎士比亚的作品，各种戏剧片段都会成为我们朗诵的内容。在北京有一段相当活跃，黎铿当时在我们朗诵界也还是有点小名气，他愿意朗诵，因为电影拍得少嘛，我们一起活动比较多。于去云南拍《山间铃响马帮来》的时候，当时交通非常不便，一封信要走半个月到 20 天，我们就经常寄照片给他，连续不断地写信，这才能不断地收到信。黎铿从我女儿降生第三天就去医院拍照片，之后一个礼拜、十天、一个月、两个月、三个月、四个月、五个月，一直到回来，每个月他都给我拍，拍完以后马上就寄给于洋，于洋才能不断地收到我的信，才能不断地看到孩子的成长过程。

陈： 于老师那个时候在拍《山间铃响马帮来》。

杨：那个时代我们俩的感情关系有点浪漫色彩，不是像一般的结婚就完了。我们俩老有一些故事，中间老有一些浪漫，比如说我们结婚闹成那样，我还没有来北京之前，我带着大肚子在“长影”，我记得有一个女友，也是演员，叫黄玲，她的丈夫送我到火车站，我决定回北京。他说：“你明天走不行吗？明天谁谁走，你跟他一块儿。”我说：“不行，我必须现在走，因为明天于洋要在车站等我。”他说：“叫于洋晚等你一天，不行吗？”我说：“不行，必须得今天走。”他说：“你们俩简直是疯了，从来没见过你们这样的，你看你挺着肚子，非这会儿要走。”之后他把我送到车站，没有票给我买一站台票，我就上车，让他回去了。当时就是把一切都看得那么理想、那么美好、那么不可动摇，我必须在站台上叫于洋见到我，年轻的时候就这样。我生了孩子，于洋来信慢，就给我发来个电报祝贺，发电报，我们团部就拿到了。“你看这两个人，他们就不正常，发电报，资产阶级才发电报。”批评我们。

陈：发电报为什么要批评呢？

杨：是啊，那时候就这样。我们一个主任，就是凌子风的爱人叫石联星，她挺好，我生完孩子以后，她到医院去看我，给我送鲜花，还抱我、吻我。在那时候这样的事很少，不像现在跟谁都抱，石联星抱我、吻我、祝福我。然后她就说：“不要这样，人家这么远来不了，看不见，人家发个电报，叫他的爱人高兴、放心有什么不好？怎么批评人家啊。”没人讲话了，因为有一个人这么说，别人才不好讲。所以说那个年代，人的感情很受压抑，你想冒一点尖就要遭点非议，就这样的。葛存壮也有点这种情结，他也是每天拉个小提琴，老是在一种陶醉状态里，跟别人不一样，头发比别人长一点，爱喝一口酒，跟于洋两人喝酒，不是有很多笑话嘛，他们都有这些交流。几十年来我们两家基本上是大事、小事常在一起讨论研究，比较真诚的。所以结婚那天他想尽办法叫我们能够高兴，就是这样的。

陈：说起来，那个年代浪漫真是不容易。对黎铿您还能多说一点吗？

杨：黎铿他这个人非常单纯，但是，他们都说他装傻充愣，其实他不是，他就是不拘小节，他家姊妹很多，他家对他管教非常严格。吃饭的时候，他家里都有规定，三口饭一口菜，必须三口饭一口菜，不能光吃菜。我们住在一个院，经常在一块儿吃饭，他吃饭就是“哐哐哐”，我说：“你能不能别这么机械，慢点。”他说：“没办法，从小教的。”家庭给训练出来的。他什么事都感到新鲜，他有一个口头习惯就是老问“为什么？为什么？”他经常在不该发问的问题上发问，不该奇怪的问题上表示奇怪。他就是这么个人，不是装傻充愣，是一种习惯，他很勤奋好学，可惜确实没有什么机会演戏。

陈：不给他机会演戏是因为什么呢？其实他从几岁就开始演戏。

杨：是啊！那你说王人美为什么呀？当时没有一个领导有意地去培养这些人，比如说哪些人有发展应该培养，或者哪些人不应该断代应该培养，没有这个考虑，都是自生自灭。反正谁赶上了机会就演。

陈：政治上考量肯定也是一个原因吧。政治上可靠的人演戏就会多一点，家庭出身复杂一点，或者是以前在上海影坛做过的，会不会受到一些压抑？

杨：其实也不完全是，因为有的在政治上很可靠，但真不会演戏，也演不上。

陈：不会演戏那没办法。

杨：笨透了的也上不去戏，我们这里有一辈子都上不了戏的，也有的人长得很漂亮，但就是上镜头特别木，像木板一样，也不行。我觉得当时主要缺乏那种有责任的领导，现在想，假定有领导有一点眼光，带上几十号人，就能培养出来一些人才。

陈：当时其实没有那样一种战略上的考虑。

杨：田方同志是一个好人，但是他也缺乏这种东西。我记得有一次我跟田方交换意见，我说："田方同志你看过《远离莫斯科的地方》吗？"他说："看过。"我说："像那个厂长那样的关心干部，你能不能学一点？"

陈：就当着他的面这样说。

杨：嗯，当着他面说的，他就笑，说："你这个意见太好了，咱们脑子不够用，文化水平不高，很多东西想不到。"后来我一听，他讲的话也有道理，他这个视野在这儿，即便是当初30年代明星，山沟里住久了出来没见过这个，你让他想出这个来，他没法想。而真正见过这个的，有想法的人又不在位。

陈：对，没有权力。

杨：或者不被重视，也不被看中。甚至觉得你还有旧意识，你怎么老像那些明星，会这样。所以其实像王人美当时还能演戏呢。

陈：对，其实年纪也不算太大。

杨：当然了，凌元也憋了多少年才演戏。

陈：对，都是30多岁。

杨：对，都是后来起来的，所以这时没有有计划地培养人。后来成立了电影学院，有了表演艺术研究所之后，这才开始比较有一点条理、有一点计划地培养演员。

陈：说到1955年，就是夫妻二人同时进电影学院的，你们班上多吗？就您这一对吧？

杨：还有一对，是凌之浩和沙莉，上海的。这也是很多人考，考取才行，考不上也不能一块儿进来，有的人也没考进来。因为从三个厂往外调人，两口子在一块儿不是太好的兆头，因为一般不吸收两个人，对吧。

陈：对，对。

杨：反正当时，于洋肯定优越性比较强，他演很多戏，我还是两部电影的主演，所以就考取了。

陈：当时您自己是怎么想的？就是要不要进电影学院，主角都演了两次了。

杨：是。当时王蓓就是这个观念，我们也是朋友。我说："王蓓也来考吧。"王蓓说："我不去考，我趁现在年轻，多演两部戏。学习两年，要耽误很多戏。"其实，现在我想她也许是对的。我当时就没想那么多，我想得很简单，那个时候渴望知识，觉得就像需要喝水一样，一定要学，根本不考虑这个那个的。我一生我都不考虑说我一定干出什么轰轰烈烈的事，我就觉得我想干我就要去干，所以我就考了，也考取了。于洋是后考上的，因为他正在拍戏，没时间，后来赶过来考上了。考上了以后，当然是觉得最幸福的。过去没怎么念过书，而且两个人带薪资学习，说实在的，这一点很值得珍惜，不是我们国家也办不到的。

陈：对，国家花钱供你们上大学。

杨：对，对，所以就觉得非常难得。那两年确实也是填补了我们心里的很多空白，那时候，读了很多的书，接触了很多的世界名著、世界上好的电影。大量地吸收知识，感觉自己像块海绵一样充实起来了，这个学习是很必要的。

陈：入学考试是哪些科目？

杨：首先是表演。

陈：小品吗？

杨：有小品，有朗诵，有诗，有寓言，这四样。

陈：诗和寓言怎么考？

杨：诗和寓言，选一个诗朗诵，选一个寓言，什么克雷洛夫的寓言，《安徒生童话》。另外还有音乐、唱歌，还有形体，形体多半是做一些简单的舞蹈动作，你自己会的舞蹈动作。还有就是文学常识，这个没有范围。

陈：这个怎么准备？

杨：这个非常难准备。从苏联的文学到美学，到绘画，到音乐，全套你得知道。因为当时来的是苏联专家，再一个就是世界的著名的作品，每个国家最著名的作品、最好的电影都得去涉足，反正都得去记，甚至古典文学，也得准备一点，诗歌，从《诗经》一直到新诗。

陈：唐诗宋词元曲都得看。

杨：都得看啊，可是没有考，他们这些专家没有这个知识，咱们国内的专家也不行，有的专家坐在那儿还不如我们呢。

陈：怎么讲？

杨：坐在那儿的专家，少数是专家，大部分是辅导员们。主要是靠苏联专家的评议。

陈：那个时候考试以后，基本上主课老师都是苏联专家是吗？

杨：对！就一个苏联专家上课，陪同都是辅导员。

陈：表演方面就一个苏联专家，然后比如说导演和摄影，每个科目的主科老师都有苏联专家？

杨：都有，但是考试的时候不完全来。导演专家、音乐专家、美术专家、摄影专家都有，但是真正考试时，他们各考各的学生，有的时候也合起来。

陈：您在电影学院主要的收获体验是什么？

杨：就是使自己充实了，这是最重要的。知识丰富了，对一些问题的看法也有一个很大的提高，这是肯定的。另外在表演上来说，我只演了3部戏，但就是演了30部戏，这一次解决的也是一个表演方法问题。我演那两个戏都是比较本色的表演，间接地、琐碎地接受了一些书本上的知识，借鉴老演员的表演经验，但是都不成系统，只有在这里才系统地学习了表演理论。这个表演理论当然不是世界唯一的，各国都有它们的一套，但是咱们中国当时就是崇信苏联的斯坦尼斯拉夫斯基的方法。实际上现在日本也好，欧洲、东欧一些国家，这些国家基本上都是斯坦尼斯拉夫斯基的方法。可是反过来说其他国家我接触了一下，也是斯坦尼斯拉夫斯基体系，不过不是唯一而已，因为凡是接触表演的东西，基本上都是这一个体系。就是从一个演员成为另外一个人，塑造一个人出来，用什么方法，通过什么手段，树立一个什么样的人，道路有所不同，目的基本上是一样的。

陈：殊途同归。

杨：对，殊途同归。

陈：肯定是要有体验，有揣摩，然后有表现。

杨：没错，没错。最终就通过演员表现出来，对它的理解和对它的塑造，像捏人似的，捏出来。技巧好，捏得就特别像，技巧不好，捏得就差一点。但是总归，在电影学院毕业以后，演得好与坏，都有一定的塑造能力了。我毕业以后就去演了《生活的浪花》，当时有人就说："你看她，她原来那个朴朴实实的样子多好，现在你看看，娇滴滴的，像个知识分子。"我说："太好了，这个评论好，我要的就是这个结果，因为我本来就是村姑娘，我本来就是那个朴素的老牧民的女儿，我就是一个村姑。但是我现在塑造的是一个大学生，她就得有点知识分子的味儿。你看我不舒服不是嘛，我觉得我要的就是这个效果，那我的《生活的浪花》它本来就不是农村的，不是孙玉敏，不是埋地雷的姑娘，不是村支书，对不对，我演的就是知识分子。”我对种种评论都分析。

陈： 我刚才没太明白，是说《生活的浪花》，有人看电影以后提出这个意见吗？还是说您从电影学院出来，就拍摄现场提意见吗？还是什么时候提的？

杨： 不是正式评论，也不是文章，大家传来传去的，朋友们的议论，反正是有这种议论，就是说：“你看杨静，她这样多做作，她原来多朴实，现在像个小姐，像个知识分子。”

陈： 但是您演那个叶素萍不就是一个大学生嘛。

杨： 对啊，我说：“她不就是知识分子嘛，那你说对了，她就是娇滴滴的。她就是有点那个味儿，所以男孩子都喜欢她，不喜欢大老粗。”他们笑我。我说我不认输，如果《生活的浪花》还不突出，后来《英雄岛》我的表演有的地方就有一点点不舒服，有这个生活情趣的东西我处理得太呆板。

陈：《英雄岛》是1959年拍摄的。

杨： 我自己能总结出来，《生活的浪花》我绝对变了个样，从形体到语言，到眼神，这就是我的塑造。如果你说我塑造得不对，那你可以提出来我应该怎么塑造，这就是我的塑造，你爱承认不承认，现在我也这么说。可是现在观众和孩子们都说很好，没人说这个。

陈： 不会说演得娇滴滴的。

杨： 说你挺可爱的，那时候挺漂亮的。

陈： 当然是那样的了，跟人物身份很贴，必然是这样的。

杨： 对，因为那时候就学会了用这种办法。比如手伸出去，这样一点，而不是“哎，给我”，不是这样的，就是有点嗲，她本来就是这样一个身份，因为这样，她才有了和男朋友之间的那些交流。戏里的那三个男孩子喜欢我，你说要是像我演《结婚》那样赶着大车“驾，吁”，那能有三个男孩子追我吗？你得看那个戏搁到哪儿合适，是不是这样？所以我不觉得那个批评是对的。就是说我学会了塑造，至于塑造得是不是完美，那不敢保证，就是现在很成熟的演员，他也不敢说我每个表演都非常准确，我当然不敢这么说，但是我学会了塑造人物。《金玲传》里的大金子我自己比较得意，大家评论也认为好。

陈： 在电影学院除了学会有意识地去塑造，还有什么收获？

杨： 初步掌握了塑造人物的方法，或者说掌握了一种表演体系。我们班当时胡朋是支书，张莹是支委，我是支委。共 9 个人。

陈： 胡朋老师就是演《槐树庄》里面的老太太。她跟您是同学，是吗？

杨： 我们班高低不平，黎莉莉、陈强、胡朋、车毅，这都是比我们大的。

陈： 要大很多的。

杨： 当时我们正是毕业演出最紧张的时候，而且我在《第十二夜》里头演两个角色，负担比较重，我不怎么太热衷于去参加那些会议。

陈： 您不喜欢参加那个会议，还是没有时间参加那个会议？

杨： 也没有时间，再加上一个人饰一对孪生姐妹，担子重啊！大家都盯着你呢！也不喜欢。

陈： 也不喜欢。因为您是一个直来直去的性格，如果有什么看法也会提出来。

杨： 要有我也会说的。当时我因为戏重，专家对我要求也多。三十几号人，大家眼睛都盯着那一个人演两个角色的演员，这一辈子也遇不上的机会，所以我觉得我一个人演了两个，这是我一生最幸运的。电影学院是作为学生毕业演出的，后来剧团也演出多次，其实我们的《第十二夜》，是第一个在中国演出的话剧，我是第一个演两个角色的演员。现在没有人提了，我自己记得。他们都算第二个，就我是元老，我应该为自己吹《第十二夜》，过去后排演的话剧。

陈： 电影学院的学生汇报演出《第十二夜》，北京是首演是吧？

杨： 对，首演是在北京。后来上海把学院专家排的戏通过凌之浩给移植过去了。

陈： 秦怡还是秦文？秦怡是上海的。

杨： 秦怡在上海也演了，秦文在北京也演了，我们是首演，不是什么事都注重第一嘛，现在没有人为我们说这个第一，我自己来说。当时不能讲自己是第一个。

陈：《第十二夜》的导演就是苏联专家？

杨： 学生们也曾有人参与导演团，实际上只能说导演是专家。嗯，苏联专家。我们班有比我漂亮的，比我个高的，比我强的，但是专家就叫我来演这个《第十二夜》，我自己就觉得非常幸运。应该说在电影学院学两年，不枉费自己的生命，这个戏是对我的一个最大安慰。因为我觉得通过这个戏，这个戏打了 80 分还是 70 分，还是 100 分，这都无所谓，总之我在一个舞台上塑造了两个角色，而且用那么大的声响在全国演遍了，当时在开亚非拉会议，一个英国的大摄影家，我也不知道名字，看了戏送了许多张彩色照片，国内当时无彩色片，并请我们吃饭，把我们都吓跑了，那时没办法，不敢接触外国人。

陈： 他是私下请。

杨： 他就是当众请的，宣布“戏演出完了，我请你们，请女演员吃饭”，一请女演员，女演员更吓得都跑了，后来他在台上给我们照几张相。晚上我们谁也没去，都跑了，当时不开放嘛，不敢。

陈：《第十二夜》后来做过巡回演出吗？

杨： 演过多次。在邯郸演过，在西安演过，在延安演过，在新乡、安阳都演过。新中国成立十周年的时候，那节目单印的都是我，但是我没演成，我在广东南澳海岛上拍《英雄岛》，那时候备战不能动，蹲在战壕里。

陈： 拍摄《生活的浪花》时，您从电影学院毕业了吗？这个前后您还记得吗？

杨： 记得，毕业前夕史东山的儿子史大千找我拍一个到青海去的戏《怒江之歌》。但就在同时，陈怀皑请于我们俩一块儿演《生活的浪花》。当时，我的表演史上净演农村姑娘，我很想尝试一下有知识的人物，而且自己这两年增加了些知识，有那种心理，也有些信心想尝试想体验一下这些人的生活，所以就接了这个戏。说好的这个戏都是在北京近郊拍，这是陈怀皑同志第一部执导的戏。

陈： 就是独立指导的戏。

杨： 你看他前边拍那么多电影。

陈： 都是做崔嵬或别人的搭档。

杨： 其实这个人我们是对他很同情的，他确实在历史上，他跟国民党肯定沾点边，但是他也跟地下党沾边，由于有这么个历史原因，在那个年代，反正人家看他总是“二等公民”，这个真的对他很不公。到《生活的浪花》他才开始独立执导电影，我们当时很愿意支持他，再加上摄影师是钱江，刚从苏联学习回来，确实有大干一场的欲望，要很好地实验一下，把电影提高一步，这种欲望是一样的。所以我们这个班子就很快搭起来了，我们先到北京近郊的妙峰山，先抢外景。当时根本不住什么招待所，就地在荒原上搭起帐篷，就住在那。我认为陈怀皑这个人是很有才的，他也是非常肯努力，头脑也特别灵活，而且其实他挺智慧的，他书读得很多，见识也比较广。当然在我们看来，他当时比较会为人，那时候，这不被看作优点，而是被看作油腔滑调，其实不完全是那样。当然社会上包括摄制组在内，各种人都有，对他有看法，但是我和于洋对他比较友好，和他个人关系比较友好，合作得还是很愉快。其实，据我们所知，说点题外话，他所参与的摄制组，都是他出很大力，他有戏校的底子，有实践的底子。他比我们见识多，电影拍摄方面也比老崔经验丰富一些。崔嵬再好，到摄影棚糊涂，不知道应该干什么，连 ABC 都不懂。这个我不贬低崔嵬同志，“文革”我保崔嵬啊，保成“反革命”。但是，我就说这两个人的能力和各自的优缺点不同，当时这部戏搭配是很好的。陈怀皑给崔嵬做副手，实际上，他做了很多主要的工作，像《青春之歌》这样的戏，我们都肯定他的成绩。这次是他自己单独撒开手自由创作的第一部戏，所以当时他精神很饱满，很高兴，我们也很快乐，好像有点青年摄制组的气息，很振奋。另外一个，想超越点现实，比如那个时候的服饰和各方面的设计都略微超前于时代。

陈：时尚一点？

杨：更时尚一些，比如穿什么样式的鞋子或者衣服，有装饰品了，设计上都稍微讲究一点。当时的人们一般还没有穿西装的，我们刚毕业的学生就西装革履，不太一般，略微高于生活。当时我们觉得艺术就是这样，应该高于生活，让生活更美好一些，那时候也是追求美好，追求更完美，所以这个组整个的创作气氛比较好。再加上钱江刚从苏联回来，他很想把这个戏拍成非常有格调的影片，在摄影机前充分展示自己在苏联学到的那些本事，打光什么的，虽然是黑白片，但特别讲究，精益求精，拍戏进程也还比较顺利。当时电影里头有一场篝火舞会，还有划船，我还唱一首歌，当时还挺有情趣的。陈怀皑同志也很卖力，所以戏拍出来，我觉得应该算是比较讲究，还是比较耐看的。但遗憾的是原剧本的局限，这个本子也是翻来覆去改了几稿。最早的一稿叫《太平间的谋杀案》，它是一个惊险破案的戏，觉得这个东西不好，就往正路上扭，通过左扭、右扭最后就扭成这么一个知识分子需要走改造的路，才能有点成就。框架还是那个框架，但是内容就是往这上边扭了，所以有一点点牵强吧，创作上，由于先天的不足，再加上形式上这样的追求，这部影片放出来以后，虽然在社会上反响很热烈，座谈会都肯定，但是也受到了批评，现在我也想不起是什么太大的问题，因为那时候还没有像后来我们的戏遇到整风一类的情况，反正总之就是觉得我们太脱离生活了，太美化生活了。还觉得剧情好像有点脱节，前半截就卷到三个人的三角恋爱，三个男孩子追一个女孩子，等到后半截，大夫误诊以后，陷入和病人的学术纠纷，转向思想批判，所以结构上不是很完整，有这个问题。我记得对我的批评有一条就是讲究美，大夫哪有把头发搁在帽子外边的？我有的镜头头发露在外边，露出一圈头发，那时候，觉得那样更好看一些。

陈：这个是导演要求的，还是您自己？

杨：我都不记得了，我记得当时有那么一个原则，医护人员进到手术室就必须头发全看不见，但是我在办公室或者其他活动场合，我觉得应该是自由的，这个看法不一样，可是他们开座谈会的时候，他们说：“我们上班头发都得弄上去，那样也挺漂亮。”

陈：医护人员自己说？

杨：座谈会啊，优点、缺点都说。其中对我的批评是这一点，我印象最深了。但是没有什么根本性的批评，这个后来也认错了。主题还是认为可以的，因为当时强调改造嘛，其实那时候大夫也说：“我们也不见得那么执拗，我们做错了事情我们还怎么样。”当初《太平间的谋杀案》确实有个医生他是品质不好的，要掩盖自己的罪行，而推给别人，情节都受原剧的影响，很难彻底改。就是说这个戏其实还是很新鲜，但是没有打得特红，当时很轰动，一下就下去了。

陈：您对您自己在《生活的浪花》中的表演，回过头来看，现在的印象和评价是什么？

杨：我觉得当时追求的是高于生活，追求唯美主义的感觉，要一切都美好，服装要好，演员要漂亮。

陈：姿态要好。

杨：都要好，自己要变个样，杨静就不是什么《结婚》时的土样了，要变点样了，要有点知识化，总之从形象到动作要改变。因此一些老熟人看你演一个傻乎乎的农村小姑娘看习惯了，就感觉这不是我了。

陈：《生活的浪花》这个表演，是经过电影学院学习以后，是有了一个系统化的追求是吧？

杨：对，原来的表演行为可能是出于自然的，自发的，或者是自己积累一定经验的成果，比较接近人物，比较本色。但是学习以后，无论如何是掌握了一门科学的表演方法，如果你运用得自如、得体，那你的成就就高一些，就觉得舒服，接受程度就更高一些。如果你运用得很生硬，那可能后果就不太好。但是我觉得创作另一个形象，我能够脱胎换骨，从服装到感觉，到眼神到看人，接人待物很多细节上我有了一个变化，这就是我的塑造。尽管有棱角，或者有些不尽如人意，但是我觉得是一个提高。

陈：史大千那部影片您就没去了吗？

杨：就这两部影片时间冲突了，那个要进藏，我这边还跨着《矿灯》。

陈：在《生活的浪花》之后是《矿灯》还是《金铃传》，顺序是什么？

杨：《金铃传》在前。

陈：您好像特别欣赏自己在《金铃传》当中的表演？

杨：对。

陈：您说一下《金铃传》的创作过程，特别说一下表演体会。

杨：《金铃传》是我演戏生涯的次要角色，之前的《卫国保家》《结婚》《生活的浪花》我基本上都是女一号，等到《金铃传》就是二号不是一号了。

陈： 而且有一点反派了。

杨： 不是正面的，是受批判的人物。当时我很喜欢这个角色，他们还跟刘沛然说："你怎么叫杨静演这个人物啊，这个人物她合适吗？"刘沛然说："你不了解她，我看过她的舞台戏。她1948年在哈尔滨汇演演过地主小老婆。"他说："那种造型一看也不是杨静，杨静根本不是那个味，但是她有形象塑造能力。"这个导演刘沛然他了解我。

陈： 刘沛然不是八一厂的导演吗？

杨： 八一厂的，他知道我有这个能力。在表演专业上，有一种习惯的说法，就是说有的人塑造人物是从外部入手，从形象动作入手，去接近、进入角色，而有的人更多是从内心出发。比如说我刚才跟你说起过我觉得我可以演受迫害的女孩子形象，就因为我内心深处积累了很多这种生活，或者这种境遇，或者我有这种记忆，所以到演的时候，能唤起我那个感情，会迅速引领我进入角色的内心世界，导演觉得我是这个人，挺深刻，我理解这个人。但是当时我也不见得有太多的创作性，其实只是我个人的情绪记忆和我个人的经历结合了，所以就很贴切这个角色，比较合适。可是像《金铃传》包括《生活的浪花》还有后边的戏就不同了。《金铃传》我为什么喜欢？因为前边全都是一号，大一号，人们都挑，要有了一号绝不演二号，可是我当时很喜欢这个角色，这个角色的性格特别明显。生动的农村女孩子我也很熟悉，我下乡最多，接触女孩子最多，而且这种女孩子，我还真是不少见，因为那个年代，一个农村女孩子向往城市，那是她最高的理想。我这个人物就不爱农村，老想进城，追求虚荣嘛，追求改变自己生活的困境，也追求美好，我抓这个人物时，就一下子想到我在农村曾见过的一个女孩子，她老是手里拿着一个小镜子，经常趁没人自己赶快照一照，看看自己，给自己打扮打扮，经常背着人再看一看镜子。我一下觉得应该是这个特点，我是从外部特征抓起，我觉得这个女孩子，从她的角度说，她不安于农村的这种艰苦，她觉得城里比这儿好。她想方设法创造进城的机会，她穿得在当时也应该算是很时尚的了，当然还是比较土、比较怯，但是在她个人认为是很美的。我从外形上，抓住这么一个特征，我觉得这个女孩子应该是善良的。我不丑化她，她思想比较俗，但是外形上不丑化她，我掌握了这么个原则。我跟导演一讲，导演说："对、对、对，这个人还是善良的好人。因为最后她还是转变了，她还从城里回来了，所以你不能丑化她。"我创作这个角色的过程，一个体验是我从外部造型、习惯动作入手，一下子抓住这么一个特征，我就不放下镜子，手里基本老拿着这个镜子，几次在没人的时候，好好把头发再拧个弯，再看看脸什么的，这个设计我用了好几次。他们都说特别好，觉得非常典型，抓住了这样人物的心理状态，所体现的外部动作非常适合这个人，也不叫人讨厌，觉得她蠢得还挺可爱。《金铃传》的演出反响比较大，其实她就两段戏，一个是她这个动作，表现她的个人性格，另外一个是从心理上把握她善良的一面，她追求美好，她爱慕虚荣，想找一个警察结婚，跟人家要这个、要那个，老想多要点东西。但是当生活碰了壁以后，她觉悟了，在城里待不下去了，事实教育她只有回来。走的时候是梳两个辫子，挺朴素的女孩子，从城里回来把头发烫了，然后不敢让人家看见自己，偷偷从墙头上看有没有人注意她回家，就这一点戏。然后跟老支书认错的时候又哭又笑，就是又哭又笑这一段，是大家评论最多、最叫好的一段戏。

陈：这段也是表演难度比较大的一段。

杨：我觉得应该说比较准确地体现了人物的性格和心理，另外从效果上说也是受观众喜欢的。虽然《金铃传》我的戏不多，但作为一个角色我很看重它，我觉得是我角色设计的一个成功。这要搁到现在，配角奖没问题，真的，我的命运不佳。

陈：那时候没有。

杨：没有这个，但当时评论是很好的，后来这部影片在“文革”以后，近些年没放出来，不知道什么原因。刘沛然导演是太好的一个人，他在《南征北战》中演连长，记得吗？多好的表演，再没有谁比他演得好了，可是因为那个时代一闪而过了，再没有人提起他，其实他是一个真正的好导演。但是他很低调，后来也没有再继续创作出什么特别好的作品。这个《金铃传》，由于他以后的沉沦也随之沉入大海。所以金子要发光，是肯定的，但是有的时候是珍珠也会埋在土里。我很为他惋惜，但是我们心里依旧认为刘沛然是个非常好的演员，最主要的是他人也非常好，而且他做导演也非常朴实。

陈：他导演的熟练程度如何？艺术特征是什么？

杨：我觉得那时候他也不算很熟练，因为他也没拍太多的戏。但是他有生活，因为他是从部队下来的老同志，这么多年打游击都在农村，他是抗日战争时的干部，在农村经历了那么多年。另外他人朴实，那些演员都朴朴实实的，你看凌元在里边，袁霞在里边，曲云在里边，还有八一厂老演政委的于纯绵演男主角，就请戏曲学院一个肖驰演了这个女主角，其他都是八一厂的。

陈：表演上都是个顶个的。

杨：一个人一个角色，戏都还是挺不错的。

陈：《金铃传》它的名字是怎么来的？

杨：当时我也没想，这个作者叫左邻，是不是等于记住了这个女孩子的名字？

陈：但是这个女孩子也不是叫金铃。

杨：我也不太清楚，说不太准确。

陈：接着是《矿灯》。

杨：对，《金铃传》基本上没有结束就回“北影”拍《矿灯》了。

陈：《矿灯》这部影片对您家和您自己是特别有纪念意义的，于静江也在这部影片里开始她的表演了，而且是一家三个人。

杨：对。

陈：当时等于全家都在这部影片里。

杨：对，那是 1958 年底到 1959 年初。

陈：这部影片的前前后后您记得哪些？

杨：这部影片当时是很吸引人的，我们谁看剧本都是哭得一塌糊涂，它叫《矿工泪》，真正写矿工生活。新中国成立以来，都没有见过这样的一个剧本。我演女一号，其实戏不多，因为这部等于是群星戏，男一号是中央戏剧学院的一个毕业学生演的，于洋当时演一个地下党领导，是主要角色。葛存壮是反面一号，安震江也是反面的。当时我们这波人就下煤矿体验生活，接到这个剧本后第一个任务是下矿，到门头沟体验生活，差不多有半个多月。最深刻的就是对矿工的采访，爬煤窑，爬旧式的小煤窑，都是一步一步爬进去的，那种小窑、大窑，各种窑洞我们都体验了，看了一下。矿工生活之苦，我们之前不懂，也想象不到，只有去了，身临其境才知道。但是更让我们惊叹的是矿工的生活，煤矿劳动以外的家庭生活，更是非常困苦。这个剧情里边就有一家人吃不饱，一块饼全家分的场面。那时候导演定了叫我女儿演我最小的妹妹，这一家有四个孩子，我女儿小时候特瘦，就让她演了。我记得我下矿的时候，那时候汪洋同志还去看我们了，去视察摄制组的时候，他听了我们的座谈非常感动，大家都哭了，散会时都走不出去，矿工生活真是非常悲惨的。大家就觉得这个戏是很有意义的，都很用心地投入创作。当时于洋比较忙，体验生活的时候他没有来。

陈：他好像同时（接了）三部影片还是几部？

杨：有个人给他做了一天的日记，因为他早晨上《青春之歌》，晚上上《水上春秋》又是《矿灯》，还有南方的小戏。兼着团长、旅长，很多，他真是没时间，比现在还忙。我们都下去体验生活的时候，他在拍戏。这个戏我认为拍得很精致，挺好，而且非常真实，它的缺点就是稍微有点结构不紧凑，反映的面比较多，有点拖沓，但是我觉得一般群众看了都很满意。

陈： 很多情节导演舍不得割爱。

杨： 我认为当局没有足够重视这一题材，我认为《矿灯》始终是应该被影视部门重视的。新中国成立这么多年，没有反映矿工生活的戏，我记得是大概新中国成立十周年拍的，大概十年以后，多次有人到家里找我，就是要找这个《矿灯》，我到处帮他们找《矿灯》的拷贝也找不到。现在我想也许我当时不懂，敲错了门，其实到资料馆就找到了。我很后悔没能给他们找出来，因为越往后它越重要，年轻的矿工并不懂得他们的父辈是怎么样活过来的，真是一言难尽。我觉得这部戏非常适合教育，可是这个《矿灯》多少年就埋在地下，真的很可惜。

陈： 整个《矿灯》的表演是非常贴近生活的是吧？

杨： 贴近生活，而且剧本本身写得也很丰富。黄宗江演一个老矿工，他动不动就提他这个。这里头演员基本上都是比较称职的，像安震江、葛存壮、于洋都挺突出的。我的戏不多，但是唯一一个女孩子，大家印象还挺深的，电视台采访过我两次，我说："别老采访我了，我没什么戏。"说："你不是女一号吗？"我说："嗨呀，那时候叫女一号，其实我没多少戏，就家里那么两三场戏，照顾弟弟、妹妹，简直是一个小龙套。"

陈： 您当时表演的时候，还给这个人物做了笔记或者小传吗？

杨： 也有，都这样，我任何一个角色都有。

陈： 在小传当中怎么把这个人物和之前的区别开？

杨： 因为戏少，这个里头比较简单，只有反映家庭生活的一面，没有和生产有交流的东西，只有对父亲的照顾、和朋友的往来、和弟妹的关系，比较单一。要是搁在十年前，这是1959年的事，如果搁到1950年，可能我会写出很多东西。现在就懂了，没什么戏你也不必设想那么多，但是周边人物关系上，你有准确把握就行了，父女关系、朋友的关系、弟弟妹妹的关系很容易表现，这戏比较单一，从演员的角度说，没什么太大难度的。

陈： 50年以后，现在还能回到当时的情景吗？还能想起这个人物、这个角色？

杨： 这个人物虽然戏不多，但是呢，她还有一段童年的戏。童年这一段戏是作曲家的女儿，大菊的童年，原来还有很多设想，镜头没什么，就过了一下，我们想戏的时候，还曾经跟这个作曲家坐下来谈，问他的女儿什么性格，我们俩什么地方相近，什么地方像。

陈： 您也参与了童年形象角色的创作？策划？

杨： 当然拍戏我都跟着，当时非常认真。现在不这样了，他演他的，我演我的。那时候就是特别认真，而且幕后的戏还要写出来。大菊母亲没有了，她是长女，应该怎么承担家务，怎么为父亲分忧，这些东西在剧本里没有。但是作为一个演员来说，厚重程度会不一样，如果你心里什么都没有，往那一站还是不一样的，这个东西非常唯物。我心里有事，和我什么事都没有，嘻嘻哈哈地来演，那种内在的东西会在你脸上写出来，会在你的感情上给观众传达过去，这就是演员不同于一般人的奥秘吧，至少说没做过演员，和没去体会过这个人，他就不懂。也许有人会说："那有什么啊？谁不会站那儿说两句话。你好吗？我好吗？吃饭了没有啊，这谁不会啊？"其实他没有进来，他不知道这门科学，这是一门科学，是不是？有很多人否定演员的表演，那是他不懂表演艺术也是一门科学。

陈：导演选择于静江的机缘是什么？

杨：更简便了。

陈：导演怎么选定她？

杨：导演当然知道我有孩子了，她也没什么戏，就一两场戏，就是一个动作要吃那篮子里的东西，小孩嘛，选了我的女儿。

陈：还有作曲家的女儿？

杨：那个作曲家的女儿是演我的那个角色的童年，她不在这个家里，这个家里有导演的小女儿。

陈：是不是可以这么说？导演选的这些小演员就是戏不太多，都是在摄制组里找，内部找？

杨：对，基本上，因为拍这段戏的时候，把孩子们都带来。制片部门派专人管，因为这个组孩子多，比如三兄弟那个，都有他们的童年，要有一个老师管理他们，因为他们要上课，还要教他们怎么怎么表演，制片部门有一个人统一管理。

陈：我听说于静江在戏里应该叫您姐姐，她不叫，那个情况您怎么参与处理的？

杨：她不懂演戏，导演拍小孩戏都很巧妙的。往往在一个摄制组，专门副导演很有经验地摆弄小孩，不可能给她说剧情，她也不懂太多，懂了也不会运用。所以就从生活的知识出发，引导她，比如你们现在都挺饿的，大家没吃饭呢，都想吃饭，篮子里有蛋糕，有好吃的东西，她是你们的姐姐，你们要跟她要，她不给你们，你们会怎么样？你们要说："姐，我要吃饼子。"完了我女儿说："我不叫姐，她是我妈。"导演说："你现在演戏，假装她是你姐。"当时别的孩子都挺顺溜，我女儿她倔，山东、内蒙古人，她就不叫，结果制片部门就哄她，说："你叫姐姐，一会儿送你一个漂亮的大皮球。"她想想："好吧，叫姐姐。"等一拍戏，她还叫妈，又坏了，这怎么办？说："你忘了？""我忘了。"再拍又错了，又觉得不对了，不舒服、不自如，结果几次才成功，才叫我姐。

陈： 您当时没有参与对她辅导？

杨： 我在场，我不参与。参与更麻烦，给你耍赖，更拍不成戏了。所以我们都在灯光后边，暗地里偷偷地待着。等到要拍哭的镜头，说："你要哭啊，她不给你，你不高兴，你应该哭啊。"她哭不出来，结果不是副导演就是制片人，反正就给她点气受，捏了她一把，因为她才 4 岁。

陈： 叫她主动地哭哭不出来？

杨： 对，都得用点招，极少的戏是能够启发她自己哭出来，那太少了，有情景环境很多刺激，才能产生这个后果，大一点的演员可以，她们太小了，当时 4 岁多。

陈： 这些儿童演员的报酬当时怎么算？

杨： 什么报酬，最后就一个皮球，而且是小皮球，说给个大皮球，结果就给小皮球。

陈： 1959 年 9 月，"北影"成立四大创作集体，那个时候是什么样的情况？演员剧团当时是要分集体吗？于老师参加凌子风的那个集体，您呢？您当时是什么？

杨： 我是第四集体，第四集体叫青年集体。这也就是一个活动之后的举措，一个设想，并没有真正实施。1959 年还是演员，没有下集体，就演员演戏，该到哪儿演就到哪个集体。演员还在剧团，演员下集体是 1964 年以后。

陈："四大帅"每个人领了一帮人。

杨： 四大帅是每个摄制组啊，主创人员的分工是有这么四个大帅，导演、摄影、美工，以他们为主体划到各个部门，成为一个集体，而演员是流动的，他有时候上这个集体，有时候上那个集体。

陈： 没有严格的划分？

杨： 没有，演员都在剧团，演员说自己划到哪个组去了。这是 1964 年以后。

陈： 我问过于老师，我说您在第三集体演的戏都是第一、第二、第四组的，反而很少演凌子风的戏，他说演员还是比较自由的。

杨： 没有固定导演，也没有固定摄制组，哪个导演需要他，他被选中就走了。你看我，八一厂我也演，"长影"也演了，但是"北影"反而很少。于早期的戏，"北影"的也很少，陈强开头有几部都是"长影"的戏。

陈： 对《风暴》这个剧组您有哪些印象？包括对金山啊，包括对影片的表演、导演，和对这部影片的评价？

杨：《风暴》中我饰演的人物，基本上属于很小的小角色，因为当时《风暴》拍摄前后，正是我要上福建出外景。

陈：《英雄岛》。

杨：《英雄岛》前这段时间，大概是1959年的春天，因为当时1959年献礼影片是第一线的。但《青春之歌》是最突出的，《风暴》《青春之歌》《革命家庭》《水上春秋》是献礼片。

陈： 也是。

杨： 我记得《矿灯》好像也是，说是献礼片。究竟“献成礼”“没献成礼”诸多因素决定后果了。《风暴》也是献礼影片，所以也很认真地来演。当时我们有一个比较正确的观念，“只有小演员，没有小角色”。无论是什么，只要是有一个镜头（就要做好）。

陈： 我对《风暴》中抱孩子的印象特别深。

杨： 要是原来那个戏留下，那也是配角奖得主。因为原来的剧本写这个人物写得也好，镜头分得也非常好，说明金山是很爱这个人物的，前后戏都不太多，一个不怎么贯穿的、独立的这么一个章节的小人物的妻子，那个被轧死的工人的妻子。

陈： 蒋有才。

杨： 蒋有才妻，连名都没有。还有林东生演的那个，也演谁的妻，再就是田华，演林祥谦的妻。一共三个女的，她是头。底下都是小角色，没什么事。但是就我这个角色，当时都还不是我演，金山找的是郑振瑶。

陈： 郑振瑶那时候就开始演戏了？

杨： 郑振瑶，话剧院的，我都听他说了，分镜头什么的，都想按郑振瑶那样来。大律师讲到铁道上工人怎么被砸死以后，妻子怎么样，孩子多大，讲的过程中，镜头整个转到妻子那，抱着孩子，眼泪下来，再甩向群众。这个非常完美的，我特别高兴。大律师那场戏词特别多、特别长。观众也特别多，角色也特别多，我当时是拿出最认真的态度，像从来没演过电影，抱住那孩子，就像当年坐在那角落里，想自己过错一样的，就进入自己丈夫被轧死的情节里，就一直保持这个情绪，不敢跟外界有什么瓜葛，自己就等着镜头的到来。当镜头真的推向我的时候，每次都是很饱满的激情，然后镜头又摇出去，我就是一闪而过的镜头，但是为什么印象那么深？谁印象都深，因为她正是在那个节骨眼上，镜头到她那儿，然后她的情绪正好饱满地流露出来，这个流泪，人家是记得住的。可是后来，就是因为这场戏太长了，这个节奏跟大律师讲话的节奏，和他越发激情的感慨之后，摇到别处跟别人就不搭调了，所以就忍痛剪掉一剪子，就不是当初那样。但是导演在现场看到的，在现场看拍戏的人都为之感动，所以金山等戏一cut，哪儿都没去，直接跑向我，把我一抱：“哎呀，你演得真好！汪洋你有这么好的演员！”原话就是这样，所以我说我就得了这么一个奖。

陈：说到金山，我们80年代初看《风暴》的时候，一开始觉得金山演得特别好，我们都模仿。刚上大学，那时候模仿，但是现在再看这部影片多了以后，多少觉得还是有点舞台的味道。

杨：他有舞台的味道，因为金山过去演的都是《夜半歌声》什么的，他也多少露出一点那种劲儿，比较像赵丹。在我们行内说赵丹就是比较注重外部的一个人。金山基本上是属于赵丹那样，也是比较外向的。那些设计都可以有，但是你会觉得做作了一点，这就是一个分寸，这就是舞台影响，即使他是个大师也是这样。要真正从评论角度说，这个表演上肯定是摆场面设计的痕迹，这些东西演员是要有，但是最好不留生硬痕迹，也有可能我的《生活的浪花》里，就会有这种动作痕迹。

陈：也有一点点是吧？

杨：其实我认为，我这是人物设计。不是我自己那种："哎，过来！"等于是这种人物，她就是也很怜爱你，又很友好，又很温柔，我认为是对的。但是别人一看杨静哪是那样，杨静应该是这样的。也许像我们评论金山，我们旁观者清。看围巾一甩本来很帅，但是你想想，别人用的围巾就很自如，如果在某个地方感觉到我不太自如了，那肯定是我运用得不是恰如其分，这个分寸感没法用尺寸来衡量，就靠感觉来衡量。

陈：运用之妙，存乎一心。

杨：对，你很内行，你很懂，确实是就那么一点点，但是他不愧为大师。

陈：有煽动性、感染力。

杨：他那么大年纪，刻画一个年轻的保尔·柯察金，很可信，觉得他就是那个年纪。我想再伟大的评论家也不会说对金山不恭。

陈：对，当然，就是讨论一个表演技术和分寸的问题。

杨：我总觉得像这种东西，就是我一生很满足的。我很能安慰自己的，我虽然没得奖，但是我有非常美好的创作，我自己满意，观众也承认。

陈：您演这个蒋有才妻，这个角色需要在摄制组待多长时间？

杨：没进摄制组，算摄制组成员。开大会、大活动都去，基本没有跟随摄制组，只要拍戏的时候，一通知就去。

陈：通常都是那样还是？

杨：排练的时候，通知你哪天去，你就哪天去。活动也是挺多的，但不是那种整天跟着跑，不是那样。

陈：即使您没有接《英雄岛》，也不用住在那是吗？

杨：对，摄制组后来有改变，像水华1953年还是1952年拍《土地》的时候，大小人物在银幕上连影都没看见的人在摄制组待了三年。

陈：当年规矩就是那样？

杨：咱们80个人都去，谁知道你演什么，也许你不知道你演什么，“土改”队员都下去了，安排角色必定没那么多，最后有的人就是在后边站着也跟了三年。

陈：后来就变了是吧？

杨：后来新中国成立十周年的时候，我记得因为当时我戏也是挺多的，老有别的事。反正这种角色，有叫全程，有叫半程，半程没事就不去了。

陈：您谈谈《英雄岛》这个戏，您从接角色时怎么想，以及摄制组的一些经历。

杨：《英雄岛》这个戏，怎么说呢？我是哭笑不得。在这之前，我插两段遗憾的事，一个是五几年我曾经接过一个剧本叫《我们播种爱情》，这个作家是一个很有名的作家。

陈：徐怀中是吧？

杨：是的，我演一个藏族姑娘，这个藏族姑娘又爱这个、又爱那个，我思想比较超前，我觉得这个挺有意思。

陈：是挑战。

杨：因为人是有可能爱这个，也爱那个的，难道一个人只能爱一个，绝对不能爱第二个吗？我当时就有那个认识，我觉得这个戏特别好，但后来被毙掉了，这是一个遗憾。

陈：是剧本毙掉还是摄制组没成？

杨：没成，错综复杂的关系我忘记了，反正这个戏没拍成。

陈：您接到电影剧本了吗？

杨：我反正记得已经通知我演这个角色了，这是一个事，还有一个是《战火中的青春》。1952年黄钢在世的时候，我记得这个故事的原形就是郭俊卿这个女战士，女扮男装，时代花木兰，写她的故事。当时我正在他身边，有那么一段时间，我也住在那个花园饭店。

陈：在黄钢身边是吗？

杨：住在那个院里，那时候他们正在酝酿这个剧本。当时我好像是演完《卫国保家》了。为什么他们约我呢？他们说：“你是内蒙古人，这个戏都是马上的戏，你太合适了，简直给你写的。”我说：“哎呀，那太棒了。”从那时候，我就收集她的材料，我还参加了全国第一届劳动英雄大会，那时候金焰，还有我，反正电影界有几个人参加了。

陈：就是电影界的劳动模范。

杨：我们不是劳动模范，是我们参加全国劳模代表大会。金焰还背着一个残疾劳模进场，当时很轰动的，背的是谁，我都忘了。我当时跟蒙古族的一些劳模在一起，同时我也见了郭俊卿，郭俊卿当时是全国劳模。我对她的材料进行收集，我就想将来有一天我要演这个人物，可不得了，要掌握她的情况，你想那新时代花木兰多有戏啊，谁演谁红啊，肯定的。这话是我现在的话，当时我还不懂红不红，反正觉得这个戏有挑战。但中间出了一点事情，据说郭俊卿有点小小的不轨行为，被认为品质不好。好像说拿了谁一支钢笔还是怎么的，说品质不好，不能随便表扬她。后来又听说她恋爱了，那人家是女的，条件成熟了，恋爱是应该的，可是不知道为什么，说她恋爱也是错误的，所以这个剧本给压下来了，直到 1958 年，王炎同志就把这个剧本又拿到手了，说："现在可以拍了，杨静赶快准备。"他跟我都约好了。我跟他商量说，郭俊卿是女扮男装，我说我脑袋比较小，剃秃了头可能不太好看。我说："咱们是不是可以梳成那个小短发？像卓娅那种发，像男孩子又是女孩子。"他说："可以，咱们造型别太资本主义，你根据你的条件梳短发，像卓娅那样的，挺精神。"正谈得火热，结果没过多久这戏又搁浅了。

陈：戏搁浅了？

杨：临近新中国成立十周年了，戏又搁浅了。这时八一厂找我演《英雄岛》，我说去吧，就这么去了《英雄岛》。所以我说我这《英雄岛》……

陈：耽误了《战火中的青春》。

杨：耽误了，《英雄岛》把我搞倒了。

陈：你要不接《英雄岛》，《战火中的青春》还是您是吗？

杨：肯定是我，因为不会改口，虽没有书面协议，但有口头协议，我们都做好了造型的设计，各种考虑，资料准备以及马上的许多动作我都能做。

陈：后来《战火中的青春》开拍的时候，您在《英雄岛》下不来？

杨：下不来，要是在北京好调度，在广东南澳。你想，在广东最前沿那个岛屿，我痛苦，没办法。而这个《英雄岛》从我接到剧本，直到拍下来，一个字都没有动，这就说明这个导演在创作中…… 其实冯毅夫是个非常好的导演，他曾经拍的《回民支队》是很好的戏，但是这个戏本身是陆柱国写的，应该说也是很不错的戏，但是就没怎么搞好，我也没怎么演好。

陈：把这两个分开说，您觉得这个戏怎么没搞好。

杨：我觉得这个戏没有进展，从我接触那个剧本开始到演出，我认为它应该有很多成长变化。剧本拿到，到最后拍出来，绝对应该有很大的提高升华。

陈：但是也有导演习惯，比如您昨天提到的严恭导演。

杨：对，他是那个特殊的，他是我遇到的唯一这样的导演。

陈：不太一样？

杨： 他不一样，我不知道冯毅夫当时什么心情，反正他当时很少说话，在现场指挥排练的就是史文帜，几乎没什么变化，其实这应该是一个很好的戏，我对我个人的表演也很不满意。

陈： 您一开始对剧本不是十分满意？我可以这么理解吗？

杨： 也不是，也还可以，因为你想，《战火中的青春》早就无声无息了，不能拍了，我正好是女一号，而且是民兵营长，是民兵英雄，是南海的一个民兵英雄，我当然还是愿意演了。

陈： 剧本也还不错？

杨： 剧本也有基础。

陈： 但是您说没有成长没有提高，表明剧本还有待提高？

杨： 是领衔一号，应该是很吸引人、很抓人的，我将来再重新看看，也许会重新评价，反正我当时心情不好。不过也有两个好，一个好，好在我是北方长大的，我们是去南方拍戏，往福建走，我们走的时候大概是“五一”，那年北京恰恰 3 月还下了一场大雪，很冷。从严寒的北方一下子直奔福建，我是内蒙古人，从来没见过这种情景，一片绿，完全是热天一片绿，我心情极度开朗，沿途就写诗，一直到海岛，从北国到江南，我觉得特别幸福。尤其上了岛，我去下生活，到福建就下水了，北方大冰雪，那边下水游泳，这个跨度对我说，觉得特别悬殊，祖国南北景色之差异，给了我很多幻想。故事的主人公是福建前线的小嶝岛的一个女民兵营长，她比我年纪还小，梳一个歪辫，我一看真是不一般，我就跟她一起生活。每天早晨起来跟她去赶海，将捞上来的海鲜下锅煮稀饭，之后在岛上做巡逻保卫工作，这样就跟她一起生活了半个月，这段时间我是极快乐的。但是，我对南方不太适应，还是北方人，我身上老长脓包，很大的脓包，整个精神状态不好，人也消瘦。那年是 1959 年，国家已经开始困难，海岛上就吃拣来的海鲜熬点稀粥，根本没有太好的干粮，没有营养。后来我们离开这个岛屿以后，我们又到南澳去，南澳也是一样，就是到饭馆去吃一碗鱿鱼汤，其他营养品很差，我就急剧地瘦。再加上经常发烧，心情不好，那个戏整个过程就是在得病，我之前形象还可以，但那时候瘦下来以后，人也不怎么好看，当时就是这个状态。再加上这个戏也没出什么新鲜东西，导演也没什么招，感觉自己也没什么招，就有点不满足。因为任何一个剧本吧，演员都会有很多的想象，来丰富，导演希望这给我加一个这个，那个戏我不要了，我不喜欢，咱们换一个什么，给导演说服了，有时候跟导演打架，两个人吵到最后统一了。

陈： 总之自己也要不断地想象和创作，这时候您身体不好影响您的创作情绪吗？

杨：我感觉我在《英雄岛》没发现什么太多新鲜的东西，然后就是写的老一套，可是老一套对我来说也是新鲜的，因为海岛上往敌人那边放风筝，放宣传弹，那时候打炮，大号双号打炮，我还到阵地，我还真能扛百来斤的大炮弹，打完了耳朵好多天听不见声音，自己听见自己说话，听不见别人说话。现在这耳朵还是有点影响。就是说新鲜的生活，自己缺乏丰富的补充，缺乏那种特别高的激情，就比较平淡。唯一让我欣慰的是我和这个电影的人物原型洪秀枞成了朋友，我们几十年没有断联系，包括山东的孙玉敏，我也直接、间接有联系，我有这个习惯。1959 年离开那个岛以后，1960 年我生了儿子，我们俩一沟通，她同年同月也生个儿子。2007 年，我们还专程去了小嶝岛，那已经完全变样了，完全是和平景象。我们在那儿度过了新年，然后跟他们夫妇一起，专门又去了当年我们生活的那个海岛。

陈：您当时拍戏的时候，身体不好。

杨：可能跟身体有关系，完成任务。回来以后，在表演上我觉得大部分还是挺生活的，因为本身海岛上没什么做样的东西，基本上就是生活。有一段戏我现在都不敢看，我也不太喜欢那段戏，但是当时我也没给导演提出什么修改方案，就是在不太愉快的情况下演完的，我也不看了。那段戏就是在家里做事情，拿一个小东西铲铲花，松松土，我当时很不喜欢，我现在挺会做这些，但是我当时不太会，做得很不像样，很做作。我到现在也不满意那个，一边走一边弄，很不自然，当然其他的还都过得去。戏其实还挺丰富的，你看有家里的戏，有跟老将军的关系，有跟海军大卫的关系，有民兵内部的关系，有打炮，有放风筝，挺丰富的，就是说没有太大的彩吧。从 1962 年以后，这个戏放映挺多，为什么呢？因为当时正配合前方跟台湾的攻势。等到跟台湾打炮慢慢地开始冷下来了，台湾的关系要去解决，这部影片就推到幕后，压到底下了，直到现在为止这部影片也是压在底下了。

陈：现在更不太可能放了。

杨：对，这有关系，我就是应该起来的戏没演上，压到海底的戏我演上了，所以就倒了。我开玩笑说："从《英雄岛》回来我就倒了。"

陈：《战火中的青春》后来是联络不上您了还是？

杨：我已经拍戏了还跟我联络什么？

陈：已经知道？

杨：当然，中间我们也有沟通，他说："你没有命。"我说："这话太对了，我没有命。"

陈：真是各有机缘。

杨：肯定的，这个机遇非常重要，尤其是关键时刻的机遇。有的时候就算你没有才能，好的剧本也把你抬到那儿了。

陈：您《英雄岛》以后，有改行的想法，这是组织上安排的还是您自己？

杨：自己。

陈：为什么？您在这之前一直片约不断啊？

杨：转行跟“文革”有关系。

陈：您从 1960 年开始就有转行的想法了。

杨：那时候没有，《英雄岛》拍完了，是 1959 年底，我参加了第三次文代会，以后我生了儿子，身体就一直不太好，养了一段病，整个状况就不好了。你想想，毛主席最早在党内批示是 1963 年，我生完儿子是 1961 年，养了一年病，1962 年、1963 年，我在剧团是艺术核心，是领导，剧团经常出去演戏，团里有一个业务班子，有一个政治班子，业务班子就是这些业务尖子组成的，叫艺术核心，等于是艺委会。

陈：它当时的名字就是叫艺术核心？不是叫艺术委员会？

杨：艺术核心，我是艺术核心成员，平时就是主持团内的业务活动。我儿子小，那段时间也养身体，就没上戏，大概也没人找我，一想我刚生完孩子。反正那时候瘦得挺厉害的，又赶上困难时期。当时就管话剧，做业务室主任，管安排拍片。

陈：是话剧《红灯记》？《革命自有后来人》那个。

杨：对，于洋那时候还忙着回来演戏，他当时在拍《大浪淘沙》。我就没戏了，就开始搞剧团活动。

四、新岗位　新职责

陈：您在什么时候当选北京市朝阳区人民代表？

杨：好像是 1962 年。

陈：那个是什么情况？需要什么样的条件？

杨：我是单位的职工代表，选到里边去的，在“北影”就选了我一个，就把我送到区里。要有表现。我一直不断拍戏，我在 1959 年以前一直都有业务表现，政治上听党的话，老老实实带头干事。

陈：1962 年于老师入选二十二大电影明星，1962 年之前特别是 1959 年之前，您演的戏影响也挺大，却没有入选。您看到于老师的照片在上边，您没有在旁边，您自己的感觉是什么？有不服气吗？

杨：绝对失落。

陈：有失落感？

杨：当然。但是我有一点自己还清醒，就是说于洋那张照片和我有一张照片，我们俩是同时在我们照相社拍的，他那张被收入“二十二大”了，我那张他们开玩笑说是候补，其实候补也没补上，最近我才了解候补也没我。其中各厂在决定“二十二大”的时候是有一些候选者，但是没有我。

陈：但当时说是有您是吗？

杨：当时我自己想，我也应该算，结果没有，很失落。但是很快镇定，因为人家都有相当响当当的戏，我说我要是真演了《战火中的青春》我就有资格去。

陈：你对“二十二大”本身是没有疑问的？

杨：没有，我觉得人家就是比我强，不服也不行啊。

陈：当时就是这么想的？

杨：我就是这么想的。

陈：自己失落归失落。

杨：当然失落，觉得挺不好看。原来于蓝、谢芳没有来“北影”以前，不管我戏多戏少，我在“北影”差不多数一数二吧，现在一下子落到下边了。

陈：谢芳老师当时演了《青春之歌》。

杨：对，肯定有失落感，但是能正确对待，能理解，觉得献礼片我也一样没有上去，如果《生活的浪花》上去，那不我也就上去了嘛，我的影片都没上去，所以我很理解。

陈：自己来安慰自己。

杨：对。

陈：《革命家庭》是您和于老师第四次合作，《革命家庭》拍摄时正在饥荒时期，有哪些经历？

杨：其实《革命家庭》我根本就没认为是一个角色，因为那时候我怀着我儿子，这是1959年底的事。冬天，他们来求我说："杨静，于蓝那戏里头，有一个地下工作的工人，你演很合适，也没有大动作，也不跑也不颠，你给我们做两天怎么样？"因为我跟于蓝关系挺好，我说："当然可以了。"我给于蓝大姐跑龙套，应该啊，我说："行，没事。"就这么去的，就拍了几天。很简单，没怎么大动，所以我也没想到她作为一个角色，还有一个名字在那儿。

陈：那时候老演一号的人，去演这种角色，心理上会顾虑吗？或者是有的就干脆我不干，有这样的想法吗？

杨：这个我觉得首先是因为确实有个认识，觉得只有小演员，没有小角色，只要是个角色，演员都应该去演。首先是有这个正确看法，但是也觉得自己不行了，不值钱了。女演员的最佳时期过了，再加上病的纠缠，再加上1962年的饥荒，人一下子衰老了，变化很大，女演员脸上的褶多了，就不是太有希望了，就有了改行的想法了，这是很自然的。

陈：您对三年困难时期有哪些印象？您家好像饥饿的不太多，是吧？因为您和于老师算是高收入阶层。

杨：相对而言我们是高收入，因为当时我们俩收入都不算低嘛，另外有肉蛋的供应，中央有照顾。

陈：都是有肉蛋供应的干部。一家供应两个，一般一家如果有一个或者再加上有糖供应的干部已经不错了。

杨：不错了。谈起改行，开头也不是自己想得很周到要改的，是形势所迫。就把那"四个集体"，就分出来了。落脚的"四个集体"。

陈：1964年以后又分"四个集体"啊？

杨：对啊，原来有那个集体，但是这次分的是今后就固定了，正式设支部书记，这个跟以前的集体不一样。

陈：您刚才说到任命您做党支部书记的时候，之前没跟您谈话，或者您也没提出要求，就是说我要改行或者干吗？

杨：没有，就是分集体。分了集体以后，集体的行政头，就是导演再配一个书记，我配的是谢铁骊那个组，青年摄制组我是书记。当时配什么就得接受什么，我这个组，虽然这么配备了，但是并没有真正地去贯彻，我作为支部书记就拍两个小戏。一个是跟老导演伊明拍了《向高峰前进》，还有一个小短片，还到外地拍了外景。第三部是《女飞行员》，这次虽然我是四集体的书记，但是配备的导演不是谢铁骊，而是成荫，成荫当《女飞行员》的导演，我给他做书记，董克娜是他的副手，我忘记是副导演还是联合导演，好像是副导演，这是我们的新班子。我愿意不愿意，等于给你改行了，不是导演，而是书记了。

陈：但是那时候书记权利可是很大啊。

杨：对，但我觉得这不对。

陈：您当时觉得不对吗？

杨：当时觉得不对，我说摄制组书记怎么来指挥导演啊？导演的艺术创作，书记怎么能干预呢？书记只能做思想工作，只能做党的工作，我自己当年作为一个演员，在摄制组就有看法，党政不分，书记什么都管，到底是书记大还是导演大？我就很冷静，我听说他们有的摄制组拍戏的时候，导演说："预备！"书记说："请等一等，我看看镜头。"书记跑那儿去看看镜头："好，开始吧。"我一听这个觉得滑稽，我觉得不可以这么做，每个镜头书记都要去看看才说可以拍了，那导演干什么啊？书记代替导演了，这个看法我是绝对不同意的，我也不这么做。成荫有时候拍完说，杨静你看看镜头，我说："我不看，我不看。那是你的事。"他就说："我不是开玩笑，我真的让你看看，你也是导演。"我当时就跟他说："我来给你当书记我很高兴，为什么呢？我跟你学导演，将来我改导演。"他说："你不是要跟我学导演嘛，你来看看镜头。"我说："那可以。"我看看为什么这么安排，这个场面是这样的，我跟他有这样友好的关系，这种时候可以这么做。但是平时书记说请等一下，书记说点什么，导演再干什么，这是绝对不可以，我自己就这么看。大多数人也不这么做，就那种很不识相的书记，他也没什么水平，或者他也不懂业务，他才这么做。我在《女飞行员》组里时间很短，那组的工作还真是非常棒。军内有一个指导员，军内一个政委，女政委跟女摄制组，我是书记，她是政委，但是呢。

陈：您和她之间的关系怎么处理？

杨：她官大，但是在这儿她得听我的。这个女政委军内的一套是很严格的，他们那里头小孩就偷着管我叫婶，就比较尽人情，不那么管女飞行员，演女飞行员的都是生龙活虎的小年轻，平时管得太厉害。

陈：小飞行员都是部队找来的演员啊？

杨：空政文工团，整个空政文工团的演员，他们舞台戏在北京演得很好，他们整个组调进来，个别演员调整，就是整个班子是他们那儿的，当时跟空军合作。这个摄制组在"北影"当时也是很受重视的。整个组都非常好，当然了，“文革”的时候一切都翻个了，这个组好也不好了。比如曾经有一段戏，是那个女飞行员的一个特写镜头，开始说遇到困难了，别人就跟她说：“下定决心，按主席指示，不怕牺牲，排除万难，争取胜利。”全搬毛主席语录。成荫就说：“杨静，你赶紧来。”我就过去，他说你看这段话这么长，这一个特写怎么表演啊？能不能删掉一半啊？我说：“可以，电影嘛，你取中间一段下定决心，顶多用两句。完了你镜头一调没关系，你话接着说也可以，不说也可以，你可以转别的。”他说：“我可这么做了啊。”

陈：您用了多长时间，习惯于在摄制组做政治领导人或者政治把关人，党支部书记？

杨：就 1962 年以后。

陈：您适应这个角色、新的身份，有过程吗？还是一去摄制组以后，慢慢很自然就适应了，因为别人有什么事都来找您？

杨：我倒是没有什么生疏的感觉，因为我在剧团吧，不是当团长，但是也是业务核心，或者是支委，常做点这种事。

陈：所以这个身份变化？

杨：没觉得什么。

陈：但是责任重大，只要出了政治问题，支部书记肯定首当其冲。

杨：当时我也不害怕，因为出不了什么，我能承担什么啊？剧本的问题有作家，艺术创作有导演，你说我能出什么？

陈：财务方面有制片主任。

杨：对啊，就耍嘴皮子的事。

陈：那个时候摄制组就是制片主任、导演和支部书记，这三个管事的，到底是谁最大？

杨：一个时期是书记说了算。

陈：就是制片主任和导演都得听您的？

杨：平时艺术上还是导演说了算，行政当然还是制片主任说了算，应该各有各的分工。

陈：您当书记的时候，谁最大？

杨：在《女飞行员》的时候，绝对的书记说了算，那是特定的历史时期。

陈：《女飞行员》的时候您说了算，就是一个摄制组最高领导人实际上就是您。怎么跟导演处关系呢？

杨：三军统帅是导演，实际上，在摄制组三军统帅永远是导演，你不承认他也是那个位置，你说书记是，有人要去看镜头，他觉得我说了算，我得看看你再拍，那他就是把自己身份摆到那个位置，而我从来没有。

陈：您跟成荫导演合作的经验就是尊重他的艺术创作？

杨：也许因为成荫同志本身就是一个老同志，就对他尊敬，而且我还真说将来改导演，我给你做副的，因为我得找合适的人，不当副导演难熬成导演，所以这些都有关系，我不那样，我本来也不是。

陈：伊明导演和成荫导演，您对这两个导演的印象是什么？

杨：伊明是一个做学问的人。他不太爱多说话，但是他做事很规整的，他写过书，是个爱做学问的人，而且他在现场老让我执行，我说我是书记啊。

陈：他让您执行导演？

杨：老让我执行导演帮他，他说没关系，你练手，你执行。他很多次给我执行导演的机会，在他的短片里确实有很多时候是我执行。当然，当时我感觉他年纪比较大，身体也不太好，其实那时候执行导演就是副导演，一切都他弄好了，执行导演只是喊一个开始和结束，或者是管一管后景，帮助布置一下群众这样的。那时候我这项做得比较多，我情愿做，书记不能背着手老在那儿站着，我也不能在这时候做什么思想工作。我做书记，有一点还是不错的，我们“北影”里头有一部分人是国民党俘虏过来的，咱们解放军从国民党俘虏过来的一部分兵。

陈：解放战士。

杨：这一帮解放战士，在摄制组里头有的表现挺好，有的就不怎么好。拍《女飞行员》这个戏的时候，有一个战士非常吊儿郎当，是个照明员，表现非常不好，大伙都说他是国民党兵痞子，跟人没好样。后来我说我看看他是什么部队的，我翻了翻档案，一看，八路军的通信员，他也没有国民党俘虏兵的历史啊，我就问别人，问谁谁都说他是国民党的俘虏兵，因为有一批俘虏兵一块儿来的，所以被认为是俘虏兵。

陈：但是他到底当没当过俘虏兵？

杨：我看完档案找他谈话，我就问他，我说你知不知道大家对你有什么意见。“说我是兵痞子。”我说：“那你自己是不是兵痞子？”“我怎么是兵痞子呢？”我说：“你不是兵痞子，你怎么表现得像个兵痞子？”“成见。”完了我说不，我说我知道你不是兵痞子。他很惊讶，我说我知道你不是俘虏兵，“你怎么知道？‘北影’谁都知道我是兵痞子。”我说我知道，我是书记，我就摆一下，就知道你不是，你不应该这么表现，你应该好好的，你应该像个八路军战士，我说你做的是八路军战士，你保卫的是八路，你保卫的是共产党政权。“你怎么当国民党兵痞子，你还觉得荣耀吗你？你好意思吗你？”他脸一下就红了，我说：“我从今天给你改变身份了，你不是兵痞子，你是八路军警卫员，你还应该负起警卫员责任，你再不许像跟他们要流氓那样的表现。”我说我现在告诉你，以后三天表现好，我就当众宣布你不是兵痞子，我就告诉他们不应该那么对待你。他真的在摄制组老实下来了，后来我就在一个支部会上说了，我说咱们对同志不应该这样，咱们有一个同志大家多年来把他当兵痞子，但是我知道，他是个好同志，他不是兵痞子，他是一个八路军的警卫战士，我一说谁，很多人为之一震，因为谁也不会去看他的档案。

陈：也看不到档案。

杨：我觉得我这件事做得很好，所以我后来一直觉得我做党的工作也有安慰，我觉得做人的工作对自己也是净化灵魂，我觉得要怎么正确地看人，怎么正确地引导同志，摆脱开很多的烦恼，走向正路。我自己还总结经验，那时候认为支部工作做得挺好，可惜这个家伙后来表现还是不好，“文革”时打人，现在也不好。就是他有很多劣根性，但是我讲这个例子就是说，我做支部工作的时候，我有点责任感，我觉得我是这么一个党员，比较早，我们这代人，有个信仰。我想你这个年纪能相信，不知道他这个年纪相信不相信。我们知识不多，接触革命的时候，就是说要为人民服务，给的就这句话，要为人民服务，而且你说为共产主义奋斗，那么清楚啊，也不是太清楚，但是知道要为一个美好社会去奋斗，这个美好的社会，肯定会到来，哪一天也不知道，但是我们这一切都为那个服务。实际心里有这个东西，就觉得做任何事情都是非常有意义的，我记得我在军队那时候，刚入党的时候，星期天休息我就进了仓库，我当时学二胡，我就把二胡拿出来，想要拉。一看那么脏，于是我就改变了我进仓库的目的，就找了一块布把所有的乐器都擦一遍，非常干净，然后都挂在那儿，我写一篇日记，我说我今天擦了这些乐器，我觉得比我自己练二胡提高，还有幸福感，还有成就感，当时那个年代的人很单纯，追求一种美好，追求一种能为更多人的美好去添砖铺瓦，真有这种思想。所以现在有些年轻人，问这个那个，不相信他不做广告，不相信他对钱不那么亲切，其实谁不觉得钱好啊？但是他不理解对钱的看法。

陈：您在摄制组做书记的时候还有没有觉得特别不好处理的、特别困难的事情？

杨：其实刚才我说这个人他就是个驴，在摄制组他老挑事、老骂街，要不然怎么会重视他呢？翻他的档案干什么？他老吵架斗殴，老惹事，那么个家伙。在摄制组里不能这样，拍戏不能有很多的别的事说。

陈：关于接到《小二黑结婚》，以及您演的二嫂这个角色有什么样的体会？

杨：1963 年到 1964 年之间。我生完儿子在家没事。这个导演是石一夫，石一夫就说：“老妹子，你这演主角的人，我都不好意思求你，你来给我演个二嫂吧，你现在也应该往二嫂上发展了，现在你已经大了，你不是当年小姑娘了，你演不来小芹了，你来演个二嫂吧。”后来我想一想也没什么事，那就演吧，就这样去演了这么一个“二嫂”，但这个“二嫂”也不是全程演员，戏不多，就几场戏。就是我在家带孩子，在办公室工作一段，然后到一定时候该出去拍戏了，就来通知你，你去拍戏，那点戏回来以后，还是在家里。自己总得要考虑出路，就说我为什么想改导演呢？我觉得我要改了导演的话，目的不是想做什么轰轰烈烈的导演，就是我做了导演，我可以选择比较好点的小角色，我来演，这样我经常有戏演。

陈：自己做导演，自己选小一点的角色。

杨：不想演主演了，也觉得很少有主演的可能，那时候看得不太远。如果我看到我五六十岁的话，我不应该改行，所以我的改行，很可能是我一生的一个错误。

陈：您现在这么觉得？

杨：对，因为我改行的时候，我征求别人的意见，当时改行主要原因就是，一是年龄的增大，机会减少，另外就是各种干扰，老想让我做书记，看我这方面做得很不错，老想提拔我，我也不喜欢这行。做导演我觉得我自己年龄大了。

陈：做演员大了一点，导演并不大。

杨：年纪大了一些，我就跟好朋友商量，别人的话我都忘了，我反正就记住谢铁骊说的，我说：“谢导演，我想改行，改两个，一个是我写东西，从此不露头了，爱找我演不演，我不演戏了，我写去，我写自由了，我想写什么就写什么，写好了就好，写不好没本事。另外一个就是我改导演，我改导演还可以蹭点戏演，我先给你们这样的人做副导演好不好？”他说：“你啊，我建议你不要改导演了，你改导演太晚了。”

陈：那时候“文革”前，您跟黄会林教授就认识了？

杨：就是朋友，我说到底是改导演好还是写东西好。我不想演戏，演戏太被动了，我又不愿意去求爷爷告奶奶，我又不愿意跟人拉关系，太被动了。她说你写东西，导演太复杂，太累。两个意见我都没听，最后我还想当导演，当导演我可以选择小角色，这就是估计不足，估计的错误。结果我改行，改到导演，我先去找董克娜，中间有一件事，我给第一个导演做副导演，是电影学院的院长叫赵明。

陈：是“文革”前还是“文革”后？

杨：七几年，“文革”后我改了。在这以前我曾经努力地去找董克娜，董克娜对我谈剧本，准备得非常满意，但是最后一开机她准找别人，不找我。我找李文化，我也跟他谈得非常好，拿了各种意见，最后他拍戏还是找别人，不找我。我特别痛苦，我就跟他们开诚布公地说，因为我是这性格的人，我说："你们怎么都两面派啊，跟我要了半天，我这么大岁数了，你们都不要我，不要我，你们当初就跟我说。"后来董克娜说："杨大姐，你还比我大一岁呢，你级别又比我高，你说我拿你当副导演，我怎么用你啊？"噢，我这才明白，董克娜那时候级别比我还低，我一想原来是这样。所以正好有一个《新来的县委书记》这么一个剧本，都通过了。

陈:《新来的县委书记》是后来的《泪痕》？

杨： 对，就这个本，前身是，我是这个本的副导演，赵明是导演，我们镜头也分了，剧本也改了，过程都不说了，这个剧本曾经一度被枪毙，我给挽回来，又枪毙，我又力争回来。争回来以后，我们出外景采景，在山西杏花村门口翻了车，为了躲两个孩子，赵明就从吉普车的车窗户出去了，七根肋骨摔断了，颅骨出血，腕骨骨折，多处受伤，我是在司机的后边坐着，他是在司机的这边坐着，从玻璃窗户窜出去了。这个车一个滚翻，又一个滚翻，结果我在里头等于两个滚翻倒在那，底下是门，我出不去，好容易拱出来从上边爬出来，这时候我浑身都是血，眼睛、鼻子都是血，我就到马路上去截车，特别巧，像戏剧一幕，我当时头发散开像个鬼，脸上有血。一辆部队的车停下来，正巧是我女儿部队的首长，我女儿在炮兵部队，他们那个六十七师的车。师长说："哎呀，老杨，你干什么？"我说我们翻车了，快救我们。他就把后边的警卫车留给我，把我们送到医院，这一进医院，全班人马全完了。李文化去了，又改了剧本，改了名。

陈： 李文化做了导演，赵明这个导演就没有了，然后您的副导演就终止了？

杨： 也完了，我也住院了，他也住院了，都病倒了，没有人。

陈:《泪痕》当年是一部轰动一时的影片。

杨： 对啊，所以我说我的命运不好，我总是擦身而过。

陈： 挽救那个过程，您要能记得，您说一下，确实您对这部影片做出了贡献，毙了两次。

杨： 它几次通不过，最后确实是因为很努力地跟党委、跟领导班子力争，我现在记不得太具体的细节了，反正我坚持说这个本子是绝对的好本子，一定应该拍，最后通过了，这个本子才上了。

五、红雨随心翻作浪

陈： 您拍《红雨》的时候回来的“北影”？

杨： 对，1973 年秋天或者 1974 年初。

陈： 您在干校待了两年？

杨： 两年多，将近三年。于洋比我长一点。

陈：《红雨》是崔嵬导演的，有特别关照吗？因为他知道您为他受苦受大了。

杨： 他这都知道，但是他倒不是因为这个。《红雨》是我做副导演，妈妈的角色没有人演，就让我演了那孩子的妈，一点戏。

陈： 让您做副导演，从干校抽调出来，这是？

杨： 这不是他个人决定，都是组织安排的。在没上这个组以前我个人和他没谋面，没什么关系。

陈： 我就说是这样，比如崔嵬放出来，放出来他肯定了解厂里哪些人是怎么怎么做的，比如说他成立《红雨》剧组的时候，有没有？

杨： 他到死他未必知道我所做这一切事。

陈： 他不知道啊？

杨： 他女儿去年回来找我，非要谈这些事。我说不要谈了，你爸爸根本没有想过我们，他一点没有关注我们四个人的命运，他应该关注我们，我们四个人为他受罪。

陈： 我就说他没有关注，《红雨》抽调是正常的组织程序抽调。

杨： 和他没任何关系。

陈： 您过去一直是演员，在“文革”前，现在让做副导演正好符合您的选择。

杨：《红雨》和《山花》是先后。

陈：《山花》有可能比《红雨》还早一点。

杨： 那就是《山花》，我已经调回来了。“文革”以后，从干校一回来，我是剧团的，我就跟剧团表示，我说我要改导演了，我不想做演员了。两个原因，当时“文革”，剧团批评我们的时候，我是艺术核心的，老是说我们压迫了他们没戏上，其实上戏不上戏都是导演的事，我没有一个戏是我自己主动争取去的。再说我的为人不是这类型，人家找我可能看我的样还不用了，我是那种，有的人很会。其实演员应该会点儿这个，你本来正在考虑我们俩人，那我对你更热情一点儿，叫你了解我更多一点儿。

陈： 机会更多一点儿。

杨： 可是我不懂这个，当时我不懂，当然也许我有点傲气，我觉得谁都会找我演，反正我有戏演，我不需要跟任何人哈腰低头。这其实不对，我不成功这也是一个大缺点。要跟导演沟通，要让他们了解你才能发挥你的才能。

陈：《山花》和《红雨》您做副导演，如愿以偿了？

杨： 是我给汪洋打了报告，我说汪洋厂长，我年纪大了，没有太多戏可演了，我很愿意终身做副导演。他做导演要跟你安排戏，亲历提拔一个导演，也不是很随便的，我就说我也不给你增加负担，你副导演人手还不够，而我还看重它是一门学问，我要终身做它。我真的当时那么选择的，我选择终身，是因为我觉得我又可以兼演一些戏，我就不想去做导演的高峰。我本来没这个野心，在导演上我不想成就什么，因为谢铁骊已经告诉我了，你已经晚了。我就觉得我又做演员，又不是闲散的，我还做着副导演，还增加很多知识。是这样一个关系，所以我就做了《山花》的副导演，同时也演了一个角色,叫二蛋妻。这就开始演小角色了。当时为什么演呢？也有人问我，这点戏你还回来，我说第一不是"反革命"了，第二回家了，不愿意在干校待着了。

陈： 演戏是临时抽调，还是只要参加一个摄制组，从此以后不回干校了？

杨： 从干校抽回来了，不用回去了。

陈： 做副导演的经历和您自己的收获是什么？拍那两部影片，从技术上、艺术上、经验上。

杨： 其实我觉得做副导演，主要是两件事，一个是组织演员的最初的一些准备工作，副导演应该从选择演员到组织演员，进入拍摄状态。真正到现场，戏主要导演说，副导演再有看法，也不能超越导演，而且不能指挥演员演戏，所以我指挥的应该是场面和群众演员，应该这样。但有的副导演，我觉得职责不清，他有时候跟导演搞不好。我自己没什么野心，我也不想喊开始、预备。我就跟导演研究剧本，组织演员、选择演员的过程可以尽情地去选择，比如说给你提供八个人演这一个女主演，那最后决定权在导演，副导演有决定选择八个的权利。这是副导演最主要的职责、职权，把自己份内的事做好，导演就特别放心。演员都有准备，场面调度是最重要的，场面调度决定这个戏的真实。你看现在这些戏的场面调度，穿的衣服都是假的服装，一个一个遛大街，根本就不是生活在那个时代、那个环境里的人。现在这个电视剧里群众场面没法看，我们那时候绝对通不过，太假。

陈：《红雨》跟崔嵬合作的过程，有哪些可以说一下。

杨： 我记得《红雨》好像有两个副导演，我跟他没什么搭档，完全是我的事。

陈：不经常跟他讨论剧本？

杨：讨论什么都一样，就是我跟他没有私交。

陈：您做副导演而且您也想学导演，没有跟着导演经常问他问题或者干吗？有这样的吗？

杨：我也不是骄傲，跟崔嵬我没想学什么，崔嵬文学基础还可以，古文的底子还可以。

陈：比如要换一个导演，比如成荫？

杨：假如是水华，我跟水华有过一点儿合作，我是非常认真地看待他的，成荫也还可以，崔嵬太大气，崔嵬戏太粗。

陈：《红雨》的创作，表演上角色转换有问题吗？过去您都演年轻姑娘，最多到《矿灯》演姐姐，这回升级演妈了，这个角色转换在您表演上，有转变吗？

杨：这个谈不上什么表演，因为这个戏很少，很一般的，好像没什么可塑造的，就是这么一个农村妇女，我觉得我本色就是那样。

陈：熟悉农民的形象，因为经常下乡？

杨：对，我觉得比较手到擒来。

陈：在表演上对您来说没有什么难度？比如升格为妈了？

杨：没有，这些都注意了。比如说吃面条，应该怎么端碗，拿筷子的样子就不是城里人的样子，就是很像老百姓端起一个碗来吃面喝汤，要像一个土农民，所以什么装饰也没有，什么修饰也没有，很自然的状态。

陈：《红雨》的歌很好听，我们当时上中学的时候，经常唱《红雨》的歌，吹笛子也吹，《山花》导演是谁？我不记得我看过《山花》。

杨：《山花》导演开始是桑夫，后来换崔嵬，也是崔嵬完成的。《山花》开头是我当副导演，我推荐陶玉玲，是我从南京办手续到南通把她请来的，最后导演选择了谢芳。

陈：您除了做好自己本职工作之外，没有跟导演过多地去学习或者向他请教？

杨：没有，《山花》我除了演二蛋妻以外，谢芳上去以后，我没有参与副导演工作，我就演那点戏，就离开了，没全程跟。《红雨》也是半程演员，这都是半程，有两三个副导演，没有从头跟到尾。

六、骑士的荣誉

陈：还有一部影片叫《战地黄花》。我查演员表上，您用的名字是德勒格尔玛，不再是杨静了，这部影片的创作过程是怎样的？您演那个旗委副书记丁思玛。

杨：这部影片也有点小故事，“文革”以前，我和于洋曾经很喜欢一个剧本，那时候不叫《骑士的荣誉》，就是后来我们拍的《骑士的荣誉》，这个本当时我们俩很喜欢，他也很喜欢嘎达梅林，这个作者叫敖德斯尔，和咱们内蒙古的作家玛拉沁夫同一时代。敖德斯尔，也是比较早认识，因为喜欢他的作品，也知道他这个人。最早，水华要拍他这个戏，我就想其中有一个角色我能演，于洋也喜欢，都没演上，也没拍上。“文革”前夕，敖德斯尔到“北影”来参加活动，当时我也大了，跟汪洋同志平起平坐了，汪洋跟他们说杨静怎么怎么的，我说：“算了，你们根本没正眼看过我们。”我说你看我这蒙古族演员，我本来是因为要演蒙古族戏调进电影界来的，但这么多蒙古族戏里，没有一个找我演，就因为我演了一个《卫国保家》，把我给定型了。把我弄成个江南女孩子味了，别人就不相信我是蒙古族女孩子，所以从1956年到现在我一直没演上蒙古族戏。我说汪洋厂长你就没关心我呀，结果汪洋当即跟敖德斯尔说：“你快来，你快来，你给你老乡得写个剧本，你看她发牢骚了，她这一辈子都没演上蒙古族戏。”敖德斯尔说我真给你写一部戏，他说正在酝酿一个题材，是一个蒙古族女土匪头儿成为八路军女政委，后来跟敌人战斗中牺牲的故事。我一听，这个太棒了。我说：“我想演，你赶快写。”这是“文革”前，之后就无影无踪了。拍这个《战地黄花》的时候，我和敖德斯尔又见面了。我说：“你看你，说给我写这剧本这么长时间都没写。”他说：“哪有心思写剧本，要死要活的。”我说我也当“反革命”当得没心思演了，所以这辈子就算了。他说不，现在这个戏你就演。我说这个戏让我当党支部书记的，马尔路是导演，你这里也没我演的戏，都是乌兰牧骑小年轻跳舞什么的。他说：“我跟导演说好了，把书记改成女角，你来演。”

陈：后来改的是吧？

杨：虽然戏不多，但也还是为我把这个男书记改成女书记，这算给我过了一把瘾。

陈：这次表演经验怎么样？这是您第一次演蒙古族？

杨： 可不是嘛，我没有机会演蒙古族啊。我从来没动这个心思，所以我说一个人的成功失败是很多方面决定的。如果我是个有心的人，能给我写戏的人挺多的，结果我没有太要求。

陈： 经过“文革”以后，再回到摄像机前，感觉有不一样吗？

杨：“文革”开始以后，可以说基本上没怎么演戏。我觉得没有挽回和发挥的机会，我觉得我可以演好，而且很奇怪，为什么现在影视中这些老人的样子好像不太对，歪瓜裂枣特多，但是还很红。而真正的，像我们这样有资历、有经历、有学历、有经验的人却演不上一个老太太。

陈： 您自己没去推广过？

杨： 我没去，但是现在基本上是成帮成伙的。而且小角色的话，他们说：“得了吧，你都演主演，小角色不肯找你。”再就是说你级别太高，我说我也没要过酬金，反正都不是理由。我就是想演的演不上，不想演的偶尔也给人家跑个龙套。

陈： 您和于洋老师之间能够有这种信任，真是非常可贵。

杨： 我们事业上是同行，在革命路上是战友。我们是夫妻，也是朋友。我们是无话不谈、无心不交、有仗就打、打完就好，别人问我怎么打怎么个好？反正有时候嘴仗，大部分是嘴仗，我们俩倒不动手，偶尔动一下拳头，这是有的。于洋在《流金岁月》里他讲过，当初喜欢杨静就是因为我要是动她一下，她必定还我两下，这才算结束。我不是任人欺负那种女人。不被欺，虽然我是那样的家庭出身，但是我确实是一个不服软的女孩子，可能有点民族性格。反正就是说我们是什么都不相欺，好坏都见面，都说出来，不藏着掖着。

陈： 打倒“四人帮”以后，您还参加一个中日合拍片《天平之甍》，您当副导演。

杨： 那是1979年。就是《新来的县委书记》翻了车后，在医院养病的时候，李文化已经开始搭起他自己的班子了，我们已经和那个电影不相干了。这时候有一个制片主任来找我，他知道我日文还可以，他说中国和日本有一个合拍片，问我是不是做一下导演部门工作。我问谁是导演？让我干什么？我得问清楚，是干场记还是副导演，我知道肯定不会让我干导演，因为那时候我刚改行，还没多少经验。他说导演是熊井启，当时国内正在放《望乡》，是最轰动的时候。“大导演啊，我当然愿意。我给他做什么都行。”我说正好有学习机会，这样1979年的6月底，我们就见面，跟日本方面就交流，就开始合作。7月摄制组大队人马从日本到中国，首先拍外景，我是中方副导演，导演也有一个日本助理导演。

陈： 相当于中国的副导演。

杨： 剧本叫《天平之甍》，写鉴真和尚东渡的故事，我觉得这个本相当好。他把和鉴真有历史渊源的景点都拍了，扬州、西安、大同、苏州和一些港口。我当时最开心的就是熊井启是日本很有威望的导演。他非常喜欢中国，所以他选择这个题材来拍，这部电影是中国和日本的第一次合作，中日双方都互相尊敬，配合非常默契。制片主任多少也懂点日文，但是很少，我比他懂的多一些。外事部门还派了一个日文翻译跟这个摄制组，当时日本电视台来的记者非常多。戏大概从7月拍到11月，我最大的感受就是日本导演对艺术创作的严谨。他们镜头不是像咱们的分镜头剧本，它是文学本镜头，一行等于一个镜头。导演每一场戏他都掌握，拍摄前一天的预拍，大的场面都要实拍。每场不仅是人到、机位到，所有的都到，不像咱们光笔划一下就完了，不是，全部来戏就是不走胶片，那真叫掌握，非常认真，咱们都是看看位置就完了，明天来真格的，他不，全都是真的。那些大演员也是日本一二号大演员，像中村贺津雄、田村高广，也都非常认真。服装什么的一点都不差，跟实拍一模一样，我很感动。另外熊井导演非常爱惜古建，一次在华严寺拍戏他跟我讲过这个话，他说："杨先生，中国的古物需要很好地保护。"我们到西安的严华寺去，严华寺门口有两个麒麟，有孩子在上边爬，他说："不行、不行。"他就往下轰，他回来跟我谈，说中国的古物应该很好地保护，他说这个寺庙都是有几千年的历史，美国有什么？美国五角大楼五十年就垮台，说垮就垮，中国五千年它还存在，美国不行，中国不得了。他当时就这么说的，我特别感动。我们到码头上拍戏，导演非常注意怎么样别践踏草地，怎么样保护庄稼。比咱们三大纪律还严。说明这个民族有很多优点，比如一丝不苟、不屈服，我看到这一面，我觉得很不得了。当然，他们也还有他们的问题。我作为副导演，我知道自己身份地位，不能超越熊井启，不能给他带来麻烦。我的工作应该是翻译说什么，我去做什么，但是因为我自己会日文，所以我的动作总是跟翻译同时，甚至比翻译还早，我听懂他的话就去做了，他非常赞赏我这一点，他说："杨先生，你的日文是这样的好，让我的工作非常方便，非常顺利跟你交流。"所以副导演给他省很多的事，他觉得很愿意跟我合作，对我的合作表示非常满意，所以过节贺年，都有往来。特别是我跟这组里头的下层工作人员比较注意合作，其实我也不是有意的，因为咱们共产党就这一条。

陈： 官民平等。

杨： 大家一律平等，没有瞧不起谁。他有个场记，在他们那儿叫"记录"，我50岁，她大概是四十二三岁，还有一个化妆也是个女的，道具员，我跟她也挺好。还有我跟日方副导演也非常好。他们制片主任矶野理是东宝公司的，对我非常好，他说："杨先生，你的丈夫在国内是很有名的演员。你也是有名的演员，您同时也是导演。"其实，我当时还真不够导演，但是按级别可能他们从哪儿打听到，可以够导演级别。他说："但是你和下层这么好，你很棒。"我说我对你们都一样，对你和对他都一样，这是我们的习惯。不能老讲共产党，我们多年来都是这样的习惯，大家都是一样的。他是个贵族，在日本，贵族跟下边的人是有分寸的。

陈：那当然，现在不光是贵族，任何一个单位、学校里边二年级学生比一年级学生都高，一年级新进来的学生是阶级服从。

杨：他们这点很厉害，但是他们对我这点非常赞赏，上下一片，都一样好。这个电影在日本宣传力度很大，当时日本多少个电视台都跟着我们摄制组，我们队伍里头一半是电视台的。当时我的消息在日本的大报纸上是头条新闻，拿个大喇叭，女导演怎么怎么的，那时候他们女导演不是很多，当时在日本报纸上可轰动了，在咱中国没什么影响。我那年 50 岁了，跑来跑去，穿个白衬衣，很平常的一个小老太太，当年还挺有力气的，状态还可以。日本的许多报纸都报道，一看这个，于说："你真红了，不得了了。"当时真的觉得，但是结果呢，咱们中国方面对这部影片宣传极少，这是个遗憾，这部影片在北京放映时间很短，各方面招待会跟日本没法比，在日本，天皇都去看了，而且天皇看影片的时候接见了我们整个摄制组成员。

陈：您跟摄制组也去过日本？

杨：首映的时候我们都过去了，天皇也来了，在剧场接见了几个中国的制片和我，还有文化部外事司的一个日语翻译。日本宣传非常隆重，影响很大，我们也接受日本电视台采访，跟观众见面。我当时写了一篇文章，《〈天平之甍〉架起来了中日友谊的桥》。我还对这部影片略加介绍，但是后来始终我也不知道为什么，这部影片在国内就没很好地放映，太遗憾了。我准备跟我的日本朋友把那个带子要来，镜头就是水墨画似的，特别美。电影场景也是江南水乡多，寺庙多，水墨淡雅的风格，很有味道的一部戏。我说我们拍戏就不懂得宣传，人家是投那么多资金宣传，我现在才明白。咱们国内大片也开始这么宣传，因为这么做，几千万投资可以换来上亿的票房。当时咱们没有这个想法。

陈：您第一次去日本对日本的观感如何？心里有没有芥蒂，比如说对日本人的一些看法，或者跟日本人打交道是不是能放得开，包括诸如此类的一些细节。

杨：我是 1979 年底去的。我跟他们没隔阂，有两个原因，一是由于历史原因，我生在伪满洲国，而且现在又承认中日的关系。二是我受毛主席影响，认为领导者和普通人一定要区分开，执行政策的人和制定政策的人是两回事，也就是说日本法西斯有罪，庶民无罪。而且，“日本特务”的帽子我也戴过了，越是这样越不害怕了。我到日本去，那时候纪律是挺严的，但是我就直接对话，因为我有一种责任也是像翻译，虽然有许多地方可能语法不对，也会有一些小笑话，但是他们都不以为然，都觉得这是理所当然。这就是我跟日本结的一个缘，我现在日本朋友非常多。第一次到日本，印象最深的是高楼，东京真是高楼林立，还有高架桥、地铁。咱们中国那时候没有，我一看这个国家真是太发达了。这个民族太顽强了，被原子弹破坏成那个样子，现在居然这样发达，满街的小摊，电子表、计算器、照相机什么的，琳琅满目，但物价太昂贵。日本到处都非常干净，他们非常注意环保。我们是元旦去的那里，树上长着很多橘子，环境、气候也都非常好。我们也见到很多新鲜事物，感觉咱们离人家很远。另外，我们到奈良的鉴真纪念馆，令人很感慨。鉴真和尚是中国人，但是日本人把他当成老祖宗，当成国宝，这样的珍爱他，尊重他。

陈：我想请您谈一下您跟森川和代的交往。

杨：森川是于洋在兴山时期的朋友，当年她作为日本遗子女留在中国，在中国长大，对中国人很有感情。像于蓝这些老同志啊，对日本遗子女都很友好。于洋跟她年纪相仿，在舞会上经常交面，于洋也会点简单的日文，也跟她有一点简短的交流，经常跳舞。那时候，森川就暗恋于洋，但是于洋不知道。（20 世纪）60 年代中期，有一次日本有一个归国者访问代表团来北京，其实就是伪满留下的人员，让我去接待，那是我和森川头一次见面，她的父亲也来了。我们陪他们去长城，不知道是谁忽然提起，说于洋是森川的初恋，你知道吗？你不嫉妒吗？我哈哈大笑，我说我知道，于洋跟森川挺不错的，我说他早就跟我说过。

陈：当时森川在场吗？

杨：也在场，他们日本人就这样，公开的，就这么开玩笑。她来中国最多次，每次她来，我们差不多都去出面接待。后来我们熟悉了，谈到一段事，就是她的历史。她曾经在解放战争的野战医疗队当护士，我一听这个，我就跟她的感情更近一步。我们俩几次谈到过这段，因为我有一段在战地生活，1947 年我们文工团派到四平前线，我正好恰恰也在医疗队，我是野战医疗队靠前方的，她是在野战医疗队靠后方的医院，我们对战争的体会，对伤员救护的状况，谈到的事情非常多。我说咱俩把这一段写一下吧，咱俩一块写一个反战同盟的故事吧。她说好啊，我让她注意搜集这方面的材料，将来有机会碰到，咱俩就把它写出来。事情谈了不止一次，但是她一下子搞电影史去了，就没有精力搞这个了。我同样也是，影片一个接着一个。各自都有自己的一些事，就没得出手写这个，就没有完成。当我听说她重病，我确实很难受，很遗憾，没能完成这件事。我一生没有大志，我脑子很活跃，愿意搞创作，1945 年就开始演戏，不想做终身职业，但也愿意参加活动，指挥歌咏，跳舞，骑马、射箭，一个人怎么可能这么全面发展？我没有选择。我确实一天也没有荒废，我最知足的就是我没有荒废生命，我每天都做了我应该做的事。

另外还有位大导演就是山本萨夫，我 1979 年底第一次到日本，山本萨夫接待我们。日本的头牌导演都出来了，山本萨夫、山田洋次，我都是在那认识的，都对我特别热情，宴会上山本萨夫就说他在莫斯科见过我。我说："山本先生您一定认错我了，我没有去过莫斯科。""你在莫斯科得奖了，我知道。你得的演员奖。"他把我认成于蓝了。我说你记错了，我没有得过那个奖，那是我们国家的一个著名演员叫于蓝。我很熟悉她，那是我大姐，我们俩可能有点像吧。宴会上也不能说太多，但他问到于蓝，因为他在 60 年代，他跟佐藤先生来访中国时于蓝接待过他。

陈：佐藤忠男。

杨：对，他跟佐藤先生一起来过北京，我也参加过他的接待会，于洋陪他们去过八达岭长城。山本萨夫就问于先生好吗？我说你还记得吗？他说当然记得，他陪我们上八达岭，那么美丽的地方，怎么会忘记呢？这关系又近一步。但是我在意识上更喜欢山田洋次的《远山的呼唤》，所以我就主动地跟山田洋次多交流，我还喜欢他常用的女演员，叫倍赏千惠子，我就老问她的情况，我们俩有很多交流，他对我也特别好。后来有一次山本萨夫和山田洋次又到中国来了，我们单位叫我去接待。他当时年纪相当大了，参观"北影"，他们详细地问了我，当时在拍什么戏，是怎么样的拍摄过程，我就给他讲，我说怎么分了镜头，在现场镜头本是怎么怎么样。日本熊井启的分镜头本，不像咱们这样写，实际上有点像文学剧本，分段写，实际上镜头都在其中，他不写到每个镜头。咱们 30 年代的分法很机械的，这个镜头三秒钟、五秒钟、十秒钟、一分钟，这个镜头远景可能是三分钟、两分钟，都有时间，而且有尺寸。他们一看，觉得这么细致了，跟他们有点不同。他们非常详细地考察了我们从文学到镜头，从镜头到现场这个过程，他们两个都很认真，恰恰那次于蓝不在。这一次又深化了关系，他又一次把我当成于蓝。大概 80 年代了，佐藤忠男带夫人来中国，正好于在拍《戴手铐的旅客》，又是我接待他们。他们俩跟我的交流也比较多。佐藤忠男特别细致地问到一些拍摄的具体情况。他的夫人也是个学问家，但是她更多地跟我谈到生活的问题。那时候我也好奇，问她家里有没有帮她做事的人，她说："没有，每天我做饭，我洗衣服，包括佐藤先生的鞋，都要我来给他擦。”日本人大男子主义挺厉害的，男人绝不做家务，尤其是他搞学问，他更不做。可是他的妻子也搞学问，我看了她写的很多东西，但是她必须做这些事，对丈夫照顾很周到。印象最深是他妻子告诉我说这样爱情才长远，临走的时候她送我一个小皮包，这里面有一本佐藤忠男出版的书。当时的外事纪律，是不准拿礼物的，我当书拿回去了。

再谈山本萨夫去世，他去世那年，日本来了一个团，大概三个人，带着山本萨夫的照片，带了山本萨夫在日本的追悼会的记录，他们找到我，就说山本先生生前曾经提到我和于洋先生，让把这个东西送给我，我当时特别感动，他们专程到中国。这样一些艺术家把中国人看成他的同胞，看成有共同理想、共同追求的朋友。虽然接触时间也不是很多，但是好像心灵相通，在艺术上也有共同语言。谈起他我也挺激动的，觉得这些人都有使命感，对本身富有责任，对朋友对家都有使命感。

还有一个人叫陶隆司，这个人也给我印象很深。他知道我有个女儿，他非要把自己女儿的衣服送给我女儿穿，让我留作纪念。是四五件很漂亮的衣服，料子很好。后来他又从日本给于洋和我寄钓鱼的鱼竿。他爱钓鱼，据说鱼竿特别贵，他还写了信，画了图样，教我们应该怎么用。而且还送我一个花瓶，这个花瓶很漂亮，是我唯一完整保留的。这些东西使我怀念这个老人，现在不知道他怎么样了，恐怕他已经走了。我在十年前跟他们联系都是很多的，近十年来，特别晓阳去世以后，我也没那么多精力，事也多，也老了，也觉得一定程度也该中断了。演鉴真的田村高广跟我通信保持了 20 年吧，从 1980 年到 2000 年，因他去世而停止的，他跟我一样高龄了。还有一个人，叫沼田曜一，在影片里有不少他的戏，他是个日本写童话的作家。摄制组结束以后，就跟我们有很多的往来，他曾经托我给他办到中国来的手续，他要访问内蒙古，我曾经全程地陪他去了一趟内蒙古。他对中国文化特别关注，在吉林、在内蒙古草原走了好多地方，不知道后来他是不是做了这部影片，还是写了什么东西。

陈：您的日语是什么样的一个水准？

杨：我在小学六年都学的是日语，简单的语言都会。我对语言比较敏感，可能我是蒙古族的原因，我的发音，日本人认为很准，我具有一点儿这种天赋。

陈：我也听说过会蒙古语学日语要快一些。

杨：快一些，比如“la”这个音，汉族说“la”，有的人说不好，很多学日文也说不太好。

陈：但是毕竟三十多年没用过。

杨：先是小学，然后 1947 年到前方去支援战争，到四平外围，曾经接触过日本护士，但是这也是很短暂的，两三天的事。好多年以后使用过这一次。剩下的时间，就是我们厂里有三个日本朋友，左山还有另外两个人，我偶尔跟他们说一点。

陈：您不怕人家说，好像在“文革”年代说外语？

杨：我不怕，而且我一见他们我主动说日语，因为只有这个机会我才能跟他们说日语。还有我在沈阳念书这一段，因为舍监是日本人，又要用一点日语，这段用日语对我有所提高，特别是生活语言。

陈：舍监不会说汉语？

杨：不会说。凡是当时伪满能上女高二年以上的学生日语都比较不错的，我没有上，但是我可以跟她们慢慢习惯用。这就是我的基础，我1951年去朝鲜体验生活时，没有翻译，队长于蓝知道我会日本话。朝方提出有无会日文的人，于蓝让我翻译。另外最重要的还是“文革”后期在干校，全国开始教日文，是上海广播电台。

陈：您当时出于什么样的一个想法？怎么会听广播呢？

杨：我不知道今后前途是什么。另外我相信语言是阶级斗争的工具，是一种学问、一种知识。我在这儿也没事干，我就练日语了，所以我开始听广播，听了有两年，这一段是最重要的，我不放弃一次复习日文的机会。

所以我到那合拍组以后很快把语言特长捡起来，这次合作半年交流太多了，日语大大前进了一步，当然跟专业人士比还是不行，但是能唬人，一般的没问题。

陈：昨天您说您的俄语也挺牛的，您什么时候学的俄语？

杨：日本投降以后学的，那个带我们逃难的蒙古族老头会俄语，他一路教我们。后来1950年以后，刘光洁在电台教俄语，我学了不少时间。还有1955年到1957年，我们请来苏联专家，用俄语的机会就多了。我们班的翻译叫王澍，我们是好朋友，我们在一起经常说俄语。

陈：您真的有语言天赋。

杨：我要搞语言可能比我现在要成就大点。我到朝鲜，我学会了几十首朝鲜歌，而且回来我还会说不少朝鲜话，不过我现在忘得差不多了，但是我还会简单的句子。

陈：去朝鲜是哪一年？

杨：1951年，抗美援朝。我们在朝鲜待了大概两个月，拍电影下生活。汪洋派我们下去，于蓝带队，汪洋给于蓝的任务是一个也不许死，把于蓝吓得。我们到平壤，到三八线上，在三十八军部队。我在朝鲜又用了一次日语，为什么呢？我们参观一个金日成遗子女学校，就是烈士学校，这个烈士学校里都是对敌斗争的少年英雄。我们采访的时候，没有翻译，我偶然地想可能有人会日文，跟我一样，结果我一问，有一个老师他真会日文。他就当了他们那方的翻译，我就当了我们（这）方的翻译。这样在朝鲜我们采访了十几个孩子，都是烈士遗子女的战斗事迹。我回来还出版一本小人书，写他们的故事《崔香莲》。

陈：公开出版的？

杨：对，我写文字，后来我一个朋友把我的文字形象化了，把《崔香莲》画成了连环画。

陈：是哪个出版社出的？

杨：天津美术出版社，我这么多年没找到。

陈：当年没给稿费吗？

杨：没有，书都没给我，但是我知道有这么一个书出来。

陈：下面请您谈谈《大海在呼唤》。

杨：于洋曾经讲了在清水号生活半年，这半年里，他游历了半个世界，欧洲这些国家他走了很多，而且那一年印象最深的一件事，就是在船上过的春节。

杨：剧本在无锡宾馆完稿，那时候我也参加了，于洋也参加了。陆俊超跟我们的合作还是挺好的。拍戏的时候由于当时的副导演有事没来。汪洋就说杨静老想去给人当副导演，当不上，谁也不要她。她当副导演比导演级别还高，资历还强，谁敢用她啊，说你们俩联合吧，你们俩开夫妻店吧，就这样。

陈：是汪洋厂长点的将是吧？不是您和于老师自己商量的？

杨：不是，我没想跟他合作，当时领导分的副导演已经和于洋约好了，还是我的好朋友季文彦，结果他不能去了。于洋有一个副手，但是他自己要演戏了。这时候汪洋说，让杨静去吧，你们开夫妻店，这样，所以我就有幸从参加修改剧本创作开始，是这么进入这个组。

陈：那就比较晚一点，比于洋老师要晚多了。

杨：晚啊，我没有去欧洲远航。我觉得在海上拍戏很不容易，特别是当夜深人静的时候，听到船在风浪中，感觉船要断了似的时候，心里确实担心。有一次大风浪有船员都晕倒了。我本来晕船，那次就奇怪，很精神，挺住了，我还一直在那儿指挥拍戏，于洋演戏，我是现场执行导演，我们正好拍一场在舞厅里的戏，浪大的根本没法儿拍。刚把场面安排好，一个邪浪整个给滑到一边，又得重新布置，另影片预算少，请外国演员请不起，结果请了一些留学生，但是留学生不会表演。所以跟他们合作，就感觉到力不从心，都是勉强对付，创作常常在对付的情况下完成。所以有些戏确实是力不从心，表现不够，很不尽如人意。在这个戏的艺术处理上，确实从编剧到导演、到演员也都还有弱点，但是一般的人看了以后还是觉得挺新鲜的。第一是在海上，第二写的船员生活，第三还有外国人，所以大家看了还挺顺利通过的。结果没想到，大评论家出面，把我们这部影片作为一个典型，说是精神污染，免费地给香港做广告。就是钟惦棐，他是中国的评论家权威，其实和我们的私交还不错。当时他右派平反的时候，还特别感谢我和于洋。

陈：他指的是什么？什么时候您为他辩护？

杨：我都不记得有什么辩护了。后来他说是《电影的锣鼓》这篇文章批判他时，我当时说《电影的锣鼓》那篇稿子写得没错误。他很感谢我，但这次批，我分析钟惦棐当时可能是道听途说的，听人家说我们这个组，如何如何发财了，甚至好像是不是走私赚了钱了，所以他发表一篇批评文章叫《功夫在片外》，写了不少莫须有的罪名，就是批评我们都是为了干私事去的，因为我们是第一个到境外拍戏的摄制组，大家都争先恐后想上这个戏。演员不上的也对我们有意见，上的也有意见，反正各方反应是这个状况，很多。另外一个现实是什么呢？就是说海员招待我们，也给我们发很多东西，发啤酒、压缩饼干等，水平比一般人生活水平高。船上那些东西我们好多人都不吃，一个是吃的不够，一个是舍不得吃，有老的有小的，都惦记家里人，往回带，一下船的时候，带了一个箱子又一个箱子，再加上我们每个人买了一个大件，我们去了七次，本来可以报七次关买七个大件，但是我们就做了一次报关，这已经是很高的觉悟了。我们都非常严格地按照党的外事纪律办事。

陈：真要是光卖的指标就赚很多钱了。

杨：对啊，那是真能赚钱，但我们还自觉节省了。只有个别的人偷偷地买了旧货、二手货。结果他写了《功夫在片外》这篇文章，认为我们的戏没拍好，出境干别的事去了，心思根本没在戏上。这个标题多深刻啊，太损了，太屈我们的心了。在批判大会上，把《大海在呼唤》作为一个反面教材，只让一个导演去参加会，我就让于洋带了一封信给陈荒煤。我觉得不让我参加会那没办法，但我得发言、得表态，所以我就写了一封信，表示了我们的看法，对权威的不满，对批评的不满。结果没想到那个会根本没达到预期效果，大家看片后都一笑了之，所以这个事也就过去了。但我心里不服啊，翻案的东西我都留着呢。

陈：接下来是《骑士的荣誉》。

杨：《骑士的荣誉》这个戏拍得相当艰苦。这点我很感谢于洋，我们之所以拿出《骑士的荣誉》，因为我们俩作为演员的时候很喜欢这个剧本，当时两个人都想在这里演角色，但是这个戏是水华同志抓的，始终没拍成。

这回我们有机会重新选择拿出来了，水华同志也已经放弃了，这个本子也很陈旧了，我说我们改一改，这个戏的背景正是 1945 年日本投降，我在达赉湖畔逃难一个礼拜前后那个时期。

陈： 就是在 1945 年八九月份。

杨： 1945 年 8 月在呼伦贝尔草原那一段。我非常熟悉那一段，于洋也很喜欢这个角色，初衷还因为总理有那么一句话，说你是一个蒙古族演员，蒙古族的少数民族演员不多，你应该给民族多做贡献。我心里想，我期望了几十年，蒙古族戏演不上，我也老了，演不上戏我拍还不行吗？所以我要改做导演的初衷是这个，我不拍则已，拍就是民族的戏。于洋这点上很支持我，我也很感谢他。为什么内蒙古人都称他是姑爷，真是觉得他和这个民族血肉相关。他母亲是满族，他身上有着一半满族血统，是不太一样。我们俩有很多融合之处，一下子我们就干起来了。干起来，差不多跑遍了内蒙古。《内蒙古日报》曾经发了一篇关于我们俩跑遍内蒙古情况的文章。当时因为这个本太陈旧，我们得去改，适应一点时代。采访下来以后，因为这个时期正是我在东北军政大学 1946 年那一波人，不少是同学，所以再加上，从参谋长到用骑兵都很方便，当然中间还有一个秦纪委的事。

陈： 安排训练，调兵，秦纪委那时候是北京军区司令。

杨： 对啊，因为他是北京军区司令员，内蒙军区直接受北京军区领导，所以有秦纪委同志的一句话，还有我的老同学老乡亲，这个工作很顺利，很帮忙。所以我们觉得很得心应手，我们基本上都用的内蒙古族演员，个别的用的一两个汉族，所以整个戏拍下来呢，反正我们很激动，我们自己很满意。

陈： 这个语言，直接拍汉语版，还是蒙语？

杨： 汉语。

陈： 那些演员都会汉语是吗？

杨： 蒙古族大多都会汉语，内蒙古拍蒙文版的戏很少，《内蒙人民的胜利》，就是汉语版，当然后来把这汉语版翻译成蒙文，到草原去发行，后来也有拍专门蒙语版的也有。整个的完成比较顺利，反映也比较好。我们俩最骄傲的就是，我们想出来的新招儿就是片头字幕，一开头是用蒙文，然后一翻过来是《骑士的荣誉》汉字。

在内蒙古我们用了这个做法本身就想显示蒙古民族，是一个优秀民族，应该有自己的文字，一开始就是成吉思汗子孙宣誓，这个影片我们的想法就是成吉思汗子孙宣誓，你怎么看成吉思汗我们不管，我们是成吉思汗子孙。但是我们里边整个政策还是讲咱们共产党，怎么样使得一个自在的人民队伍成为一个自觉的队伍，还是承认党的领导，还是写共产党的。我们两个是共产党员，所以这个能获得通过。但是当时少数人，我的同学，说，杨静你们俩真胆大，你们怎么敢这样做？我说怎么了？说你们写这都是东部跨洋刀了，懂不懂？

陈：就是从东部那个军事院校毕业出来的。

杨：就是我给你讲的，我小学的时候，我们后山有一个军官学校，这里有的都是军官学校出来的，而且实际上那批起义的人就是军官学校的学生，把日本人杀了，起义了。

陈：《骑士的荣誉》的合作方式跟《大海在呼唤》有变化吗？这是蒙古族戏，很多蒙古族演员，你执行是不是更多一点？合作方式呢？

杨：以他为主，大马队大场面。

陈：跟蒙古族演员沟通，以及民族习俗啊。

杨：不存在沟通问题，都会汉语。我跟于洋合作，于洋也是二把刀，但是我跟他合作我听他的，就实实在在。

陈：拍蒙古族戏于老师应该听您的。

杨：毕竟我熟悉生活，他也听我的意见，那时候我们俩没什么矛盾。镜头他比我熟悉，因为他演戏演得多，耳濡目染。我也确实没太多导演经验，我还是听他的，场面调度什么的。当然个别我也有不服的地方，但基本上没有矛盾。

陈：田壮壮的《猎场札撒》您看过吗？

杨：我没看过，但是我知道，他用的是真正的少数民族。

陈：在说蒙语。

杨：那不一样，我知道这个。

陈：他一开始是不是模仿《骑士的荣誉》开始成吉思汗子孙那段，《猎场札撒》不就是成吉思汗那个规定嘛，也有宣誓啊。看他影片那种真实感和现场感也会更多一点儿，蒙古族在草原上说蒙语，表情会比说汉语自然一点儿。

杨：那肯定的，效果肯定不一样。另外形象什么的，肯定是更像蒙古族好一点，《骑士的荣誉》里边个别的演员我也有点看法，但当时也找不到很合适的。

陈：您说个别的是汉族演员？

杨：对，就是崔岱，你怎么看他也不是蒙古族，那没办法。另外，有一次和苏联大使馆的文化参赞遇到，就谈到这部影片，他说他怎么没有看到这部影片，说这个题材太好了。所以说咱们国家，影片宣传不是太多。在北京民族宫放映，掌声雷动，当然看的蒙古族多，还有各界记者。我在一个刊物上，曾经看到一篇关于内蒙古电影史的文章，里面没有我这两部影片。

陈：请您谈谈《驼峰上的爱》这部影片的拍摄过程，以及您的一些经历和印象。

杨：其实《驼峰上的爱》应该是能拍成非常成功的影片，但是我毕竟没有经验，这部影片是两度拍摄才成功的。那时候当导演都追求独立嘛，我和于洋联合两部戏了，觉得可以独立拍戏了，厂里也发布了拍摄指令。首先是我和摄影师两个人去新疆体验生活，体验生活的时候，到了新疆的伊犁，新疆有两个蒙古自治州，所以我们就选择在新疆拍，因为那时候觉得内蒙古都跑遍了，新疆蒙古族地区更独特一点。区别于以往内蒙古影片的风格吧，再加上这个戏本身具有一定童话性质，所以觉得如果能够按故事的原貌拍下来，那也就会是一部很成功的作品。我们组成班子后就出发了，当时给我配备的副导演是张研佳，还有一个是“北影”一流的美工师，叫刘毅，这个人现在已经不在国内了，在“北影”是相当有成果的一个。摄影师是云文耀，录音师是耒启箴也是一流的。其中有一个人是我不想要的，这个人就是照明师，这个照明师是“文革”打我们打得很凶的人，结果这个照明和摄影很有关系，他们合作得比较好，师傅们就劝我“拍戏嘛，人家都给于洋道歉了，你就别那么小心眼了”。我一想，第一次合作，有一个没有章法的传统，就是说第一个上任的导演，总得受一点夹板气，得将就一点。我心里也很明白，他知道我是演员改行的导演，经验也不多，现在你来拍戏了，我们这么多大师伺候你，虽然没说出来这些话，但是从各方面都叫我感觉这种气氛。后来我想为了影片的成功，算了吧，就开始去拍戏。

拍的时候，在演员的选择上，我跟摄影师争执很大，女主演他选的是一个解放军医院的舞蹈教员阮美美，我说不能用，形象过得去，但不是这个人物的样子，我就不想要她，我就跟那摄影师谈了很久。还是拗不过，我等于将就了，为大局吧，为了把这部戏拍出来。开拍的时候在博尔塔拉，博尔塔拉是北疆的一个蒙古区自治州，那个地方是很有特点的，在赛里木湖过去一点的地方，风景很美。

第一场戏是男主角跟妻子吵架，有个细节是拿个棒子一抡，把挂在车边上的一包点心打散了。我当时对这个细节就不太同意，点心挂在那儿很不生活。他说这个效果怎么怎么好，我等于是又妥协了，按说摄影师不应该跟导演坚持。但是一开拍，我喊预备开始，女主演不动，她说：“导演，摄影师还没说开始呢”，我说：“美美，我是导演，我说开始了，咱们就开始啊。”之后勉勉强强开始，我就很不愉快。拍戏到底是摄影师听导演，还是导演听摄影师呢。结果他就说："杨静，这次咱俩联合吧，我挂在你后头。"

陈：他要联合导演。

杨：嗯，他说："我挂在你后边，我给你当副手，咱俩联合，因为我这么多年想当导演，也没有干成。"我回答说："咱俩说好了，这部戏你就别挂名了，这次我自己先导，下部戏我来给你当副导演。你看生产命令都发了，咱们下次再说啊。"因为蒙古族之间也比较坦诚，就这么说完了也就完了。可是虽然这么说了，他心里头一直为这件事耿耿于怀。结果有一天开部门会议，总结拍戏的经验，说接下来的设想。我阐述导演想法后，大家鼓掌。这时云文耀把手一拍，"我就不同意导演这么讲"，他就是找一些茬。我说："你这个人真奇怪了，咱俩谈得好好的，咱们俩的意图是一样的。你有什么想法你可以补充，另外你可以谈你在摄影上用什么样的摄影手法来突出这个主题，来补充我这个导演的不足。选你不就是因为咱俩都是蒙古族嘛，不就为了咱们拍出有民族特色气氛嘛。"反正我们俩顶撞起来，顶撞以后我就不让啊，因为我觉得我是导演。两个人争论，他就脱口而出,"老子不伺候你了"。就在会议上。我一惊,我这个人虽然比较直率，比较粗，但我从不骂人，他这个当头一棒，我实在受不了，我一下子发愣了，愣了以后，我也不知道该怎样，也不知为什么我就脱口而出反击，我这反击，大家都笑了，云文耀自己也笑了。我说："你还有脸笑，你笑什么，你凭什么骂我？"这时候厂里就来电报了，当然我也汇报了。有人就提出来，这个人和骆驼的关系，讲了百般的不合理，讲了百般的不真实。既然这样，说现在厂里有个情况，你们这个组得回来改剧本，当时我记得有具体的两场戏，说必须要改一下。这不仅我们组，当时还有别的组也被召回改本。

召回以后，开会传达上面精神，修改剧本。另外在这期间，都是在没膝的大深雪里拍戏，拍戏的时候我差不多都站在雪里头，结果我的关节就肿起来。到家我就下决心把这个组散了，不拍了，如果再拍我肯定得换班子。这组就暂停了，大概很快，几天几夜就把本改出来了，改出来了以后，很快地，党委还真通过了，艺委会管剧本的厂长和汪洋，说挺好。我说我要求换班子。厂里一看导演这样没法工作，换班子也得同意，而且当时不管云文耀怎么闹，他还得听导演的。我就说我不要这个摄影师了，我对女主演、男主演也不满意，我对一些人用了汉族演员我不满意，所以我打算换班子，我就提出理由。到第二次下达生产命令之间，云文耀多次找我来认错，说咱们都"老蒙古"了，别在意了，咱们俩打骂完了都笑了，还记仇啊。我说我不是记仇，咱俩在一些看法上很难统一。后来我就跟于洋商量，我说“于洋，你是不是帮帮我”，我忘了是我先提的申请，还是汪洋先说的。汪洋说让于洋去，给杨静去拍，拍完了以后，于洋别挂名了，就叫杨静挂名，给我很大的宽容，我也觉得非常感谢。汪洋他可能也觉得过去对我关怀不够，所以现在鼎力支持我。把云文耀换下来，把整个班子换了。后来于洋也就同意了，我们就一起重新组织出发，但是这期间遇到一个大事，就是全国火车票、汽车票、飞机票全部都上涨一倍。路程的路费就占成本的很大部分。所以很多人就考虑说能不能咱们就在乌鲁木齐就近拍，就别跑了。

没办法，为了把这部戏完成，已经花了大概十来万了，必须得忍受凑合着拍戏这种方案，我就同意了。我们就第二次出发。这个班子请斯琴高娃，出演女主角。

陈：那是真正的蒙古族。

杨：崔岱其实在戏中表现得还比较彪悍，他来演男主角。另一对夫妇是从伊盟调来的两个人，还有哈斯高娃，哈斯高娃当时是上海戏剧学院的毕业生，出演一个年轻的妈妈。这四个主要演员我是极满意，儿童演员有点遗憾，我不能到南疆去把那个非职业的小孩调来，就只好选方超，当时他也挺当红，孩子也特别聪明，我觉得蒙古族孩子漂亮可爱就行，我就把他带上了，这样这个班子是非常理想。但是摄影师是杨文庆，遗憾的是他为人很老实很好，但是他确实缺乏云文耀那种办法。但是不管怎么样我很高兴，反正我这部戏能拍出来。

拍了以后，现在总结起来，还是用孩子的视点来看生活，那焦点就不在大人身上，大人又都是我们喜欢的演员，斯琴高娃、哈斯高娃，这些都是很不错的演员，你把人家放在后面飘着不合适，所以这个戏的视觉有点转，这是无意识的，是事后总结。当时还是觉得我们还是采用孩子的视角，其实已经是大人的视角了，结果这是个遗憾。

陈：视角不应该转，重点不应该转。

杨：还是应该永远有一个孩子的眼睛，就是缺乏坚持，一以贯之，在镜头上体现这种结果了。另外一个遗憾就是骆驼，骆驼因为没有经过训练，它不听使唤，虽然别人说得那么简单，说你这儿摆一点盐，它就能舔你这儿，到时候哪儿都摆盐，那个骆驼从这儿到盐那儿怎么过去，这个衔接，这中间有很多戏的难处很大，所以我们全靠人去引导。我非常感谢于洋和副导演，这个副导演叫陈红光，内蒙厂的年轻导演。他来了以后，几乎整天牵着骆驼。

陈：驯骆驼，是吧。

杨：临时训练来不及，就是整天牵着骆驼，指挥骆驼，有一场戏有很多困难，那个骆驼抬过头来舔孩子，或者是用嘴挖地拱土，挖出一个小水坑，拱出一个清泉，这都是原来最美的设想，结果做得不理想。最难的是骆驼根本不回头，结果怎么办呢？这个骆驼很高，结果于洋就躺在骆驼身后拽骆驼的绳，牵着那绳把它的头慢慢引过来，叫骆驼慢慢做这个动作。现在想也挺不容易，于洋这个大演员大导演，为了更好的效果，居然趴在地上来给我帮这个忙。

还有就是副导演拉着骆驼怎么走，每次排练，每次实拍，他都得拉着骆驼，把骆驼摆在适当的地方，然后在一定的距离让它动，达到的艺术效果没有我们设想的那样，甚至可以说距离还比较大。但是唯一能够满足的就是，毕竟想方设法把这个戏完成了，而且我们失掉北疆的景色以后，我们到吐鲁番，到高昌古城，找到很多的古迹，有很好的山水，也还拍了一些比较好的场景。完成之后，我们为效果更好，还到上海译制片厂去重新配的音，我觉得完成的整个效果不怎么太满意吧，总算是拍成了就是最大成功。写字幕的时候，他们就说不写于洋，因为汪洋都讲了嘛，于洋不挂名，我说不！我说我们俩人拍的，不写于洋，我这个人不愿意这样，于洋已经跟我合作了，而且很多地方他那么努力，还得写于洋，我坚持写。于洋说把他写到后头吧。

陈：杨静、于洋。

杨：对！是杨静、于洋。送审以后很快就通过了，有了两个意见。一个意见是有一个情节，孩子掉到雪坑以后，是骆驼把孩子从雪坑里叼出来，这个情节很费劲地拍出来，骆驼怎么就把孩子给救了，领导审查有意见。第二个意见是两家孩子没有了，寻找孩子，追到发现一个沙窝子里头，一个骆驼挖了个清泉，两个孩子在清泉边被救活了，父母非常兴奋，斯琴高娃从沙山上往下跑，往下跑的时候，高娃也没跟我这么说。但是在拍摄过程中，她往下跑两步就倒下，滚到底下去，我觉得效果非常好，决定要用，于洋他们也觉得挺好，就这么用了。审查方面觉得好像就觉得太过了，坚持让剪掉。

陈：他觉得滚下山就觉得太过了。

杨：我坚持用，可是后来没有办法，就只有把它剪了。艺术家的创作受到诸多限制，你本来就挺狭小的想象力，本来就很难体现你的意图的条件，拍摄中偶然出现了这种我觉得很动人的东西，凸显蒙古族的性格，彪悍，不顾生命，都被剪掉了，为了片子通过。以后我多次为这两点遗憾流过眼泪，虽然这部影片里也不仅仅这两点遗憾，或者说没有设想好，我就把剧本原样搬出去，我这部影片就能得奖，我认为的确是有这个条件的，当时没有得奖。在评奖过程里有个很大的争论，据我所知曾经把奖给了这部影片，但是“儿影”坚决不同意，说它不是儿童片。当时“儿影”有片子，非推“儿影”的片子。

陈： 本位主义的。

杨： 我跟奖失之交臂，跟优秀影片失之交臂，我觉得我的命运也是很不好的。拍了十几部影片，主演八九部，在我那个年代不多的，不是说人人都有这种机会的。但是我失掉了我心爱的影片，像《战火中的青春》，像《内蒙人民的胜利》，都没演上，有的电影拍也没拍好。后来想谢铁骊提醒我还是对的，改行太晚了，应该就那样做下去，也说不定能遇到一个好的角色。今年是我从事电影 60 年，我是 1949 年来北京的，正好整整 60 年，我拿不出任何一个像样的东西，我是一个杂牌的电影工作者，称不上一个杂家，但是我觉得还是那句话，反正我唯一的安慰，确实我没有荒废光阴，总去奋斗了，努力了，我把自己的一生献给电影事业了。

陈：《孤帆远影》的情况是什么？

杨： 这个戏很难说了，因为影片没有了。这个戏，我个人认为主题是很好的，写水利电力部，水电学院的师生恋。我们是在长江沿岸从秭归到万县这几个县城，最后到宜昌，这一段路上拍的。谭天谦饰演的男主角，女主角是李彤，后来干导演，这两个演员我觉得也不错，我在影片里还演一个教授。但是这部影片拍完始终没有发行，我们至今也没看到。说是水利部内部矛盾。

陈： 这部影片还是您跟于老师合作的。

杨： 还是我们俩合作。凡是我和他联合，都是我在他后面，只有《驼峰上的爱》是我在前面。

陈： 您在于老师那本传记中，写您和于老师有矛盾了就打，统一了就好，创作上会有一些矛盾。

杨： 肯定会有。

陈： 有什么细节的例子吗？比如说哪场戏的处理两人不一样，然后争论？

杨： 其实这个我是泛指的，不光在创作上。

陈： 生活上也是这样。

杨： 也是一样，我们俩的性格都是直，我估计我们俩之所以生活在一起五六十年还不分开，还算大家都认为我们自己也认为的比较和谐的家庭，之所以能维持，我觉得和两个人的性格有关系。我对于确实一见钟情，反正一看两个人就很合，他对我也肯定是觉得我哪些地方他很喜欢，年轻的时候就一拍即合。既然有这样的感情基础，就不同于一般的。就是说凡是遇到事情，都是有来有往，就不像某一种夫妻，有一个永远给压在底下，另一个在那儿称王称霸，或者是两个人老是对手打来打去。我们俩之间有一个调节，就是说，我觉得于洋比我强，我有这一点自知之明，所以很多时候我比较尊重他。虽然他还比我小点，但是他的电影资历强，他见识广，他敢于做决定，他敢于承担，就这几点我就有一个靠得住的感觉。

陈：于老师事业心也强一点。

杨：我之所以喜欢他，人家问我为什么你们俩那么好，我曾经用最朴实的话说，当年我曾经说过这个话，现在想挺可笑。我说“那我就觉得他好，我就觉得我要跟他一辈子要饭我都能有饭吃”，我就是形容我的这种感觉。实际上我在跟他一起生活的经验告诉我，这个事情只要我们俩说做，一定能做成。你看许多事情都做成了，结婚不管有千难万险，再有阻隔还是结了，而且这期间，在我们俩分离期间不断地互相都有干扰，也有很多人喜欢他，也有很多人喜欢我，我们俩始终就是互相相约的东西不变。这个相约不变很不容易，它不是封建爹妈给包的，不行，彩礼过了，没办法非结婚不可，或者受命爹妈。没有，我们俩都没有，我是自由，他也是自由，就说明两个人互相有个吸引，这个吸引就是有互补，比如说他提出一个A，我可能接上，就像那一句诗一样。他要说“孤帆远影碧空尽”，我一定说“唯见长江天际流”，反正就总有合拍的地方。两个人有这种默契，这一点我觉得我也很难用语言来形容，我觉得这是长年保持一定的缘分。

另外，我们彼此非常坦诚，无论是生活中，包括感情上，包括创作上，包括对问题的认识，对外界的认识上，我们都能坦诚交换意见，什么都说，真的。我现在觉得，我们的先辈，包括我们前一辈都总结这个经验了，但是我们在实践中真正体验到没有真诚就没有互相理解，没有互相的理解，没有互相的原谅，没有互相的补充。比如他曾经讲过，如果他碰了我一下，那我如果要是不回他这一拳，我是活不下去的，我必须得回他那一拳。回他这一拳，他再给我，我还得回他，完了他就笑了，他觉得这个女孩子是这样的，但也不是那种真打，真打也就早散了。

陈：您也打不过他。

杨：真打也早就散了，也打不过他，就是说互相有这种谦让。再就是，我知道我不及他，我承认这个，我不是像某些强人一样，就我非得压着我的丈夫，我承认我不及他，那我就得迁就他，许多地方我要忍让。具体在创作上的表现多，比如说拍戏的时候有矛盾，我在身边嘀咕嘀咕，他不听，我转身就走了，我知道他不听。

陈：然后怎么做呢？就按照于老师的做？

杨：那当然了，联合导演的时候，他在那儿执行，我去嘀咕嘀咕，那个别那样，那个应该那样，他说对，对，你赶快去纠正。因为我也是导演，我也可以向前，我就说那个最好别那样表演，于洋说：“那你去，你去告诉他”，我就到演员那儿告诉他，你不要这样，要那样，他同意了，他就通过了。有的时候我去说了半天，他不理我，而且甚至有时候很粗暴，甚至也不给我面子，在人面前，都有的，那我都忍受了。

陈：不会当面跟他吵。

杨：吵也没理啊。人家是一把手，在那儿执行，这一点我懂礼，有意见也只能下来提，或者是谈两个方案，都可以，但是当场不可以，这样拍不下去戏。这种时候我就退让，我记得有一段在内蒙古拍戏，拍马队，我就没法指挥，他前跑后跑，那时候身体比较好，那些地方我就根本就不掺和，我就布置群众，很多副导演的工作我就主动去做，演员的工作他都靠我。比如说对演员的交流，案头工作什么的，我们俩统一了以后，都由我来进行。

陈：您去执行。

杨：现在没有太多资料了，我记得拍《骑士的荣誉》的时候，我跟蒙古族演员一起来谈，我们应该怎么对待民族电影，应该以什么样的感情投入工作，谈这个的时候我哭了，很多演员都哭了，觉得民族兴旺发达每个人有责任，那不是一种纯理性的，是很动感情的交流。我觉得拍这种戏，演员之间、民族之间的感情才能渗透到我们的作品里，像这种导演与演员交流都比较好，于洋他在旁边也感动。比如说我们到乌拉特中旗去，跟乌兰牧骑联欢的时候，大家坐那儿谈，说他们看到我们拍的蒙古族戏很激动，看到于老师对蒙古族这么有感情，大家唱起歌，唱《嘎达梅林》，于洋也唱，也流着眼泪唱。很多演员都说，这两个是真的为我们民族，献身于民族电影事业的两个艺术家，我非常感动。这些语言是发自内心的，而且我们俩也是非常有共鸣的。

有的时候我也真觉得总理给我这个任务，使我对这个民族，有承担民族电影事业的责任感。当然也不一定是电影，其实演戏也好，其实我写东西也好，我做任何事情也好，我都怀着这种感情。内蒙古对我来说非常亲切的，每次 30 年、40 年、50 年大庆活动，或者是前几年的活动都请我们回去，称于洋为蒙古族姑爷，然后都坐了上宾，觉得我们是……

陈：蒙古族的骄傲。

杨：也以我们为骄傲吧，我也是特别感动。所以于洋对少数民族电影事业确实有感情，他拍过《山间铃响马帮来》，包括我们的戏，虽然没完成，但我觉得都投入了感情。

陈：《嘎达梅林》和《东归英雄传》，还有《成吉思汗》，都是讲述民族题材的影片。赛夫拍的《东归英雄传》非常棒。

杨：赛夫作品总的说都非常棒，而且在突起的大军里，赛夫和麦丽丝两个人很不容易，很棒，至于拍的都怎么样，我现在也不加评论，反正各有各的优缺点，另外他们对电影的了解还是也有相当的距离，但是他们手很快，心很热，想法很多，我甘拜下风，我很为他们鼓掌，还有讲述抗日战争时期美国第十四航空队飞越驼峰这件事，是我和于洋最早抓的，90 年代初我去美国的时候，我们专门到驼峰协会去采访，我的女婿说给我们投资，买驼峰协会的全部资料，到现在我还全部保存，这么厚的大本，两本，400 多美金，当时我觉得相当贵，从东部运到西部，而且驼峰协会知道我们在询问这个以后，他们就给我们发了邀请函，请我们到东部去参会，可是我们接到这个的时候，会议已经结束了。我们没有过去，但是我们跟美国驼峰协会也联系上了，他们非常愿意让我们拍。我们买了资料，但第一，没有钱找翻译，都是英文的，这么厚的书，你说得翻到什么时候去？第二，没有剧本，第三，恢复抗日战争时期的场景不容易，第四，航空飞行队的那些机型上哪去找，咱们国内根本就没有，就是说拍摄难度非常大。要用很多特技，当时还没有现在这种先进的手法，我们俩很难完成这个项目，搁浅了。

于洋、杨静在澳洲

陈：这个是剧本没有进入到创作阶段？

杨：没进入到那个阶段，因为你得把资料都翻好，再组织剧本。驼峰协会会员的子女，沿着他们父辈的，就像咱们中国走长征一样，他们又到中国云南走了一遍，那个更感人啊，我抓了那个更想弄，但是干着急不得门而入，那也不光是我们俩，后来很多人要拍都没拍摄成。但是我们都在筹备中得到了快乐和安慰，我们还对许多题材真正动了心，做了准备，后来我们思想落后，跟不上经济转型的速度，市场转型很快，一批新生年轻的导演力量兴起非常猛烈，而我们这些年纪也差不多了，思想也趋于保守，又好依赖计划经济领导去给我们安排一切事，注定要落后。那时晓阳也都拍戏了，我们俩心甘情愿很自然地退出历史舞台，心想：就那么儿把导演椅子，让儿子坐吧！我们将从事自己力所能及的事，于是就开始一个个放弃了，所以我开始写点东西。

陈： 从《孤帆远影》之后，您还参加过一些影视的表演吗？

杨： 有一些，参加了一些电视剧拍摄，比如于洋拍的《山乡骄子》，我演了一个地委的干部。和水华合作了《西沙儿女》，和于蓝筹备《霞岛》。晓阳出生以后，我就没有演戏，这都是一些客观原因所致。我生完儿子以后，身体就不好了，再出演小姑娘就不合适了，主演的时代过去了。现在想来，是自己没有大志，要有大志，就是老了演老太太，演嫂子也行啊，还是我没有耐性。再加上"文革"挨斗，一想多没劲啊，工作这么被动，常想到初到电影界第一次被挑演员的时候，我就感觉别扭，挑演员像婆婆选媳妇似的，评头论足，看你眼睛鼻子哪都挑，站起我看看多高，跳两下动两下，我觉得挺不自在，干吗我叫你摆弄。

陈： 您给《西沙儿女》是做副导演还是？

杨： 副导演，因为当时剧本还没出来，就是早期准备资料的时候，我去帮过一段时间忙。还有于蓝的《霞岛》也是有一段帮忙。

陈： 于蓝老师自己做导演吗？还是她自己主演？

杨： 她打算自己做导演。我也打算自己做导演，我也想靠近她，我给她做副手，就这些大家都切磋过。《霞岛》实际上也是写海岛女英雄的，就是英雄岛的故事。周肖是写海岛成名的，我们当时跟周肖也有很多往来，都是打算构思一些剧本，好自己导。当时是要写剧本还是当导演，我徘徊了很久。所以说我是杂家，真正的杂家，什么都干，转了一圈。

陈： 后来没成的原因是？

杨： 也是中间搞了一段停下来。主要是时机政策都不成，领导要另使用我。领导让我在剧团当业务主任，有用我的意思，但我不想搞行政和党务。

陈： 除了《山乡骄子》以外，您还有什么其他的电视剧？

杨： 还有《金盾在这里闪光》，写的是一个公安战线的母亲。五集电视连续剧，我演一个老文艺战士。之后我有兴趣写东西，1993 年我写于洋，《大海之子》在"北影"《电影创作》发表，那就是我开始做的学问。

七、笔耕不辍晚晴深

陈： 您写作开始，在这之前您写作过吗？从日本回来写过吗？

杨： 写过，我陆陆续续都有写文章，不是太多，但都有，1946 年就开始写了。50 年代写表演的文章和演员生活杂记多，我的文章搜集出来也可以出书了。

陈： 50 年代的文章在哪发表？

杨：《大众电影》，还有“北影”的《电影创作》。1959 年，朋友于中义带来个剧本是李克异的《杨靖宇》，我很喜欢，于中义也想改导演，我当时在导演室就想跟他一起导这个剧本。我们就改剧本，在修改提纲过程中，我就在我们厂《电影创作》上写了一个导演对《杨靖宇》的修改设想，打算把他的文学本改成导演工作本。但后来，人家把剧本给了八一厂的李俊，没成形。1958 年演《第十二夜》啊，年轻的时候演《卫国保家》，我每部戏完了都要写文章，有的发了也有的没发。最早的是 1946 在“军大”参加集体创作，写的《奔向光明》，1949 年又改写《奔向光明》，我和八一厂导演王冰合写的。最重要的是，我写于洋的《大海之子》前后，90 年代以后，我开始写的东西比较多，《大众电影》发了一些，起码有 10 篇以上吧。

陈： 这都是发在《大众电影》上？

杨： 都是在《大众电影》上发的，写我自己“文革”被批斗前后，《风雨恋人》写我们的母亲，于洋的母亲，从这入手开始写，写了那么一段时间，也就 10 年吧，写了一段，后来还写了几个稿子，本来还要整理，结果我儿子出事，我也没心情。于洋的《在大海里航行》实际上初写是 1993 年还是 1994 年。

陈：《电影创作》上发表了一个《大海之子》，《大海之子》没有那么多吧，几万字。

杨： 3 万多字，那是我个人写。

陈： 于晓阳这个书是一本还是两本？

杨： 主要是我编的，因为他的文章我都知道，是我编起来，然后请梁晓声做主编，原来电影出版社让我做主编，我不愿意做，因为我是他母亲，我觉得我之所以主张给他出书，是因为他生前，他最强烈的愿望，自己写一本、两本、三本、十本，他有个计划我都知道，他虽然做电影导演，但是他很多时间夜晚写诗，他都在后半夜写，所以他的生命消耗得太快了，所以我觉得无论如何给他出一本书，他留下的东西太多了。

陈：对，这本书就是于晓阳的选集《我要主持我的追悼会》是这样吗？就是没有别的，光有于晓阳的文章？

杨：现在是这样的，因为东西太多，我整理的结果，感觉到我的年纪有点精力不足。再加上一弄这个东西，就掉入感情的旋涡，很难自拔。有时候一坐一天就看一篇东西，精神状态特别不好，身体也不好。女儿在那么远，我就请求别人帮我，后来黄建新说，晓阳的书应该由电影出版社出，你何必去找别的出版社？我跟出版社领导一说，人家特别热情，就给我派了一个责任编辑，这个责任编辑帮我最后完成，一整理出来，超了50万字，80万字也打不住。现在采取一个折中办法，把晓阳以往的文选的一部分选来，之后把大家大约55篇以上的文章加在一块，这样出一本书。由梁晓声来做主编，梁晓声是我和老于的朋友，也是晓阳的朋友，他们还有两次合作。

陈：您自己的书是从什么时候开始写的，现在是什么情况？

杨：我写了一本《她从草原来》，我写的是有点小说性的。

陈：应该写传记，您的文笔非常好，感觉非常细腻，文字也非常清爽。

杨：要是你这么鼓励我的话，我将写几本书。

陈：您对年轻的后辈们有什么寄语？

杨：我最近接触一些年轻人，我觉得他们非常可爱，像苗圃，还有田原，还有马伊琍。我和他们本人或和他们的作品接触就产生感情。最近于洋还介绍了一个年轻演员入党。当然我不一定拿入党作为绝对标准。接触这些年轻人以后，我发现我跟他们需要沟通。我希望他们主动跟我们沟通，不要听些宣传就反感人家，我们老人也要主动跟他们沟通。特别在表演协会上，我发出了我的声音，我说我们看到你们进步了，很为你们高兴，为你们鼓掌，但也希望你们理解我们。因为大家不能无形中保持一种沉默，互不关心不可以！保持一种隔阂不好。

陈：希望能打破这个隔阂和距离。

杨：希望彼此都努力打破这个隔阂，因为我们追求的是共同的。

八、采访手记

杨静老师是于洋先生的夫人，是于晓阳的母亲，仅凭这一身份就值得采访。实际上，她自己的经历本身也同样值得采访记录。她是蒙古族，经历了伪满时期、光复时期、解放时期。后来参加了东北军干校文工团并随团南下，1949 年即成为“北影”的基本演员。在 20 世纪 50 年代，她主演了不少电影，她的照片曾经登上《大众电影》的封面，与丈夫于洋合作过多部影片，比翼双飞。60 年代初期之后才逐渐淡出银幕，其后转行当摄制组党支部书记。新时期开始后则再度转行当导演，与于老师合作导演过若干影片。

她的女儿于静江说，母亲（杨静）比父亲（于洋）更有文化修养，文笔也更好。这一说颇有道理。证据是，于先生传记《在大海里航行》就是杨老师执笔完成的。在我对她进行预备访问期间，杨老师正在整理和写作一部关于她儿子于晓阳导演的书。在家里，她是贤妻良母，而且担任这一角色时间最长、成绩最佳。在于晓阳英年早逝后，她与于先生鸳鸯相伴的情形感动了许多人。

杨老师一生经历了许多坎坷，幼年丧母，青年时遭遇一场不情愿的婚姻，中年时在“文革”受到批判和看管，老年时又经历了丧子之痛。所经历的这一切，让她更加坚韧，当然也更加执着。或许因为她是蒙古族，又因为小时候曾像假小子般淘气，后来又参军，杨老师个性直率也有些尖锐。她对细节的记忆力没有于老师那么好，而思维的结构能力却强过于老师，因而她的口述历史，自然会带有明显的个人特征。

2008 年秋天，我就对杨老师进行了预访。由于中国电影出版社要出版一本有关于晓阳导演的书，而她要搜集、整理和写作有关材料，所以正式采访的时间一拖再拖，直到一年多以后。对杨老师的第一次正式采访开始于 2009 年 10 月 9 日，杨老师希望采访时间尽量密集，以便在较短时间内完成采访。具体说就是希望每天 6 小时，即上午 3 小时、下午 3 小时，而且 3 小时之内没有中间休息。10 月 10 日继续进行采访，还是一天 6 小时，只是连着两天过后，杨老师要和于老师一起去江西参加金鸡百花电影节，所以中断了一段时间。10 月 21 日继续采访，时间 6 小时。对杨老师的最后一次采访时间是 2009 年 10 月 29 日，时间仍然是上下午，共 6 小时。总共时间 24 小时。

杨老师采访录像、录音工作由赵晶担任，其间王家祥曾替代 6 小时。

陈墨

2009 年

于静江访谈录

采访人	陈　墨
摄　像	赵　晶
录　音	赵　晶
采访时间	2009年2月10日至11日
采访时长	6小时
采访地点	北京电影制片厂家属院于洋家中

一、童年往事

陈墨（以下简称为“陈”）：感谢您接受口述历史的采访。

于静江（以下简称为“于”）：我非常高兴能接受这次口述历史的采访，能够有机会向大家讲述这些不为人知的往事。我生长在一个电影家庭，爸爸妈妈都是电影演员，我整个成长的过程中都是在这种艺术的环境、气氛下。我出生时，我爸爸在拍《山间铃响马帮来》，那是1954年3月。我出生后，我妈妈用红的印泥印下我的脚印，发信寄给我爸爸说：“你已经做父亲了。”我出生一直到两三岁，都是妈妈一个人带着我，非常辛苦，爸爸一直在外地拍戏。我几个月大的时候就被送到“北影”的托儿所。那时候“北影”福利特别好，小孩子生出来以后，父母要去拍戏，带不了，就把小孩子放到托儿所，我现在还有托儿所的老师抱着我的照片。我从小就生在咱们演艺圈，像现在的导演田壮壮、陈凯歌、白羽、凌子风伯伯的儿子大凌，我们都是同学，都生在电影家庭里，我们的童年都是在“北影”幼儿园里度过的。他们现在都是咱们电影战线上的尖兵。“北影”幼儿园让我记忆比较深刻的就是每年夏天我们都会到北戴河避暑。

陈：不要父母带，是幼儿园老师带？

于：幼儿园老师带，没有父母带。那个时候就跟着幼儿园，在北戴河海边有一栋房子，那栋房子里住的都是咱们“北影”的小孩子。那时还有李小婉、张平伯伯的儿子，我们每年有一段时间都在海边，老师们会带着我们看日出、日落。那一段我觉得几乎过着像天堂一样的日子，每个孩子都像个小天使，都在老师们的呵护下成长，这一段对我们来讲印象非常深刻，是一段非常幸福的时光，那个时候我们真的几乎忘却了对父母亲的想念。我记得每天清晨老师把我们带到沙滩上，让我们趴在那儿，告诉我们：“你们都不要说话，一说话太阳就不出来了。”所以我们那帮小傻子就一堆趴在那儿，一动都不动地等着太阳出来，结果我就记得特别清楚，就看那太阳慢慢、慢慢、“嘭”一下子就从海平面升起来了，我们就欢呼起来了，新的一天开始了……

陈：陈凯歌、陈凯燕他们也都在？

于：我不记得凯歌、凯燕兄妹在“北影”幼儿园了，但是在这之前我也在棉花胡同幼儿园呆过，那时候我们在一起坐儿童车。“北影”幼儿园我印象最深的是，凌子风伯伯的儿子；桑强强，桑夫伯伯的孩子；李小婉比我晚一班；还有吴素琴阿姨的儿子李也红；张平伯伯的儿子张贻力、张小强；包括后来我弟弟他们也都是随着“北影”幼儿园年年去北戴河避暑，都是这样的。后来我上小学了，爸妈也是把我放在一个寄宿学校里，叫育新小学。一个星期回家一次，所以我整个成长过程基本不是和家里人在一起，都是在学校里面，都是住校。

陈：你提到过两三岁的时候回家看《第十二夜》，那是？

于：三岁，准确地说，那时候我在“北影”幼儿园里，我记得特别清楚，我们幼儿园吃饭很早的，有一天大家吃完晚饭以后，我也不知道为什么，我就突然想起来，我妈妈在《第十二夜》化妆化得非常漂亮，我就一直老想看她排练，可是从来没有看过，我就突然有一个念头，就拿了一件衣服，自己从幼儿园出去了，从幼儿园传达室那个地方过，我当时小，看大门的师傅他可能也看不见我，走下面就过去了，顺着那条路就往家里走，当时也不知道害怕，反正就觉得赶快赶回去，说不定还能看演出，就是这么一点点的动机。我到那儿以后，叔叔、阿姨们就把我围在那儿，他们都觉得很奇怪，这个小孩儿怎么跑回来了，他们都觉得非常讶异，这么个三岁的孩子，怎么能走这么远，从新街口太平胡同到小西天。那一次演出是看了，我记得我爸爸那一场是演托贝叔叔。前两天我跟爸爸、妈妈还走过那条路，我还跟我爸爸说，这路不近哎。一个三岁的小孩子，你想一想。

陈：那是奇迹。

于：之后我爸爸说，我当时头上扎两个小辫。我到的时候，头上淌着汗水，衣服搭在肩上，整个一个小混混的样子。我从小性格就比较像男孩子，天不怕地不怕的。这件事对于我来讲，记忆不是很深，但是却对大人有相当深的印象，每次都会提起这个经过。后来就是拍《矿灯》，我记得挺清楚。有一天，凌元阿姨从幼儿园里把我接出来。给我换了一身特别脏、特别臭的衣服，而且破得不得了，给我梳了两个小辫。小女孩那时都挺臭美的，当时我就很奇怪，到现场以后就开始量光。我妈妈在《矿灯》里面演一个角色叫作大菊，我就记得李恩杰伯伯当时跟我说：“你要叫你妈妈‘姐姐’。”我就不肯叫，我说：“这是我妈妈嘛，我为什么一定要叫姐姐？”那时候我就是不说话，也不叫，多少人怎么逗也不说，怎么问也不讲话。后来他们说：“你要是不叫，就把你放到一个黑屋子里，什么都没有。”就吓唬我。我可能到最后都没叫“姐姐”，只是说了一句：“我饿了。”因为他们当时让我讲一段台词：“姐姐，我饿了。”

陈：后来什么时候看到这部电影的？

于：后来我挺大了才看的。公演的时候我都不知道，而且在学校里，好像学校老师、同学都不知道，都没有这个概念。

陈：那时候实际上还在幼儿园是不是？

于：对，在幼儿园，四岁嘛。

陈：那您对《洪湖赤卫队》还有什么印象？

于：《洪湖赤卫队》也是非常偶然的机会，因为我当时跟李小婉非常好，李小婉的妈妈当时是《洪湖赤卫队》里的副导演，汪宜婉阿姨。我小的时候跟李小婉一起玩大的，老在一起。那个时候我还记得挺清楚的，汪宜婉阿姨有一天就把我和李小婉叫到一起，就跟李小婉说："妈妈要把你送给别人了，你就跟江江姐姐走吧。"当时小婉特别相信，"哇、哇、哇"地哭。又对我说："江江，你就留在我们家吧，你妈妈也不要你了。"我就没哭，那个时候我就觉得好像不太会吧，可是最后说成是真的了，我眼泪就往下掉，但是很快就没有了，因为我小的时候也不是特别爱哭的。其实这是汪宜婉阿姨在试我们，有没有演戏这方面的感觉。试过之后，她就把我给带到摄制组去了，我小时候非常瘦，她给我穿上一堆破衣服，之后就让我去拉着一个老太太的手，就是韩英妈妈的手，走过场，走了好几遍。还有就是把我放到一个破船上，把我从船上扔下来，我还记得那个伯伯姓范，不是演员，好像是化妆师，胖胖的、圆圆的那么一个伯伯，他演土匪，把我从船上扔下去，之后下边的人把我接住。

陈：船下不是水吗？

于：不是水，下面有好多土匪。我就拍了半天的时间，就又回学校去了。后来长大了听爸爸妈妈讲，当时挺多的摄制组找我拍戏，但我爸爸妈妈怕我落下功课，因为那时候没有现在的条件，小孩子去拍电影会有老师跟着，那个时候，拍电影肯定会落课；另一点，爸爸妈妈不希望我更多地介入他们的行业，希望我能好好念书，所以说，给我印象最深的就是这两次初试。后来，我爸爸妈妈一直阻挠我走这条路，从小到大都不让我做这一行，所以我也就等于算是跟演员擦肩而过了。

陈：您小时候在文艺表演或者是唱歌跳舞方面擅长吗？

于：听说是非常突出的，我小时候从来不害怕朗诵，我们家现在还保存着一个录音，是演《小兵张嘎》胖翻译的那个王澍伯伯给我录的一岁多时的诗朗诵。当时我记得他们家有一个留声机，可以录音。那时候他们住在我们"北影"剧团后面的一个小房子里面，我老去他们家玩，他的太太陈珩阿姨当时是教芭蕾的，电影学院教形体课的老师，她教我跳芭蕾。我记得小时候有两个老师，一个就是王伯伯的太太陈珩阿姨，还有一个就是安震江伯伯家的太太康荔阿姨，她教我弹钢琴。都是上学前的，所以小时候在艺术的天分上，我表现得比其他孩子都强烈一点，而且我小时候上台也不懂得害怕，让唱就唱，让跳就跳，没有什么扭捏的，从来都没有。虽然，小时候嗓子有点哑哑的，但我也无所谓，让唱就唱，所以其实我是挺具备表演方面天赋的。

陈：您是不是有一个自觉的想法，就是自己渴望长大要做一个什么样的艺术家或者做什么，有吗？

于：那是我上小学以后，才慢慢有这种意识的，因为那个时候就觉得自己唱歌、跳舞蛮好的，所以老认为自己会比其他同学好。我上小学是“文革”前一年，当时芭蕾舞学校去我当时在的学校挑学生，当时我还被挑中。

陈：那时候在芭蕾舞学校要学7年是不是？

于：在芭蕾舞学校要上7年，由小学到中学。

陈：后来您觉得遗憾吗？挑中你以后，因为“文革”就没有去学？

于：其实到现在为止，我还不觉得特别遗憾，因为我后来终于跳舞了，参加部队以后，也经过了专业的训练，就等于是在这一行了。

陈：我想问一下，您小时候第一次看电影的经验，您喜欢看些什么电影？看电影的频率高吗？在哪个地方看？

于：常常会看电影，因为小时候老去拍摄现场。我记得我爸爸拍《水上春秋》的现场我也去过，我只是记得爸爸妈妈那个时候工作很忙，老也见不到他们，就是奶奶带着我。“北影”院里常常放电影，奶奶常带我去看。我小时候从来没有在电影院看过电影，都是在厂里的礼堂里看。

陈：你小时候记得最深的是国产片、国外片？或者是参考片？

于：有参考片，但那个时候我们比较小，参考片老不让我们进。但是我有时候会跟着起哄，溜进去啊，也干过这种事儿，都是七八岁以前的事。后来我上小学以后，就基本上住在学校了。

陈：实际上您跟奶奶时间最长，父母经常在外面？

于：跟奶奶也不是很长，其实我小时候大部分时间就是住在幼儿园和学校的，那个时候爸爸妈妈很忙，老出外景。在不去学校的时候，我都是跟着奶奶。我的小学叫育新学校，都是外交官、驻外使节的孩子，他们的小孩都寄宿在学校里，学校门口有一个很高的、小孩子经常爬的肋木，我常常会爬到那个上面，坐在上面往外看，看爸爸妈妈什么时候来接我。有的时候，生活老师就来喊我们：“下来吧，你这星期不回家，你爸爸妈妈不在家……”就有点……

陈：有一点点伤感是吧？

于：就有点要哭了，但是很快被老师接下来，之后就给水果吃，带去看电影，就又好了。总之，住宿学校照顾是很好的。在我的记忆里面，我在学校时间要比和爸爸妈妈相处的时间更多一点，偶尔我在家的时候，爸爸妈妈有时候还会去参加活动，去跳舞、开会什么的。所以我就跟着奶奶，有的时候，奶奶会跟别的老太太聊天，我也很无聊，就自己在旁边。小孩嘛，反正那个时候也没有什么需求，星期一早晨就又被送走了。

陈：您小时候除了文艺上的喜好和天赋以外，其他的功课呢？

于：我觉得我小时候功课很一般，我不认为我功课很好，但也不是不好，就是中等，我比较突出的就是体育和文艺，就是这两个，唱歌什么的都比较突出，跑、跳也比较擅长。我记得清清楚楚，我小学5年级的时候，就把我们给送回家了，最难过的是前七八个月，因为那时候我爸爸回来以后就是“反革命”了。当时我记忆非常深，对于我来讲，一夜之间，从孩子领袖或者是一个带头玩的孩子，变得没人理睬，被人骂，被人唾弃，被人家欺负这么一种状况，所以那一段经历对于我来讲，像一段噩梦一样。

陈：有恐惧吗？

于：我没有什么太多的恐惧。有的时候，他们这些革命派的小朋友，还想找我玩，他们找我玩的时候，我很高兴，跟他们去玩。不理我的时候，又就不理了，反正也就这样，我也就无所谓，你理不理、玩不玩吧也就这样。所以当时就在家里看了一些书。

陈：看了些什么？

于：我记得那个时候到管黑帮的屋后面那个图书馆去偷书，《苦菜花》《暴风骤雨》都是那个时候看的，以前没有看过。

陈：陈凯歌写过《少年凯歌》您看过吗？

于：《少年凯歌》我没有看过，我可能出国得比较早。

陈：日文版先出的，中文版后出的，他回忆到那一段就说是“离群的恐惧”，因为小男孩特别怕大家不跟他玩了。

于：那个时候，我本身已经在这种离群的状况之下，所以也没有什么了。

陈：他是因为恐惧大家不跟他玩，所以他才要站到革命那一边，您是在一开始选择的时候就没有站到那一边，然后别人不跟你玩，怎么能熬过离群的那一段？

于：因为我觉得那一段日子还有中间摇摆的孩子，包括刚才我讲的那个陈宁，我们家旁边阎增和伯伯的女儿阎佳小楠楠，他们都比我小，有的时候还会跟我玩。

陈：不是绝对孤寂状态？

于：不绝对孤寂。就是主要的跟你好的朋友不跟你玩了，但是还有一些小孩能说上话，就处于这种状况。

陈：您觉得“文革”那种动荡，包括跟男孩玩的时候，延缓了您的性别自我意识吗？就是当时觉得自己是女孩了吗？我是这个意思，假定没有

“文革”了，假定父母亲还都好好的话，那时候十二三岁、十三四岁的时候，应该是女孩性别自我意识觉醒的时候，那时候就爱打扮，但是动乱时期，您父母亲也不在身边？

于：对，已经没有了条件了，而且忘了自己，根本就没有这种意识。我小时候的性格肯定也有点男孩的性格，所有那时候也就自然发展了。

陈：其实这也是您受伤的一种保护方式？要是太多愁善感那就麻烦了。

于：对，天天都哭死了，没有的。

陈：那要感谢您的这个性格。父母去干校以后，您已经复课了？

于：那时候就复课了。奶奶和弟弟回来了，弟弟也开始上小学了，我就上中学分到师大二附中，我们北影和电影学院的孩子好多都在那儿，陈佩斯、张贻力、李小婉都在那儿。

陈：那个时候应该开始说话了吧？

于：那时候已经交往了。但开始多多少少还是有一点点的芥蒂。可能这也是我的性格所至，大大咧咧的，也不是很记仇。因为我跟李小婉从小一起长大，按道理来讲，人们就认为这会是我跟她最大的裂痕，但是说恰恰相反，我们两个人真的是没有这方面的裂痕，在我和她之间好像没有“文革”，马上就好了。

陈：您就始终没有加入红卫兵？

于：从来都没有，我不够资格。

陈：在二附中的时候连宣传队都没有参加过？

于：都没有，根本没有资格。

陈：其实大家应该知道您的文艺天赋？

于：没有，因为我们那时候是属于可以改造好的子女嘛，不被人们注意。

二、从军行

陈：您是什么时候开始想当兵参军走的？

于：在学校的时候，我们这些可以被“改造”的孩子，总是被别人另眼看待。在那种情况也不愿意在学校待下去了。我还想过跟人家插队走，可是人家也不带我们。1969年去建设兵团的又走了，我也想走，也没人带我们。在那个时候爸爸妈妈正好在干校也顾不上我们。后来有一次，我就跟我爸爸说我想去当兵，我爸爸说试一试吧，爸爸就带我去了军委炮兵的司令员宋承志的家里，宋司令就同意了，就给我当时要当兵去的部队首长写了一封信，我拿着这封信，第三天就走了。

陈：您自己找到部队去？

于：自己找到部队去的。

陈：不是征兵季节？

于：不是，那时候征兵季已经过了。我记得是春节以前走的，爸爸妈妈还在干校，他们把我送到车站，我还记得临走的时候，我奶奶把那封信，还给我带了几块钱零钱，缝在我小棉袄里边的一个兜里，怕丢了。我记得特别清楚，那件衣服是红色平绒的，右边有一个小猫，就这样一件衣服。我一个小姑娘，扎两个小辫，之后就走了。带了个小包，一个娃娃，因为那时候一直喜欢一个娃娃，走的时候就把这个娃娃给带走了。听爸爸妈妈后来讲，那天晚上风雪特别大，他们连夜就赶回“五七”干校了。我坐了一夜的火车，也没有人接我，谁也不知道我去当兵，我就一个人，到太原，那时候山西人说的话我听不懂，一句也听不懂，怎么办呢？我发现太原有环城汽车，我就坐上了环城汽车，当对太原熟了才知道，其实就很短的距离。我绕了一大圈，到大门口，当兵的不让我进，说：“你哪儿的啊？你是干嘛的？”我说我找肖锐师长，我是当兵的。那时候才15岁，人家一看是个小孩儿就笑，就说：“进来，进来，到里边去等一会吧！”一会儿首长来看我，也很不以为然地笑了笑。就把我带到医学院里面的卫生科，交给了当时我的第一任老班长林乐涛，就说：“行了，你带这个兵吧。”就这样稀里糊涂地当兵了。之后就把我放在门诊，有两个农村兵，是部队的两个孩子，就让他们两个人带着我去给我换衣服、钉帽徽。我第一张当兵的照片还在，领子特别大，还臭美，里面系个小纱巾，最后让人家给拽回去了，说破坏军中风纪，然后傻乎乎地照了张照片给我爸爸寄回来，这就算当兵了。那时候我 15 岁，这之后，我穿军装穿了 17 年。

陈： 当时您军训了吗？

于： 没有参加过新兵连，直接戴帽去了部队医院门诊所。没有经过正式的训练，是后来跟着学的。

陈： 您在当兵的过程当中，到部队之后，大家知道您是于洋、杨静的女儿吗？

于： 一开始不知道，首长们知道，下边不知道，但是很快就传开了。慢慢地越来越多的人知道，从我十五六岁就开始背着于洋女儿这个称号。

陈： 那个环境要好多了，社会上所有的人我想对于洋都是崇敬的。所以您在军队环境当中，作为于洋女儿，是一件很幸福的事情。

于： 对，不是一个累赘了。就觉得还不错，尤其我本人觉得，对我来讲还是一个非常好的感觉。

陈： 您父亲在传记当中写到，您后来想做文艺兵，他还专门到秦皇岛去劝说过您？

于： 我虽然年纪很小，但是我在部队里没有半步比别人差，我的每一个行为、每一个动作都没有一点点的娇气。我当兵第一年，被部队评为“五好战士”。我被分到医院手术室当器械护士。器械护士要对手术的每一个细节都充分了解，细到一刀划开需要几个止血钳，都要记得清清楚楚。各种各样的东西都要经我传递，都要背得很熟。我干活很利索、很快，学得很好，做得也不错。但是一听音乐，腿下就没办法（控制），首长说还是把我送回演出队吧，还是演出去好了，因为我自己也觉得到演出队发挥得多一点。我中间有一段时间被演出队借走了，后来我妈妈让我回来学医。

陈： 第一次去演出队待了多长时间？

于： 待了一年，那时候普及样板戏。1970 年 10 月调到演出队。

陈： 1 月在那儿当兵，到 10 月？

于： 到 10 月演出队要我，那个时候普及样板戏，各个部队在会演，我们在的部队排《智取威虎山》的样板戏，我会跳舞嘛，《智取威虎山》里面都是京舞，我就演小白鸽，就是那个卫生员。我不会唱，但是我跳得还不错，所以就把我弄去了。那时候部队又找不到女演员，没有特种兵，就把我们医院的三四个人给弄过去了。这样的话，我妈妈也闹、爸爸也不高兴，非要让我回医院，找首长。

陈： 对，我就想知道一个细节，您说您妈妈闹，不让您去演出队，她通过什么方式？

于： 写信，给宋承志打电话，然后找部队，就成大事儿了，没办法回部队就让我回医院。

陈：他们写信您知道吗？您自己当时愿意回医院吗？

于：他们打电话我不知道，写信我也不知道，她只是跟我说让我回去，但是后来调令就下来了。

陈：不管自己愿意不愿意都得走。

于：对，都得走。到医院去以后还挺重视我的，就把我送到重症护士培训班，就正式学习去了，学了一年多，回来以后就把我按在手术室，那个时候演出队的样板戏已经不太演了，开始改小节目了。改小节目以后，这又是我的特长了，歌舞更适合我，结果我又去了，去了以后在演出队里面之后提干部了，先是女兵班长、女兵排长，当了分队长、副队长、班长，又当排长，培养女干部，发展女党员，就在那个时候 18 岁入了党，提了干部。到 1978 年底 1979 年初就被八一厂调过来了。当时为什么要调我呢，一是我妈妈想让我回北京，不愿意让我老在外地，二是我比较会编舞，对舞台特别熟，八一厂那时候有歌舞片，他们也缺这方面的人才，所以就把我调过来分在歌舞片。但是阴差阳错，调令一来了以后，人家可能知道是于洋女儿还是怎么样，就把我分到演员剧团去了，一分到演员剧团以后，我妈妈听了马上就打电话，坚决不能去剧团。

陈：为什么老是不愿意让您去剧团？

于：她认为女人做演员寿命太短，而且形象要经得起人家评论。尽管我对我自己还蛮自信的，我认为我自己还挺会演戏的，我认为我有这方面的天才，但是我妈妈死活就是不让。不让怎么办，我妈妈就说："那你就去从场记做起，去学编导好了。"我说这个东西我也不怕，我说好吧，这就把我留在故事片组了，把我分在导演组。第一部戏就先把我分到严寄洲那儿去了，当时把我调到故事片 6 组，严寄洲是那儿的导演。当时 6 组正在做另外一部影片的后期，但是《铁甲 008》要上的，那么华纯导演就把我要去了，6 组换了华纯来接管这个组，所以我就跟着华纯。华导演当时还不错，挺好的老头儿。《铁甲 008》实际上讲的是一个非常美的战地爱情故事。我从头到尾介入了这个戏的创作，我特别知道，华纯导演他对我有点另眼相看，可能也是父亲的缘故，他觉得我是电影厂里出来的孩子，应该比别人进入得更快，实际上很多事儿他几乎是放手让我做。当时我的职务是场记，我也是个尽责的人，学得挺刻苦的。也可能是我们从电影厂来的缘故，也可能我与生俱来在血液里就有这方面优势的关系，拿起来特别得心应手，一下就进入状态了，而且并不觉得难，玩的时候，就干完了很多事情，而且做得还比别人好，感觉也好。华纯导演有的时候拿个剧本，说："你来看看这个剧本怎么样，看看这个地方怎么样、怎么样。"我们那个时候给导演提了好多建议，他都采纳了。

当时不能够算合格，它那个毛光就越过了玻璃的框框，在外面。我就觉得这个很好啊，我跟杨老师说，虽然技术上不可以，可是这种感觉太好了，给人一种与众不同的视觉，看到战犯的心灵的这种醒目的转变。从这个窗户不一样的灯光角度来看，我说没有关系，我就拼命地在那儿叫，跟严导也讲，我们晚上争论到很晚，最后成功了。

陈：最后同意您利用毛光了？

于：同意了，后来就不断地用毛光，不断在黑影、白影中间穿梭。包括影片开始镜头，八一电影厂片头出来以后，就是火车镜头出来，我说："这次不要这样了，好不好？"我说："咱们厂片头播完了以后，就静得一点儿声音都没有，然后西伯利亚驶来一列火车，穿越白桦林中的一片雪，老远就听到口哨或者是巴杨的声音，列车就这么驶过。他们一下就同意了，最后还是选用了巴扬，因为巴扬更显得凄美，而且更有苏联的意境，因为这些战犯是从苏联交接了以后回国的。马上下一个镜头就转到了闷罐车里面，是一个极度的反差，黑的，川岛芳子坐在里面，没有表情的脸，脸上脏兮兮的。"我跟杨老师说："一定要把她嘴上的裂纹都给拍出来。"杨老师说："对！"镜头里看见她的脸上，随着火车"咣、咣"向前，外面的光一亮、一亮地从战犯脸上闪过去，人都是木的，没有表情。我就觉得他们当时的这种精神（当时演员表演的这种状态）和杨老师的这种创意，是太完美的组合了。《战犯》这部电影到最后摄影得奖，灯光得奖，音乐得奖，演员得奖，服装得奖，剪辑也得奖，唯独导演不得奖。

陈：在影片《战犯》当中，您这个副导演差不多就是执行导演吧？

于：反正严寄洲导演，他会这样去做。但是我们都会征求他的意见，也很尊重他的意见。

陈：他每次都到现场是吧？

于：他有的时候不到，大部分会来。它的后期几乎都是我们在弄，他就不太到了。他是个大而化之的人，他感觉对了就好了，感觉不对就不行，具体的还都是我们定。

陈：电影的剪接其实是电影完成的？

于：再创作。他有时候还会盯剪接，但是到最后的混录或者是录音就不盯着了。严导演艺术感觉特别好，这一点上，我在他身上学了非常多的东西，对于镜头的果敢，对于镜头的运用这些东西都是从他那儿学到的，他没有太多的话。

陈：果敢这个指的是？

于：果敢就是果断和魄力。

陈：有具体的例子吗？

于：果敢就是明明很好的东西也就噼里啪啦剪了，其实他很舍不得，但是也给剪了，都给剪掉了。

陈：您觉得他这是？

于：其实，这是褒义的。实际上，退回来讲挺辛酸的。

陈：我当然知道他这个果敢是作为一个军人服从命令，或者在新中国制度下，党委或者电影局要您改，每个人都会改，只不过是改多改少的问题。有的人会考虑怎么运用或者试图再去说一说那样的，严导是非常果敢的，不管心里有多心痛？

于：对，他改了。他往往会把他最心痛的一场戏都剪掉，他认为最好的一场戏。

陈：戏牵扯到他的性格和创作个性，作为一个导演来说，把自己最喜欢的戏给剪掉，就像别人打自己的孩子，每一个父母都会生气。

于：对，可是没办法，要是不剪掉，整部影片就不能出了，就进库了。

陈：您觉得严老师个性上善于妥协，还是？

于：他不善于妥协，但是他没有办法。严导这个人我用大孩子来形容他，他非常随意，而且不给人很大压力，在摄制组他说一句就是这样，没有什么可争论的。有的时候我们就会在下面用点雕虫小技来“贿赂”他，有的时候他一高兴就改了。

陈：性情中人。

于：对，他这个老头儿非常可爱。跟他合作的这些年非常愉快，我觉得从他身上学到了太多的东西。

陈：他也不会保守，把自己的东西……？

于：他不会，他会让你去想，跟你谈，然后有什么好主意，甭管你是谁，他会马上就吸收。

陈：这样过程当中我想问两件事，一个就是您在做导演的时候，比如说拍一部具体的影片《战犯》或者是拍《铁甲 008》《琵琶魂》，回家会跟父母具体讨教吗？

于：我们好像没有太多机会跟父母交流，因为那个时候他们也都在忙他们的。

陈：比如说来了一个剧本，三个月以后或者一个月以后出外景，在这段时间就没有具体的……？

于：就没有太具体地跟家里面谈这事，只是说有这么一个戏。

陈：你爸爸给你《导演学》这本书……？

于：我爸爸给我这本书，因为我们那个时候不像现在的导演，能进电影学院去学习，那时没有这些。1979 年，第一批同学进入导演系的时候，规定在职电影厂的导演不能进电影学院学习。

陈： 1978 年高考，北京电影学院恢复导演系招生，您为什么没去？

于： 那个时候我们在职。

陈： 不给你报？

于： 不是不给报，就是不主张你去，这也是我对八一厂的最大的意见。那时候我们都被准许去考，八一厂去了四个人考。就我一个女的，但是后来电影学院就给一个名额，就让男的去了，我就觉得在八一厂还混什么呢，没得混了。因为八一厂拍军事影片，都是男导演，那女导演肯定就是……

陈： 不受重视了，他们也"重男轻女"？

于： 所以这种情况下我就不太想做了，后来我就选择走。

陈： 您刚才说了穿军装穿到 1987 年。

于： 1986 年底。

陈： 您在《战犯》之后，1983 年以后再没拍什么影片吗？

于： 有，还有个《琵琶魂》，我们是在浙江拍外景。《战犯》是我在"八一"厂最后一部完整的戏，后来还参与过《血战台儿庄》的前期。

陈：《血战台儿庄》您也参与了？

于： 前期选演员，那时是田军利创作，杨光远、翟俊杰联合导演，杨光远也是摄影。那个时候我参加了一段，后来选完演员我就走了，去电视台了。到中央台去帮他们拍一个电视连续剧叫《桥隆飙》。拍完了《桥隆飙》之后，我又回厂，去接《柳菲的遗书》，也是严导的戏，我在那儿帮了几天小忙就走了。

陈： 就是作为一个小插曲？

于： 就是一个小插曲，因为那个时候的主要精力都不在那个地方了，就是想要走了。

陈： 1986 年底离开八一厂，脱下军装离开八一厂，就出国了吗？

于： 离开八一厂差不多就出国了，我从八一厂脱军装后就落在"新影"。

陈： 就是说您转业了？

于： 转业了，转到"新影"去了，就跟电影没有关系了。当时我离开也是因为要结婚，我先生在美国，那个时候我要跟他结婚的话就不能穿军装，必须得脱军装。

三、远渡重洋

陈：您是1987年结婚的吗？

于：是的，那个时候对国内电影界的前景特别失望，对八一厂的体制失望，对中国的电影失望。我个人觉得我在中国做电影没有什么出路，电影都是按照一个共性的路去走是没有发展的。我一直认为电影就是一个导演的个性发展，你要以你的世界观带大家进入你的故事里面去，这是非常重要的一点。但国内当时给我的感觉就是你拍电影不能按照你的想法去走，要用一个尺子去量，没有更好地全情投入艺术创作。

陈：您有点完美主义的倾向，要么就是不做，要么就是做自己的。

于：是的，我觉得要是去做一个自己并不爱的东西，肯定也做不好。

陈：或者做一个自己不能够全面掌控的。

于：不能掌控的，肯定做不好，导演这个东西，就像你刚才说的自己生的孩子一样，当你在全情演绎它的时候，它一定是一个完美的形象。你肯定要把它打扮得漂漂亮亮的，才让观众来看。你不可能把它剪得面目全非的，这儿衣服歪了，那儿鞋子没了、袜子没了，这样给人看是不可能的。当时我就认为咱们国家的电影是没有什么希望了。

陈：当时您父母同意您的婚事吗？

于：当时我爸爸妈妈根本是不同意的，第一，他们认为我会走，不想让我离开；第二，他们认为我会丢掉工作。再就是把我们的“导演之家”给破坏了，虽然我没多么出色，但总是一个“导演之家”嘛。你现在想想看，咱们国内还真的没有。

陈：没有。

于：四口人全是导演，还真就是我们这一家子，我知道我不够出色，但还是挂个名嘛，我妈妈当时也不舍得把这个title给换掉嘛，这也是她的一点儿小私心。作为我爸爸来讲，他当然希望你既然做了这一行，子承父业，就应该做出点样子来看看。平时我们一家常常会为晓阳的电影写一些诗歌啊，坐在一起争论、探讨，其实我们家的文艺氛围是非常好的，大家像朋友一样。

陈：大家都可以直言？

于：是的，可以坦率表达。意见不同就吵翻天，吵完以后过一会儿又好了。争的时候还是很尖锐的，常常脸红脖子粗的，我爸爸有时候气得让我们走，因为观念有时候实在不一样，中间有代沟。但是，我爸爸回过头来一看，他也会用理解、善良、爱心来填平代沟，我觉得我爸爸这一点做得很了不起。

陈：也是因为这份理解，父母亲才会妥协，同意你们的事情。

于：也不全是因为这个，倪星伟到我们家以后表现得太优秀了，等于是把老两口给感动了，就同意了。爸爸妈妈觉得不会再有什么人能够比他对我更好了，比交给他这么放心的了。

陈：您最后要走，其实还是对自己在电影界能够争得多少空间，以及对中国电影创作本身的环境不太满意，是吗？

于：是的，当时走的时候是这样一个心态，我已经对电影不抱任何希望了。甚至于到海外以后，我有机会去学电影，我都没有去学。当时我在海外感觉到，去做导演是永远不会被人认可的，因为你的生活背景不是在那儿，而是在中国。一个导演反映什么最好，就是你生活过的、你理解的、你认识的，才能反映好，我们要去美国拍电影，你拍一个中国人的感觉，人家是不接受你的。以我的性格，我要做就做最好的，但永远达不到，那我就很苦，我就宁可不做。有没有电影的心结呢？有，始终都有，一直到现在都有。我很羡慕现在国内的导演，这么好的环境，人们都对你认可，又有这么多支持，中国电影逐步脱胎换骨、走出国门，逐渐被人家所接纳，这是让我们非常欣慰的。我在海外的时候常常说，实际上，我等于是电影的女儿，我们在电影环境里出生，电影厂里长大，当你对它失去信心的时候走了，当看到它辉煌的时候，你想回，回不来了。但是你会为它去尽力，我现在就是这样子。我在海外，始终想为电影走出国门做点儿努力，只要有机会就要去做，包括我爸爸、妈妈也很理解我。比如说电影百年，我知道中国电影走向世界是多么的艰难，不像我们天天在电视上看的，讲得那么容易，不是那样，是非常难的，你想让世界接受你，但不管国内的多大的导演、多著名的演员的影片，到海外却只能在一个小旮旯电影院里面放，不被人家当回事儿。这种情况太多了，哪有几个金熊奖（影片），那只是一瞬。

陈：金熊奖（影片）在商业院线也不见得被当回事儿。

于：对，在商业社会里，中国电影在海外立足是非常重要的。我觉得中国电影走到今天这一步，经过了这一代人的奋进，经过了老一代的宽容。我觉得这是跳跃性的发展，有时候我跟我父亲还在说，其实我想拍戏，我觉得自己拍戏的感觉很好，但是始终也没有这个机会，我说是不是以后我也做一个制作人，也去拍一个什么连续剧，也能把自己的东西阐述一下、实现一下，也不是没有可能的。现在还是要找时间、找机会，穿梭于中美、穿梭在太平洋上，来来回回这么一年一年地跑，美其名曰为了中美文化

（交流），但归根到底，其实我最想做的还是电影。我现在正在筹划在美国办一个中国电影海报展，今年是中美建交30年，我想让外国人看到中国电影这30年来翻天覆地的变化。这些中国电影都是我一部一部挑出来的，我觉得它们最能够反映改革开放30年。每一个电影都有它的故事，我把它汇拢了，向人家阐述的时候也好讲，要不然人家对中国电影始终处于一种不理解、不清楚的状态。

陈：您很少说到《琵琶魂》这个电影，是因为什么？同样您也是从头到尾参与这个电影。

于：是，从头到尾参与的。因为我觉得对评弹不是特别懂，它讲了一个评弹艺人的故事。我觉得它的艺术性各方面，最起码我不是很喜欢这个东西，但是作为一个工作来讲我会敬业。

陈：那个主演就是一个唱评弹的人吗？

于：不是，是广播艺术团的，叫相红，我之后再也没有见过这个女孩子。影片反映一个唱评弹的女孩子离开家去参军，部队将她派回她家乡的镇子唱评弹，其实是用琵琶传递情报，就是这么一个故事。

陈：您不喜欢它的原因是什么？故事老套或者是什么？

于：我认为比较老套，最起码我没有创作的冲动。严导他跟我们不一样，他是苏州人，他在那一带长大的，所以他对评弹情有独钟，对当地的风土人情有特殊的感情。

陈：每一个音符的韵味他都懂。

于：对，他都能哼出来，我们就听不懂，严寄洲能够从《琵琶魂》里面去回忆他小时候的这一段经历，吃什么瓜子啊，喝什么样的茶啊，什么样的民俗啊。在那一带里面有什么样的小桥啊，什么样的河流啊，都是他小时候的样子，他都能够把这一切回忆起来，他当然会非常兴奋，可是我们没有。

陈：在出国以后您在做中美文化交流是吧？

于：对，中美文化方面的交流。我的文化公司是从组织国内艺术团体到美国演出开始的，起初是非盈利的，主要目的是让美国了解中国文化。之后做过姜昆的相声剧《明春曲》，2005年春节做了《同一首歌》，还接青年歌手大奖赛，又承接了《茶馆》进美国的重任。今年7月我会将两台节目带回来，其中之一是歌剧《马兰花》，这个节目全部都是我们华裔的孩子演的，而且还有一些美国人。我们要让他们知道中国的传统精神，与人为乐、与人为善的精神。

陈：我知道您在旧金山准备做中国电影海报展。

于：对，我会排一个系列的，我会精挑一些中国的电影，我们可以做研讨，电影放完以后，观众可以跟我们探讨。

四、电影观

陈： 您父亲在他的传记当中说，您是一个现实主义者，但是我从办文化公司听到现在，没看出来您的“现实主义者”体现在哪儿。您同意这个观点吗？

于： 我不完全同意我爸爸的“现实”，其实我是一个非常不现实的人。我爸爸认为我的“现实”是不是我平时生活中的一些问题啊。其实我这个人充满了幻想，我认为我追求的还是蛮超前的东西，但是我们没有办法，我们必须要产生经济效益，我们这个公司要维持，如果没有一定的经济效益，就没有办法去做。对于我个人来讲，如果今天我没有一定的经济基础，我想做也做不了。

陈： 一个是当时走，也可能是把您跟于晓阳比，于晓阳肯定是个浪漫主义者。

于： 我可能是比我弟弟现实。可能是因为我当时走的时候，确实是出于现实的考虑，那我觉得，爸爸要讲这个话，应该是没有错，针对那个时候的我。但是我现在所做的这些事情上，我并不认为我是现实主义者，而且幻想很多。

陈： 您对自己还有什么补充？

于： 我认为我是一个非常少有的执着的人，而且我还是个完美主义者，我希望我能做到最好，甚至于我什么都不考虑，都要达到完美，这是我现在所追求的。

陈： 请谈谈严寄洲、杨光远、华纯等导演，包括翟俊杰导演。

于： 在八一厂合作的第一位是华纯导演，他现在已经过世了。华纯导演更多是对剧本的文字要求比较多，而且他是一个很资深的导演。我在他身边工作只有一部戏，学习了很多东西，华纯导演给我更多的是情感上的，他对我像对自己女儿一样呵护，他是完全无私的，有什么都跟你讲，手把手地教。这是我印象非常深刻的，这是我刚迈进电影厂后，等于扶着我走过了一步、一步的人。我对华纯导演是一种由衷的情感上的牵记和牵挂。

陈： 对他的创作特点，作为一个同行，您有什么评价？

于： 我觉得他中规中矩，而且非常认真，遵循他自己的步骤一步一步地走。还有他很愿意接受新的东西，接受年轻人的想法，当然他是有挑选地接受。严寄洲导演艺术上的冲动比较多，华导演比较冷静。你能从严寄洲导演身上发现很多闪光点，会感染你。我给严导演做助手的时候，就会很刻意地去关注这个东西，严导演是一个非常有活力的艺术家。他最早是学美术的，他的艺术经历在他生命里占据的比重是很高的，他艺术的感受力是很强的。他是一个非常地道的，而且是言之无愧的艺术家。

陈：谈谈您认识的杨光远、翟俊杰。

于：翟俊杰跟我们比较亲近，第一他年龄跟我们没有差那么远，第二他这个人亲和力比较强，能跟他有任何形式的谈话和交流。杨光远，我第一次看他的作品是《归心似箭》，我就对他摄影的手法非常欣赏，我觉得他的东西不浮夸、不怯，很多人拍出来的东西蛮怯的，但是他把镜头都变成会说话的。我在跟他合作的过程中，就觉得我们俩很谈得来，非常默契。当时所有照明组给人感觉是照明工的感觉，但其实照明本身是艺术。我对杨光远的感觉就是，一个非常会运用灯光和摄影的艺术家。

于洋、杨静结婚40周年全家合影

五、爸爸妈妈

陈： 下面我们就开始谈您家的三个导演，导演之家的另外三个导演，您开始从父亲、母亲谈起。先从父亲开始，不光是导演，您觉得是一个怎么样的人、怎么样的导演、怎么样的父亲、怎么样的丈夫？您也是成年人，作为一个丈夫如何，您有足够的资格来评价他们关系。

于： 我父亲，在我心目中有一个不可动摇的地位，他是一个伟大的艺术家，这是不能改变的。我爸爸是一个非常好的演员，而且是个大激情的演员，他能够塑造各种各样的人物。从导演和演员两方面衡量，我觉得他演员是非常出色的，导演这方面的才能也没有问题，但是做导演不如他做演员这么出色。我爸爸是一个非常认真的人，无论在生活上，还是在艺术上、为人上，他的各方面，无论是作为一个父亲的身份，还是一个丈夫的身份，还是一个同事的身份，我都觉得他是一个非常严谨、正直、豁达、开朗的人。我觉得在我这一生中最幸运、骄傲的，就是做了爸爸的女儿，在想法上我弟弟比较叛逆，他老觉得做了于洋的儿子以后会有很多的压力。但是我觉得作为于洋的女儿很骄傲，这是选择不了的，跟你生命有着不可切割的关系。我觉得我的父亲是我的骄傲，我是他的女儿，我觉得一生没有白活，我在爸爸身上也学到了他很多的东西，他的正直、爽朗、坚定、执着，这些都是我们从他那里继承下来的。我们觉得父亲是一个汉子，是一个敢担当的人，是什么都不怕的人。任何一个女人，要能够跟他的生命结合在一起的话，会觉得一生安静、平安。你不会觉得有人会欺负你，不管在什么情况下，他是唯一可以依靠的肩膀。当我自己成熟了、嫁了人了、做了母亲以后，我更这样体会。当然我父亲本身大男人主义这是一定有的，本身是山东人嘛，而且又是社会的宠儿，大家都捧着他。但是他在这些情况下，他又能够做一个细心的丈夫、慈爱的父亲，我觉得这个对于他来讲就很不容易。从小，父亲对我们的要求蛮严格的，但我记忆最深的是，我几乎从小出门都被他架在脖领上，无论走到哪儿，都是扛着我的，也是一个娇娇女的形象。我一直不能忘怀的就是我爸爸这一副结实的肩膀。再就是，父亲对我的人格、品质形成起了非常关键的作用，从小父亲就教育我，无论在什么情况下，老实人常在。老老实实地面对人生、面对自己、面对周围的人，这样的话才能够长存、心安。他一生也是按照这个路走的，演艺界常常花边新闻多得很，什么时候听到我爸爸有些什么样的花边，几乎没有。人家有猜测那是没办法的事情。但是作为他个人来讲没有，我爸爸是一个非常负责的人，他对爱情也非常执着认真，他跟我妈妈这么多年，我们姐弟俩是在一个非常融洽的家庭长大的，父母非常恩爱。在我们的成长过程中，爸爸妈妈没有给我们内心造成过伤害，我觉得恩爱的家庭、夫妻就应该是这样，在我的成长意识上，一直到我长大，也是铆着这么一个环境走的。在我长大以后，找男朋友或者是择偶的条件上，也都永远拿我爸爸做一个标杆，我也希望能找一个有担当的男人，也希望找一个对我如此细心呵护的男人，也希望能找一个在事业上像我爸爸这么成功的人，也希望能够找一个像我爸爸这么正直的人。我们父女两人，在生活上是聚少离多的，我是在幼儿园和住宿学校长大的，真正能够跟家里人在一起的时候是我爸爸在牛棚的日子，当我爸爸从牛棚出来，我又去当兵了。虽然这样，但我能深深地体会和感觉到父爱的浓郁。我爸爸这个人，也可能因为是个山东汉子，不善于直接表达情感。他对我们也有一定的要求，我曾经在这方面也怪过我爸爸，我们在部队或者是工作的时候，有的时候确确实实需要家里面帮忙，他就觉得你要靠自己，他就不管，包括到今天为止也是这样的。“于洋的女儿”其实带来很多便利，很多东西就是根本不知不觉就产生了效应，但是我爸爸本人，他是从来都不管的，我们什么事儿他都不管的。比如说，要他办点什么事情，他就说：“你自己去弄吧。”他从来也不像别人的爸爸，有的时候打个电话，或者带着去找，在我爸爸这儿，都不可能成形的，他就认为这得靠自己：“你有这个能耐就去做，没有这个能耐就算了。”

陈：那现在您不觉得应该感谢他这样？

于：我当然感谢了，年轻的时候我会怪父亲，但如今我却觉得这是一个很好的教育孩子的方式。在教育孩子上，我不如我爸爸。所以在这一点上，我很敬佩我的父亲。我爸爸在我心目中就是慈爱又严厉的父亲、很好的朋友。

陈：您觉得很好的朋友是……？

于：现在很多事情我能够跟他平等对话了，这在小时候是不太可能的。因为小的时候我爸爸对我蛮专制的，肯定是他对我不对，有很多的事情明明认为是他不对，但是他就会说你不对。小时候我们一顶嘴，我们认为他不对，我就说：“那你因为什么？”他说：“因为我是你爸爸。”就是这样，因为他是我爸爸，他就一定是对的，我心里就一直不服嘛。但是现在跟他在一起，他就能够很细心地去听，尤其在我弟弟过世以后，他倾听我、关注我更多了，可能年纪也在这儿了，反思也更多了，对于跟我弟弟的关系上面，他也有很好地去反思、去想、去回忆。我爸爸说的一句话让我特别感动："我们两代人有代沟，但是这个代沟是需要我们走过去以后回过头来，用理解、爱来把它填平。"这是我爸爸现在悟到的。他觉得跟孩子存在代沟是一定的，但是为了能够达成一种共识，在一种大爱的前提下，要用理解去填补这个代沟。我觉得，这其实是天下很多父母应该做的课题。当你能够理解你的孩子，你能够知道他了、明白他了、关注他了，才能发现这个代沟其实是不存在的。

陈：他在您成长的过程中，有没有可能，比如一件事发生以后，能够坐下来听您半个小时的陈述？

于：很难。我爸爸是思想敏锐的人，有时候你要稍微给自己辩解一点什么，他马上就回复你，很快就把你打压下去。他很有气势，可能根据他平时塑造的角色，或者社会对他的印象，他可能自己也"水涨船高"，也认为他就是个英雄，他自己会这么认为，我觉得环境也形成他的个性。

陈：刚才您提到，您认为于老师的导演成就比不上他作为演员的成就，有具体的说法吗？

于：就从我爸爸拍的这些戏来讲，因为我自己是学导演的，我的感受是，他做导演在刻画人内心方面，我认为是不够细腻的。我爸爸的影片就跟他的人一样，比较粗犷、大方。比如《戴手铐的旅客》，我觉得里面有欠缺的东西。而且我爸爸在做导演的整个过程中，能看得出来是一个演员拍的，从导演方面，他能够给予演员的东西我觉得可能不太够。

陈：关于您爸爸还有什么要补充的吗？

于：对于我爸爸，统筹来定论他，我认为他是一个非常霸气、坚定、正直的艺术家，这也是大家都认定的。但其实很多人看不到，他也有他很细腻的地方，他也有很钻牛角尖的东西。他生活中很爱干净、整洁，看到地上有一个线头、有一点儿灰啊，这些他都看得很清楚，就去打扫。这又不像大汉，有时又很细。我妈妈是蒙古族，她和我，我们是比较大而化之的人，像我们喝水，有时候拿着茶杯走了，茶杯盖就不知道放在哪儿，一会儿就能看我爸爸提着茶杯盖过来了，找这个茶杯给盖上，他就放心了，他就属于这样的一个人。有的时候他会把自己弄得井井有条，这是很多男人做不到的，但是他嘴上会不断批评人："你看你们……！"一般来讲，我爸爸看自己身上的缺点少点儿，他自认为他是很完美的人。但，其实他也有很脆弱的地方，就我弟弟过世这个事情就一下把他给打垮了。为什么呢？在他心中的骄傲一下子就没了，他虽然当时不认为，他的儿子是多么令人骄傲。当他生命中失去这个以后，他就觉得失去了半条命。

陈：但是很快又起来了，一个多月以后就看到他和杨老师出现在北京

结婚60周年纪念

电视台的节目，通常那个节目我很少看，就看到他们俩，非常真诚地表达他自己，还是熬过来了，我不知道是几个月以后。

于：是我劝他们俩出来的。我认为我爸爸在晓阳这个事上反思了，因为他常常会坐在一个地方，也不动，也不说话，一坐就是一上午。我觉得他是在想事情，他常常会反思，现在我妈妈不是在给弟弟写一本书嘛，我爸爸那天就过去说了一大番话，我听了挺感动的。他平时不大跟我们这么讲，因为我妈妈要写序，我爸爸就说："当我冷静下来了，儿子也没了，已经走了。"坐下来，翻翻晓阳写的东西，他就会发现，他原来并不了解他儿子，儿子追求的和想要的是什么都不知道，因为他没有耐下心坐下来看过。他只觉得晓阳是一个捣乱的、活蹦乱跳、一天到晚在这儿找事儿的人，他根本在思想上忽视了晓阳，他仅仅把晓阳作为一个儿子了，却没有把他当作一个有思想、有追求的导演。所以在看到这些以后，才有了我爸爸那句话"我会用爱和理解来填平这个代沟"。所以我觉得这个话是从他心里出来的，我觉得对于我来讲，是很高兴的，其实我也是个受益者。现在，我发现我爸爸能够听我讲，能够尊重我的意见，而且他现在会说："你觉得正确，你就自己去做。"他能够这样，我觉得这是我爸爸一个挺大的改变。

陈：接着说您妈妈杨静老师。

于：我非常佩服我妈妈，她是个才女。从知识领悟方面来讲，她的才气多于我爸爸，不过我爸爸比我妈妈幸运。我妈妈就比我爸爸多很多的坎坷，第一个因为我妈妈是女人，再有一个是，我妈妈是从草原出来的人，性格对她造成了阻碍。

陈：性格的阻碍指的是什么？

于：就是说她过于奔放，过于直爽，在人堆里常常会得罪人，性格不会拐弯，全部都是透明的。所以难免有时候讲真话会得罪人，会被人家误解。我妈妈是从草原走出来的女孩子，她十几岁就从草原出来了，她没受到过任何的父爱、母爱，我妈妈是她姐姐带大的。我妈妈从小就特别羡慕人家能念书的人，一直很想念书，她是很小就自己偷着跑出来去念书，到沈阳助产士学校，后来又到了"军大"。我妈妈在1950年去电影学院深造，以优异的成绩演《第十二夜》，我觉得对于我妈妈来讲，她步履的艰难不会亚于斯琴高娃这些演员，而且比她们更甚，更不容易。我妈妈整个成长道路是非常坎坷的，而且经历了无数个社会变迁。我妈妈得到的所有知识来讲，也是她刻苦得来的，是她善于学习、思考得来的。我妈妈思想上也是很罗曼蒂克的人，她平时也是很多幻想的，我觉得我妈妈倒是一个非常了不起的人。

陈：您刚才说到她的才艺甚至比您爸爸还要多，是指她的知识，还是？

于：知识面。

陈：才能上呢？

于：我妈妈也是会唱会跳啊，但是因为她是个女性，女性的艺术生命就是蛮短的。我妈妈这个类型，就是姑娘型。五几年的时候，我妈妈主演了很多电影，在新中国的演员里面，她还算蛮突出的。

陈：50年代。

于：对。但是为什么后来就不这样了呢，因为我爸爸起来了，在国内一个电影厂或者一个单位不可能夫妻两个人都是第一，夫妻两个人有一个出来，那一个就不能出来。

陈：这是一个潜规则吗？

于：就是个潜规则，在这个过程中间，我就发现我妈妈始终是往后退的，我爸爸后来越升越高。我妈妈始终就在退后，而且那个时候也想改导演，做一些行政工作。因为我妈妈很有头脑、思想，所以就想改。其实我妈妈演戏也不是不行，因为她自认为不如我爸爸条件好，而且她又不愿意挡着我爸爸的路，她就牺牲了自己，我觉得这其实是中国女性的一个非常伟大的东西，她能够为丈夫牺牲自己，我觉得这是非常伟大的。我觉得我妈妈无论是作为一个女演员、女导演，还是作为一个母亲，她都是称职的。

她给了我们很多的母爱。她在导演上也是非常有才华的，而且作为一个演员，如果能够继续演戏的话，也是非常好的，但是很多客观原因都没有让她去成行。她一直是非常努力的人，她很珍惜自己每一点滴的时间。从她的背景和成长环境来看，我倒觉得她来得更实，比我爸爸要艰辛得多。

陈：杨导和于导，导演上基本上都是合作的，他们合作的时候，有主次吗？

于：我妈妈可能更多地弥补了我爸爸的缺陷，我爸爸是粗犷一点，我妈妈是细腻一些，但是他们两个人在导演方面的经验，我都认为不太足，当然这是我个人这么认为了。

陈：他们两个联合导演，您是不是很难能够分辨清楚？

于：对。我妈妈跟爸爸合作过程中，我觉得爸爸也是蛮强势的，对于我妈妈的尊重方面，我认为不是很够。

陈：只有您了解，别的人不太了解。

于：对。我爸爸有的时候会采纳我妈妈的意见，但更多的时候我爸爸也是蛮固执的，我妈妈多数是以让步告终。包括家庭生活，也是我妈妈让步多，但是到现在就不会了，就是说在他们四五十岁的一段时间，在我们旁观者来看，往往就是妈妈让步。

陈：您觉得杨老师她有未尽其才吗？

于：有。我觉得我妈妈的才能上面，别人知道的不多，只有我们儿女才能够深刻地体会到。我妈妈是多么努力的一个人，她不管在什么时候，包括在“文革”，都绝不会去马马虎虎地对待自己接受的每一件事情。其实用才女来形容她一点儿都不过，我妈妈真的是非常有才，而且真正展示在人们面前的这份才并不多，包括我弟弟到后期学习的那股劲儿，我觉得是遗传了我妈妈的执着、认真。他情感浪漫的东西，也都是我妈妈的。

陈：您刚才一直没有用到内秀这个词。

于：内秀更多的是心里面，表现得不多，但是我妈妈试图往外表现，但表现不出来。我妈妈很有知识，但没有机会让她去展示，她确实很有才能。你能看出来我爸爸的这本书，包括我弟弟的传记，都是我妈妈的心血，从这一点一滴看，实际上她生活中，为她自己不多，为丈夫、儿子、女儿多。她脸上的皱纹，都是为这个家里每一个人操劳得来的，她一直在无私奉献、给予。在她的脸上写着我们成长的道路，我现在 50 岁了，我觉得我这 50 年间，虽然不在她的身边，但是我知道她的牵挂、她的心都在我们这里，我能够理解。

六、采访手记

于静江是于洋和杨静夫妇的女儿，她的弟弟是年轻而英年早逝的导演于晓阳。她曾在八一厂工作多年，是老导演严寄洲的助理导演和副导演，参与过《铁甲 008》《零点起飞》《二泉映月》《琵琶行》《再生之地》等影片的创作。于静江现居美国加州，从事中美文化交流工作。

2009 年春节后，我们开始对于先生进行正式采访时，适逢于静江回国探亲在家，我们抓住机会向她提出采访请求。因为她不仅是其父母和弟弟的最重要知情人，也是八一厂和严寄洲、杨光远等导演的最重要知情人。因此我们决定打破采访老人的惯例，或者说创造一个先例——于、杨老师都在我们的采访计划中，有机会采访到于静江，我们对这个“影人之家”的全部成员都进行分别采访。于晓阳英年早逝，但他却是其父亲、母亲、姐姐的一个共同的中心话题。如此，这个“影人之家”的口述历史资料就

陈墨采访于静江

能够相对齐备了。承蒙她对口述历史工作的理解和支持，我们对她进行了专门采访。

于静江性格爽朗，聪明活泼，见多识广，思想开放，敢想敢说，是一个很好的采访对象。在采访过程中，我发现，因其父母亲在“文革”中遭遇磨难，而让她受到心灵创伤且至今仍有痛感。她对父母和弟弟充满深情，而对他们作品却仍能客观分析和评价。只可惜，她在国内停留的时间非常有限，且还有自己的安排，采访中途还患重感冒一次，使得我们准备采访的时间不够充分，正式采访的时间也大受限制。否则，对于静江的采访肯定会富有成果。

对于静江女士的采访是在 2009 年 2 月 10 日和 2 月 11 日两天进行的，上午下午各有一段时间（中途出现电话等多种干扰而暂停），总共采访时间为 6 小时。本次采访的摄像、录音工作都由赵晶担任。

本采访提纲是在采访完成后根据记忆整理的。

陈墨

2009 年

追忆于晓阳

一、父亲　于洋篇

陈：于老师，请您谈谈关于于晓阳的一切记忆。包括他成长的经历，您对他的教育，包括后来您二人的合作，您对他的创作，比如说一些艺术观念，包括您对他的看法，您是最了解他的。

于：我不太了解他。

陈：但是对他的成长经历还是最了解的，另外又是同行，虽然是两代艺术家，观念可能不太一样。

于：很多时候，他在我面前有很多问题回避。

陈：他跟杨静老师近一点。

于：于晓阳今年已经走了五年了，他是1960年出生的。他生在困难时期，长在动乱时期，工作在开放时期。总的来说，他的思想是比较活跃的，跳跃性比较大，有时代烙印，我说他是一匹很不驯服的烈马。当然他在我面前是有所收敛的，不像和他那些年轻朋友在一起那么自由。因为他很多事情，包括他走以后，我听到很多朋友们讲到他很多事情，特别是看了最近要出的一本关于他的书，很多年轻朋友写了很多文章，还有他过去写的东西。我觉得他有很多东西我几乎都不太知道。

陈：当年也不太知道。

于：不太知道。他写的东西在我这个年纪的人看来非常晦涩，有很多东西当时我都不太理解。但是我特别感到，他是非常认真的人，从很小的时候开始，"文革"开始他才6岁，那时候爸爸妈妈被打成了"反革命""黑帮分子"。他奶奶当时在家里看着他，我在1966年挨斗的时候，弯腰戴黑牌子，群众斗争我，他都在楼上亲眼目睹。他小小的心灵非常压抑，那个时候家里是"黑五类"家庭，我们怕他出去受小朋友欺负，所以他从七八岁开始读书，家里的书他都翻遍了。

陈：就是自己在家读书？

于：自己在家里，不敢出去啊，学校也很乱。他十来岁把《三国演义》《红楼梦》《水浒传》这些书就看完了。他夜里看书，奶奶让他睡觉，他也不睡。他有喘病，看到爸爸妈妈挨斗，他心里很压抑。在托儿所的时候，大概怎么得的这个病不太知道，后来"文革"当中病情就明显了。原来我也没太重视，因为那个年代，我老出去工作，基本上两个孩子都交给老母亲了。所以他和奶奶的感情特别深厚，后来我看他写的很多诗里都有奶奶的情况。奶奶1980年去世，他几天不大吃饭。

陈：奶奶肯定也非常宠爱他。

于：对，非常宠爱，他也很孝顺。小小的年龄常常为奶奶争取什么："爸爸，给我奶奶点儿零花钱。"我说："是你想要零花钱吧，奶奶要了不是给你嘛。"从小就很懂事。后来人们送了他一个外号，当然我也同意这个，"书虫"。

陈：外号叫"书虫"。

于：恩，"小书虫"。博览古今中外群书，天文地理他什么都懂，他从十三四岁就开始写诗，他爱诗，普希金的、拜伦的诗他都看了。他也瞒着我投稿，当年的《丑小鸭》《青海湖》杂志，都刊登过他的诗。

陈：《丑小鸭》和《青海湖》应该是1978年以后吧。

于：《丑小鸭》是后来刊登的，那个时候他认识诗人李英的女儿。他们好像十几岁的时候就有联系。

有人就给他登了，在70年代末，还是80年代初，当时他们有个统计，说最年轻的小诗人有于晓阳，还有像李英这几个诗人他都认识，后来贺敬之的夫人柯岩他都有联系。他爱写诗，到后来他出了一本诗集。

陈：他是出了诗集以后再出文集的？

一家人在颐和园

于：不，是在一起的，文集里有诗。我看到他写东西的记录，他几乎晚上很少睡觉，一般晚上都在看书。

陈：从小就这样。

于：从小就是这种习惯，1976 年他当了兵，对越自卫反击战开始的时候他就回来了。1976 年“四五”运动的时候，他还在北京，他每天都在那儿抄诗，我记得他写了一首长诗，《周恩来之歌》，我是后来发现的。

陈：当时您不知道他写的《周恩来之歌》？

于：我不知道。

陈：当时假如您知道，您会怎么办？

于：那时候他年纪很小，我会提醒他很多问题。在学校里，他是一个“小绵羊”，一直在我们这边的关厢小学，上中学的时候在师大二附中。他中学是乐队的，会拉提琴，学校还组织到机场迎接外宾。“文革”当中，他在学校，红小兵也当不上，但是非常羡慕人家，有的时候也戴着个军帽。当时算是“黑五类”子弟，我记得我们那个院里头，“黑帮”的子女也要排队，“红五类”孩子在这边，“黑五类”孩子站这边。在这个时候，我女儿很强势，不让他站队，我儿子想站队，女儿不服气。“我爸不是反革命！”带着他就跑。那时，姐姐很维护他。到后来，我们挨斗到干校劳动，有时候他犯哮喘，他奶奶看守他。他姐姐是 1970 年参军的，有时候杨静一隔离审查，我们就差不多一年不回家。我们在干校两个礼拜休息一次，在我们要回来之前，他前半天就在剧团的大门口坐着等着，别人的爸爸妈妈都回来了，他也想。有时候，他妈妈回不来，我回来看看他们，给他点儿钱，五分钱买一个冰棍。回干校的时候，他总是恋恋不舍的。我们一家“文革”时期的境遇对这个孩子有很大影响，他很压抑。爸爸、妈妈遭受审查，周围的小孩们，所谓“红五类”的孩子们，也不大懂事，歧视他。

陈：对他也歧视？

于：当然是这样，打他的孩子都有。我回去有时候就嘱咐他：“躲着那些孩子，打你的不要理他们。”那时候他躲着人家，但是他心里不服，他还是蛮好强的。他打不过人家，身体很弱，但是他心里很不服。他学习好，老师特别喜欢他。当时在小学的时候就写板报，是学习委员。师大附中离我们家很近，有一次他回家吃午饭，正吃一半突然想到黑板报错了一个字，马上放下饭碗就往回跑。当然在当时，那个年代当兵是至高无上的。

陈：对，年轻人各个想当兵。

于：当不上兵找一个军帽戴上，在那个年代。他姐姐想当兵，是由于我的关系，过去我在部队，有的战友是司令员一级的干部。当然这几个老同志还是了解我的，当时我就找他们，说孩子想当兵。他们说可以啊，我女儿就去了。到后来儿子也是这样，我一回来就跟我讲要当兵，当时对当兵是一种很神圣的向往。

陈： 对，每个男孩都想当兵。

于： 我的女儿在炮兵部队，到后来儿子也到炮兵部队去了，跟他姐姐在两个师。他在张家口这边，他姐姐在秦皇岛炮六十七师，晓阳在六十八师。当兵时候他到过侦查班，当过卫生兵。

陈： 于晓阳也当过卫生兵？

于： 当过卫生兵啊，他懂点儿。

陈： 医疗护理之类。

于： 对，跟着部队下乡劳动，有时候在部队犯病了，还坚持，在部队表现还可以。当时很多干部子弟都在部队，尤其跟部队有关系的，都到部队去了。他在张家口是小兵，但是也经受这种锻炼，夜里站岗啊，那时候在边疆，和苏联关系很紧张。他是个小兵，听各种报告，他的思想逐渐走向成熟，在部队还写东西，还学雷锋做好事。有时候从张家口回来，一上火车就扫地啊，倒水啊，经受了这方面很正统的教育。当时我们的情况会直接影响他。

陈： 他当兵的时候您情况就好多了。

于： 对，那时候好多了。在部队里他经受着锻炼，但是在这个时期我发现他学会抽烟喝酒了，十几岁的小孩在部队，当然在我面前他不敢。后来，对越自卫反击战开始前夕，他的部队要调到前线去，这时候他的姐姐希望他能回来，因为他身体的情况，所以他就在部队开拔前复员了。我当时不在家，回来的时候我听他妈妈说，说是拎着个小包，东西都给人了。拿了几块钱津贴给奶奶买点这个，买点那个，给我也买了东西。

陈： 也买了，是吗？

于： 也买了，他每人都送点东西。这时候我感觉他很懂事，已经成人了。我记得我在上海拍《第二个春天》的时候，我收到过他的信，讲他怎么锻炼，向五好战士学习，学习雷锋，要和我竞赛，为国家建功立业。他在我面前很少讲话，复员以后他到北京葡萄酒厂里当工人，到后来别人知道他的父亲是“北影”的，他就去复员办把单位转到“北影”了。

陈： 他在葡萄酒厂工作了多长时间？还是没有工作。

于： 没有工作，关系转到那儿去，又转过来了。到“北影”当了一段照明工人，现场拍摄的情况他都知道，有时候跟着师傅到外地拍特技镜头。我记得他有几张照片，有大蟒缠在身上那种特技。他参加了朱今明那部电影《孔雀公主》的拍摄。那时候他对摄制组比较了解，拍摄的情况、照明他都知道。他和编导室张铮同志常接触，这时他改编王蒙的作品《春之声》，他们觉得这个孩子很有点文采吧，就通过厂里的人把他转到编导室了。到编导室没待几天，电影学院开始招生了。他们这一班在职的很多，有韩三平、黄建新等。

陈： 1983年入学，1985年毕业。

于： 当年电影学院是在朱辛庄，他是班里最小的。谢飞是他的老师，他们这个班里，米家山是年纪最大的，他是年纪最小的，他们班有二十几个同学。因为小，所以大家也都很宠他，他也很聪明，爱写诗，爱谈论。这段生活我也了解很少，我有我的工作。他每天看书，在学校的时候也很活跃。他的毕业作品要去东北出外景，这时候就接触到很多现实的问题。他的毕业作业叫《琥珀色的篝火》，是到少数民族地区拍的。关于学习这一段我只是知道他在同学当中是很受爱戴的一个，大家都很爱护他，包括教员也很爱护他。说他很聪明，天文地理什么都可以谈，很健谈。他这方面的才气我还不太知道，因为在我面前，没这方面的表现。

陈： 不显露是吗？

于： 不显露，在我面前都是比较严肃的。因为我是父亲，他可能尊重我一点儿，有时候和他妈妈谈一些心里话，和奶奶更不用说了。在“文革”当中，奶奶、姐姐和他三个人在一起生活得很谨慎，但是也很有意思，很亲切。他对姐姐感情也好，对奶奶感情也好，对妈妈更甭说了，对我有点敬而远之的感觉。

陈： 敬畏父亲。

于： 可能中国人习惯对父亲就是这样，好多事也不跟我说。有时候他跟他妈妈讲点事情，他妈妈给我讲，我就很不客气地就当着他面说了，他就责备他妈妈说：“你怎么跟我爸爸说呢，我以后不跟你说心里话了。”所以到后来他妈妈也不说了，怕我听到说他。到“北影”之后，最早在《武林志》当场记，他姐姐曾经在八一厂当过场记，当过辅导员。他回来就问他姐姐，跟她学报表、场记的这些事情。有时候，在现场他还有点儿自尊心，不大问人家，回来自己跟他姐姐学。据说他做场记的时候，就很注意导演这方面的东西，而且有很多自己的想法，有的时候可能跟导演的看法不太一样，或者跟他姐姐聊，或者跟他的同学们聊。后来有个导演叫谢雨辰，拍摄《夜行货车》，请他去了。是个台湾导演，我到飞机场把他迎接来的，因为官方不好出面，让艺术家来接待他，我跟他比较熟。后来他也是政协委员，我们常在一起。晓阳去给他一开始当场记，后来当副导演。

陈：《夜行货车》副导演？

于： 对，所以他认识人开始多了，在上海拍戏又到北京拍戏，这时候开始各种社会交往。现在有时候我见很多人，有时候一见面就说："于老师，我和于晓阳关系很好。"《夜行货车》他那一段工作，大陆的这些孩子，特别年轻人，有时候不大懂礼貌，台湾是非常讲究礼貌的。副导演对导演要恭恭敬敬的，咱们这方面大概缺少教育，有时候不太礼貌，有时候顶撞一下。比如谢雨辰正在咖啡馆里谈事情，他开门就找导演，导演心里就很不高兴。谢雨辰还跟我说过："怎么于晓阳有这个动作啊？"我说这是"文革"闹的，缺少这方面的教育。当时，我就跟于晓阳说不能这样。他说："这有什么，我有事找他。"我说："这种动作不好。"拍完《夜行货车》以后，厂里准备要培养年轻的导演，他选择了《翡翠麻将》作为他的第一部电影。拍摄当中他就找了一些志同道合的年轻人。在这之前他拍过电视剧，叫《裂变》。他还跟一些年轻人，拿个摄像机到大饭店里偷偷拍，到里边就拍，拍完就走。人家宾馆也不知道，说这帮小子干什么？他们就骑着摩托车跑了。后来我听他们像讲笑话似的，就说没有钱，就偷拍，那种现实感很强的实录片，后来还有《拉住梦的手》。《翡翠麻将》把他仅有的生活经历，他看到"文革"的很多事情，在他这部电影里，都有反映。那个时候他们拍电影就有一种观念，影片的形式要"好玩儿好看"。他们电影拍出来很新鲜，大家看觉得耳目一新，所以这部影片有一些呼声，觉得还不错。年轻人有一种朝气蓬勃的感觉，跟我们拍戏不太一样。

陈：您以任何方式介入过这部电影吗？包括顾问或者隐形顾问。

于：没有，他也不找我，他也不跟我谈，他从来不跟我谈，他怕惹起这种不必要的争论。

陈：代沟。

于：我们在谈一些事情的时候，他有他的一些看法，我也有我的一些看法，我看待这些问题比较稳重一些，冷静一些。有代沟也好，年龄不一样，社会经验也不一样。

陈：您去看过《翡翠麻将》吗？

于：我是很久以后才看的。

陈：他没有请您去看？

于：他没有找我。我也有我的工作，东跑西跑的，那时候也不怎么常见面。这个时候，他已经是俨然一种导演的身份、创作者的身份。有时候我们也碰到，我总是提醒他一些问题："别学那些现代玩意。"改革开放以后，我常说邓小平那句话："苍蝇蚊子都进来了。要冷静，要分析，要批判。"他不大愿意跟我谈，一谈就怕我有这种思想。1987 年，他开始拍《女贼》，那时候他让我来参加。说："爸爸你有兴趣参加吗？"改革开放以后，我也想了解一下年轻人到底什么样，那时候各种议论都有，我想看一看年轻人他们的导演方式是怎么回事。当然剧本方面我也提了意见，我觉得这个剧本跟通常讲故事的方式不太一样，是带一点诗意的，带一点板块式的结构，不是很习惯。但这是我作为一个老演员的角度，我有我的宗旨，不管怎么，听导演的，虽然你是我儿子，但在现场你是导演。有的时候我觉得这个镜头怎么接也接不上，我有这种感觉，可能人家有新的办法，有的镜头无限的长，我觉得电影的节奏怎么能这样呢？一个镜头摇到天上又摇下来又推，这节奏多缓慢啊，跟整个不搭调，这个事情我有点不太清楚。

陈：交流吗？当时把您的想法告诉他吗？

于：我也讲。他说这个你放心吧，他也有点儿导演的那种决断。那时候给我的感觉，就是他和演员的合作，就拿演员当个道具，让你怎么着，就像下棋一样，往哪摆，演员就在哪，这我就不习惯了。这种东西当然在现场，让我这么干，我说："你得让我知道为什么这么干。"在现场常常有这个争论，我记得有一次什么事我还发起火来，我说："不拍了，不拍了，走了。"那时候大伙说晓阳："你把老爷子气走了。"作为一个合作者，我是个老演员，我有我拍戏的习惯。当然我可以适应你，但是不同的角色，他用几个不同的女孩子演一个女贼，这方式我也第一次碰见，我就要问为什么这样，为什么那样。他有时候也不大讲这些，好像他自己心里有谱，我说你心里有谱不成，跟我的创作习惯不一样，我从接触电影开始还没有见过这种工作方法。

陈：您和他的争议不是针对您演的角色，而是针对别的角色，如何处理三个女贼？

于：三个女贼跟我都有关系，在这个时候他说有办法接，我说有办法接不成，我作为演员，有一种感情的连贯。他对戏的处理，跳跃性很大。板块式的，跳跃式的，像这种我都没怎么接触过。对我来说很新鲜，我就很想了解。他有个特点，想一句话写个纸条，往墙上一贴，满墙都是，我也不大理解，即兴的东西太多。在现场临时变，我很不习惯。现在有一些老演员碰到这种导演也是很痛苦，得有个适应过程。但是我总相信一点，一个好的作品，导演和演员，都需要双方的交流比较透彻。就是相互都能知道怎么个事情，现在有很多事情都不了解。

陈：香港导演王家卫，他的演员像梁朝伟、张曼玉，在影片放映之前永远不知道自己在电影里演的是什么角色。

于：所以我们不习惯，因为我们一直是那么个传统下来的。我确实有点不太适应，我就说不拍了。

陈：发火离开后来怎么着？

于：到后来人们给他做工作，他来请我回去。有时候，我说："这样算了吧。"当然他就告软，一告软我就跟他很正式地讲，我说拍戏还是要讲创作规律。我讲这个问题的时候，他老认为我这是老的一套东西，他们好像就是要打破这种规律，当然他们还有理论的根据，看了很多书的，像你刚才讲的王家卫。

陈：美国的斯皮尔伯格也是。

于：对，他非常欣赏斯皮尔伯格。

陈：永远不会按照昨天的剧本拍电影，永远要改。

于：他总是要改的。所以这确实是个很大的矛盾，老演员很难适应。但是我发现年轻的演员他们很快能适应，可能时代不一样了，我们受的教育、受的影响不一样。

陈：创作习惯不一样。

于：当时我就想，别的导演是不是也是这样？有可能也是这样，年轻人大概就是这样。当然在这些问题上，我如果回到家来，不工作的时候我就跟他聊一聊，我就把我们过去一些工作拿来讨论。他常讲的走向，他有时候也听一听，有时候也摇摇头。这时我就发现我在这些问题上跟他不一样，有一些政治观点也不太一样。作为父子常常因为这些问题吵得不欢而散。他有很多想法，想入非非，我就觉得不够踏实，我的习惯是踏踏实实的。当然可能对他的工作方法不太知道，但是我承认他确实很用功。但是想法按照我们的习惯，要贯彻到群众的动作当中去。动员起群众才能出来好的东西，他跟我的想法不一样。他就老想这点出来之后就是惊人之笔，他常常是这样。我说咱们爷俩不能合作，我说不行。他有时候也乐，他说我脑筋太传统了。我说有很多好的传统还是要研究一下，我就说他是个现代派。

陈：也是个诗人导演。

于：跳跃性太大，他很注重灵感式的东西。出现一个东西很新鲜，有时候别人还不大理解，完了最后，噢，是这么回事，有可能是这样的。拍完《女贼》之后，我看了影片，我觉得它在表现形式上确实有新鲜的东西，但是我觉得内容有点荒诞。全国的小偷代表开会，像这都是不大理解的。还有一会儿镜头是静止的，人在那儿，花脸穿着古怪的衣服，一会儿人又倒在那儿，像是水里，像这些都是怎么回事？但是确实，看了之后有一种新鲜感，也是他常说的很好看。他在北京上空拍氢气球，在北京建国饭店附近……

陈：航拍。

于：上面航拍，下面警察追气球，这种场面当时很轰动的。再加上赞助的车，写着《女贼》，年轻人也能包装这个戏，没等拍完就开始宣传。还有把当年慈禧的老式火车，他都拿出来用了，有一个专门试火车的试车厂，在那儿拍。拍摄放焰火，抓小偷啊。到后来我说："你说怎么拍，怎么拍吧。"看完成样片的时候，我觉得很新鲜。再就是这个"女贼"不听改造的话，最后走向灭亡，枪毙了，正义战胜了邪恶。总体的印象我觉得还是可以，但是从故事结构来说我觉得很多地方讲不通。

陈：他也没要讲故事。

于：他也不是讲故事。

陈："全国小偷会议"光这个想法就够给很高分了。

于：比如外国女人在天安门前面，小偷撩人家裙子看。这看西洋景在改革开放以后，什么意思?

陈：都有表意在。

于：反正都有表意在。

陈：不是一个叙事封闭的东西。

于：看了以后觉得他们怎么这么表现。黄健中他们说于晓阳走得太先进了，他说想写一篇文章于晓阳现象。他说："在'北影'这些导演里我看的书最多，但是我认为于晓阳看得比我还多。"他们在一起谈东西啊，谈历史，谈过去、未来的想法。黄健中有时候谈不过他，于晓阳经常有这种神来之笔的语言。黄建新是他的同学，当然对他更了解，在班里，晓阳就是很突出的一个。谢飞当时就说他是一个很用功的孩子，很有思想，谢飞比较肯定他。包括梁晓声也很欣赏他，他和梁晓声经常有交流，所以出于晓阳传记的时候，梁晓声自告奋勇当主编，前言、后记都是他写的。于晓阳还有一个好朋友刘索拉，在当时女导演里，是个先锋派，后来又学医，又写文章，又写剧本。出国又回来了，在文艺界也是很有名的。他们有共同语言，苏叔阳他们也在一块儿待过。

陈：刘索拉是我们那个年代最有才气的女子。

于：他和刘索拉是很好的朋友。在他们的诗集里有他和刘索拉的照片，他们一块儿到厦门去。于晓阳常谈起她，而且他们在一起谈论是那么愉快。我就感觉到，他一谈起刘索拉这个人，他们观念上是那样一致。他和成方圆都是小时候的同学，包括后来，这一批起来的年轻人，他们有很多的共同语言。到后来，我就一直往这边拉他，我说你要正规一点，还要拍主流一点的，不要走得太远。他对我的话也不能说不考虑，他也考虑，后来他拍《开着火车上北京》，包括去大连造船场拍的《大海风》，应该说都是主旋律的。我对他也有一些影响，没有让他走上极端，他一直不死心，一直到最后，他拍《北纬 30 度》的时候，他有很多想法，他说一定要在电影里顽强地表现自己。我认为这一代导演、艺术家，要通过各种方式顽强表现自己对时代、对人生、对社会的看法。

陈：这其实是一个真艺术家存在的理由，甚至是唯一的理由。

于：在这一点跟我们不一样，我们过去总是完成任务，总是有政治责任感。因为我们受那个年代的教育，生活给我们的东西就是这样，不像今天的世界，百花争艳。作为艺术家，在创作上，能够真正地有所抒发。

陈：有自己的印记。

于：我觉得这也是好事情，这是时代进步的标志，我儿子走了以后我常常自省，我在他旁边有时候起了一种阻力作用，我总觉得要拉着他一点，对他的艺术才能有所影响。当然说老实话他真正的东西我不太理解，到后来，他妈妈整理他很多东西，发现他写的东西太多了，一筐一筐的他不敢给我看。他常常写东西，随时想到了，马上写在烟盒上。可能就是一个非常普通的烟盒，但是他思想的闪光点可能非常珍贵。里边夹的纸片上，都是密密麻麻的字。他有了电脑之后，每天打字，不知道写了多少东西。他走以前的这些年，几乎每天夜里都到三四点钟，拂晓的时候才睡觉。我要能有今天这种思想，我会扶助他，帮助他，至少给他创造一种环境、一种空间，在这点上我有点内疚。

陈：不要内疚，您其实也是用另一种方式在帮助他，两代人的观念不一样，这是自然而然的事情。

于：当然我们这一代也有很多肯定他的东西，但是我们的思想受约束的，这是时代造成的。

陈：您刚才提到后来《大海风》再度合作也有矛盾？

于：《大海风》他要求女演员一个礼拜不要洗头，跟工人们生活在一起。这部戏的演员里有于绍康，拍完这部电影就去世了。于绍康跟他合作很愉快，这部戏我跟他合作也还可以。他也在试着针对不同的对象讲故事，这个道理我也跟他说过，我说："不同的对象，你应当导演方法多一点。"年轻人就是这样，说话口气很大，比如《女贼》的插曲一开始是中央乐团录音，他在录音室里边坐着听着他们，他在那儿摇头，觉得不成，他小时候也学过音乐。他拿着瓶啤酒在那儿喝："水平不行，什么中央乐团啊？！"

陈：中央乐团为《女贼》配乐？

于：是的，作曲是雷蕾，雷蕾跟他也有共同语言，他们关系也是不错的。他当时说了一句话，说配乐是小学生水平。正好中央乐团有人听见了，就不干了，争执起来了。他当时跟中央乐团干起来了："你有什么了不起的，你们来这儿之后一个个大师级的样子。"他就不服，有的时候他爱得罪人，雷蕾写那几首曲子我听了之后，很有点意思。她写这个女贼流浪的心情，词都是于晓阳写的，“我不是人，我不是人，我是鼻涕，人们到处都要唾弃我的，我是什么，什么？”就这么一首歌，演员唱得也很有意思，很新鲜。

拍《大海风》的时候，我和晓阳的矛盾主要是创作习惯问题。我也是做导演的，我也常常习惯想着一些事情，但是他们做事情老是不让我们清楚，我对这个意见最大。我说：“你生活没有目标，我都是有计划地生活。”他们没有这种东西。我有时候要求这个，他也挺烦的，这时候就有一些矛盾，倒不是创作上的。

陈：纯粹是习惯上的。

于：唉，习惯上的东西。有矛盾的时候，我说明天我不去拍戏了，第二天他又来找我：“大人不计小人过，老人干吗跟我们年轻人一般见识。”唉，自己的儿子，我又去了。最后我们常常这样，说话会逗两下，不敢太认真，太认真会火。包括在他临走以前，他还跟我开玩笑：“我的身体比你强大，咱们掰个腕子。”我说：“我不跟你掰。”我真掰不过他。他有这个病啊，不犯的时候非常好。走以前我让他注意点。他说：“我这个戏，你放心，我接受过去的教训，我应该怎么拍我清楚。”很有信心的。

陈：是拍《北纬 30 度》吗？

于：嗯，就是《北纬 30 度》。在这个戏之前还有一部叫《你从哪里来》，是梁晓声写的本子，写“文革”中，一个男孩在一次飞机失事中掉入了喜马拉雅山的冰山里，被冻住了，飞机上其他人都牺牲了。十几年后，登山运动员发现了他，他又复活了，之后男孩的观念还是“文革”时期的观念，所以他看改革开放时期的社会，什么都觉得新鲜。他还想找他原来谈恋爱的女孩，女孩已经成老太太了，他还是那么年轻，大概是这么一个故事，蛮有意思的，晓阳就特别愿意拍这个。当时，晓阳把招待所的一个房间当工作室，满墙贴的都是他的场次计划，这部戏马上都要开拍了，定的摄影师是“北影”比较好的摄影师。突然有一天早晨，这个摄影师从卫生所看病回来就倒在那儿，去世了，这对晓阳打击挺大的，这部戏就只能停一停，再拍另外一部，这就拍了《北纬 30 度》。《北纬 30 度》写一个韩国女孩和一个中国男孩子的爱情，而且已经跟韩国联系合拍了，男主演准备找刘烨，女主演找韩国女演员，他计划都有了，结果他走了，他很有抱负，有很多想法，要拍的东西也很多。他拼命地干，连续二十几个夜晚搞剧本，别看他即兴地搞东西，他也是非常地绞尽脑汁。

陈：是真创作，不是编故事。

于：连续二十几个夜晚在那儿想啊，打字啊。到外景地之后，当地的领导也很支持他，当地的领导后来知道他走了也很遗憾。

陈： 他是去南方看景是吗？

于： 去恩施土家族地区，在深山里。恩施领导都知道这个事情。投资方也都去了，基本的创作队伍他都想好了，人都定了，回来准备开会研究这个事情，准备开拍。像现在拍戏开拍很快，不需要体验生活，准备工作，现在一个演员一年能拍十几部戏很正常。现在年轻人都很熟练，因为那些技术上的东西好学，技术上怎么掌握，以及镜头的运用。其实最重要的是创作技巧，意念的东西到底是什么。这一点我觉得年轻人比我们那个年代想象力更丰富。

陈： 自我也明确一点，而且敢于表现自我。

于： 顽强地表现自我。我们是尽量把自我放在后边，藏起来，最好让人看不见导演的作用，我们那时候常常这样，一部好戏看不见导演。但现在是要看到导演，现在有的导演字幕一开始就把照片放在上边，最典型的是冯小宁，编剧、导演、摄影、制片、特技都是他。我们那个年代绝不可以这样，这样太“个人主义”了吧，现在很正常。所以我说，每个时代有每个时代的特点，我认为儿子是个很有才气的人，他受到了限制。这个限制来自家庭和社会各个方面，他并没有充分地发挥他的才能。他虽然生在60年代长在70年代，过去怎么样，现在怎么样，他都看到了，哪个是对的，哪个是不对的，他都很清楚。当然他和我们对待历史问题的看法不大一样，我们总是要原谅很多东西，像我儿子这一代就是要搞清楚，要追根问底，为什么这样面对这种情况，应该怎么去批判他，应该何去何从。我们父子俩在性格上、思想追求都不太一样，在这方面我确实对他有歉意，我对他了解得不是太够。

陈： 他从小到大，您父子俩交流最好和最不好分别是在什么时候？

于： 最好的时候就是在“文革”当中，回来的时候带他去洗个澡，带他去吃一顿好吃的啊。现在想想很难过，那时候我们离开家，孩子舍不得，十来岁的孩子要送我们到前门，那时候我和他妈妈怕他出事，再三嘱咐他坐车回家要小心。我们俩坐上公共汽车往大兴那边走，他一个人看着我们走，大概很恋恋不舍，那时候我们感情最好。他当兵以后，经过电影学院学习，到后来当导演，除了工作上接触以外，我们很少在一起谈谈心，很少亲近。有时候想谈一点东西，我谈第一句话，他就能知道我最后一句话是什么，他就敏感到这种程度。我说：“你这孩子太敏感了。”我一讲什么他就明白了，他说：“我明白你什么意思。”我就不要谈了，我说：“那我就不谈了。”常常是这样的。我对他的要求、希望，他都知道，当然他自己也很有主见，他常说每个人道路不一样，时代不一样。

陈： 您能接受吗？

于： 我还有一点正统观念，我不太赞成。

陈： 希望他更主流一点，发展得更平稳一点。

于： 对，我希望他入党、入团，但是他就不。

陈： 兴趣不太大。

于： 对，他说党派的问题，这是上层建筑，他们各有各的追求。当然也不能勉强他，每个人有每个人的看法，但我还是希望他主流一点，但是不成，我又不能强迫他。

陈： 他小时候您揍过他吗？打过吗？

于： 他五六岁的时候，有时候不听话打过，但是他比他姐姐有脑子。他们俩谁一淘气，我就把他叫到我屋里，把门一扣，我就实行“武力”了，他姐姐最硬，老顶着我，我有时候就打她两下屁股；晓阳呢，他一淘气，我一把他拉进来，他马上在那儿不哭也不叫：“爸爸我改了。”

陈： 先检讨。

于： 他这样，我反而乐了，他比他姐姐反应灵敏，乖巧，这时候不等你动手，他就投降。小的时候，看得出来，他比较机灵，比较鬼，当然这想打也不打了，有时候也打两下屁股，我打的时候他奶奶不干了，奶奶看我关门就在那敲，喊我，也就吓唬吓唬他。他和他姐姐的表现不一样，他姐姐连哭带闹，所以就非要打两下。

陈： 还有一个问题就是他的婚姻，他和迪里拜尔。

于： 不了解，他谈恋爱结婚的事我都不清楚，有时候我问他女朋友的事儿，他说：“这个你不要管我。”到后来我和他妈妈都不管了：“这种事你们年轻人自己做主。”

陈： 婚礼呢？

于： 婚礼是我们夫妻俩给他在北京饭店贵宾楼举办的，很隆重，把他和迪里拜尔的朋友请来了，新疆的朋友也请来了。当时谢铁骊、王蒙都来了，王蒙是迪里拜尔的干爹，王蒙在新疆待过，和他们关系特别好。当时搞得还蛮隆重的。迪里拜尔的同学殷秀梅都来了。两个人结婚以后，迪里拜尔在芬兰、瑞典、西班牙、德国巡回演出，她本身也是芬兰籍，是芬兰国家剧院的，晓阳有一段跟她到那儿生活了一段，他到那儿生活不太习惯。他在那儿老去书店看书，他看过中国香港出版的、台湾出版的，以及国外出版的很多书，特别了解海外对中国的看法，我记得他姐姐到美国去以后，八几年时曾经几次问过他，要不要到美国去学习一下，他说：“我们搞艺术的人，根就是在这，到那儿我怎么干？”他不愿意去。他跟着迪里拜尔倒是去过北欧这些国家，到后来他自己去台湾，也去了埃及。我也常说他：

“你出去转一转，开阔眼界，看看世界。”他也看了，但他还总是思考他自己的东西，那些东西对他好像没有什么太多的吸引力，他很不习以为常的样子。迪里拜尔有时候跟他说上哪个国家看看去，他就不去，还是回来搞他的工作。迪里拜尔跟晓阳差不多大，当时晓阳在新疆拍了一个电视剧叫《阿凡提的故事》，他们是在这当中认识的，于是很快就结婚了。我说：“你这个婚是不是结得太快了一点？”

于洋、杨静在于晓阳墓前

陈：他来征求父母亲的意见，距他婚礼有多长时间？

于：不到半年。在这个问题上，我和他妈妈的意见是：“你自己看，因为那是你自己的事情，这是你的幸福！”当然我们总希望他能找一个跟他在一起，事业上有所帮助的。迪里拜尔是世界著名歌唱家，对他来说，作为一个丈夫有时候在心里这是很自然的反应，他也不是那种驯服的，所以他总是要在事业上搞出点东西，结婚以后大概两三年的时间，他俩在一起的时间并不多，因为迪里拜尔一直在国外演出，有时候他去一下，他又回来。两个人几乎每天都通电话，在电话里交流。迪里拜尔也很关注他，从湖北回来那天晚上，上火车之前，他俩还通电话，第二天早晨他就去世了。迪里拜尔当时不大相信，怎么可能呢？前天晚上还通电话了，这对她的打击也很大。

陈：他的哮喘，后来没有进一步再医治？

于：他这个病啊，不犯的时候像正常人一样，他每年是在最冷的时候，在最热的时候容易犯，所以他经常带着喷雾剂。有时候他姐姐也从美国给他带回来，他临走的时候在火车上手里还拿着这个东西，他大概没力气了。这个病一犯，当时就是一口气的事。他才 45 岁，正是力壮的时候，所以到后来我见到很多年轻人，我就说：“你们要注意！”

二、母亲　杨静篇

陈：杨老师，于晓阳出生的时候正好是三年困难时期，怎么过来的？

杨：我想对我们这个家庭来说，于晓阳的出现，那真是为我们蒸蒸日上的事业锦上添花。虽然是困难时期，但我们属于所谓的“肉蛋干部”，我有一份，于洋有一份，当时没觉得有太大负担。1959年秋天，我刚拍《英雄岛》回来，就参加了第三次文代会，当时我就怀着晓阳了，挺显身了。那年的口号就是“发愤图强、斗志昂扬”，在大会上很多人开玩笑说：“你生一个小昂扬吧。”我一想也是赶到这个时候，如果生个男孩还真得叫个什么阳，就那么想了。晓阳出生的时候，正好是早晨快五点。这个时间恰恰是朝阳欲出的时候，所以我说别叫昂扬了，昂扬挺难听。于洋在家里选了很多名字，最后决定叫晓阳吧，可是“毛主席是太阳，咱们叫小太阳好不好啊？”晓阳嘛，早晨刚一露头的苗子，没事，所以就决定了。在那么多名字里，最后选择叫晓阳，而且确实我们俩很兴奋，感到人生再完美没有了，你看家有奶奶照顾，我们俩念完了书，正好事业各方面都很顺利，蒸蒸日上的时刻，又添人进口，使家庭更美满、更幸福了。在这以后，特别是于洋，那是节节高吧，工作什么都很顺利。我当时因为生孩子，生孩子以后也还要照顾孩子，再加上身体不是特别好，要恢复，所以这个阶段基本上不拍电影，留在剧团，上班产假很短，那时候产假就五六天，以后我就在剧团开始上班了

我怀晓阳时，三个月就差点流产，结果一直保胎，卧床每天打黄体酮，费了挺大的劲儿。他出生的时候，很在意他是不是各方面都完整，一看都挺好，就是瘦一点儿。儿女双全，我自己感到很幸福。当时在事业上，我也是有戏就演没有就干别的，没有太高的要求，当时，我们觉得晓阳应该会比女儿有成就，因为女儿小时候有点随我，傻乎乎的，就爱唱歌跳舞，数学啊、算术啊较差。但是晓阳在学习上不让你费一点儿心，全都是满分。他这一点挺厉害的，所以就觉得这个孩子脑子特别快，极聪明。而且他很会讨好，所以奶奶也特喜欢他，特别护着他。从性格上，晓阳还真不太像我们，他特别腼腆，几乎有点女孩子的习性。1962年，应该是晓阳3岁的时候，他有一度一只眼睛斜了一点，我们带他到宣武医院看病，医院说这孩子后脑的叠部有一个瘤子，但没法开刀，当时我差点晕过去，结果是大夫看错了。后来又到眼科查，大夫说，在小孩眼肌发育时，自然都会有

这种现象，根本不用担心，配个眼镜也行。我们还是给他配个眼镜，才那么小就戴个眼镜，但过了几年以后就自然好了。但在这前后，他得了一次百日咳，落下毛病，一感冒就喘。再大一些，我们上干校，中间没人管，就留下了这么一个病根儿。他一犯病，常嗷嗷地叫。我们那段就拼命给他补，让他多吃牛肉，晓阳一度长得很壮。这个病也使得我们全家，对他有一种无限的放纵，这也使他后来性格有些任性。当时他因病也给人一种性格腼腆、懦弱的印象，在学校人们叫他小绵羊，绝对不敢惹事，爹妈"反革命"他都不敢惹事。他是班干部，学习好，又听话。但是"文革"时期，我们被定为"反革命"。晓阳就变得敢于反抗了，他和他姐姐坚决维护我们："我爸妈不是反革命。"

陈： 他开始还击了，就是跟人打架了？

杨： 据说一次他叫人打得，嘴都打出血了，回家后掩饰自己的伤疤不想让我们发现。我慢慢发现他的变化，他要反抗。后来他宁愿叫人打得流血，也要去跟他们斗，跟他们争，所以这个性格实际上是逐渐形成的。长大后在社会上，他就不像小时候那么软弱、顺从听话了，他特别有自己的主张。他写很多诗，也不叫我们看，我也不知道。他到处想发表诗，其实如果他叫我们帮他想办法……

陈： 那容易点。

杨： 对啊，但他不愿意。他不靠我们，他就是有这个思想，不依赖父母，而且绝不沾你们的光，他这个有点过头。他绝不跟任何人面前说自己是于洋的儿子、杨静的儿子。他就觉得要讲出来，就是没出息了，就像他一直都没去过美国一样，姐姐给他办了多少次出国旅游、访问学者，他不干。因为他后来有作品，有社会影响力了，姐姐给他办讲学，访问学者，都办好了就是不去。他说："姐姐，我去美国要以代表团身份去。"

陈： 自尊心非常强。

杨： 自尊心太强，我们多次去美国，想带他去，别指望。可能也和长期跟奶奶生活有关，我们又顾不上他，产生距离了。他记忆里，奶奶是最疼爱他的，他很少提到妈妈，有时候我很伤心，他走的时候我特委屈。奶奶去世，他三天没吃东西。他说再也不吃馒头了，奶奶是因为早饭时一弯腰捡馒头没起来去世的，他对奶奶的感情深。创作时，给奶奶写长诗，他的书里我也节选了一部分。另外，他比较喜欢古董，我生女儿的时候，叫朋友从莫斯科买了一个无线电、铁壳的收音机。一直放在奶奶屋里，没有电视以前，奶奶天天听。

奶奶走了，他就把这个无线电放在自己房间里，把奶奶结婚的嫁妆座钟也收在自己身边。现在说来这钟有百年以上的历史了，至今还在他床头放着。他走以后，他屋里什么样，我们都没有动，和从前一样。我觉得儿子呢，他是一个非常重感情的孩子，跟奶奶有这样深的感情，跟我们有点隔阂。我想我们那个年代，对孩子尽管自己已经觉得很尽心了，很疼他了，但他还是觉得我们不关心他。

陈：我的父母这一代，和您和于洋老师差不多，我自己对外婆的感情大大深于对父母的感情，因为外婆带着长大，父母肯定是工作第一，这是普遍的。

杨：对，我这次整理晓阳写的东西的时候，字里行间，都能看出来。小学时候，因为父母当时被审查，他在学校被歧视。我们把他转到师大附中去，认我们的朋友黄会林为教母，老师对他也很好。记得有一次我们正吃饭，还没吃完，他突然放下筷子说："我忘了一件事"，转身就跑到学校，其实是为了改正黑板报上的一个错字，之后他瞒着我们写诗，大概在《青海湖》上发了一篇文章叫《朦胧诗人》。很多场合，他朗诵他的诗给同学和朋友，但是我们家人从来也没听过他的诗。他发表了诗回来才跟我们说，我说那不错，那就好好写诗吧，仅此而已。

陈：杂志给您看了？

杨：看了，我看得还比他爸爸多一点，因为他对我比对他爸爸还亲近一点，爸爸比较严格。但是他对我有件事情是极不满意的，这一生就这一件事，使我和儿子产生距离，他也因为这个距离做了很多文章，他后来写文章别人谁也看不出来，但是我一看就知道从我这借题发挥。

大概是小学三四年级的时候，他喜欢同桌的一个女孩子，就写了张纸条。他掉在地上了，被我捡到了，一看是写给什么燕，我只记得里面有一个吻字。我那时候极"左"，觉得这可不得了，这么小年纪这么早熟，一定要出事。我非常严肃地问他，他憋了好长时间以后才说是喜欢一个女孩，写了一张纸条，但没敢给她。我说你可千万别给人家，太小了，不能做这事，容易犯错误。这件事他让我绝对不能跟任何人说，我答应了。但是过后我就把这事当笑话跟于洋说了，我说孩子情窦初开，要找女朋友。没想到，于洋随便在饭桌上就说了，晓阳就是气我没有说话算数，没有保守他的秘密。晓阳之后就很在意，很多事不跟我讲，我难过就难过在这儿……

陈：他不能谅解是吗？

杨：对，就生我的气。

陈：后来他借题发挥，发挥什么？

杨：他有一首诗，写一个人和母亲五十年不交心。这件事情，让我觉得母亲父亲对孩子的影响，是无形的。我觉得很后悔，这都是年轻的时候

于静江和于晓阳

想不到的。我也是因为晓阳走在我前边了，我才想到这一切。如果晓阳不走在我前边，我绝对不会悟到我对儿女有什么亏欠，我觉得我做得都很好，但是今天回头看来，其实不是这样。他走之后，我一直写东西，写感受到的东西。第一篇我写天塌了，我的一切美好都没有了。于洋说，“你天没有塌，我还活着呢”，他鼓励我。我说以后我们就是孤寡老人了，我女儿回来说“你不孤寡，你还有女儿呢”。儿子在我心里占的位置非常重。在书里，我后来把一切个人的痛苦、泪流满面的东西都删了，都过去了。今年晓阳去世已经第六年，我确实觉得我应该为我儿子感到骄傲，我这个儿子还是给我争气。虽然他没有什么显赫的成就。

陈：其实他的成就还是后人来诠释，因为他的很多作品没有公开。

杨：他没有登上珠穆朗玛峰，但他一生都在攀登，这是我骄傲的地方。我觉得成功有两种，一种是真的有显赫的成果，另一种是有非常值得肯定的过程。我觉得于晓阳就是后者，他对得起自己父母给他的生命，他对得起这个时代，他有责任感，他是爱国爱党的，特别他后期，他觉得这么大一个国家，这么众多的人口，谁能把这国家治理好，很不容易。他很多地方，设身处地为领导考虑，所以他还有很多自省的东西。但是我觉得，他的想法、他看到的几个重大的问题都是对的，我是为这点肯定他。

陈：您讲的几个重大问题指的是什么？

杨：他从怯懦到挺身而战，他对后来的一些事情的态度，摆脱了我们家庭灌输给他的诸多教条。那不是他的切肤之痛，他自己看到的、体验到的，才是他的切肤之痛。“四五”运动，晓阳写了一篇《盛大的节日》。天安门前的人海和花海的阵势，叫人觉得着迷，他那时天天去天安门，说去抄诗。当时我们觉得他看热闹，没有理解他对这个活动的本质认识得那么深。他回家打夜班写《周恩来之歌》长诗。我这次整理他的遗物找到了很多他写《周恩来之歌》的诗稿，一个诗能写很多遍，他整个生命在诗里头。我想他的诗虽然没有在社会产生影响，但是在当时，他的诗很有价值。他专门把铅笔削得很尖，写很小的繁体字。有段时间他专门学繁体字，每天问我们这个字怎么写那个字怎么写。《列宁主义万岁》全写的繁体字，这是心血啊。《列宁主义万岁》《周恩来之歌》《无产者盛大的节日》《西柏坡之行》、当兵时写的诗《新兵小战士》，总共八九篇，都是千字以上，甚至上万字。他的原稿太碎了，有的一打开就拼不上了，整理他的作品的过程，我觉得我对儿子的了解更深了，他是一个很深沉的孩子，很有思想。

陈：当兵是他求您求于洋老师的吗？

杨：有一天他回家就闹，死活要当兵。说我们给他姐姐弄走了，不把他弄走不行，姐姐当兵，我也得当兵。我们说你不一样，我们当时没有说出口的话，就是姐姐她学习不怎么好，她愿意走就走吧。你不一样。

陈：身体又不怎么好，1976 年的时候身体好吗？

杨：喘病并没有彻底好，没有完全控制住，没有根除这个病。我们不太同意他出去。那时候我们就觉得，应该有一个孩子上大学，好好念点书，将来不要搞文艺，好好研究点学问，因为那时候，文艺工作者不愿意让自己孩子搞文艺，我们不愿意让他们搞电影。老师建议我们动员他别走，他是学校里数学最好的，老师说他数学有天分，脑子灵，去当兵太可惜了。但怎么也说服不了，他要当兵决心已定，他决定的事很难改变。没办法了，非走不可。后来就让他自己去求北京市委的张祝平，他去找了他，张祝平说：“嗨，你早说啊，人都走了，你都晚了。”晓阳说：“我爸爸妈妈也不让走，学校也不让走，拖着我，但是我现在非去不可！”张伯伯说：“那你得到部队领衣服了，衣服都没有了。”给他把各层关系疏通好以后，就出发了。那是 1976 年底，他初三毕业参军的。

他到张家口当兵的第一年，真可怜，张家口吃小米都带沙子，他们故意给新兵连吃捂坏的粮食，就考验新兵待得住待不住。就那样苦的状况，一个月的津贴费大概是 7 块儿。第二年春天回家过年，他带回来兔子皮的背心两件，我一个，奶奶一个。皮鞋还是高腰的，等于小靴子了，他姐姐一双我一双。我问他有多少钱啊？买这么多东西？他告诉我他一分钱也不花，而且有稿费啊，发表小诗什么的。他当兵第一个月的工资，原原本本连零头都给奶奶寄回来。很超越他的年龄，想得很细，每年给我们过生日都有礼物。他很细心，曾有一次我们参加鄂伦春自治旗卅年大庆路经哈尔滨，省军区司令员夫人是我小时候沈阳念书的同学，又是部队文工团的战友。我们刚进军区大院，他就自己走向小卖部门口，他说妈你等我一会，这孩子懂事细心，一出来，提了一堆罐头。他说你这么多年没见你的老同学，你怎么不买点东西？我觉得不好意思，因为我没那习惯，我也没那想法，再加上这个同学跟我特别要好，我觉得无须这种虚套。可是我儿子不，他把自己身上零花钱全都花了。这件事，我当时特别感动，因为我都不会处理这些琐事。

他也不向家里要钱。我有时候问："晓阳，你要不要点钱啊？"他说："你要给你就拿来，你要有诚心你给我，你别问。"有一次，发现他和他朋友借钱，我知道他没钱了，我就悄悄放他枕头下两万元。那时他自己从不去领薪金，从最初每月300元起一直到他离开这个世界，他把钱都存我这里。2000年我已存四万，当我给他后，他领我和星伟（于静江爱人）上新东安市场，买了钻戒和金龙牌。还有一次给他爸爸过生日，也是买最贵的。

陈：您和于洋老师什么反应？责备他还是非常高兴。

杨：当然非常高兴了，觉得他这么肯花钱，不心疼钱，那时候挣这么多钱不容易。他花在我们身上很多钱，他很舍得。反正每个老人生日，他都尽可能回来过，当然最重要的一次，就是于洋的七十三周岁吧。他非常在意，他非常信命，他老跟他的朋友们去算命，人家就给他算，说你们俩长寿。"我活不过你们！说你们俩一个活到八十多一个活到九十多，所以你们放心活着吧，我啊活不了那么长。"我说："你滚一边去，我们从来也不算，也不信这一套。"当然也有点儿担心，觉得他身体不好，但是绝对没想到他会这么早走！

陈：中国人习惯生日做九不做十。

杨：我们家习惯谁过生日得做一个卤面，我跟奶奶学的卤面。晓阳来电话说不行，说都摆好桌子通知了朋友们，五桌吧，在友谊宾馆，葛存壮夫妇、陈强夫妇都参加了。

陈：晓阳没有提前通知您说他要给于洋老师办一个生日宴会？

杨：没有。他都准备好了以后请我们过去。那天挺隆重，什么家里的亲友，我们自己身边的老同志，五十来人，举行了一个挺丰盛的宴会，叫我们挺感动，我们也不想花这么多钱，等送生日蛋糕来的时候，是非常漂亮的大蛋糕，他很讲气派。"爸爸你许个愿吧！"于洋那个愿冲着我说的，说“相爱到永远”。我当时真是特别感动，于洋这人也不大爱表达的。后来我儿子说：“行了！我爸爸妈妈相爱到永远，我就放心了。”所以我现在想，他是不是真知道自己陪不了我们多久了，那种心情，反正是……

陈：每年庆贺生日都是这样。

杨：对，他很细心，但七十三岁他特别在意！

陈：而且很有爱心，对父母情感非常深，要没有情感，叫他做他不会去做，像他这种性格的人不会去做的。

杨：对。当我们接受《艺术人生》采访的时候，正好是晓阳跟他爸爸两个人闹一次矛盾，问题的展开，常常是由于对政治的看法不一样，有时候为了艺术观点的不同，这爷俩都是山东脾气，说爆就爆，刚才还笑呢一爆就翻脸。《艺术人生》朱军他们找晓阳，晓阳就不想参加，他知道说不到一块儿，可能会麻烦。而且采访我们的时候，提纲里还提到家庭有什么矛盾或者什么的，我说是有一些，哪家没有矛盾啊？但是最好不要谈这个，因为没什么必要，都是琐碎的事。说过去就过去了，但是他们就认准想要谈，因为当时的社会，很少谈家庭矛盾，谁也不愿意透露家庭矛盾。结果于洋跟儿子前几天刚生了点儿气，这时我们好友葛存壮说：“别谈爷俩矛盾，家丑不可外扬。”但朱军这小子坏，他往外引蛇出洞，引、引、引话题就转到儿子身上，就讲跟儿子矛盾的事，其实事实本身也没有什么太不得了的，结尾他就想做一个艺术处理，到最后让我儿子过来参加，他还是不来，他给爸爸送来一副眼镜，写了一句话：“会当凌绝顶，一览众山小”，这不是叫他爸眼光看得远一点吗。其实当时录完以后，我还说父子矛盾那段不要用，我们不太愿意讲这个事，我儿子会不高兴的。我又给他们打电话，我说那个不讲，结果他没有尊重我，实际上拿那段作秀了。

晓阳的书里，于洋我们俩写的仅有的一段小文，就表达一个，你对子女是有责任的，你给予他生命，要给予他健康，给予他知识，给予他支持，特别是要给予他理解。我觉得很不容易做到，尽管你再爱他，你不见得理解他。我记得当初晓阳每天起床工作不吃饭，我很心疼啊！有一次我偷偷到他工作间送饭，拿个锅和碗，悄悄放在窗台上，把他气得发脾气。

他回来就跟我说，我需要的不是这个，不要只关心他吃饭。我心里想，我们的观点你又不听，我能关心什么。我把这种痛苦的感受留到书里，我想可能对做父母的人有点儿启迪。另外，晓阳一辈子想写很多东西，他虽然做导演，他想留下多一点东西，这是他的一个追求，但是没达到。我觉得离他自己追求的目标太远，我只能用喜马拉雅山来形容！确实他雄心很高，他爬到中途倒下了，命运给他的寿命太短了……

陈：很多天才也都是这样，普希金、肖邦都只活了30多岁。

杨：真可惜，于洋就讲，早期中国导演，40 多岁去世的很多。晓阳对自己有很高的要求，他的时间总是排得满满的。他每天的写作时间基本上是后半夜，每天只睡几个小时。朋友来玩儿，都走了，人们开始睡觉了，他开始写作。

陈：他当兵当了几年，然后住在家里，什么时候不一起住了？

杨：晓阳参军回来以后，1979 年我在山西拍戏翻了一个车，回来以后腰不能动。他把房间让出来了，他就住到于洋的办公室去了，那时候他就搬出去了。

陈：当兵回来转业到哪里了？

杨：转业到北京，复员军人办公室分配他到北京葡萄酒厂。后来我们建议他去葡萄酒厂，还不如来"北影"，学点技术。后来他同意了，我们厂里有复员军人转业的名额，正好他符合条件，把他收进"北影"来了。先做照明工人，他不想一辈子干这个，但他得过渡，得自己学好本事，只要工作能跟上去，很快就培养起来。他很快就跟摄制组拍纪录片，跟一些朋友出外拍戏。在照明部门大概待了一年，他就开始主动去帮着编辑部看外稿。

陈：帮着"北影"编辑部？

杨：编辑部主任知道他爱文学，就让他帮忙看外稿。经历一段时间以后，有一个机会，导演部门缺场记。正好张华勋拍《武林志》，他就到张华勋那组当场记去了。借调导演组以后，自然地脱离了照明组。拍完以后又给台湾导演谢雨晨的《夜行火车》当副导演。1983 年底，电影学院导演进修班招生，要各厂有点经验的学生，他年龄最小，不够资格。苏叔阳挺喜欢他，看了他写的一些诗，说"何不去学习学习？"晓阳说："电影学院有一个班，我不够条件。"苏叔阳说："哎，我跟他们院长说一下。"苏叔阳就跟谢飞一说，谢飞说让他来考考吧，还真以不错的成绩考取。1983 年到 1985 年，他跟韩三平，黄建新这一拨导演一起进修，回来以后就拍《翡翠麻将》。

他一步一个台阶，独立拍戏那年是 25 岁，起步比较早，《翡翠麻将》一下就打响了，我们都没太注意到。这时候我和于洋也在外边拍戏，晓阳做导演，好多人说于洋帮忙了，其实没有。据说是《小花》的导演张峥把他调到导演组的。他给谢雨晨做副导演的时候，是于洋介绍了一下。当时谢雨晨从台湾回来是于洋接待，所以晓阳也就认识谢雨晨了，可能跟这个也有点关系吧。独立拍戏，我们都不知道，他也不跟我们说，这之前他还酝酿过好多剧本，最后没拍成。

陈：比如哪些？

杨：王蒙的《春之声》，他自己写的剧本。但是后来没拍成，他受法国新浪潮的影响愿意拍这些抽象的。在电影思潮上他肯定是最先进的，是我们不能接受的，或者不理解的。他在电影学院的作业，有一个叫《亚西亚的孩子》，还有《琥珀色的篝火》。

陈：这都是拍成的是吧？就是短片。

杨：实习作业吧，《翡翠麻将》效益比较好，但他不懂宣传，当时根本就不宣传。

陈：您和于洋老师什么时候看到《翡翠麻将》？

杨：完成片的时候。

陈：在双编的时候没请您？

杨：没有，我记忆里没有，我们好像都没有时间，他也不找，我们彼此都在外面忙自己的事，所以我说我们没关注儿子，特别是我。等到拍《女贼》的时候，就有分歧了，1988年，我女儿生孩子，我就到美国去照顾，父子俩在合作《女贼》，矛盾积下了，最主要是两个人的艺术观不一样，晓阳的工作方法跟我们不一样，我们是分镜头剧本一切都弄好，好好地照剧本拍，晓阳不一样，他自己有一个提纲，到现场拍戏，才按提纲分镜头。于洋看不上，哪有这样的，要教导他，但是他不听，他自己的精力都不知用到哪儿去了，他分好镜头，到现场又变了。所以现在他的完整的文字记录稿很难找。零散的很多，即兴创作很多，再加上风格的不同。于洋戏拍完了以后，不满意也不行，俩人就吵，于洋有些看法不能共识。《女贼》当时很受社会注目，各个大小报纸非常重视，因为能把《女贼》这两个字重新提出来，并且允许拍摄，这已经是改革冒头了。有些人说他们看过电影，显然是比别的戏略微有一些宣传，但最后影片还是被禁放了，封存到现在。

陈：您和于洋老师看过《女贼》吗？

杨：看过，回来我们就跟晓阳讲，我们不喜欢你这个戏。故事不完整，人物不完整。我们是根据戏剧电影那几条原则要求了，给他提出很多东西，他自然也想象得到，我们肯定是不会喜欢，但是他说这是他向往多久的一种方法，也是一种探索，他也虚心地听一听，但大局不变。很难统一，各持己见。我觉得他本来可以有更辉煌一些的成果的，但他太关注政治。我们老说他，艺术家就好好地拍戏，实际上他摆脱不了对现实的关注。

陈：《女贼》没有通过审查，您和于老师有没有去给他做一些工作？

杨：关键是内容通不过，组织上让改就得改，《驼峰上的爱》我不想改，但为了通过也得改，我现在很后悔，虽然我没拍太多的戏，但是有几个镜头我绝对可以想办法留下来，艺术上想坚持一点自己的理想何其难啊！

晓阳后来曾经有机会修改《女贼》，但是要拿几十万块钱，厂里不会再给他拿出这么多钱，因为他已经欠200万了，那是80年代，他像负罪一样生活，心情压抑。我们没有帮他解脱这件事，他已经不跟我们谈什么了，因为回家谈一点事就吵架，没法谈下去，而且他也不指望我们。我记得有件事我们阻止了他，他说美国《华盛顿邮报》记者非常喜欢这部影片，他也想像一些人那样把影片偷着送出去。我们当即反对！说咱不能背着领导和国家干非法事。他被迫没有送去。

三、姐姐　于静江篇

陈：于晓阳是您家里第四位导演。

于：晓阳的离去是全家的痛。晓阳走了以后，我也有过反思，我会告诫天下所有的兄弟姐妹："你们不要忽视跟自己兄弟姐妹每一次相聚的时间，甚至于你不知道，一次无意的离开之后，可能就是永别。"我记得2004年10月，那个时候他是那么自信、愉快、活泼，他送我到机场，扔下行李，叫个"小红帽"，他对我说："行了，年底见！"头也不回就走了，当时我们谁也没有在意，现在回忆起来，这就是永别。

陈：小时候姐弟有一段时间是相依为命的，而且你基本上成了他的保护神了。

于：弟弟1960年出生，那一年我也上学走了。我真正跟他接触时间比较多的是"文革"的时候。那个时候每天是我带着他，在他受欺负的时候都是我在他身边。

陈：他小时候是什么样子？

于：我弟弟小时候非常弱，身体、性格都很弱。他跟后来的于晓阳反差非常大，是一个非常乖的小男孩，非常清秀，瘦瘦的脸。小时候比较多病，在家里我比较强势，我对于他来讲，欺负他的时候多一点。

陈：您会欺负他吗？

于：会的，我比较拔尖。我们小时候的一些往事，现在想想很可笑的，奶奶、弟弟和我，我们会在一起分糖，买了一斤糖，我们会趴在床上，一块一块地把它们分成三份，分完以后，我就把自己那一份拿走了。而且不光我自己吃，还拿去给我的朋友吃，最快吃完的就是我，我就会去找于晓阳，说："把你的拿过来。"每一次为了跟我出去玩，他就会给我糖，之后我才会带他玩。其实我现在想起来，还是挺后悔的。

陈：其实是儿童之间的非常美好的事情。

于：对。那时，我很少带他玩，他个子很小，在我屁股后边追我，要跟我一起出去玩，但我觉得带着他很累赘，他比我们小那么多，我们十几岁的女孩子正是玩得挺疯的时候，他跟我们去碍事嘛，所以我不愿意带他。其实我对我弟弟整体的印象，还是小时候的样子。

陈：后来他成长起来呢？

于：长大以后我们之间也有很大的分歧。因为我对他的创作路子不看好。最早的时候，我老是以姐姐的身份教育他，包括他当兵的时候，会跟他讲在部队应该怎么样，或者希望他离开部队，老是指挥他。曾几何时他就不听我的了，他长大了。

陈：大概到什么时候？

于：当兵回来以后。他对我虽然很尊重，但很多事上他有了自己的想法，以后听我的就不多了，慢慢地，思想上的交流就不多了。他刚学电影的时候会问我，因为我是场记出身。我记得特别清楚，他第一次的分镜头表，都是我帮他弄的，那个时候我在八一厂，他刚到“北影”做场记。慢慢的，我们之间就产生一些分歧，在他的创作上，我就觉得他写的东西，有时候逐渐走向一种意识流的形态，一种比较超现实的东西上。我在艺术的爱好方面，在我导演的东西方面，我喜欢比较浓郁、现实的。我爸爸说我在创作方面是现实主义者，我喜欢纪实性的表现形式，给人以真实的东西，我从小对童话不感兴趣，因为我觉得故事是人们想象的，而不是真实的，我从小就喜欢真的东西。那个时候小孩们都爱看《安徒生童话》，可我不感兴趣。

陈：于晓阳呢？

于：他也对《安徒生童话》不是很感兴趣。

陈：您刚才用到了两个词，就是意识流和超现实。

于：于晓阳受《少年维特之烦恼》的影响，他读拜伦，他崇尚托尔斯泰。

陈：托尔斯泰是一个超人。

于：对，我为什么用这两个词呢？因为他喜欢托尔斯泰的形式，但是他喜欢拜伦的超意识精神，他常常会把自己形容为拜伦在世，他又很欣赏托尔斯泰的一些东西。

陈：您刚才说是文学上的、诗歌上的？

于：不光是诗歌上，还有他的创作上。后来他做导演的时候，我就出国了。但是我常常会跟他探讨这个问题，有时候电话上跟他谈很多，他跟我不太一样，他总是认为我喜欢那种跟中国的国情相结合比较紧密的东西。其实中国的老百姓本身就比较现实，超现实的东西是吃不饱饭的，他们关切的是，下一顿能不能吃上东西，明天过上什么样的日子，我觉得中国的观众依然如此，没有到那种去欣赏艺术的程度。晓阳成长的环境是这样的，“文革”对他是很大的刺激，但是他的思想又像我妈妈一样非常活跃、跳跃，他又很崇尚那些东西，他以那些东西来躲避现实。他的思想变化我看得很清楚。听我爸爸讲，我弟弟生于动乱的时代，他的思想认识形成又是在改革开放时期。所以整个的成长道路都是在中国的动荡年代。晓阳实际上是一个很理想化的人，但是他又达不到他的理想；他对现实很唾弃，他要去追求那些不现实的东西，他觉得在非现实里很幸福，在那里寻找他的梦想，他觉得那是他想追求的。但是他想追求的东西对于我们现在社会来讲又是不容忍的，这就是他很痛苦的原因。我还记得，我在八一厂工作的时候，我弟弟在家做剧本，他在朱辛庄，在电影学院上学，那一段时间我们两个人交流是蛮多的。他常常会带电影学院的同学到家里吃饭。那时候父母都在新疆排戏，我弟弟就会说："弄点儿好吃好喝的，晚上哥们儿来喝酒。"我就会给他买好多罐头，弄好多菜，他们同学就到家里来改善一顿。

陈：他同学是黄建新他们吗？

于：是的，他们常常在我家喝酒，喝得烂醉。这些人跟我们也都蛮谈得来的。于晓阳有的时候就会忘记我是姐姐，他就会把我当成一个很好的朋友。在这一段我们相处得挺融洽的。

陈：他最亲近的朋友，怎么排序？

于：彭鸣宇，他是跟着晓阳一起走过来的人。韩三平、黄建新、米家山、马秉煜，都是跟于晓阳在思想上交流比较多，陈凯歌、黄健中、苏叔阳和他都是忘年交，他们都能够很鲜活地把于晓阳的故事给讲出来的，晓阳在他们面前暴露、透露得更多。于晓阳跟我说过一句话，他说："你为什么是我姐姐，你要不是我姐姐，咱俩肯定是哥们儿。"

陈：姐姐也是哥们儿不更好吗？姐弟还有很多话他觉得不太方便说？

于：他认为不太方便。甚至于他觉得在我面前不能更露骨地去表现他自己。

陈：他怕您告诉爹妈？

于：有可能！比如说他一些私生活的事情，别人可能不会在意，但是我做姐姐的会管他，会去限制他。这个对于他来讲就造成不便，他就认为我限制他，这是我跟他比较矛盾的地方。姐姐嘛，总希望他好，有的时候他接触的人，我就看跟他不太适合，我就不希望他们交往。其实要做朋友，人家也不会谈这个，但是姐姐就会涉入，就老会盯着他。

陈：家人理解他的创作心态和他的精神世界比例是多少？

于：我觉得我最了解他。

陈：能够百分之百了解他吗？关于他的精神世界？

于：不是百分之百，但是我觉得在我们家三个人里面，我理解他最多。

陈：您觉得理解于晓阳有多少？能够说出来于晓阳内心真正的精神追求、精神结构吗？

于：我觉得我对于晓阳有个百分之七八十的了解，我看问题比较尖锐，甚至我能够说出于晓阳比较尖锐的想法，包括他不愿意承认的。比如说有的时候他追求什么，他故作一个什么状态啊，我都能一针见血地讲出来，我讲出来的时候，他就觉得挺没面子的。

陈：他不愿意承认的是什么？

于：比如说，有一些戏为什么要拍，或者一些什么动机，我觉得动机并不是为了拍戏。他有时候两个戏套拍，并不是为了前面主要送审的戏，他可能是为了后面的东西，要把它带出来，做那些小动作，我都能看得出来。

陈：这没什么不可以。

于：但当时他就不愿意对外讲，他就觉得这是他内心的东西，包括《女贼》他想反映什么心情，我也能够比较清晰地看出来。比如他运用的画面，当时人们批判他的东西，但其实我觉得大家对于晓阳，都是看表面的东西，没有真实地去理解背后讲的故事。其实晓阳是一个蛮深沉的人，他表现的形式，有的时候恰恰是相反的，和他心里想得到的是一种反差。他其实是个蛮脆弱的人，但他又好像特别好强、好斗，实际上这是他脆弱的一种表现，我能看得很清楚。而且，他也比较狂妄。但是当他坐下来写东西的时候，你会从他的诗里面，从他的只言片语中，感到那种感伤、无可奈何、回避现实的心灵。晓阳本身是个非常善良的孩子，他特别恨“文革”，“文革”给他造成的那种反叛、心底的恨，是不能用言语来形容的，因为他遭受了太多社会上对他的打击和摧残。他可能不愿意承认小的时候，姐姐带着他到处跑，但是他内心应该非常明白。他到后来老是特别强势，其实我觉得他内心特空，他特别害怕人家不理解他，他也特别害怕他的作品一次又一次地被封杀，所以他就用他强势来掩盖他内心的脆弱。

陈：他这种强势主要是在家人面前表现，还是对外？

于：家人也表现，对外也是这样。别人就觉得玩世不恭，对人的看法不在乎什么的，其实我觉得他是“欲擒故纵”。

陈：他其实希望别人理解他？

于：其实他更希望得到大家对他的理解，但是他也看透了，我们这一代人很难理解他。你今天的采访，或者是他的诗集、剧本，拿给下一代人看或者是再往后，可能就理解他更多了，距离就缩短了。其实晓阳是一个很有远见的人，他能够料定社会发展必然经过的一些东西。我弟弟 15 岁就写了一首诗，我记得特别清楚，那首诗大概是说，“我做了一个梦，我梦见北京都立体起来了，梦见八亿中国人在一个传送带上，每个人都有自己的空间，每一个都有自己的笑声，每一个人都有自己的思想”。这不是在 30 年后实现了吗？城市现在是立体起来了，所有的高架桥全都起来了，所有的传送带都是汽车嘛，八亿人都已经被传送带传送着，而且每一个人都有自己的空间和思想，都有自己的喜怒哀乐。他那个时候那么小，就能想到这些，我觉得他是个很有思想和内容的人。

他那个时候也很反叛，“我要当一个苍蝇的头领，在人民大会堂宴会厅里转”。这么写也是他的一种叛逆，这都是很有寓意的。他的这种思想、想法，在那个历史时期，谁也看不懂，可能就觉得在胡闹嘛。

陈：您觉得中国的电影界和电影观众理解于晓阳吗？

于：很少，电影实际上是个性的东西，是导演的个性的反映。于晓阳通过他的电影反映他的个性，但是他的个性最起码不被官方接受，但是现在很多导演走的是他的路。

全家合影

陈：不被官方接受是事实，而且成了历史。我想问的是，他不被官方接受，同时也不被他同行或者同界的人接受吗？

于：有人接受啊，像陈凯歌、田壮壮、韩三平、黄健中他们都理解，但是他们毕竟比晓阳大，他们反映的手法和形式不像于晓阳这么张狂，他们都很知道怎么来按部就班地去体现他的东西。

陈：他们会“太极拳”，于晓阳是“少林拳”。

于：对。于晓阳很直接，他们能够从侧面环绕。

陈：您刚才说，现在很多年轻导演走的是于晓阳的路，指的是什么？

于：现在很多年轻导演的戏，都是用他那种跳跃式的、超越时空这种手法。中国观众不适应，“砰”一跳，跳到另外一个时空，大家不了解他。但是现在有很多导演用这个手法，而且现在很多观众也逐步地去适应。

陈：电影不就是应该跳跃着走吗？像“蒙太奇”。

于：中国人所谓的“蒙太奇”受苏联电影的影响嘛，它那种还是蛮老的“蒙太奇”，不愿意打破时空的概念，这其实是对电影非常专业的探讨。像海外的电影，大家也都习惯叙事，看故事。讲一个故事，“唰”一下想到另一边去了，地球那边又发生了什么事情，人们很难去适应这种东西，多了，人家就看不懂了。

陈：于晓阳在创作过程中和你们交流多吗？他拿到拍戏任务以后，去跟您和爸爸、妈妈请教吗？

于：他当导演的时候，我已经去海外了。他拍《翡翠麻将》的时候我都已经走了，我走的时候他还没有独立拍戏，在这方面我知道的不是特别多。《女贼》是我爸爸演的，我知道他们在现场上有很多矛盾，看问题都有不同的角度，但是晓阳毕竟是导演，怎么着也得听导演的。

陈：您对于晓阳作为一个电影人，如果要用最简单的语言概括是什么？

于：我认为我弟弟是一个电影界的奇才。为他的才华，这种发展性的眼光是少有的。到今天我们总结经验回过头来看，整个社会应该容纳个性导演的生存空间，应该给予他们更多的支持，他们寻求的路太不容易了，他们其实是社会的超前者。正因为他们善于思考，所以他们的思想会比别人超前，我希望社会各方面应该去容忍、包容，甚至于去理解他们。

陈：一个民族应该学会尊重前驱者或者一个探索者。

于：他表现才能的方式很曲折，而且很不容易，他在夹缝里生存，他希望人们能对他理解，哪怕一句对他理解的话，他都会高兴上好多天。我挺为他鸣不平的，我觉得他走的路太坎坷了，他如果在美国、法国早就出名了。我曾经多次劝他到美国去，我在美国条件很好，我能够提供很好的条件让他念大学学习，但是他不走，他心底还是很爱国的。他认为自己应该植根在这个地方，他认为电影导演就要在自己生活的地方，才能做一个好的导演，他从来就没有想过要离开。他是一个非常勇敢的人，他能够去正视社会，他能够去面对这些东西。我先生形容他像一个洋葱，一层一层剥开，每一层有不一样的东西。我希望大家能够不断地剥，能够看到他最里层处最鲜活的东西，不要因为他的外表有点干了，就觉得这不是个好东西了，洋葱既治病，又很好吃、很鲜亮，它又对人有益。从这一点上看，其实，他的离去是我们一个很大的损失。

陈：对，只要了解于晓阳和他的创作的人都会知道。您对中国电影的现状和未来有什么看法？

于：我对现在中国电影的开放，我认为是一个形式上的，其实从内心中我并不认为它真正开放了，因为它还有很多条条框框。当有一天被真正地冲破了，我觉得才是电影真正的解放，才能开辟新的天地。

附录　于晓阳年表

1960 年 9 月 14 日　于晓阳出生。

1967—1976 年　分别就读于北京德外二小、北京第十三中，后转师大二附中毕业。

1966 年　第一次回山东老家，写作文《农村一片绿》。

1968 年　通抄唐诗三百首。

1977 年　参军，中国人民解放军炮兵战士。1973 年至 1979 年期间写作大量诗歌、散文、剧本、小说。

1979 年　复员，分配到北京电影制片厂特技车间任照明员，参与纪录片拍摄。

1981 年　调至导演室，任影片《武林志》导演助理。

1982 年　参与谢雨辰执导的影片《夜行货车》，任副导演。

1983—1984 年　就读于北京电影学院导演进修班，拍摄毕业作品《琥珀色的篝火》，在美国大学生电影节受好评。

1985 年　创作、导演电视单本剧《裂变》，因经费不足未能完成。

1986 年　将王蒙的小说《春之声》改编为电影剧本，发表于“北影”的《电影创作》上。

1987 年　独立执导《翡翠麻将》，该片开创了中国商业娱乐片先河并引起广泛关注。

1987 年　执导电视剧《朦胧的躁动》。

1988 年　改编、执导探索性故事片《女贼》，该片未通过审查。

1990 年　应长春电影制片厂特邀，执导影片《武则天初恋》，后改名《皇家尼姑》，审查未通过。

1991 年　执导影片《别墅宅星》，反响较好。

1993 年　执导电视剧《拉住梦的手》。

1993 年　执导工业题材电影《大海风》，出任导演。该片获 1993 年“五个一工程”奖、1994 年“华表奖”特别贡献奖。

1994 年　执导电视剧《老区新人》，讲述致富不忘乡亲的劳动模范王延江的故事。该剧受到赞扬和好评。

1995 年　为纪念抗日战争胜利 50 周年拍摄电影《大顺店》和《二战秘闻》，两部电影均未审查通过。

1997 年　出版《于晓阳文集》，收录 1995 年之前部分作品。

1998 年　执导电影《开着火车上北京》，此片获华表奖提名。

2001 年　被国家广电总局电影艺术评委会评定为国家二级电影导演。

2002 年　拍摄 100 集电视连续剧《阿凡提的故事》，因种种原因，未全部完成。

2003 年　筹拍电影《你从哪里来》，经一年准备，几易剧本，即将开拍时暂停。

2004 年 12 月　受中国电影集团公司委托筹拍中韩合作影片《北纬 30 度》，赴湖北恩施采景。

2005 年 1 月 7 日　于湖北恩施采景归京的火车上,因哮喘病突发猝逝。

编后记：影人的真情

接到《影人之家》这本书的编写工作以来，至今已差不多半年时间。在这半年的时间里，我有幸先睹为快，从更丰富更全面的角度，认识这户中国影坛颇具传奇性色彩的“影人之家”。眼前这一摞摞编印稿，犹如一把跨越时空的钥匙，它将中国电影，特别是“十七年”时期（1949—1966）的中国电影栩栩如生地展现在读者们的眼前。于洋、杨静以及于静江三位口述者，不同的身份、年龄与视角，却有着同样真切的认知与思考，以及触之即痛的晓阳之殇。他们一家人对电影事业的热忱与干劲令人钦佩，家人之间的互信互赖也让人处处感知着弥足珍贵的亲情。他们之间既是事业上的合作伙伴，更是守望情深的亲人。在这户“影人之家”里，卸下了大明星的光环，处处洋溢着影人的真情。

不同于一般意义上的采访与传记写作，“中国电影人口述历史”项目提供了更宽阔的平台以及更挥洒的篇幅，力求让每一个采访对象都可以在畅所欲言中捕捉到记忆中的每一个细节。在这次走访“影人之家”——于洋、杨静两位老艺术家以及于静江女士的采访中，采访时长总计72小时，原音抄录的初稿业已高达90万字，这样大型的素材量在“中国电影人口述历史”项目丛书结集至今亦所罕见，其工作之细致、内容之丰富由此可窥知一二。面对这样大部头的文案，三位口述者的语言风格不尽相同，思维逻辑也各自立异，各自秉持着个人的观点独立地接受采访。对于这些极富个人特色的亮点，编者尽可能予以保留，务求在通顺文字的基础上尽可能少地修改原文，尽可能还原采访现场的实况。因而从这本口述史全记录的字里行间中，细心的读者一定可以咀嚼出不少文字之外的况味，不落臧否亦可春秋自现。

在编写《影人之家》时，有一些直观的感触我至今难忘，现就此机会亦写下来与读者朋友们分享一二。于洋老师部分的文稿有关细节特别充实，甚至对于七八十年前的人事物依旧记忆如初，他的博闻强识使得读者单看描述就已然仿佛身临其境。特别是于洋老师关于“满映”以及“东影”初创时期的宝贵记忆，这些将在一定程度上填补学术界对此认知的空白，因而颇具前导性。杨静老师在回答相关问题时逻辑性特别好，口语表达即富有文采，不需要太多调整就已经顺章成篇。杨静老师早年“从草原到伪满到抗日军大”的人生经历，极富传奇色彩，好几次重要关头的人生选择，都是对当时历史现场几近还原般的真实重现，对于相关历史学领域的研究具有一定的参照价值。于静江女士的口述稿处处流露着她的大方健谈，出身于电影之家，工作于八一厂大院，而立之年即漂洋过海赴美定居，长期从事中西文化交流工作。在美国致力于中国文化传播的她每当提起那些自己有幸参与的中美文化交流事件时，赤子之情，溢于言表；爱国之心，拳拳若昭。于静江女士的经历富于典型的时代性，是20世纪80年代留美女性的缩影，她的见闻与感触颇具经验性。

在编排过程中，笔者把每位采访对象单独列为一章，而选择将三人对影人之家中逝去家人于晓阳的回忆拼至一章，以期从父亲、母亲、姐姐不同的回忆视角下尽可能客观地拼贴出一个关于于晓阳导演生平较为完整的轮廓。晓阳的离去将这个家庭的一部分欢乐永远带走了，当触碰这个难以弥合的伤痕时，银幕上傲然挺立的硬汉于洋老师不禁老泪纵横，愧疚于从前未能好好跟儿子真正交心；杨静老师则选择将对儿子的爱与思念凝聚为动力，积极着手编著关于儿子的传记、诗稿、文集，现已出版《于晓阳文集》等，母爱因文字而延续。在于静江女士的记忆里，弟弟晓阳是童年最好的伙伴，弟弟的猝然长逝是自己生命中的打击。三人在口述访谈中，或存在一些重复话题，答案无论异同皆非啰唆，而恰恰是从前述三种不同身份里传递出的最炽热的真情。

从总体上看，三位口述人都是非常优秀的采访对象，他们几乎从不回避采访人提出的问题，善恶分明，直言不讳。对于一些特定的历史事件与相关人物，则坦诚地分享着自己的评判，没有拈轻怕重与欲说还休。这本《影人之家》中，处处彰显着口述史资料的魅力，不同于官方史说的一板一眼，也不同于坊间谈话的杂乱无序，而是以时间为线轴，富于色彩性地还原历史现场，在时代大局下强化多元个体性的感悟，这样的历史情怀值得关注。

值此新书付梓之际，编者欲特别向于洋、杨静两位老师诚意致谢。对于每一次送去的书稿，两位老师总是认真修改，精益求精，他们充满干劲的状态与高效率让人一度忘记了两位老人实际上均已是接近90岁的高龄。时至今日，两位老人依然积极参加电影界的相关活动，他们老当益壮犹热心事业的精神尤其值得敬佩，值得后辈同人们引以为圭表。

尽管编者已经尽最大的努力在订正书稿中的每一个细节，然而囿于个人知识程度的限制，在本书稿编写中或出现一些力所不及的偏误，望各方专家学者、热心读者坦诚质疑，编者势必小心求证，积极补缀。在此先预先对诸位的关注与悉心指点表示深深的感谢。

希望本书可以对相关领域的学术研究有所增益。

衷心地祝愿两位老人健康长寿！影人之家阖家幸福！

彭锟
2015 年 8 月